Kaufen nach Römischem Recht

Eva Jakab · Wolfgang Ernst
(Hrsg.)

Kaufen nach Römischem Recht

Antikes Erbe in den
europäischen Kaufrechtsordnungen

Professor Dr. Eva Jakab
Universität Szeged
Lehrstuhl für Römisches Recht
Tisza Lajos krt. 54
6720 Szeged
Ungarn
jakabeva@juris.u-szeged.hu

Professor Dr. Wolfgang Ernst
Universität Zürich
Lehrstuhl für Römisches Recht
und Privatrecht
Rechtswissenschaftliches Institut
Rämistr. 74/10
8001 Zürich
Schweiz
wolfgang.ernst@rwi.uzh.ch

Gedruckt mit Unterstützung der Alexander von Humboldt-Stiftung

ISBN 978-3-540-71191-9   e-ISBN 978-3-540-71193-3

DOI 10.1007/978-3-540-71193-3

Bibliografische Information der Deutschen Nationalbibliothek
Die Deutsche Nationalbibliothek verzeichnet diese Publikation in der Deutschen Nationalbibliografie; detaillierte bibliografische Daten sind im Internet über http://dnb.d-nb.de abrufbar.

© 2008 Springer-Verlag Berlin Heidelberg

Dieses Werk ist urheberrechtlich geschützt. Die dadurch begründeten Rechte, insbesondere die der Übersetzung, des Nachdrucks, des Vortrags, der Entnahme von Abbildungen und Tabellen, der Funksendung, der Mikroverfilmung oder der Vervielfältigung auf anderen Wegen und der Speicherung in Datenverarbeitungsanlagen, bleiben, auch bei nur auszugsweiser Verwertung, vorbehalten. Eine Vervielfältigung dieses Werkes oder von Teilen dieses Werkes ist auch im Einzelfall nur in den Grenzen der gesetzlichen Bestimmungen des Urheberrechtsgesetzes der Bundesrepublik Deutschland vom 9. September 1965 in der jeweils geltenden Fassung zulässig. Sie ist grundsätzlich vergütungspflichtig. Zuwiderhandlungen unterliegen den Strafbestimmungen des Urheberrechtsgesetzes.

Die Wiedergabe von Gebrauchsnamen, Handelsnamen, Warenbezeichnungen usw. in diesem Werk berechtigt auch ohne besondere Kennzeichnung nicht zu der Annahme, dass solche Namen im Sinne der Warenzeichen- und Markenschutz-Gesetzgebung als frei zu betrachten wären und daher von jedermann benutzt werden dürften.

Herstellung: le-tex publishing services oHG, Leipzig
Einbandgestaltung: WMXDesign GmbH, Heidelberg

Gedruckt auf säurefreiem Papier

9 8 7 6 5 4 3 2 1

springer.de

Vorwort

Der Kauf wird gerne der „Urtypus der Austauschverträge" genannt. Zweifelsohne ist es der Kontrakt, der in der Rechtswirklichkeit am häufigsten vorkommt. Das Kaufrecht ist das zentrale Thema in jedem auf Warenverkehr ausgerichteten Rechtssystem. Aus dem antiken Rom berichten bereits frühe Zeugnisse von florierenden Märkten, Verkaufsvorschriften und Kaufformularen. So empfiehlt Cato in seinem Werk *De agri cultura*: der gute Landwirt möge sich am Markt orientieren: *Auctionem uti faciat: vendat oleum, si pretium habeat, vinum, frumentum quod supersit vendat* (Cato agr. 2, 7). Überschüssige Ernteprodukte, aber auch abgelegtes Werkzeug, Vieh oder alte, kranke Sklaven soll man konsequent verkaufen, und zwar im Auktionswege. Für den Verkauf der Oliven und des Weins stellt Cato seinen Lesern noch die üblichen Geschäftsbedingungen (*leges venditionis*) zur Verfügung.

Jahrhunderte später definiert Gaius den Kauf in seinem Elementarlehrbuch aus der Perspektive systematisierender Rechtswissenschaft: *Emptio et venditio contrahitur, cum de pretio convenerit, quamvis nondum pretium numeratum sit ac ne arra quidem data fuerit* (Inst. 3, 139). Der Kauf als Konsensualkontrakt kommt durch die übereinstimmende Willenserklärung der Parteien zustande. Der Jurist betont die Einigung über die Gegenleistung als Haupterfordernis und argumentiert, dass weder die Zahlung des Preises noch die Hingabe einer *arra* zum gültigen Vertragsschluss erforderlich seien. Kein reales Element ist notwendig, weder die Zahlung des Kaufpreises noch die Leistung eines Angeldes. Die so betonte „Unnötigkeit" des Angeldes oder der Zahlung des Kaufpreises deutet an, dass das gelebte Recht gelegentlich auch in Rom andere Wege ging. Das Spannungsfeld zwischen Rechtswissenschaft und Rechtspraxis wird hier spürbar.

Der kurze Einblick in das römische Kaufrecht anhand der beiden soeben zitierten Quellen deutet bereits eine reiche Fülle von dogmatischen Problemen an, die dem Rechtshistoriker anregendes Forschungsmaterial liefern. Für den Kauf wurden viele Rechtsbehelfe entwickelt, die auch bei anderen Schuldverhältnissen Anwendung fanden. Die Prinzipien des römischen Kaufrechts wurden von der mittelalterlichen Lehre aufgegriffen, in neuen Kontexten reformuliert und weiter tradiert. Viele Rechtsfiguren fanden, freilich in zwischenzeitlich oft grundlegend umgewandelter Gestalt, Aufnahme in die neuzeitlichen Kodifikationen und wirken, *„for better or for worse"*, in unseren modernen Rechtssystemen weiter.

Wenn wir uns dem Kaufrecht in seiner europäischen Überlieferung zuwenden, dann nicht in der Absicht, für das römische Kaufrecht eine überzeitliche Geltung zu behaupten. Vielmehr ist das uns leitende Interesse einmal durch Arthur L. Corbin schön wie folgt bestimmt worden: „A sufficient reason for comparative historical study of cases in great number is the fact that such study frees the teacher and the lawyer and the judge from the illusion of certainty; and from the delusion that law is absolute and eternal, that doctrines can be used mechanically, and that there are correct and unchangeable definitions."

Der Einladung zu einem rechtshistorischen Wissenschaftsdialog „Römisches Kaufrecht und sein Einfluss auf die Europäische Rechtsentwicklung" waren erfreulicherweise zahlreiche Kollegen aus Deutschland, Mitteleuropa und Südost-Europa gefolgt. Mehr als 30 Wissenschaftler nahmen an einer regionalen Tagung teil, die vom 4.-7. November 2004 an der deutschsprachigen Andrassy Universität in Budapest veranstaltet wurde. Die Organisatoren schulden dem Fritz-Thyssen-Sonderprogramm der Alexander von Humboldt-Stiftung aufrichtigen Dank für die großzügige finanzielle Unterstützung, mit deren Hilfe die Ziele – wissenschaftliche Diskussion, Präsentation der neuesten Forschungsergebnisse, Nachwuchsförderung, Kontaktaufnahme zwischen Ost und West – verwirklicht werden konnten. Das Resultat bildet den Inhalt des vorliegenden Bandes.

Zürich	Wolfgang Ernst
Szeged	Éva Jakab

Hinweis

Die Abkürzungen entsprechen im Grundsatz M. Kaser, Das Römische Privatrecht (2. Aufl. 1971), XIX ff.

Inhaltsverzeichnis

Zum Problem des römischen Gattungskaufs 1
   András Bessenyö

Abgrenzung zwischen Kauf und Tausch in der Dichtung Homers 53
   Peter Blaho

Garanzia per i vizi della cosa e responsabilità contrattuale 61
   Nunzia Donadio

Der zweifache Verkauf derselben Sache –
Betrachtungen zu einem Rechtsproblem in seiner europäischen Überlieferung .. 83
   Wolfgang Ernst

Anmerkung zur Entwicklung des ungarischen Privatrechts im 19. Jahrhundert. 105
   Mária Homoki-Nagy

Cavere und Haftung für Sachmängel.
Zehn Argumente gegen Berthold Kupisch 123
   Eva Jakab

Hoffnungskauf und Eviktionshaftung 139
   Rolf Knütel

Die Vorboten der europäischen Integration 149
   Janez Kranjc

Periculum emptoris und das schweizerische Recht:
Ein Fall des Rückgriffs auf römisches Recht
durch das Schweizerische Bundesgericht 183
   Pascal Pichonnaz

Der Kauf im Schema der Obligationen
und die Verpflichtung zu präziser Erfüllung bei Jason de Mayno 203
   Tilman Repgen

Traditio und Kaufpreiszahlung in *Ius Commune* und *Common Law* 233
   Thomas Rüfner

Quellenregister 253

Personen- und Sachregister 263

Zum Problem des römischen Gattungskaufs

András Bessenyö

Das Problem des römischen Gattungskaufs, um der spezifisch romanistischen Ausdrucksweise willen sprechen wir im folgenden hauptsächlich von Genuskauf bzw. Spezieskauf, führt uns in ein recht schwieriges, dunkles Forschungsgebiet der modernen Romanistik. Es ist daher keineswegs verwunderlich, dass die vielumstrittene Frage, ob der Genuskauf schon für die römischen Klassiker bekannt war, bis heute nicht befriedigend gelöst worden ist.

Die schwierige Lage der Forschung lässt sich vorwiegend auf die Dürftigkeit und Unklarheit der Quellenaussprüche zurückführen. Das einschlägige Quellenmaterial ist nämlich alles andere als klar und eindeutig. Man ist deshalb gewöhnlich geneigt, die Quellenaussprüche gemäss seine vorgefassten Meinung auszulegen. Unser Problem lässt sich daher nicht so sehr durch eingehende Quelleninterpretationen als vielmehr durch allgemeine Erwägungen theoretischer wie praktischer Art befriedigend beantworten.

In den nachfolgenden Erörterungen befassen wir uns darum zunächst mit den in der romanistischen Fachliteratur gegen den römischen Gattungskauf aufgeworfenen Einwänden. Dann weisen wir auf eine neuartige, unbefangene Interpretationsmöglichkeit der betreffenden Quellenaussagen hin. Aufgrund dieser Ergebnisse gelangen wir im weiteren Verlauf unserer Untersuchung zu einem Rekonstruktionsversuch der römischen Denkweise in bezug auf die behandelte Problematik. Die Elemente dieser Rekonstruktion erweisen sich dann als durchschlagende Gegenargumente gegen die negative These, d.h. die verbreitete Ansicht, die die Möglichkeit des römischen Gattungskaufs bezweifelt oder schlechthin in Abrede stellt.

I. Prospektive Problemstellung

Im Mittelalter wie im Zeitalter des Gemeinen Rechts war es gang und gäbe zuzugegeben, dass ein Kaufgegenstand ebenso gut generisch wie spezifisch bestimmt werden könne. Das Kaufgeschäft könne deswegen im römischen Recht zweierlei sein: entweder Genuskauf (Gattungskauf) oder Spezieskauf (Stückkauf).[1] Ein

---

[1] Vgl. dazu den flüchtigen, aber anschaulichen Überblick in W. Ernst, Die Konkretisierung in der Lehre vom Gattungskauf, in: Gedächtnisschrift Knobbe-Keuk, Köln 1997, 57-67, und ders., Kurze Rechtsgeschichte des Gattungskaufs, ZEuP 3 (1999) 615-631.

vollkommen reiner Gattungskauf, wo das *genus* gänzlich unbestimmt angegeben ist, wäre in der Praxis freilich unvorstellbar. Niemand kauft einen Mann, ein Weib, zwei Pferde oder fünf Scheffel Getreide überhaupt. Der Genuskauf ist in der Tat notwendig ein beschränkt generischer Kauf: Das *genus* ist so gut wie immer und ausnahmslos durch weitere Merkmale begrenzt. Es mag wohl vorkommen, dass man sich fünf Gladiatoren, sechs Dirnen oder zehn Scheffel afrikanisches Getreide bester Qualität kauft. Gegenstand eines Genuskaufs kann also ebenso eine unvertretbare wie ein vertretbare Sache sein; die Bezeichnung der Kaufsache bedarf aber notwendiger Weise weiterer zusätzlicher Bestimmungsmerkmale, die die rein generische Bestimmung unausweichlich beengen. Bei vertretbaren Dingen, die offenbar typische Gegenstände von Genuskäufen sind, verlangt der Käufer jeweils eine bestimmte Warensorte von bestimmter Qualität und gegebenenfalls von bestimmten anderen Eigenschaften (Herkunft, Jahrgang, Stoff, Gestalt).

Ein anderer Typ ist der sog. *Vorratskauf,* wo die Ware dem Käufer aus einem vorhandenen, konkreten Vorrat auszuscheiden ist. Die Ausscheidung erfolgt durch Zumessung, Zuwägung, Zuzählung der angemessenen Menge aus dem grösseren Haufen für den Käufer. Der Vorrat steht dem Verkäufer beim Kaufabschluss zur Verfügung, der Käufer ist deshalb imstande, den Vorrat vor oder beim Kaufabschluss körperlich wahrzunehmen. Der Vorrat mag selbstverständlich nicht nur aus vertretbaren, sondern auch aus unvertretbaren Dingen bestehen (z.B. eine Herde, eine Bibliothek).

Die Frage, die unsere Problematik grundsätzlich berührt, ist nunmehr, wie dieser Vorratskauf eigentlich einzuordnen ist. Ist er als beschränkt generischer Kauf oder vielmehr als Spezieskauf aufzufassen? Wie bereits dargelegt, gibt die Beantwortung dieser Frage eben den Schlüssel in unsere Hand zu solchen Einsichten, die den Bearbeitern des Themas bisher entgangen sind. Die juristische Erfassung der Natur des Vorratskaufs bildet also eindeutig den einen Brennpunkt, um den die hier angeschnittene Problematik sich dreht. Den anderen Brennpunkt bildet zweifellos die Frage nach dem Wesen der Gattungsschuld: Was ist eigentlich der Gegenstand der generischen Obligation? Erst nachdem wir auf diese Frage eine philosophisch genügende Antwort gefunden haben, gelangen wir zum dritten Brennpunkt in unserem Problemgebiet, zur praktisch wirklich ausschlaggebenden Unterscheidung zwischen besehenem und unbesehenem Kauf, die unsere Ausgangsprolematik Genuskauf – Spezieskauf in den Hintergrund rücken oder – um mit Krückmann zu sprechen[2] – endlich begraben wird.

Für die Gefälligkeit des Verfassers, der mir diese Abhandlungen zur Verfügung gestellt hat, möchte ich auch a.h.O. meine aufrichtige Dankbarkeit ausdrücken.

[2] So P. Krückmann, Einige Randfragen zum periculum emptoris, SZ 59 (1939) 16: „Wir können also trotz so mancherlei Zweifeln den Streit ruhig begraben." Der Verfasser versucht auch übrigens die Bedeutung der Streitfrage in Zweifel zu ziehen, s. auf S. 13: „Der Gegensatz zwischen Gattungs- und Speziesschuld wird überschätzt. ... es ist unerheblich, ob man den Gattungskauf leugnet oder ob man anerkennt, dass die Römer ihn nicht haben vermeiden können."

II. Hauptlinien der literarischen Bearbeitung

Erst seit dem dritten Drittel des neunzehnten Jahrhunderts erheben sich ernsthafte Bedenken in der romanistischen Literatur gegen den römischen Gattungskauf. In der sich immer mehr verbreitenden Bestrebung, den römischen Gattungskauf in Abrede zu stellen, können wir etwa drei Hauptlinien voneinander unterscheiden.

A) Man geht teils von geschichtlichen Erwägungen aus, die den Entwicklungsgang des römischen Vertragssystems betreffen.
B) Man erhebt teils praktische Bedenken, die die praktische Undurchführbarkeit des römischen Genuskaufs behaupten.
C) Man sucht endlich durchschlagende Gesichtspunkte, mittels derer die Unmöglichkeit des römischen Genuskaufs gleichsam mit logisch-zwingender Kraft erwiesen werden kann.

Ad A) Als Begründer der ersten Richtung ist zweifellos Alfred Pernice anzusehen. Im ersten Band seines berühmt gewordenen Labeo entwirft Pernice die Theorie, dass der römische Konsensualkauf sich aus dem früheren „Realkauf" herausentwickelt habe. Der ursprüngliche Barkauf als Realvertrag wäre durch die effektive Warenleistung von seiten des Verkäufers zustande gekommen, jedoch nicht in umgekehrter Richtung durch die vorschussweise Kaufpreiszahlung des Käufers.[3] Auf dieser primitiven Stufe hätte sich der römische Kauf offensichtlich ausschliesslich auf spezifisch bestimmte Gegenstände beziehen müssen. Die spätere Entwicklung zum Konsensualkauf hätte jedoch einige eigenartige Züge dieses primitiven Stadiums beibehalten. So gewinnen nach Pernice die vielfach beanstandete, berüchtigte Gefahrtragungsregel eine hinreichende Erklärung, ebenso die Bedingtheit des Eigentumserwerbs des Käufers von der Kaufpreiszahlung und die eigenartige Regelung, dass der Verkäufer den Kaufpreis nicht einklagen kann, solange er seine eigene Leistung nicht vorgenommen hat oder zur gleichzeitigen Vornahme bereit ist.[4]

Diese Theorie von Pernice übte nicht unbedeutenden Einfluss auf die nachfolgenden Autoren aus. Als Musterbeispiel dieser Wirkungsgeschichte ist Alois Brinz zu erwähnen, der während der Abfassung seiner umfangreichen Pandekten gleichsam sich selbst allmählich über die Unmöglichkeit des Genuskaufs im römischen Recht überzeugt. Vorher hält er den römischen Genuskauf noch nicht für schlechthin unmöglich, sondern beschränkt sich lediglich auf die Feststellung, dass beim Gattungskauf bis zur Erfüllung noch nicht von der Gefahrtragung die Rede sein kann.[5] Zugleich zieht er freilich gleichsam nebenbei die Unmöglichkeit des römischen Genuskaufs in Betracht, beruft sich aber fälschlich auf Gold-

---

[3] So A. Pernice, Marcus Antistius Labeo I, Halle 1873, 456: „... dass der Kauf in seinem frühesten Entwicklungsstadium ein Realvertrag war, der durch Übergabe der gekauften Sache, nicht auch umgekehrt durch Zahlung des Preises perfect wurde."
[4] Pernice, Labeo (o. Anm. 3) 457.
[5] Vgl. A. Brinz, Lehrbuch der Pandekten II/1, Erlangen 1879, 105-106.

schmidt und Regelsberger als Gewährsleute.⁶ Im weiteren Verlauf seines Lehrbuchs verlässt Brinz dann völlig seine frühere Zögerung und gelangt – ersichtlich unter dem Einfluss von Pernices Hypothese über den ursprünglichen Realkauf im römischen Rechte – zur apodiktischen Feststellung der Unmöglichkeit des römischen Genuskaufs.⁷

Diese Auffassung, der sich auch Heinrich Dernburg⁸, Paul Girard⁹ und Silvio Perozzi¹⁰ anschlossen, vermochte sich über mehr als ein halbes Jahrhundert Geltung zu verschaffen: Selbst Wolfgang Kunkel¹¹ und Max Kaser,¹² die Verfasser der bedeutendsten deutschsprachigen Handbücher in der zweiten Hälfte des zwanzigsten Jahrhunderts, sahen sich noch immer veranlasst, dieser Lehrmeinung anzuhängen.

Es ist jedoch nicht mit Stillschweigen zu übergehen, dass die erwähnten Autoren keine eigenständigen Nachforschungen anstellten, sondern sich einfach auf die Autorität ihrer Vorläufer verliessen. Aus heutiger Sicht entbehrt die Theorie von Pernice jeglicher ernsthafter Grundlage. In krassem Widerspruch steht die Erklärung Pernices, der die synallagmatische Korrelativität von Leistung und Gegenleistung im Kaufgeschäft auf den vorangehenden Realkauf zurückzuführen sucht, mit dem Standpunkt Benöhrs, der dieses sog. funktionelle Synallagma erst den klassischen Juristen zuschreibt.¹³ Es ist daher sehr gut verständlich, dass die

---

6   So Brinz, (o. Anm. 5.) 105 Anm. 17: „Denken aber lässt sich überdies, dass ... bei schlechthin generellem Geschäfte ein Kauf gar nicht mehr möglich schien." Seine Berufung auf Goldschmidt und Regelsberger, die wie ein roter Faden durch die spätere Zitationspraxis durchzieht, ist untreffend. L. Goldschmidt, Der Kauf auf Probe oder auf Besicht, Zeitschrift für das gesamte Handelsrecht 1 (1858) 109 will sich überhaupt nicht über die Unmöglichkeit des römischen Genuskaufs äussern, sondern enthält sich ganz eindeutig jeder Stellungnahme: „Ob die Römer den wirklichen Gattungskauf - wenigstens in Form der *emtio venditio*, anders durch gegenseitige Stipulationen - gakannt haben, mag hier dahingestellt bleiben." F. Regelsberger, Über die Tragung der Gefahr beim Genuskauf, Archiv für die Civilistische Praxis 49 (1866) 201, verneint lediglich die Existenz des Versendungskaufs im römischen Recht, den Genuskauf überhaupt in Abrede zu stellen, kommt ihm nicht einmal in einem entferntesten in den Sinn.

7   So Brinz (o. Anm. 5) 696: „... ein Genuskauf ist als Realkauf undenkbar, allem Anscheine nach hat sich diese Beschränktheit des Realkaufes auf den Konsensualkontrakt vererbt ... in dem Satze *nulla emtio ... sine re quae veneat* war die konkrete Sachexistenz, wie sie zum Realkauf naturnothwendig ist, für den Kauf überhaupt gefordert."

8   So H. Dernburg, Pandekten II², Berlin 1889, 251: „Den Römern waren aber reine Genuskäufe nicht bekannt"; ähnlich Dernburg/Sokolowski, System des Römischen Rechts⁸, Berlin 1912, 744-748.

9   Vgl. P. F. Girard, Manuel élémentaire de droit romain, Paris 1901, 535 Anm. 4.

10 So S. Perozzi, Istituzioni di diritto romano II², Roma 1928, 273 Anm. 2: „la ragione di esso può stare solo in ciò che la vendita obbligatoria si svolge dalla reale."

11 Vgl. P. Jörs/W. Kunkel, Römisches Privatrecht³, Berlin/Göttingen/Heidelberg 1949, 227 u. Anm. 5.

12 So M. Kaser, Das römische Privatrecht², München 1971, 547f.: „Aus dem Barkaufgedanken folgt, dass der (reine) Gattungskauf unbekannt ist."

13 Vgl. H.-P. Benöhr, Das sogenannte Synallagma in den Konsensualkontrakten des klassischen römischen Rechts, Hamburg 1965, 20-27.

neuesten Verfechter der negativen – den römischen Genuskauf ablehnenden – These, so vorzüglich Wolfgang Ernst, die von Pernice stammende entwicklungsgeschichtliche Begründung dieser These entschlossen abweisen.[14]

Ad B) Recht spitzfindige Argumente hält August Bechmann dem römischen Genuskauf entgegen. Nach seiner Ansicht lässt sich eine generische Leistungspflicht von seiten des Verkäufers keineswegs in den Rahmen des römischen Kaufgeschäfts einfügen. Daher bezeichnet er den Gattungskauf folgerichtig als Lieferungsgeschäft, um seine Eigenständigkeit und Abgrenzung vom regelmässigen Kauf auch terminologisch zum Ausdruck zu bringen.[15]

Der erste Einwand Bechmanns gegen den römischen Gattungskauf kommt von der angeblichen Eigentumsverschaffungspflicht des Genusschuldners her. Da der Verkäufer hier aus einem ganzen *genus* wählen kann, begnügt sich der Käufer nicht mit der Leistung solcher Exemplare, die zur Zeit der Erfüllung nicht im Eigentum des Verkäufers sind: „Beim Lieferungsgeschäft ... ist die gelieferte Sache gar nicht Kaufobject, sondern Mittel der Erfüllung, welches der Verpflichtete aus allen existierenden Exemplaren herausgreift. ... ist die nothwendige Consequenz, dass die Leistung, mit welcher nicht der volle rechtliche Erfolg verbunden ist, überhaupt keine Erfüllung ist: oder anders ausgedrückt, die Erfüllung ist wesentlich Eigenthumsübertragung."[16]

Dieser Satz Bechmanns ist sogleich von zwei Gesichtspunkten aus bedenklich. Ist es grundsätzlich wahr, dass ein Genusschuldner aus dem ganzen *genus* wählen kann? Abgesehen von einigen Fällen, wo das *genus* so beschränkt ist, dass alle Exemplare dem Schuldner zur Verfügung stehen, also wo die beschränkte Gattungsschuld tatsächlich einer Wahlschuld gleichsteht, ist die Wahlmöglichkeit eines Gattungsschuldners notgedrungen beschränkt auf einen weiteren oder engeren Vorrat, der ihm wirklich zur Verfügung steht. Andererseits lässt sich Bechmanns angeführter Behauptung gegenüber die Frage kaum unterdrücken: Wenn das, was der Verkäufer dem Käufer tatsächlich leistet, kein Kaufobjekt ist, wie ist es dann möglich, dass es trotzdem als Mittel der Erfüllung dient und der Käufer zweifelsohne verpflichtet ist, das, was der Verkäufer ihm darbietet, anzunehmen und als Leistungsobjekt gelten zu lassen?

Es lässt sich übrigens gar nicht einsehen, warum die Regeln, die der Lösung der Eigentumsfrage beim Spezieskauf bekanntlich genügen, nicht auch auf den Genuskauf Anwendung finden könnten. Gibt sich der Spezieskäufer damit zufrieden, dass er gegebenenfalls erst durch Ersitzung Eigentum an der Kaufsache erwerben

---

[14] So Ernst, Kurze Rechtsgeschichte (o. Anm. 1) 593-594: „ ... halten wir die Vorstellung, ein Realvertrag könne sich zu einem Konsensualvertrag gewandelt haben, für unglaubhaft ..." Vgl. noch W. Flume, Rechtsakt und Rechtsverhältnis, Paderborn/München/Wien/Zürich 1990, 112 Anm. 73.

[15] Vgl. A. Bechmann, Der Kauf nach gemeinem Recht II, Erlangen 1884 (Nd. Aalen 1965), 331. Vgl. daselbst Anm. 4, wo die falsche Berufung auf Goldschmidt und Regelsberger fortgesetzt wird.

[16] So Bechmann (o. Anm. 15) 332.

kann, so erklärt in der Tat nichts, warum der Genuskäufer unmittelbaren Eigentumserwerb durch Tradition der Kaufsache zu verlangen hätte.

Nicht so einfach ist freilich die Frage, ob die ädilizischen Rechtsmittel auf Genuskäufe Anwendung finden konnten. Die Ansicht Bechmanns ist auch in dieser Frage gewiss verfehlt: Nimmt der Käufer das Leistungsobjekt, das den vertragsmässigen Erfordrnissen nicht entspricht, unwissentlich an, so ist es noch keineswegs gerechtfertigt, in diesem Fall anstatt von Erfüllungsobjekt mit Bechmann von Erfüllungssurrogat zu sprechen.[17] Die Hingabe statt Erfüllung *(datio in solutum)* setzt nämlich eine eindeutige, diesbezügliche Vereinberung der Parteien voraus.

Gleichwohl lässt sich die Frage nach der Anwendbarkeit der ädilizischen Rechtsmittel auf Genuskäufe anhand des überlieferten Quellenmaterials kaum beantworten. Selbst die Senate des deutschen Reichsgerichts kamen in dieser heiklen Frage zu entgegengesetzten Entscheidungen: Der zweite Senat lehnte die Anwendbarkeit der ädilizischen Klagen in Genuskäufen am 29. November 1871 ab, während der erste Senat sie am 8. März 1872 zuliess und den entgegengesetzten Standpunkt am 16. April desselben Jahres ausdrücklich verwarf. Obwohl die Plenarsitzung sich am 16. Juni 1873 schliesslich für die Anwendbarkeit aussprach,[18] ist durch diesen richterlichen Beschluss selbstverständlich die Streitfrage wissenschaftlich nicht erledigt worden. Die Ansichten der bedeutendsten Juristen der Zeit waren geteilt: Ausser Bechmann verfochten Brinz, Windscheid, Wächter, Schliemann, Thöl die These von der Unanwendbarkeit der ädilizischen Rechtsmittel, Goldschmidt, Bekker, Vangerow, Römer traten dagegen für die entgegengesetzte These auf.[19]

Die vielleicht einzige Quellenstelle, auf die hier Bezug genommen werden kann, Ulp.-Pomp. D. 21, 1, 33 pr., lässt leider eindeutige Folgerungen nicht zu. Pomponius lehrt, dass der Verkäufer hinsichtlich zusätzlicher (akzessorischer) Kaufgegenstände nur dann die gleiche Sachmängelgewähr leisten soll, wenn diese Gegenstände konkret-individuell bestimmt sind: *si certum corpus accessurum fuerit dictum*. Gehören dagegen Sklaven zum *peculium* eines Sklaven, der mitsamt seinem *peculium* verkauft wird, so hat der Verkäufer für die Gesundheit der im *peculium* befindlichen Sklaven nicht einzustehen: *nam si servus cum peculio venierit, ea mancipia quae in peculio fuerint sana esse praestare venditor non debet, quia non dixit certum corpus accessurum ...*

Ist diese Entscheidung nun ohne weiteres auf den Genuskauf zu übertragen? Der Ausdehnung der pomponianischen Stellungnahme auf Genuskäufe schlechthin steht unzweifelhaft entgegen, dass sich hier die generische Bestimmung nicht auf bloss akzessorische Kaufgegenstände, sondern auf die Hauptsache selbst bezieht, und diese nicht bloss als eine Sachgesamtheit, sondern als eine bestimmte Menge von Sachen bestimmter Art und Qualität angegeben ist. Anderseits lässt

---

[17] So aber Bechmann (o. Anm. 15) 333.
[18] Vgl. dazu L. Goldschmidt, Über die Statthaftigkeit der aedilitischen Rechtsmittel beim Gattungskauf, Zeitschrift für das gesammte Handelsrecht 19 (1873) 98-99.
[19] Vgl. die gründliche Übersicht bei Goldschmidt (o. Anm. 15) 99-103.

sich die Aussage von Pomp. D. 19, 1, 6, 4, wonach der Verkäufer für die Unversehrtheit (Integrität) der verkauften Gefässe gemäss Labeo auch ohne ausdrückliche Vereinbarung einzustehen hat, bedenkenlos ebensowohl auf Spezieskäufe wie auf Genuskäufe beziehen. Man wäre jedenfalls geneigt, auch ohne hinreichende Quellenbelege anzunehmen, dass der Verkäufer im Genuskauf ausser der vertraglich festgestellten Eigenschaften die grundlegende Brauchbarkeit der Kaufsache nach allgemeiner Verkehrsanschauung gewährleisten musste. Das bedeutet noch keineswegs, dass sämtliche Exemplare, die der Verkäufer dem Käufer erfüllungshalber zur Verfügung stellt, vollkommen fehlerlos sein müssten. Das von Goldschmidt angeführte Beispiel des „dreijährigen, braunen, militärfrommen Wallachs", der stätig oder rotzig ist, ist unbestreitbar treffend. Seine anderen Beispiele sind jedoch bei weitem nicht so einleuchtend. Der fleckige Kupferstich oder die rostige Solinger Stahlware sind nach allgemeiner Verkehrsanschauung nicht mehr in Empfang zu nehmen oder nur unter Preisminderung.[20]

Aus der Sicht der interpolationenkritischen Romanistik des zwanzigsten Jahrhunderts sieht unsere Frage freilich ein wenig anders aus. Es fragt sich hauptsächlich, ob und wieweit die Klassiker die Regelungen des Aedilenedikts für Sklaven und Lasttiere auch auf andere Kaufgegenstände ausgedehnt haben sollten. Obwohl man die berüchtigte Ulpianstelle, D. 21, 1, 1 pr.: *Labeo scribit edictum aedilium curulium de venditionibus rerum esse tam earum quae soli sint quam earum quae mobiles aut se moventes,* im allgemeinen für justinianische Verfälschung hält, empfiehlt es sich vorsichtiger anzunehmen, dass Labeo eine Äusserung des gleichen Inhalts wirklich zuzuschreiben ist, die ursprünglich jedoch auf die ausdehnende Anwendung der ädilizischen Regelung im Rahmen der *actio empti* als *bonae fidei iudicium* gemünzt war.[21] Damit erübrigen sich die ädilizischen Rechtsbehelfe. Ihre Funktion wird durch die zivilrechtliche *actio empti* übernommen, die von Anfang an problemlos auf jeden Kaufgegenstand Anwendung findet.

Als drittes Argument gegen die Möglichkeit des römischen Genuskaufs zieht Bechmann die Gefahrtragunsproblematik heran.[22] Beim Spezieskauf gilt die Gefahrtragung des Käufers unmittelbar vom Kaufabschluss an: *Cum autem emptio et venditio contracta sit (quod effici diximus simulatque de pretio convenerit...), periculum rei venditae statim ad emptorem pertinet ...* (Inst. 3, 23, 3). Der zitierte Passus der justinianischen Institutionen, der inhaltlich als völlig klassisch anzusehen ist, bewegt sich anscheinend im Gedankenkreis des Spezieskaufs. Darauf weisen die im weiteren Verlauf des Textes vorkommenden Beispiele unmissverständlich hin: *homo, aedes, fundus* sind Gegenstände, die allein in Speziesgeschäften denkbar sind. Dieselbe Gefahrtragungsregel ist allerdings beim Gat-

---

[20] Vgl. Goldschmidt (o. Anm. 15) 108.
[21] Vgl. dazu ausser Itp. H. Honsell, Quod interest im bonae-fidei-iudicium, München 1969, 81-82 mit Anm. 75-77, und Ch. Baldus, *Una actione experiri debet?* Zur Klagenkonkurrenz bei Sachmängeln im römischen Kaufrecht, OIR 5 (1999), 47-48 mit Anm. 108.
[22] Vgl. Bechmann (o. Anm. 15) 334.

tungskauf keineswegs am Platze: Vom Moment der Parteivereinbarung an kann die Gefahr einer generisch bestimmten Warenmenge unmöglich dem Käufer auferlegt sein. Hier muss notwendigerweise nur ein späterer Zeitpunkt für den Gefahrübergang in Betracht kommen. Man möge endlich damit ins klare kommen, dass die berühmte Perfektionslehre ausgerechnet auf den Genuskauf gemünzt worden ist! Wäre der Genuskauf den römischen Klassikern wirklich unbekannt gewesen, so wäre die Perfektiosnslehre von ihnen nie entwickelt. worden. Es ist doch auffallend, dass immer dann, wenn in den Quellen von *emptio perfecta* die Rede ist, es ausnahmslos um vertretbare Sachen geht, die vorzüglich für Genuskäufe passen: so schon beim vermutlichen Anfang dieser Lehre im Kreis der Sabinianer, den Gaius D. 18, 1, 35, 5 andeutet, und ähnlich bei der Anwendung dieser Lehre von der kaiserlichen Kanzlei auf Weinkaufsfälle (C. 4, 48, 2). Nicht weniger ist es merkwürdig, dass der Spätklassiker Paulus, der die vorangehenden Ansätze zu einem gefestigten Lehrgebäude zu entfalten sucht, die folgenden Kriterien aufstellt, anhand deren die Perfektion des Kaufgeschäfts zu beurteilen ist: ... *et si id quod venerit appareat quid quale quantum sit...* (D. 18, 6, 8 pr.). Die von Paulus angegebenen Kategorien – *quid, quale, quantum* – spielen unverkennbar auf vertretbare Sachen an, die –ausgenommen den Kauf in Bausch und Bogen *(emptio per aversionem)* – typische Gegenstände von Genuskäufen sind.

Hätte man den unleugbaren Zusammenhang zwischen Gattungskauf und Perfektionslehre rechtzeitig erkannt, wäre der romanistischen Forschung ein weiterer Irrweg erspart geblieben. Der im ersten Drittel des zwanzigsten Jahrhunderts ausgebrochene Meinungsstreit über die Existenz des Genuskaufs im klassischen römischen Recht lässt sich erst vor dem Hintergrund der Gefahrtragungsproblematik richtig verstehen. Franz Haymann, der seit 1912 für den römischen Gattungskauf mit unerschütterlicher Überzeugung eintritt,[23] erachtet das Problem des römischen Gattungskaufes als mit der Gefahrtragungsproblematik wesentlich verbunden. Nicht anders betrachten seine entschlossenen Gegner, Emil Seckel und Ernst Levy das Verhältnis beider Probleme. Will man den Gefahrübergang auf den Käufer erst in den Zeitpunkt der Übergabe der Kaufsache versetzen, wie es die Klassiker gemäss Haymann taten, so ist dieser Standpunkt durch den Gattungskauf kraftvoll untermauert, zumal ausgerechnet dieser Zeitpunkt für den Gefahrübergang dem Genuskauf am besten angemessen ist. Will man dagegen die Gefahrtragung bereits vom Abschluss bzw. der Perfektion des Kaufgeschäfts an dem Käufer auferlegen, so scheint der Genuskauf in diesem Rahmen nicht gut am Platz. In seiner Ansprache vor der preussischen Akademie der Wissenschaften in Berlin am 19. Juli 1923 bezeichnete Emil Seckel die Anerkennung der These Bechmanns von der Unmöglichkeit des römischen Gattungskaufes als die

---

[23] So F. Haymann, Die Haftung des Verkäufers für die Beschaffenheit der Kaufsache I, Berlin 1912, 71: „Es ist weder zutreffend, dass unsere Quellen keine zweifelsfreien Fälle von Genuskäufen enthielten, noch dass die Römer den Genuskauf überhaupt nicht als Kauf, sondern als eine besondere Geschäftsart ... aufgefasst hätten. Nicht nur das beschränkt generische Kaufgeschäft, der Kauf aus einem bestimmten Vorrat, war den Klassikern bekannt, sondern auch der Kauf von Sachen, die ausschliesslich nach Genusmerkmalen bestimmt sind."

unerlässliche Vorbedingung für die Erklärung der *periculum est emptoris*-Regel. Aufgrund seiner hinterlassenen Manuskripte unternahm es Ernst Levy dann, in einer umfangreichen Abhandlung der These des Meisters volle Ausgestaltung zu verleihen. Levy versuchte, teils anhand von Interpolationenvermutungen, die aus heutiger Sicht überwiegend bereits als längst überholt gelten, teils anhand anderweitiger Gedankengänge, die uns ausgesprochen rabulistisch anmuten, den Genuskauf restlos aus dem Sichtkreis des klassischen römischen Rechts zu entfernen.[24]

So erscheint die Athetierung jener Quellenstellen, die die Sachmängelgewähr des Verkäufers – den ungeschriebenen Erfordernissen der *bona fides* vollkommen entsprechend – auf die akzessorisch verkauften Gegenstände erstrecken, aus heutiger Sicht zweifellos abwegig.[25] Andrerseits suchen Seckel/Levy die drei Hauptargumente Bechmanns gegen die Möglichkeit des klassischen Genuskaufs weiterzuführen, sie bedienen sich also hauptsächlich der Argumente aus der Rechts- bzw. Sachmängelgewähr und der Gefahrtragungsregel. Dabei gelangen sie zu offenbar unhaltbaren, übertriebenen Aussagen. Zu diesen zählt zweifellos die Behauptung: „Die echten klassischen Quellen liefern somit nicht den mindesten Anhaltspunkt für den reinen Genuskauf, wiewohl über einen solchen – mag man an Rechtsmängel, Sachmängel, Gefahrübergang denken – manches zu sagen gewesen wäre;"[26] oder die folgende: „Das Nichtbestehen einer *dare*-Pflicht des Verkäufers wird also grundsätzlich zu einem Essentiale des Kaufes erklärt."[27]

Den Quellen zufolge verhindert nichts, dass die Eigentumsübertragungspflicht des Verkäufers im Kaufvertrag ausbedungen wird. Darauf weist die Bemerkung von Gaius hin, dass die Manzipationspflicht des Verkäufers mittels der *praescriptio: Ea res agatur de fundo mancipando* in der Klageformel der *actio empti* geltend gemacht werden kann.[28] Mangels gegenteiliger Abmachung ist der Verkäufer allerdings nicht zur Verantwortung zu ziehen, wenn der Käufer durch die Sachübergabe nicht sofort Eigentümer geworden ist. Nichts mehr als dies sagen Afr. D. 19, 1, 30, 1 und Ulp. D. 18, 1, 25, 1 aus, worauf die Verfasser sich berufen.[29] Der auffallende Widerspruch von Cels. D. 12, 4, 16 mit Paul. D. 19, 5, 5, 1, worauf

---

[24] Für M. Pennitz, Das periculum rei venditae (=Forschungen zum Römischen Recht 44), Wien/Köln/Weimar 2000, 328 Anm. 182, ist die Abhandlung von Seckel/Levy noch immer „grundlegend".

[25] Vgl. E. Seckel/E. Levy, Die Gefahrtragung beim Kauf im klassischen römischen Recht, SZ 47 (1927) 124-125 für folgende Athetierungen: Paul.-Alf. D. 19, 1, 27: *[veluti si fundo dolia accessura dixisset, non quassa, sed integra dare debet]*, Labeo D. eo. 54, 1: *dabit emptori ex omnibus quae vult[, dum integra det]*, und Ulp.-Pomp. D. 21,1,33 pr.: *[nam iure civili, ut integra sint quae accessura dictum fuerit, ex empto actio est, veluti si dolia accessura fundo dicta fuerint]*. Während für Haymann (o. Anm. 23) 72-73, D. 19,1,27 „kaum zu verdächtigen" ist, hält auch er D. 19,1,54,1 für „schwerlich unberührt".

[26] Seckel/Levy (o. Anm. 25) 127.

[27] Seckel/Levy (o. Anm. 25) 132.

[28] Gai. 4, 131a.

[29] Seckel/Levy (o. Anm. 25) 130.

hier selbstverständlich nicht einzugehen ist, scheint mit der Eigentumsübertragung nichts zu tun zu haben. Gänzlich aus der Luft gegriffen ist die von den Verfassern zur Begründung der celsinischen Entscheidung vorgeschlagene Textergänzung: <*quia si dare te oporteret Stichum, intendere non possum 'quidquid te mihi dare facere oportet'*>.[30] Die von den Verfassern – vermutlich nicht unabsichtlich – vergessene Klausel <*ex fide bona*> würde die Frage sogleich in anderes Licht stellen. Ist es doch überhaupt in Zweifel zu ziehen, dass die *incerta intentio* eines *bonae fidei iudicium* – *quidquid ob eam rem dare facere oportet ex fide bona* – zur Geltendmachung der ausgemachten Eigentumsverschaffungspflicht des Verkäufers vollkommen geeignet ist?

In der gleichen Weise ist es abzulehnen, dass die Verfasser rabulistisch die *bona fides* mit sich selbst in Widerspruch geraten lassen wollen. Bezieht sich das Abkommen der Parteien auf die Lieferung einer bestimmten Menge von afrikanischem Getreide bester Qualität – *Sunt mihi empti modii centum tritici Africi optimi* –, so liegt auf der Hand, dass in diesem Fall die *bona fides*, worauf im Text der *intentio* der *actio empti* Bezug genommen wird, die Leistung eben der bezeichneten Menge von afrikanischem Getreide bester Qualität verlangt, mittels des *bonae fidei iudicium* also eben das diesbezügliche Käuferinteresse geltend gemacht wird. Es lässt sich keineswegs ersehen, warum die Formelklausel *ex fide bona* hier dennoch – in Widerspruch mit der Parteivereinbarung – nicht mehr als bloss verkäufereigene Qualität erheischen würde, wie es die Verfasser unterstellen.[31] Und wenn Seckel/Levy bereits eingangs feststellen: „*Ex fide bona* hat der Verkäufer nur die bestimmt ins Auge gefasste Sache oder eine Menge aus dem bestimmt gekennzeichneten Vorrat zu leisten und zwar lediglich in der Beschaffenheit, in der sie sich dort befindet,"[32] so nehmen sie das, was erst noch zu beweisen wäre, schon für bewiesen, begehen also eine klassische *petitio principii*.

Umso auffallender ist es, dass die Verfasser, die die unzureichende quellenmässige Überlieferung für den Gattungskauf – mit einigem Recht – beklagen, auf der anderen Seite zur bekannten Theorie der gegenseitigen Stipulationen – in bezug auf die Kaufsache bzw. das Kaufgeld – ihre Zuflucht nehmen, wiewohl diese Theorie in der Tat jeglichen quellenmässigen Anhalts entbehrt. Wir finden in den Quellen zwar zahlreiche Stipulationen vor, die sich auf Sach- bzw. Geldleistungen beziehen. Nicht an einer einzigen Quellenstelle begegnen wir jedoch der Nachricht, dass solche Stipulationen – um eines einheitlichen Kaufgeschäfts willen – miteinander verbunden vorgekommen zu sein pflegten. Die Ansicht der Verfasser ermangelt also in noch grösserem Masse quellenmässiger Untermauerung als die von ihnen bekämpfte Lehre. Aber auch abgesehen vom Schweigen der Quellen ist das Kaufgeschäft unmöglich mit zwei Stipulationen zu ersetzen. Stipulationen können bekanntlich nur von anwesenden Parteien geschlossen werden, die *emptio venditio* als Konsensualkontrakt kennt diese Beschränkung nicht. Aufgrund einer Sachlieferungsstipulation ist der Verkäufer verpflichtet, die Kaufsache

---

[30] Seckel/Levy (o. Anm. 25) 135.
[31] Seckel/Levy (o. Anm. 25) 137.
[32] Seckel/Levy (o. Anm. 25) 136.

sofort ins Eigentum des Käufers zu übertragen. Aber ehe der Verkäufer den die Zahlung verweigernden Käufer aufgrund der Kaufpreisstipulation einklagt, veräussert der Käufer als Eigentümer die Kaufsache mit vollem Recht und meldet Zahlungsunfähigkeit dem Verkäufer gegenüber an. Die in der Studierstube erdachte Theorie der gegenseitigen Stipulationen hat jüngstens selbst Wolfgang Ernst aufgegeben.[33]

Die durchschlagende Widerlegung beinahe aller Argumente, derer sich Seckel-Levy Bechmann folgend in ihrem Feldzug gegen den römischen Gattungskauf bedienten, ist Franz Haymann in einer ausgezeichneten Abhandlung[34] gelungen. Er bestreitet vor allem die Theorie der wechselseitigen Stipulationen mit der triftigen Bemerkung: „Die spröde Form wechselseitiger ... einseitiger Stipulationen, an die auch die Verfasser glauben, bot durchaus keinen vollgültigen Ersatz."[35] Sehr treffend führt Haymann aus, dass das Käuferinteresse bezüglich des Eigentumserwerbs an der Kaufsache beim Genuskauf sich nicht wesentlich von dem beim Spezieskauf abheben konnte: „Sein Interesse forderte hier nicht im mindesten mehr den Erwerb uneingeschränkten Eigentums, also ein *dare,* wie beim Spezieskauf."[36] Mit vollem Recht weist er des Weiteren auf den grossen Beweiswert von Alf. D. 19,1,26 hin[37], wie auch auf die vollkommen verdrehte Beurteilung der *intentio incerta* im *bonae fidei iudicium* beim Genuskauf, die Seckel/Levy sich zu eigen machen.[38] Besonders förderlich sind die exegetische Aufgeschlossenheit, mit der Haymann sich der Auslegung der „Vorratsklausel" zuwendet, sowie seine Aufdeckung der fliessenden Grenzen zwischen Genuskauf und Spezieskauf.

Haymanns Auffassung vom römischen Genuskauf wurde von Beseler und Krückmann weitergeführt. Gerhard von Beseler anerkennt zwar den Verkauf der aus dem eigenen Stoff des Verkäufers anzufertigenden Sache als den einzigen Quellenbeleg für den römischen Gattungskauf,[39] der offensichtlich nicht bedenkenlos ohne weiteres als reiner Gattungskauf einzustufen ist. Andererseits sieht

---

[33] So Ernst, Kurze Rechtsgeschichte (o. Anm. 1) 602: „Die Lehrbuchhypothese von den wechselseitigen Stipulationen von Ware und Geld sollten wir fallen lassen."
[34] F. Haymann, Haben die Römer den Gattungskauf gekannt, Jherings Jahrbücher für die Dogmatik 79 (1928-29) 95-127.
[35] Haymann (o. Anm. 34) 98.
[36] Haymann (o. Anm. 34) 102.
[37] Haymann (o. Anm. 34) 103-106, insbes. auf S. 106: „Also hat Alfen bereits den reinen Gattungskauf gekannt und für formlos angesehen."
[38] Haymann (o. Anm. 34) 112-113.
[39] Vgl. G. von Beseler, Romanistische Studien, SZ 50 (1930) 34-35. Auch später unterstreicht er die Beschränkung des römischen Gattungskaufs auf diesen einzigen Fall, so auf S. 39: „Wir wissen nunmehr durch Erfahrung, dass der reine Gattungskauf den Römern bekannt war, dass er aber in Rom sehr selten war und, wenn er vorkam, wirtschaftlich den Charakter eines Werkvertrags hatte." Ähnlich auf S. 40: „in Rom der Genuskauf nicht wie heute bei uns etwas reguläres sondern etwas abnormes war." Schon früher erhebt G. Beseler, Beiträge zur Kritik der römischen Rechtsquellen III, Tübingen 1913, 200-201, Bedenken gegenüber Haymann (o. Anm. 23) 72, bezüglich Fr. Vat. 16 als angebliches Beispiel des reinen Gattungskaufs.

Beseler im Gattungskauf in bezug auf die Kaufsache eine Wahlschuld mit unzählbaren Alternativen, unter denen der Verkäufer oder der Käufer zu wählen habe[40] – eine recht bestreitbare und bestrittene Auffassung[41]. Krückmann beanstandet – m.E. völlig ungerechtfertigt –, dass die Beispiele Haymanns der Studierstube entstammen, anerkennt aber – anhand seines eigenen Beispiels –, dass zwischen Genuskauf und Spezieskauf kein unüberbrückbarer qualitativer Unterschied besteht.[42] Auch der ungarische Romanist, Barnabas Kiss, schliesst sich – anhand eigenständiger Überlegungen – der These Haymanns an, obwohl er – ein wenig unbedacht – als reinen Gattungskauf auch den Kauf der erst noch anzufertigenden Sache ansieht, wozu anscheinend auch der Brotverkauf in Ulp.-Labeo D. 14,3,5,9 gehört.[43]

Trotz seiner kraftvollen Argumentation war es Haymann jedoch nicht vergönnt, seinem Standpunkt zum Durchbruch zu verhelfen. Dies mag vorwiegend auf eine unglückliche „Warenverknüpfung" zurückzuführen sein: Man verknüpfte nämlich in verhängnisvoller Weise das Problem des römischen Gattungskaufes mit der ansonsten schwer belasteten Gefahrtragungsproblematik. Seckel/Levy wiesen Haymanns unbegründete Lehrmeinung vom byzantinischen Ursprung der *periculum est emptoris*-Regel erfolgreich ab. Zugleich fiel aber auch Haymanns an sich richtige Lehre vom römischen Gattungskauf dieser Niederlage zum Opfer. Man war derzeit anscheinend ausserstande, beide Fragen voneinander klipp und klar abzutrennen. Aber wie vor dem heftigen Meinungskampf über die Gefahrtragungsregel blieb die Literatur in der Frage des römischen Gattungskaufs auch nachher im wesentlichen gespalten. Zahlreiche Autoren äusserten sich jedoch auf beiden Seiten ohne eigene Forschungen und Überlegungen, gleichsam „aus zweiter Hand." So nahmen Francesco de Zulueta[44] und Fritz Schulz[45] die Unmöglichkeit des römischen Gattungskaufs für Bargeld an; von der negativen These nicht überzeugt waren Contardo Ferrini[46], Filippo Vassalli[47],

---

[40] So Beseler (o. A.nm 39) 34: „Dass Haymanns Frage mit ja beantwortet werden muss, folgt schon daraus, dass die Römer den Alternativkauf gekannt haben: der Alternativkauf ist ein Gattungskauf," unter Hinweis auf dens., Juristische Miniaturen, Leipzig 1929, 32.

[41] Vgl. dazu, anstatt vieler, A. Bessenyö, Eine auffallende paulinische Entscheidung (D. 18, 1, 34, 6) und die alternative Obligation, OIR 1 (1995) 72-74.

[42] Vgl. Krückmann (o. Anm. 2) 12-13.

[43] Vgl. B. Kiss, A ,veszély' kérdése adásvételnél a római jogban (Die Frage der Gefahr beim Kauf im römischen Recht), Kecskemét 1943, 155-173.

[44] Vgl. F. de Zulueta, The Roman Law of Sale, Oxford 1945, 16.

[45] Vgl. F. Schulz, Classical Roman Law, Oxford 1951 (Nd. Aalen 1992), 527. Der Verfasser sieht die Unkenntnis des Genuskaufs als einen Mangel des klassischen römischen Rechts an: „To this extent the classical law was incomplete and primitive ..."

[46] So C. Ferrini, Manuale di Pandette[4], hg. von G. Grosso, Milano 1953, 525: „l'oggetto dell'obbligazione del venditore può essere determinato anche in modo alternativo o generico." Die Einwände Bechmanns gegen den römischen Genuskauf will der Verfasser auf eine unrichtige Auffassung der generischen Obligation zurückführen, vgl. Anm. 2.

[47] Vgl. F. Vassalli, Delle obbligazioni di genere in diritto romano, in: Studi giuridici III/1, Milano 1960, 136-138 mit Anm.

Bernhard Kübler[48], Heinrich Siber[49], Raymond Monier[50] und Robert Villers[51]. Von neuem erhebt Heinrich Honsell Bedenken gegen die negative Theorie.[52]

Selbst Vincenzo Arangio-Ruiz bringt keine neuen Gesichtspunkte ins Spiel. Ein offensichtlich zu Beanstandung Anlass gebendes Vorgehen des Verfassers ist, dass er Fälle des „absolut" reinen Gattungskaufs – anscheinend absichtlich – mit Fällen des beschränkten Gattungskaufs unter einen Hut bringt: „Non sembra possibile, insomma, che per diritto romano possa essere *merx* di una compravendita un cavallo o uno schiavo, senza ulteriore determinazione, e neppure cento anfore di vino di Cipro o cento moggi di frumento africano di prima qualità."[53] Aus der praktischen Unmöglichkeit des „absolut" reinen Gattungskaufs, die wir in voller Übereinstimmung mit dem Verfasser gerne zugeben, folgt noch keineswegs die Unmöglichkeit des beschränkt generischen Kaufs, worauf die zwei letzten Beispiele in der zitierten Aufzählung unbestreitbar anspielen. Auch zieht es der Verfasser gerne vor, die zu beweisende These als des Beweises gar nicht bedürftig zu behandeln, ein recht bequemes, aber an die *petitio principii* streifendes Verfahren. So führt er die Unmöglichkeit des römischen Gattungskaufs auf die Forderung der Bestimmtheit der Kaufsache zurück: „... determinatezza che la cosa doveva avere, agli occhi dei romani, per aver funzione di *merx* in una compravendita," ohne jedoch darzulegen, worin eben der Kern der Frage besteht, warum die generische Bestimmtheit der Kaufsache in den Augen der Römer nicht hinreichende Bestimmtheit war. Des weiteren weist er darauf hin, dass die wechselseitige Stipulation der Kaufsache bzw. des Kaufgeldes mit *dare*-Verpflichtung den Parteiinteressen besser entsprochen haben sollte („... qui la riduzione a due promesse corrispettive di cose fungibili, denaro e derrata, e il porre ad oggetto dell'una come dell'altra promessa la *datio* nel senso preciso del trasferimento della proprietà, corrispondevano meglio agli interessi delle parti"),[54] bleibt aber jegliche Begründung für seine Behauptung schuldig.

---

[48] So B. Kübler, Geschichte des römischen Rechts, Leipzig/Erlangen 1925, 178 Anm. 1: „Dass ... die Römer den Genuskauf nicht gekannt hätten, halte ich für ganz unwahrscheinlich."

[49] So H. Siber, Römisches Recht II, Römisches Privatrecht, Berlin 1928, 195: „ ... doch geht es wohl zu weit, den Römern den reinen Gattungskauf (Vat. 16) ganz abzusprechen."

[50] So R. Monier, Manuel élémentaire de droit romain 2[4] Paris 1948 (Nd. Aalen 1977), 137: „ ... croyons nous légitime d'admettre la validité de la vente consensuelle des choses de genre dont les textes nous ont laissé, en réalité, quelques exemples ..."

[51] So R. Villers, Rome et le droit privé, Paris 1977, 373: „.... le texte de Papinien aux Frag. Vat. 16, lève toute hésitation."

[52] Vgl. W. Kunkel/H. Honsell, Römisches Recht[4], Berlin 1987, 305-306, wo der Verfasser sich auf Vermutungen und Plausibilitätsargumente beschränkt, so auf S. 306: „ ... doch ist es kaum vorstellbar, dass eine entwickelte Verkehrswirtschaft ohne ihn [den Gattungskauf] ausgekommen sein sollte ..." und „Es ist schwerlich vorstellbar, dass sie den kleinen Schritt zum reinen Gattungskauf nicht mehr getan haben sollten ..."

[53] So V. Arangio-Ruiz, La compravendita in diritto romano I, Napoli 1956, 122-123.

[54] So Arangio-Ruiz (o. Anm. 53) 126-127.

Anscheinend viel umsichtiger geht Giuseppe Grosso vor, der den römischen Gattungskauf eindeutig anerkennt.[55] Aus neuartiger Sicht wendet sich Franco Casavola der herkömmlichen Unterscheidung von Spezieskauf und Genuskauf zu. Er will zwischen individuellen Sachen und Sachmengen (quantità di cose) als Kaufgegenständen unterschieden wissen, fordert aber zur Perfektion des Kaufs die spezifische Ausscheidung der zu übergebenden Sachmenge.[56]

Auch die neuere italienische Handbuchliteratur ist in bezug auf unsere Frage nicht einheitlich. Während Edoardo Volterra zur Anerkennung des römischen Gattungskaufs zu neigen scheint,[57] weisen ihn Antonio Guarino[58], Giovanni Pugliese[59] und Alberto Burdese[60] ab. Mario Talamanca enthält sich in seinem Lehrbuch der Stellungnahme, auch später entschliesst er sich nicht, sich eindeutig zu einer der widerstreitenden Thesen zu bekennen.[61]

Ad C) Die dritte Richtung in der literarischen Bearbeitung unserer Frage begnügt sich nicht mit den vorher behandelten Argumenten, die letzten Endes doch bloss einen gewissen Grad von Plausibilität zu gewähren vermögen. Die Autoren, die dieser Richtung angehören, wollen einen endgültigen Beweisgrund vorlegen, mittels dessen die Streitfrage schliesslich unwiderlegbar zugunsten der negativen These zu entscheiden ist. Diesen Beweisgrund glauben sie in der besonderen Funktion der *causa emptionis* finden, daher bezeichnen wir des weiteren der Kürze halber ihre Theorie als *argumantum a causa*.

M. W. spielt Otto Karlowa zuerst dieses Argument gegen den römischen Gattungskauf aus. Der Käufer erwirbt Eigentum an der Kaufsache unbestreitbar durch *traditio ex causa emptionis*, nicht *ex causa solutionis*. Der Eigentumsübertragungs- bzw. Eigentumserwerbswille der Parteien verkörpert sich also in der *causa emptionis*, die in und durch den Kaufvertrag zur Entstehung kommt. Dieser Eigentumsübertragungs- bzw. Eigentumserwerbswille setzt nun selbstverständlich eine konkret-individuell bestimmte Sache voraus, da man einen bloss generisch bestimmten Gegenstand dinglich weder übertragen, noch erwerben wollen kann.[62]

---

[55] So G. Grosso, Obbligazioni. Contenuto e requisiti della prestazione, obbligazioni alternative e generiche³, Torino 1966, 259 Anm. 1: „i Romani hanno conosciuto la compravendita generica, qualunque sia il limite entro il quale l'hanno circoscritta."

[56] Vgl. F. Casavola, Emptio pondere numero mensura, in: Scritti giuridici raccolti per il Centenario della Casa editrice Jovene, Napoli 1954, 549 ff., bes. 557 ff. und 577 ff. (für mich nicht zugänglich).

[57] So E. Volterra, Istituzioni di diritto privato romano, Roma 1972, 500: „La *merx* può anche consistere in cose fungibili indicata in numero, in peso, misura ..."

[58] Vgl. A. Guarino, Diritto privato romano⁵, Napoli 1976, 792, wo er sich auf Casavola beruft.

[59] Vgl. G. Pugliese, Istituzioni di diritto romano, Padova 1986, 615.

[60] Vgl. A. Burdese, Manuale di diritto privato romano³, Torino 1987, 452, wo er die alte Theorie vom ursprünglichen Realkauf heranzieht.

[61] Vgl. M. Talamanca, v. Vendita, in: ED 46 (1993) 360-364.

[62] So O. Karlowa, Römische Rechtsgeschichte II, Leipzig 1901, 616: „Schon als Erwerbskausa setzt er [der Kauf] Richtung des Willens auf etwas Spezialisiertes voraus."

Daher der vermeinte Volltreffer gegen den römischen Gattungskauf: Verkäufer und Käufer könnten unmöglich den Verkauf eines bloss generisch bestimmten Gegenstandes vereinbaren, zumal ihr Eigentumsübertragungs- bzw. Eigentumserwerbswille, der notwendig eine konkret-individuell bestimmte Sache voraussetzt, bereits im Zeitpunkt des Kaufabschlusses – als *causa emptionis* – vorhanden sei. So wird die Unmöglichkeit des Gattungkaufes im römischen Recht anhand einer apodiktischen Schlussfolgerung als unwiderlegbar dargetan: Wie später Seckel/ Levy sagen, „Die Römer konnten den „reinen Genuskauf" gar nicht kennen."[63]

Dieses *argumentum a causa* wird in der jüngsten Literatur mehrmals mit Vorliebe vorgebracht. Reinhard Zimmermann[64], Werner Flume[65] und sein Schüler, Wolfgang Ernst[66] meinen ernstlich, mittels dieses Arguments die peinliche Frage endlich bewältigt zu haben. Ernst will anscheinend getreu dem Lehrsatz Flumes folgen, wonach der rechtswirksame Kaufakt nicht zustande komme, ehe der bestimmte Kaufgegenstand vorhanden sei: *Nec emptio nec venditio sine re quae veneat potest intelligi* (Pomp. D. 18,1,8 pr.). Deshalb ist der Kaufakt für Ernst ein „sachbezogener Zuordnungsakt", da er den Willensentschluss der Parteien enthält, dass ein bestimmter Gegenstand von nun an nicht mehr dem Verkäufer, sondern dem Käufer gehören soll. Doch kommt er sofort in Widerspruch mit seiner eigenen Ausgangsthese beim weiteren Verlauf des zitierten Pomponius-Textes, wo über den Kauf der zukünftigen Früchte eines Grundstücks oder eines noch ungeborenen Sklavenkindes die Rede ist – Schulbeispiele der sog. *emptio rei speratae* nach der herkömmlichen Lehre. Hier sieht sich der Verfasser einerseits gezwungen, das rechtswirksame Zustandekommen des Kaufakts bis zur Entstehung der Früchte bzw. Geburt des Sklavenkindes hinauszuschieben: „Als objektbezogener Rechtsakt wird die *emptio venditio* (erst und nur) dadurch wirksam, dass die verkauften Früchte zur Entstehung kommen …"[67] Andererseits kann er nicht umhin, aufgrund der eindeutigen Quellenstelle anzuerkennen, dass die *actio empti* dem Käufer gegen den Verkäufer dennoch zusteht,

---

[63] So Seckel/Levy (o. Anm. 25) 127.
[64] So R. Zimmermann, The Law of Obligations. Roman Foundations of the Civilian Tradition, Oxford 1996, 240: „If the contract of sale served as iusta causa traditionis and thus contained everything that was necessary to transfer ownership except traditio, it could only refer to a specific thing … "
[65] So Flume (o. Anm. 14) 57: „Der Kauf hat als Rechtsakt zum Inhalt, dass der Käufer Eigentümer der Kaufsache werden soll, was mit der traditio dann auf Grund des Kaufs als iusta causa bewirkt wird. Der auf den Eigentumserwerb des Käufers gerichtete Kaufvertrag kann diese Wirkung nur für den Spezieskauf haben. Die emptio venditio ist aber ja auch nur der Spezieskauf. "
[66] So W. Ernst, Gattungskauf und Lieferungskauf, SZ 114 (1997) 335: „Der Kauf ist Erwerbscausa und als Erwerbscausa setzt er die Bestimmung der zu erwerbenden Sache bereits im Akt der *emptio venditio* voraus. Die *emptio venditio* als objektbezogener Zuordnungsakt kommt nur als Geschäft über eine bestimmte Sache in Frage." Ähnlich Die Konkretisierung (o. Anm. 1) 51: „Wegen dieser unmittelbaren sachzuordnenden Wirkung fordert die römische *emptio venditio* den Bezug auf eine bestimmte Sache …" und ders., Kurze Rechtsgeschichte (o. Anm. 1) 592.
[67] Ernst (o. Anm. 66) 302.

falls der letztere die natürliche Entstehung der Kaufsache behindert: „Wenn der Verkäufer das Wachsen der *fructus* verhindert, trifft ihn eine Haftung *ex empto*, obwohl, so müssen wir annehmen, der Rechtsakt mangels Sachobjekt nicht zustandegekommen ist."[68] Wie kann aber ein Kaufakt rechtlich „unwirksam", sogar „nicht-existent" sein, und dennoch klagbare Rechtsansprüche nach sich ziehen? Besonders deutlich tritt der Selbstwiderspruch im Standpunkt des Verfassers hervor, wenn er in bezug auf die *emptio rei speratae* späterhin bemerkt, „dass das Geschäft nicht als bedingter Kauf erfasst wurde, vielmehr bereits mit dem Konsens als perfekt galt, freilich nur (und insofern nur im Rückblick) mit Entstehung der erhofften *res*."[69] Kann aber unter dem Satzteil „freilich nur (und insofern nur im Rückblick) mit Entstehung" irgendetwas anderes verstanden werden als „unter der Bedingung (und insofern nur im Rückblick) der Entstehung der erhofften *res*?" In der Tat kehrt Ernst also zur herkömmlichen Lehre zurück, wonach die *emptio rei speratae* bedingter Kauf ist, nur will er diesen bedingten Kauf „nicht als bedingten Kauf" auffassen. Eine handgreifliche *contradictio in adiecto*![70]

In ähnliche Verlegenheit gerät Ernst mit dem Quantitätskauf *(emptio ad mensuram)*. Auch hier sieht er sich veranlasst, sowohl – aufgrund eindeutiger Quellenaussprüche (Ulp. D. 18,6,1,1 und Gai. D. eo. 2,1) – die *custodia*-Pflicht des Verkäufers bis zur *mensura*, als auch (aufgrund gesunden Rechtssinnes) die Klageberechtigung des Käufers gegen den Verkäufer anzuerkennen, falls der letztere die gebührliche Zumessung, Zuwägung, Zuzählung der Ware vertragswidrig verweigert.[71] Nicht annehmbar scheint aber die Behauptung des Verfassers, der Käufer habe kein Interesse zur Vornahme der *mensura*, sondern lediglich zur Übergabe der Kaufsache.[72] Ist die Vornahme der *mensura* doch nicht unerlässliche Vorbedingung der Sachübergabe? *Qui vult finem, vult media!* Wollen die Parteien das Kaufgeschäft, so wollen sie gegebenenfalls notgedrungen auch jene Vorbereitungsakte, die zur Erfüllung des Kaufgeschäfts in der Tat unvermeidlich sind.

Das peinliche Dilemma, das dem Verfasser entgegensteht, ist folgendes: Der Kaufakt muss entweder schon mit der Parteivereinbarung oder erst später mit der Ausscheidung der Ware rechtsgültig zustande kommen, d.h. perfekt werden, zumal dem Verfasser rechtsgültige Existenz und Perfektion des Kaufgeschäfts zu-

---

[68] Ernst (o. Anm. 66) 302 Anm. 157.
[69] Ernst (o. Anm. 66) 311 Anm. 197.
[70] Zur dogmatisch richtigen Auffassung der *emptio rei speratae* vgl. jüngstens A. Bessenyö, Kauf unbestimmter Mengen von Fungibilien oder Sachgesamtheiten (Kritische Bemerkungen zur romanistischen Lehre vom Kauf zukünftiger Dinge), in: Molnár Imre Emlékkönyv (FS Molnár), hg. von É. Jakab, Szeged 2004, 89-93.
[71] So Ernst (o. Anm. 66) 312: „Wir meinen dies auch ohne unmittelbaren Beleg bejahen zu können."
[72] So Ernst, Die Konkretisierung (o. Anm. 1) 63: „Diese Verpflichtung zur Ausscheidung ist eine juristische Merkwürdigkeit insofern, als ja der Käufer ein Interesse an der Lieferung der geschuldeten Sachmenge, nicht an der dieser Lieferung vorausgehenden Ausscheidung hat."

sammenfallen.⁷³ Für die zweite Alternative spricht das in der Sicht des Verfassers durchaus schwerwiegende Argument, dass ohne spezifisch bestimmtes Kaufobjekt der Kaufakt als „sachbezogener Zuordnungsakt" kaum vorstellbar ist: „Vor dem *admetiri* gibt es nicht ′die′ Kaufsache, deren Gafahr man dem Käufer zuweisen könnte,⁷⁴ ... fehlt allerdings vor der Bildung der verkauften *res* durch *admetiri* das zur Kaufvereinbarung gehörende Objekt,⁷⁵ „... vor der *mensura* haben wir es noch mit einem objektlosen Kauf zu tun."⁷⁶

Besonders scharf gerät die Auffassung des Verfassers von der Perfektion des Kaufs in Widerspruch mit den Quellen, wo es um den Verkauf eines ganzen Vorrats mit Preisbestimmung je Masseinheit (Einheitspreis) geht. Hier dient die *mensura* lediglich der numerischen Ermittlung der zu bezahlenden Preissumme, vor der *mensura* ist der Kauf jedoch Gai. D. 18,1,35,5 zufolge – wie Verfasser selbst zulässt⁷⁷ – noch imperfekt. Zugleich ist die Kaufpreissumme in diesem Fall schon vom Kaufabschluss an objektiv bestimmt, nur den Parteien subjektiv unbekannt! In solchen Fällen ist das Kaufgeschäft aber – Ulp. D. 18,1,7,1 *(...magis enim ignoratur, quanti emptu[s]<m> sit, quam in rei veritate incertum est)* zufolge – bereits durch den Abschluss des Kaufvertrages rechtsgültig zustande gekommen, ehe das Geschäft noch zur Perfektion gelangt. Die Kaufperfektion fällt also – entgegen dem Grundsatz des Verfassers – mit dem rechtsgültigen Zustandekommen des Kaufakts nicht notwendig zusammen.

Trotz des Mangels eines spezifisch bestimmten Kaufobjekts sieht sich der Verfasser – unter ausdrücklicher Aufgabe seiner früheren, folgerichtigen Ansicht – gezwungen, die Perfektion der *emptio ad mensuram* bereits vor Ausscheidung der dem Käufer zu übergebenden Warenmenge, also vom Kaufabschluss an, zuzugeben.⁷⁸ Doch gerät er mit dieser tapferen Tat in einen tiefgreifenden Zwiespalt mit sich selbst, den er auszugleichen nicht imstande ist. Die qualvolle Schwankung zwischen Scylla und Charybdis macht sich z.B. in den folgenden Aussagen kund: „war ja die *ad mensuram* geschlossene *emptio* einer aus einem Vorrat auszuscheidenden Quantität durchaus ein Geschäft mit sofortiger Rechtswirkung, wobei sich allerdings die Kaufvereinbarung auf ein Objekt bezieht, das erst noch durch *adnumerare, adp[o]<e>ndere, adme[n]tiri* zur Entstehung zu bringen ist"⁷⁹

---

[73] Ganz klar in diesem Sinne z.B. W. Ernst, Periculum emptoris, SZ 99 (1982) 233: „ ... bedeutet mangelnde Perfektion ... Nichtexistenz des Kaufs als Rechtsakt", weiterhin auf S. 237: „die Perfektion bezeichnet den Zeitpunkt, zu dem der Kauf als gültiger Rechtsakt überhaupt erst zustande kommt", oder auf S. 242: „der Begriff der Perfektion bezieht sich auf den Kauf als rechtsgeschäftlichen Tatbestand. Trefflich hat es F. Schulz, Classical Roman Law, 1951, 533 gesagt: „emptio perfecta cannot possibly mean anything else but the conclusion of the contract."
[74] So Ernst (o. Anm. 66) 307.
[75] Ernst (o. Anm. 66) 312.
[76] So Ernst, Kurze Rechtsgeschichte (o. Anm. 1) 598.
[77] Vgl. Ernst (o. Anm. 66) 314. Zur „Quasi-Bedingungslehre" der Sabinianer vgl. auch Bessenyö (o. Anm. 70) 96-98.
[78] Vgl. Ernst (o. Anm. 66) 307 mit Anm. 180.
[79] Ernst (o. Anm. 66) 313.

und „Es wird der Kaufvereinbarung nicht die Perfektion als Rechtsakt abgesprochen, die Kaufvereinbarung bezieht sich ja durchaus auf eine bestimmte *res*, ohne deren Festlegung der Rechtsakt imperfekt bliebe, nur ist diese *res* eben noch zur Entstehung zu bringen, und bis dies geschehen ist, ist sie natürlich auch noch nicht verkauft."[80] Aber wie ist eine Sache bestimmt, die noch nicht zur Entstehung gelangt ist? Haben doch die Römer den *postumus* als *persona incerta* angesehen! Und wie ist ein Kaufakt als „sachbezogener Zuordnungsakt" perfekt, also rechtsgültig zustande gekommen, wenn die Kaufsache noch nicht verkauft ist?

In dieser desolaten Lage findet Ernst keinen besseren Ausweg, als zu althergebrachten juristischen Kniffen und Pfiffen seine Zuflucht zu nehmen. Einerseits distinguiert er – auf den Spuren der Glosse und des *Usus modernus pandectarum* – zwischen verschiedenen Perfektionswirkungen: Die rechtsgültige Entstehung des Kaufvertrags zieht nicht jedenfalls den Gefahrübergang auf den Käufer nach sich. Deshalb ergibt sich, „dass der Kauf einer unausgeschiedenen *pars vini* nicht wie ein bedingter Kauf als Rechtsakt imperfekt ist, dass vielmehr nur die Gefahrtragung des Käufers aufgeschoben ist, wie es aber auch nicht anders sein kann, da ja die Kaufsache erst noch zur Entstehung gebracht werden muss."[81] Abgesehen von unseren schon vorher erhobenen Bedenken, wie ein Kaufakt für perfekt gehalten werden kann, wo die Kaufsache erst noch zur Entstehung zu bringen ist, ist der Standpunkt des Verfassers wesentlich abweichend von der Lehre der alten Doktoren, die zwischen zweifacher Perfektion – *perfectio quoad obligationem* und *perfectio quoad periculum* – unterschieden wissen wollten?[82] Andererseits greift Ernst zur Konkretisierungslehre, die er übrigens – in seiner lehrgeschichtlichen Übersicht – mit vollem Recht abweist.[83] Denn hier wiederholt sich die Frage, ob der Standpunkt des Verfassers von der allgemein verbreiteten Lehre des *ius commune* im Wesentlichen abweichend ist. Wir glauben auf diese Frage klipp und klar eine negative Antwort erteilen zu müssen. Ob eine bereits im Zeitpunkt der Kaufvereinbarung entstandene Genusschuld durch die *mensura* in eine Speziesschuld umgewandelt wird, wie die herkömmliche Lehre behauptet, oder ob ohne eine vorangehende Genusschuld durch die *mensura* schlechthin der spezifische Kaufgegenstand hergestellt wird, wie der Verfasser lehrt, bedeutet keinen grundlegenden Unterschied zwischen den in Frage stehenden Auffassungen. Die herkömmliche Konkretisierungslehre hat – gegenüber dem Standpunkt des Verfassers – jedenfalls für sich, dass durch die Annahme einer die Phase der notwendigen Konkretisierung vorausgehenden Genusschuld die Klagemöglichkeit gegen den die Konkretisierung rechtswidrig verweigernden Verkäufer bequemlich erklärbar wird, während für den Verfasser ungeklärt bleibt, auf welchem Rechtsgrund der Verkäufer zur Erfüllung eines objektlosen Kaufakts angehalten werden kann.

---

[80] Ernst (o. Anm. 66) 312.
[81] Ernst (o. Anm. 66) 311.
[82] Vgl. dazu die interessanten lehrgeschichtlichen Angaben in Ernst, Die Konkretisierung (o. Anm. 1) 62-63 mit Anm.
[83] Vgl. Ernst, Die Konkretisierung (o. Anm. 1) 66-67.

Ist aber der eigentliche Kaufgegenstand im Ausscheidungskauf, wie Ernst vielfach ausspricht, die durch die *mensura* hergestellte konkrete Sachmenge, als konkret-individuell bestimmte Kaufsache und eben demzufolge der Ausscheidungskauf nicht als beschränkt generischer, sondern vielmehr als echter Spezieskauf einzustufen,[84] dann hindert uns nichts, einen weiteren, keineswegs waghalsigen Schritt zu tun. Will man nämlich den Ausscheidungskauf aus retrospektiver Sicht *ex postfacto* als Spezieskauf beurteilen, dann liegt es offenbar nahe, die Ausscheidung mit Anschaffung abzuwechseln und jeden Genuskauf letzten Endes als Spezieskauf aufzufassen. Zu diesem Standpunkt gelangte Immanuel Bekker,[85] und auch das bekannte Wort Keynes', *in long run we are all dead*, weist gedanklich in dieselbe Richtung.

Die Beteuerung das Verfassers, dass derselbe Gedankengang nicht um eine Welt auf den Genuskauf im allgemeinen zu erstrecken sei, schlägt keineswegs durch. Denn nicht nur verschiedene, aus einem gegebenen Vorrat auszuscheidende Mengen vertretbarer Sachen sind – ökonomisch wie juristisch – gleichwertig und miteinander abwechselbar,[86] sondern auch anderweitige Sachen, die derselben

---

[84] So Ernst (o. Anm. 66) 308: „Beim Quantitätskauf vertretbarer Sachen aus konkretem Vorrat ist ... verkauft ... nur die am Ende tatsächlich ausgeschiedene *quantitas:* Erst durch deren Entstehung erhält die Kaufvereinbarung den Gegenstand, auf den allein sie sich bezieht", auf S. 317: „ ... wird bei der *emptio pondere numero mensura* mit der Zumessung einer entsprechenden Quantität dem Rechtsakt *emptio venditio* die von ihm geforderte Spezies zugeordnet: nur dieser eine Rechtsakt wird, wenngleich in gestreckter Weise, verwirklicht ...", auf S. 334: „Der Quantitätskauf, die *emptio* eines *pondere numero mensura* bestimmten Teils aus einem konkreten Sachvorrat vertretbarer Sachen, begründete keine generische Leistungspflicht, sondern war (Spezies-) Kauf der durch Ausscheidung entstehenden konkreten Sachmenge." Ähnlich ders., Die Konkretisierung (o. Anm. 1) 56: „ ... kann man ... sagen, dass beim römischen Quantitätskauf eine zukünftige, realkörperliche Spezies verkauft ist ..." und ders., Kurze Rechtsgeschichte (o. Anm. 1) 598: „ ... war die *emptio ad mensuram* des klassischen römischen Rechts ... kein Fall eines (beschränkten) Gattungskaufs. Sie war vielmehr Spezieskauf der durch die *mensura* später noch entstehenden, realkörperlichen Quantität."
[85] Vgl. I. Bekker, Zur Lehre vom Genuskauf, Jahrbuch des gemeinen deutschen Rechts 5 (1862) 352f.
[86] So Ernst (o. Anm. 66) 307: „Die *emptio venditio* ist aber insoweit gültig abgeschlossen, als jede der Sachmengen, die man aus dem Vorrat dem Kaufvertrag nur zuordnen kann, für die rechtliche Betrachtung identisch ist: *tantundem eiusdem qualitatis est idem*"; auf S. 315: „ ... ein der Quantität nach bestimmter, auf einen konkreten Vorrat bezogener Kauf in den Quellen nur für vertretbare Sachen belegt ist"; auf S. 316: „bei diesen Sachen jede gleich umfängliche Menge rechtlich gleichwertig ist"; auf S. 317: „Zwar bleibt die Individualität der schliesslich für den Käufer abgemessenen Quantität noch unbestimmt, doch ist dies unschädlich, weil es sich für die römischen Juristen nur um den Kauf von vertretbaren Sachen handelt, von denen man sagen kann: *tantundem eiusdem qualitatis est idem*." Ähnlich noch Die Konkretisierung (o. Anm. 1) 55: „Bezeichnenderweise wird für andere als vertretbare Sachen die Möglichkeit eines Vorratskaufs nicht anerkannt. Eben nur bei einem Vorrat von vertretbaren Sachen ist jede ausgeschiedene Teilmenge mit jeder anderen möglichen Teilmenge gleichen Masses für die rechtliche Betrachtung identisch", und Rechtsgeschichte (o. Anm. 1) 598: „weil je-

Gattung angehören und den durch die Parteien im Kaufvertrag generisch bestimmten Kennzeichen gleichmässig entsprechen. Weder ökonomisch, noch juristisch scheint also die vom Verfasser angenommene Beschränkung auf einen konkreten, vorhandenen Warenvorrat bzw. auf ausschliesslich vertretbare Sachen gerechtfertigt. Schwerlich glaubhaft ist, dass – wie der Verfasser bezüglich D. 18,1,35,6 behauptet[87] – Gaius nur den Verkauf einer ganzen Herde zu Gesamtpreis – also in Bausch und Bogen – oder zu Einheitspreis pro Stück, nicht aber den Verkauf einer bestimmten Stückzahl aus der Herde für tunlich gehalten hätte. Und wenn der Verfasser den Verkauf der vom Verkäufer aus eigenem Stoff erst anzufertigenden Sache – mit dem der zukünftigen Früchte – bedenkenlos dem Kreis der Spezieskäufe zurechnet,[88] so leuchtet keineswegs ein, warum ausgerechnet der Genuskauf aus diesem weit entworfenen Kreis ausgeschlossen bleiben sollte.

Mit Ernst erreicht die wissenschaftliche Austragung des Problems des römischen Gattungskaufs einen dialektischen Siedepunkt. Hier schlägt die negative These in ihr Gegenteil, in die positive These um. Überlegt man, dass letzten Endes ein jeder Kauf Spezieskauf ist, so lassen sich nicht mehr gegen den Genuskauf Einwände erheben, denn der Genuskauf selbst ist ja eigentlich Spezieskauf.

III. Die „Vorratsklausel"

Mit diesem dialektischen Schlussakkord löst sich die herkömmliche romanistische Lehre vom Genuskauf und Spezieskauf eigentlich auf. Es liegt nahe, die Forschung auf erneuten Grundlagen fortzusetzen. Es empfiehlt sich freilich zweifelsohne, dem erneuten Aufgriff der Problematik einige methodologische Reflexionen vorauszuschicken.

Methodologisch sind wir gewohnt, unsere Quellentexte irgendwie nach Art des starken Gesetzespositivismus des neunzehnten Jahrhunderts zu behandeln. Niemand will freilich in Zweifel ziehen, dass die Digesten oder der Codex nicht Gesetzbücher wie das BGB oder das ABGB sind. Unsere Überlieferung besteht überwiegend aus Bruchstücken, die miteinander ohne Zusammenhang oder in losem Zusammenhang, zufälligerweise geschichtlich aufbewahrt worden sind. Darum können wir unseren Texten keineswegs so anhängen, als ob sie Paragraphen eines positiven Gesetzbuchs wären. Eine aufgeschlossene, einfühlende, lebendige

---

de gleichumfängliche Teilmenge, die dem bezeichneten Vorrat entnommen werden kann, wegen der Vertretbarkeit der Ware rechtlich gleichwertig ist, weil also jede aus dem Vorrat entnommene Spezies zu der vorher abgeschlossenen Kaufvereinbarung passt."

[87] So Ernst (o. Anm. 66) 315: „Nicht genannt wird dagegen die Möglichkeit eines Verkaufs einer festen Anzahl von Tieren, die der Herde durch Abzählen zu entnehmen wäre" und ders. Kleine Rechtsgeschichte (o. Anm. 1) 598: „war es offenbar nicht möglich, bei nicht-vertretbaren Sachen wie den Tieren einer Herde eine gültige *emptio venditio* über ein noch auszusonderndes Tier abzuschliessen."

[88] Vgl. Ernst (o. Anm. 66) 330-334.

Anschauung der hintergründigen Rechtswirklichkeit ist daher für die Forscher des römischen Rechts unentbehrlich. Manchmals ist es uns tatsächlich vergönnt, über diese hintergründige Rechtswirklichkeit durch glücklicherweise entdeckte Urkunden und andere Dokumente in positiver Weise Bescheid zu wissen. Dies ist jedoch lediglich der Ausnahmefall. Im Grunde genommen sind wir fortwährend aufgefordert, unsere intuitive Rechtsanschauung, unser natürliches, durch lange Erfahrung verfeinertes Rechtsgefühl in vollen Einsatz zu bringen. Unsere Quellentexte müssen nämlich vielfach ergänzt, ihre Aussprüche erweitert und verlängert werden. Nur so können wir darauf hoffen, in die ehemalige lebendige Wirklichkeit des römischen Rechts Einblick zu gewinnen. Das römische Recht ist nicht einfach als ein geschriebenes, anzueignendes Material anzusehen, wie die positive Rechtsordnung der heutigen Staaten. Das römische Recht ist vielmehr ein hervorzubringendes Objekt, eine anspruchsvolle Rekonstruktionsaufgabe, die mit bloss rechtspositivistischen Methoden keineswegs zu bewältigen ist. Darum dürfen wir nicht zurückschrecken vor der Veranlassung, über den gegebenen Textbefund nötigenfalls hinauszugreifen und den versteckten Verzweigungen des römischen Rechtsdenkens nachzuspüren.

Was nun die konkrete Frage nach der Bedeutung der „Vorratsklausel" anbelangt, so sind wir auch hier gründlich veranlasst, weiter als unsere Nase zu sehen. Stellen wir uns den sog. Quantitätskauf vor, also den Fall, wo eine bestimmte Quantität von Wein aus einem bestimmten Gefäss verkauft wird (Gai. D. 18,1,35,7). Hier ist die fragliche Quantität aus dem Gefäss – möglichst in Anwesenheit des Käufers – noch natürlich abzumessen, gleichgültig, ob der Kaufpreis je Masseinheit (Einheitspreis) oder als Gesamtpreis (Pauschalpreis) bestimmt ist. Nehmen wir des Weiteren an, dass ehe der Käufer zwecks Zumessung abredemässig eintrifft, folgende Eventualitäten stattfinden:

- ein anderer Käufer stellt sich ein, der das ganze Gefäss ohne Aufschub zu recht vorteilhaftem Preis erkaufen will, oder
- unerwartete Gäste stellen sich ins Wirtshaus des Weinhändlers ein und bestellen sofort Wein, der ohne Aufschub nur aus dem fraglichen Gefäss abgefüllt werden kann, oder
- das Gefäss zerbricht und der Wein fliesst aus, oder
- der Wein im Gefäss ist verdorben.

Ist es nun in Abrede zu stellen, dass in solchen und ähnlichen Fällen der Verkäufer dem Käufer die verabredete Quantität von Wein aus einem anderen Gefäss zumessen darf, das Wein derselben Sorte und Qualität enthält? Und auf der anderen Seite ist der Käufer berechtigt, gegen das Verfahren des Verkäufers Einwand zu erheben und die von ihm dargebotene Erfüllung abzulehnen? Es liegt auf der Hand, dass beide Fragen eindeutig negativ zu beantworten sind. Will der Weinhändler ja doch Wein verkaufen und die Kundschaft Wein kaufen! Die reale Interessenlage der Parteien fordert offensichtlich die Aufrechterhaltung des Kaufgeschäfts, ohne Rücksicht auf den tatsächlichen Umstand, dass der dem Käufer dargebotene Wein aus einem anderen Gefäss zugemessen wird, nicht aus demselben, das die Parteien beim Kaufabschluss einvernehmlich bezeichneten. Mögen die Parteien *in concreto* auch an ein individuell bestimmtes Weingefäss gedacht haben, dieser Tatumstand beeinträchtigt nicht im mindesten, dass ihre Vereinbarung sich eigentlich *(sensu proprio)* ausgerechnet auf eine bestimmte Quantität von Wein derselben Sorte, Qualität und Eigenart, wie der im Gefäss momentan befindliche Wein, richtet. Der angesichts des Käuferinteresses unwesentlichen Abweichung von der Parteivereinbarung, dass der Käufer die verabredete Quantität von Wein derselben Sorte, Qualität und Eigenart vom Verkäufer aus einem anderen Gefäss zugemessen erhält, ist unmöglich ausschlaggebendes Gewicht beizulegen gegenüber dem eindeutigen Verkehrsinteresse, das offensichtlich das Aufrechterhalten des Kaufgeschäfts erfordert.

Und wir können noch einen Schritt weiter gehen. Bildet den Gegenstand des Kaufgeschäfts nicht eine erst noch abzumessende Teilmenge aus einem bezeichneten Gefäss, sondern das ganze Gefäss selbst, die Abmessung ist jedoch unentbehrlich, weil der Kaufpreis je Masseinheit bestimmt ist, so bleibt der vorangehende Gedankengang auch im Hinblick auf diesen Fall in Geltung. Auch in diesem Fall ist also das Verhalten des Verkäufers einwandfrei, wenn er dieselbe Weinmenge, die das bezeichnete Gefäss als Ganzes enthält, derselben Sorte, Qualität und Eigenart gegebenenfalls aus irgendeinem Grunde anderswoher beschafft und dem Käufer zumisst.

Die „Vorratsklausel" ist also nicht allzu ernst zu nehmen. Hinter dem 'Vorratskauf' versteckt sich der wahre Genuskauf! Gemäss richtiger Auslegung bezieht sich die Parteivereinbarung im Vorratskauf auf eine bestimmte Menge von Ware derselben Sorte und Qualität, wie die im bezeichneten Vorrat befindliche Ware. Ob dann der Käufer die fragliche Warenmenge aus demselben Vorrat ausgeschieden erhält oder aus einem anderen gleichwertigen Warenvorrat, ist eine juristisch unerhebliche Tatsachenfrage. Die Bezeichnung des Vorrats dient also eigentlich der Bezeichnung des Warenmusters, gemäss dem der Käufer die bestellte Menge der Ware erhalten will. Dies ist die verkehrstypische Auslegung der Vorratsklausel, gegenteilige Abmachung der Parteien ist freilich nicht auszuschliessen.

Hinter dem Vorratskauf versteckt sich also, wie gesagt, der wahre Genuskauf. Dies folgt unzweideutig aus der verkehrstypischen Auslegung der Vorratsklausel. Der wahre Genuskauf ist jedoch nicht reiner Genuskauf, vorzüglich nicht „absolut" reiner Genuskauf! Praktisch ist es natürlich unvorstellbar, dass Ware unter bloss generischer Bezeichnung – Wein, Tier, Kleidung usw. – gekauft wird. Das *genus* wird notwendigerweise noch durch zahlreiche weitere Merkmale des näheren bestimmt und deswegen beschränkt. Vielleicht wäre es wirklich klarer und bezeichnender anstatt von Genuskauf von Typuskauf zu sprechen.

Unsere Auslegung des Vorratskaufs als wahrer Genuskauf wird durch die besondere Gefahrtragungsregel, die unsere Quellen in bezug auf den Vorratskauf aufstellen, weitgehend bestätigt. Auf den ersten Blick scheint die Gefahrverteilung beim Vorratskauf zulasten des Verkäufers bei weitem ungerecht: Bis die Zumessung, Zuwägung, Zuzählung der bestimmten Warenmenge stattfindet – oder der Käufer in Gläubigerverzug gerät –, ist alle Gefahr dem Verkäufer als Schuldner auferlegt. Geht das Gefäss, das der Käufer erkauft hat, vor der zwecks Preisfeststellung vorzunehmenden Abmessung mit dem Wein ohne Schuld des Verkäufers zugrunde oder wird der Wein im Gefäss sauer, so wird der Käufer von der Preiszahlung entlastet, obzwar die Gefahr ausgerechnet das individuell bestimmte Gefäss, das er gekauft hat, betrifft.[89] Aber auch wenn der Käufer nur eine Teilmenge aus dem Gefäss gekauft hat, betrifft der vor der Abmessung ohne Schuld des Verkäufers vor sich gehende Untergang oder Verderben des im Gefäss befindlichen Weins zweifellos auch den Teil, der später dem Käufer hätte hingegeben werden müssen. Dennoch wird der Käufer auch in diesem Fall von der Kaufpreiszahlung befreit. Diese scheinbare Ungerechtigkeit gegenüber dem Verkäufer wird sofort erklärlich, indem man ins Auge fasst, dass der Vorratskauf eigentlich wahrer Genuskauf ist. Der Verkäufer ist nicht angehalten, die verkaufte Warenmenge aus dem konkreten, beim Kaufabschluss vorhandenen oder von den Parteien bezeichneten Warenvorrat abzugeben, er ist berechtigt, die verkaufte Warenmenge gelegentlich einem anderen, gleichwertigen Warenvorrat zu entnehmen. Daher ist es in Wahrheit vollkommen gerechtfertigt, dass nicht der Käufer, sondern der Verkäufer die Gefahr hinsichtlich des konkret bezeichneten, dem Verkäufer zur Verfügung stehenden Warenvorrats trägt. Grundsätzlich verfehlt ist nämlich die Auffassung, bei Genusschuld könne – infolge der bekannten Maxime *genus perire non potest* – über Gefahrtragung nicht die Rede sein.[90] Die Gefahrtragung auf die Ganzheit des *genus* als solches zu beziehen, wäre unbestreitbar sinnlos. Der Genusschuldner leistet aber notwendig aus einem besonderen Vorrat, der ihm zurzeit zur Verfügung steht. In bezug auf diesen besonderen Vorrat kann man von Gefahrtragung auch bei Genusschuld sinnvollerweise sprechen.

IV. Der Gegenstand der generischen Obligation

Die Unfähigkeit der Doktrin, die Gefahrtragung bei Genusschuld theoretisch aufzuklären, lässt sich vorwiegend auf das tiefer liegende, dogmatische Grundproblem – was ist eigentlich der Gegenstand der generischen Obligation? – zurückführen. Die althergebrachte Maxime: *genus in obligatione, species in solutione*, be-

---

[89] Vermutlich infolge dieser als ungerecht empfundenen Gefahrzuweisung fühlten sich Seckel/Levy und einige ihnen folgende Autoren veranlasst, hier eine von den Kompilatoren ausgemerzte, prokulianische Gegenmeinung anzunehmen, wonach im Fall des Verkaufs eines ganzen Warenvorrats zu je Masseinheit bestimmtem Preis, also wo die *mensura* lediglich der numerischen Ermittlung der Preissumme dient, die Gefahr sogleich vom Kaufabschluss an, also bereits vor der Kaufperfektion den Käufer belastet. Zu dieser ganz grundlosen Vermutung vgl. Bessenyö (o. Anm. 70) 94-96.

[90] So bereits, um den *terminus a quo* zu bestimmen, Brinz (o. Anm. 5) 105: „bis zur endlichen Leistung ... keine konkrete Spezies oder konkrete Quantität *in obligatione*, und ein Kasus, von dem vor der Leistung die Rede sein könnte, unmöglich ist"; und auf S. 106: „bis zur Leistung wie vom Kasus so auch von Gefahr keine Rede sein könne. Denn was immer bis dahin dem Verkäufer zu Grunde geht, ist noch nicht *in obligationem* und also mit diesem Geschäfte noch in keine rechtliche Berührung gekommen." Ähnlich, um den *terminus ad quem* zu bestimmen, M. Talamanca (o. Anm. 61) 361: „appare decisivo il rilievo che rispetto ad un genus ,illimitato' non si sarebbe potuto porre il problema della *vini mutatio*"; für das „genus illimitato" vgl. auch Anm. 592.

schreibt die Rechtslage wirklichkeitstreu. Es gilt nun diese Maxime dogmatisch zu durchdringen. Aber – wie die Lehrgeschichte bezeugt – selbst dogmatischer Scharfsinn mag in dieser verfänglichen Frage auf Irrwege geraten. Das Problem ist nämlich auch philosophisch dimensioniert, berührt die grundlegenden logisch-semantischen Strukturen unseres Denkens und Redens. Und die herkömmliche romanistische Lehre scheint der erfolgreichen Bewältigung der tiefgreifenden Problematik eben philosophisch nicht gewachsen zu sein.

Es ist jedem Zweifel enthoben, dass auch eine generische Obligation ausschliesslich mittels konkret-individuell bestimmter Sachen (sog. Speziessachen) erfüllt werden kann. Wäre es jedoch gerechtfertigt, daraus mit Bekker den Schluss zu ziehen, die Genusschuld sei letzten Endes notwendig Speziesschuld, es gebe im wesentlichen nur Speziesschulden? Wie sind die anscheinend widerstreitenden Teilsätze unserer Maxime – *genus in obligatione, species in solutione* – miteinander in Einklang zu bringen? Sind das Objekt der Obligation und das Objekt der Solution völlig verschiedene Objekte? Sind sie eigentlich jedoch dasselbe? Wie verhalten sie sich zueinander? Auf diese und ähnliche wichtige Fragen hat die herkömmliche romanistische Lehre bedauerlicherweise bisher lediglich partielle oder verfehlte Antworten geben können.

Logisch-semantisch ist das *genus terminus universalis, universale*, also Allgemeinbegriff, der durch die Abstraktionstätigkeit des menschlichen Intellekts zustande gebracht wird.[91] Meistens wird das *genus* als Allgemeinbegriff in reflexivem Sinne *(universale reflexum, secundae intentionis)* gebraucht. Man reflektiert auf die Tatsache, dass der Allgemeinbegriff durch Abstraktion von den unzähligen Individuen, die mit demselben Namen bezeichnet werden, zustande gekommen ist. Darum denken wir mit dem Allgemeinbegriff zugleich an die Individuen, die in der reellen Wirklichkeit den Allgemeinbegriff verkörpern. Der Allgemeinbegriff bezieht sich auf irgendeine Weise auf die Individuen, die logisch seinen Umfang bilden. Diese Beziehung entspricht der Kategorie der Bedeutung bei Frege[92] und der Kategorie der Referenz *(reference)* oder „denotation"[93] oder „naming"[94] in der angelsächsischen Sprachphilosophie. Da die Nachwelt die terminologische Wahl

---

[91] Im Folgenden gebrauche ich die Systematik und Terminologie von Tillmannus Pesch S. I., Institutiones logicales I, Freiburg im Breisgau 1888, 277-298. Dieses Werk stellt noch das verblüffend reichliche Instrumentarium der Dialektik der Schulphilosophie dar. Die Anzahl der verschiedenen philosophischen und logischen Lehr- und Handbücher ist allerdings schier unübersehbar.

[92] Vgl. G. Frege, Über Sinn und Bedeutung, Zeitschrift für Philosophie und philosophische Kritik 100 (1892) 25-50 (=Kleine Schriften, hg. von Ignacio Agnelli, Hildesheim 1967, 143-162).

[93] Dieser plastische Ausdruck, der aus der occamischen nominalistischen Tradition entstammt, ist von dem grossen britischen Empiristen, J. Stuart Mill, A System of Logic, Rationative and Inductive, 1843, wieder in Anwendung gebracht worden.

[94] Dieser Ausdruck ist gebraucht z.B. von Willard Van Orman Quine, On what there is, The Review of Metaphysics 2 (1948) 21-38 (= ders., From a Logical Point of View^2, Cambridge/Massachusetts 1964).

Freges im Allgemeinen unglücklich und verwirrend empfindet[95], empfiehlt sich am besten der Ausdruck „denotation", den auch Alonso Church zur Wiedergabe der fregeschen 'Bedeutung' gebraucht[96].

Diese reflexive Rückbeziehung des Allgemeinbegriffs auf die Individuen, die ihm logisch unterstehen, findet auf verschiedene Weise statt. Im Fall der *suppositio universalis distributiva* bedeutet das *universale* alle Individuen, die ihm unterstehen, sämtlich und im einzelnen. Das *genus* als Allgemeinbegriff ist also mit der Summe der sämtlichen Individuen, die ihm unterstehen, gleich. Angesichts unseres rechtsdogmatischen Problems ist diese Bedeutungsweise des *genus* offenbar gänzlich unbrauchbar. Wäre das *genus* in diesem Sinne als Gegenstand der generischen Obligation anzusehen, so hätte der Genusschuldner ausnahmslos alle Individuen, die zurzeit das *genus* ausmachen, dem Gläubiger darzubringen. Eine ersichtlich unerfüllbare und vollkommen sinnlose Leistungspflicht!

Nicht anders verhält es sich mit dem Fall der *suppositio universalis collectiva*. Hier bedeutet das *genus* als Allgemeinbegriff die Gesamtheit der Individuen, die ihm unterstehen, als eine Gruppe oder Klasse von Gegenständen derselben Art. Der die Schulphilosophie im Spätmittelalter beherrschende Nominalismus, der die abstrakten allgemeinen Begriffe als eigenständige intellektuelle (geistige) Realitäten in Abrede stellt – sie als überflüssige Entitäteten mittels *Occam's razor: entia non sunt multiplicanda praeter necessitatem* abrasen will –, erkennt lediglich den konkreten Individuen objektive Realität zu. So erklärt der Humanist Marius Nizolius (1498-1576), der die herkömmliche Dialektik und Metaphysik im ganzen als blosse Rhetorik entlarvt zu haben wissen will, dass das *genus* in Wahrheit nichts anderes, als die kollektive Gesamtheit der zu ihm gehörigen Individuen ist, wie eine Herde die kollektive Gesamtheit der zu ihr gehörigen Viehstücke ist: *universalia nihil aliud esse quam omnia singularia collective simul sumpta*. Der 24 jährige Leibniz, der 1670 Nizolius' philosophische Werke herausgibt, zugleich aber im Vorwort seine Irrtümer bekämpfen will, bedient sich unter anderem eines juristischen *argumentum ad absurdum*, um die Abwegigkeit des nominalistischen Standpunkts des Nizolius auch auf juristischem Gebiet mit voller Deutlichkeit darzutun. Der junge *doctor juris* greift zum römischen Legatsrecht zurück und nimmt ein *legatum generis* zum Beispiel: *Titio equum meum do lego*. Gemäss der nominalistischen Auffassung des Nizolius, der im *genus* das *collectivum* im ganzen sieht, müsste der ganze Pferdebestand des Erblassers aufgrund dieser letztwilligen Anordnung auf den Legatar übergehen: *idem ac si dixisset: Titio omnes equos meos do lego*. Nun wäre das ja ein recht schönes Rechtsweistum: *Egregio, si diis placet, jurisprudentiae specimine* – bemerkt spöttisch der junge Rechtsgelehrte. Die richtige Lösung liegt für Leibniz auf der Hand: nicht alle

---

[95] So z.B. W. Kneale/M. Kneale, The Development of Logic², Oxford 1971, 495, und F. von Kutschera, Sprachphilosophie², 1975 (Nd. München 1993), 57.
[96] Vgl. A. Church, The need for abstract entities in semantic analysis, Proceedings of the American Academy of Arts and Sciences 80 (1951) 100-112.

Pferde des Erblassers kommen dem Legatar zu, sondern lediglich eines von ihnen: *plana res est, sensus enim erit: Titio illum aut illum equum do lego*.[97]

Logisch-semantisch stützt sich diese Lösung offensichtlich nicht mehr auf die *suppositio universalis collectiva*, sondern auf eine andere Bedeutungsweise des *genus*, die *suppositio particularis disiunctiva*. Hier bezieht sich das *genus* allein auf ein einziges Individuum, das selbstverständlich zum *genus* gehört. Und zwar ausgerechnet auf jenes Individuum, das unter den alternativ (disjunktiv) aufgereihten Individuen, die das *genus* ausmachen, letztlich ausgewählt wird. Da es im Leibnizens Beispiel um ein Vindikationslegat geht, steht die Wahl offenbar dem Berechtigten – dem Legatar – zu. Im Fall eines Damnationslegats stünde die Wahl regelrecht dem Erben als Schuldner zu.

Auf dieser Gebrauchsweise des *genus* beruht jene Erklärung der generischen Obligation, die bereits den Glossatoren bekannt war. Gemäss dieser Theorie bildet das *genus* als die Gesamtheit der zu ihm gehörenden Individuen den Gegenstand der generischen Obligation in dem Sinne, dass der Schuldner aus dieser Gesamtheit der Individuen taugliche Exemplare in der angemessenen Anzahl zur Erfüllung auswählt. So gewinnt unsere Maxime eine beruhigende Erklärung: Den Gegenstand der generischen Obligation bildet das ganze *genus* als solches, der Schuldner braucht jedoch nicht mehr als eine begrenzte Anzahl von den zum *genus* gehörigen Individuen erfüllungshalber abzuliefern. Diese Erklärung bringt die Genusschuld mit der Wahlschuld ersichtlich unter einen Hut. In gewissen Fällen – so vorzüglich in Fällen von Legatsanordnungen – passt dieses Modell in hinreichendem Masse auf die juristische Wirklichkeit. Ist das *genus* so eng begrenzt, dass alle Individuen, die zum *genus* gehören, dem Verpflichteten zur Verfügung stehen – bei Legaten kommen bekanntlich bloss die im Nachlass befindlichen Individuen in Betracht –, so steht im wesentlichen nichts dem entgegen, die Genusschuld einer Wahlschuld gleichzusetzen. Diese Auffassung macht sich – ausweislich D. 31, 66, 3: *hominis enim legatum orationis compendio singulos homines continet ...* – auch der grosse Papinian zu eigen.[98]

Ist das *genus* dagegen hinlänglich weit umrissen, wie regelmässig in den generischen Obligationen, so ist es allem Zweifel enthoben, dass das *genus* als Gesamtmenge der ihm zugehörigen Individuen unmöglich dem Schuldner zur Verfügung stehen kann. Die überwiegende Mehrheit der in Frage stehenden Individuen ist dem Schuldner völlig unbekannt, unerreichbar, befindet sich ausserhalb des Gesichts- oder Wirkungskreises des Schuldners. Mit dem ganzen *genus* hat der Schuldner in der Wirklichkeit nichts zu tun! Darum scheint es uns grundsätzlich verfehlt, die Rechtslage des Genusschuldners unter Bezugnahme auf die Wahlschuld erklären zu wollen. Grundsätzlich lässt sich nämlich – abgesehen von den

---

[97] Vgl. G. W. Leibniz, Dissertatio de stilo philosophico Nizolii, in: Opera philosophica I, hg. von J. E. Erdmann, Berlin 1840, 70.

[98] So (statt aller anderer) R. Knütel, In obligatione generis quid est in obligatione?, in: Studi Sanfilippo III, Milano 1983, 361: „Die gattungsmässige Bestimmung eines Sklaven ist für ihn nur eine Kurzformel für alle einzelnen Sklaven. Sie alle sind wie bei einer Wahlschuld *in obligatione*."

erwähnten Sonderfällen – die Genusschuld der Wahlschuld keineswegs gleichsetzen. Die Behauptung, der Schuldner könne unter allen Exemplaren des betreffenden *genus* nach Belieben wählen, entbehrt in der Tat, wo der Schuldner keinen reellen Zugang zu der überwiegenden Mehrheit der Exemplare findet, jeder sinnhaften Grundlage.

Es sind bisher jedoch weder die logisch-semantischen Bedeutungsmöglichkeiten noch die entsprechenden juristisch-dogmatischen Erklärungsmöglichkeiten vollständig ausgeschöpft. Das *genus* als Allgemeinbegriff *(terminus universalis, universale)* kann auch ohne Bezugnahme auf die ihm unterstehenden Individuen, unmittelbar als rein abstrakter Gedankeninhalt *(universale directum, primae intentionis)* vorgestellt werden. Dies ist der Sinn bei Frege,[99] die „connotation"[100] oder „meaning" („sense")[101] in der angelsächsischen „linguistic (analytical) philosophy". An sich bedeutet die Anerkennung dieser semantischen Kategorie selbstverständlich noch keine tiefer gehende, erkenntnistheoretische oder metaphysische Stellungnahme. Rückt man jedoch den „Sinn" des Allgemeinbegriffs in den Vordergrund, so gerät man – auch ohne Absicht – in den Bannkreis des Realismus, der die Allgemeinbegriffe nicht bloss als abstrakte Gedankeninhalte, sondern als reelle intellektuelle (geistige) Entitäten, als Ideen auffasst. Durch diesen Realismus ist die pandektistische Schulrichtung geprägt, der im Gegenstand der generischen Obligation eine unkörperliche Realität *(res incorporalis)* sieht. Diese Auffassung überholt die nominalistische Ansicht, die das *genus* schlechthin der Gesamtheit der Individuen, die zu ihm gehören, gleichsetzt. Die theoretisch unbegrenzte Auswahlmöglichkeit des Genusschuldners unter den sämtlichen Individuen, die das betreffende *genus* zurzeit ausmachen, war ja schon ein reines Gedankengebilde, dem beinahe nichts in der reellen Wirklichkeit des Schuldners entspricht. Gemäss dieser Theorie ist der Gegenstand der generischen Obligation nunmehr keine Spezies, sondern eine rein generische Quantität, die eine ins Geld umsetzbare Wertmenge darstellt. Klassischen Ausdruck findet diese Anschauung bei Ludovicus Molina (1536-1600), dem einflussreichen spanischen Moraltheologen und Rechtsphilosophen, der unterstreicht, dass beim Genuskauf der Käufer sich nicht eine körperliche Sache, sondern ein unkörperliches Recht kauft:

... emptor ex illo contractu ad nullam rem in singulari comparavit ius, sed solum ius comparavit, ut traderetur sibi res, talis speciei et qualitatis.[102]

Diese „realistische" Lehrmeinung, der sich auch bedeutende Pandektisten in der ersten Hälfte des neunzehnten Jahrhunderts anschlossen,[103] stand mit einigen

---

[99] Vgl. Knütel (o. Anm.98) 92.
[100] Vgl. Knütel (o. Anm.98) 93.
[101] Vgl. Knütel (o. Anm.98) 94.
[102] So L. Molina, De iustitia et iure II, 486, 3, zitiert bei F. Vassalli (o. Anm. 47) 199.
[103] So z.B. A. F. J. Thibaut, System des Pandekten-Rechts I[7], Jena 1828, 196 (§ 258): „Ihrem innern Wesen nach sind die Sachen entweder unkörperliche, wenn sie nur im Begriff existiren, oder körperliche, welche durch die Sinne erkannt werden. Zu jenen gehören ... auch alles im Individuo Körperliche, was aber in der Gattung, also im Begriff, den Gegenstand eines Rechts ausmacht." Vgl. noch Vassalli (o. Anm. 47) 154-155 und Anm. 1. Vassalli (o. Anm. 47) 154 zitiert einen vielsagenden Passus aus

Erscheinungen des neuzeitlichen Verkehrslebens in gutem Einklang, so mit dem um sich greifenden Gebrauch von Wertpapieren, die Rechtsansprüche als Geldwertbeträge verkörperten und ohne Rücksicht auf die tatsächliche Erfüllung sich im Verkehr eigenständig drehten, oder mit den spekulativen Termingeschäften, deren Heimat die Warenbörsen waren. Doch jedes Mal, dass ein Genusgeschäft sich auf tatsächliche Leistung richtet, erweist sich unsere Theorie als untauglich, den vor sich gehenden Ereignissen gerecht zu werden. Denn wie ist nun eine solche Wunderlichkeit zu erklären, dass eine Genusschuld, deren Gegenstand, wie festgelegt, keine Spezies ist, trotzdem durch eine Speziesleistung befriedigt wird? Ist der Gegenstand, den der Schuldner dem Gläubiger zwecks Schulderfüllung leistet, nicht *in obligatione*, also kein Schuldobjekt, dann wie ist es dennoch zu erklären, dass der Gläubiger den Leistungsgegenstand in Empfang zu nehmen verpflichtet und der Schuldner sich von seiner Leistungspflicht zu befreien berechtigt ist? Es liegt auf der Hand, dass Molinas Behauptung in sich selbst widersprüchlich ist. Hat der Käufer durch den Kaufvertrag auf keine Sache überhaupt ein Recht erworben, wie der Theologe sagt: *ad nullam rem in singulari comparavit ius*, dann wie ist er jedoch berechtigt zum Empfang einer Sache: ... *ius comparavit, ut traderetur sibi res?* Die Aussage des bedeutenden Theologen ist darum offensichtlich ergänzungsbedürftig: ... *emptor ex illo contractu ad nullam rem in singulari <determinatam> comparavit ius, sed solum ius comparavit, ut traderetur sibi <aliqua> res, talis speciei et qualitatis.*

Die hochentwickelte pandektistische Dogmatik des neunzehnten Jahrhunderts fühlte sich berufen, das unbequeme Problem endlich loszuwerden. Man errichtete ein hybrides Gedankengefüge, das teils realistisch, teils nominalistisch, teils dem Gedanken des unkörperlichen Schuldgegenstandes, teils dem Gedanken der Wahlschuld verhaftet war. Als geläufiger Name für dieses synthetische Gedankengut hat sich Konkretisierungs- bzw. Spezialisierungstheorie eingebürgert. Diese teilt die Abwicklung des generischen Schuldverhältnisses in zwei aufeinanderfolgende Phasen auf. Die Genusschuld selbst hat keinen konkret-individuellen Gegenstand, als ihr Gegenstand ist allein das *genus* selbst als abstrakter Allgemeinbegriff anzusehen. Es lässt sich aber auf der anderen Seite nicht bestreiten, dass ein abstrakter Allgemeinbegriff unmöglich als Leistungsgegenstand fungieren kann. Daher ist es unumgänglich anzunehmen, dass die Genusschuld sich notwendigerweise in eine Speziesschuld umwandelt. Die Genusschuld, die an sich keinen konkret-individuellen Schuldgegenstand hat, erhält einen konkret-individuellen Gegenstand, um überhaupt erfüllt werden zu können. Diesen Vorgang bezeichnet man gewöhnlich mit dem Namen Konkretisierung bzw. Spezialisierung der generischen Obligation. Eine weitere Frage ist dann, welcher Akt in der Abwicklung des Schuldverhältnisses diese Umwandlung der generischen Obligation herbeiführt. Die Antwort auf diese Frage hängt vorwiegend von rechtspolitischen Erwägungen ab. Will man den Käufer bereits vor der endgültigen Sach-

---

Mühlenbruch, Doctrina Pandectarum, § 228: *Incorporalibus rebus etiam adnumerantur genera et quantitates, si quae ita sunt in obligatione, ut, quae sit species debita, dici nequeat*, es ist mir jedoch nicht gelungen, ihn ausfindig zu machen.

übergabe mit der Gefahrtragung belasten, so sieht man im Akt der Ausscheidung, also wenn der Verkäufer die zu übergebenden, konkreten Exemplare dem Käufer zur Verfügung stellt, den Wendepunkt der Konkretisierung (Ausscheidungs- oder Individualisierungstheorie). Will man dagegen den Gefahrübergang auf den Käufer hinausschieben, so lässt man die Konkretisierung erst im Zeitpunkt der effektiven Leistung – oder der Absendung, die der Leistung gleichsteht – erfolgen (Lieferungs- oder Erfüllungstheorie). Zusammenfassend ist also festzustellen, dass auch diese Theorie von der Maxime *genus in obligatione, species in solutione* ihren Ausgangspunkt nimmt, und das in ihr enthaltene Paradox mittels der angeblichen Konkretisierung auflösen will.

Zu dieser Theorie bekennt sich Rudolph von Jhering, der das Wesen der Konkretisierung bei der Leistung bereits sehr klar und prägnant zum Ausdruck bringt: „... juristisch gesprochen, bei ihr [der generischen Obligation] das Individuum vor der Leistung gar nicht existierte, erst in und mit ihr Existenz gewinnt."[104] Denn vor der Leistung ist überhaupt keine *species in obligatione*, denn Gegenstand einer Genusschuld kann ausschliesslich ein *genus* sein, Gegenstand einer Leistung aber kann ausschliesslich eine *species* sein: „... geschuldet wird stets nur ein *genus*, nie eine *species*, letztere erscheint erst, wenn das Schulden aufhört, mit der Leistung, oder kurz: Gegenstand der Obligation ist ein *genus*, der Solution die *species*."[105] Ähnlich äussert sich Brinz: „... beim schlechthin generellen Handel, wo die Absicht der Parteien unmöglich auf ein konkretes Quantum, überall nur auf Leistung von Spezies aus diesem Genus gerichtet."[106] Infolge dieser Grundeinstellung kann Brinz in der Tat nicht umhin, klipp und klar anzuerkennen: „Wird hier also keine bestimmte Spezies ... *in obligationem* deduzirt, so ist denn namentlich auch diejenige, welche geleistet wird, niemals *in obligatione* gewesen."[107] Hier erscheint also das grundsätzliche Problem, das die Maxime *genus in obligatione, species in solutione* seit alters ungelöst in sich trägt, ganz deutlich: Wie ist es erklärlich, dass der Gegenstand der Leistung und der Gegenstand der Schuld nicht schlechthin identisch sind? Dieses quälende Dilemma wird auch Bekker bewogen haben, der zur waghalsigen Behauptung gedrängt wurde, die vom Schuldner tatsächlich geleistete *species* sei eigentlich Gegenstand der Obliga-

---

[104] So R. von Jhering, Beiträge zur Lehre von der Gefahr beim Kaufcontract II, Jahrbücher für die Dogmatik, 4 (1860) 406 Anm. 50; bzw. ders., Gesammelte Aufsätze I, Jena 1881, 462. In derselben Anmerkung wendet Jhering (im Eifer der Polemik, völlig ungerechtfertigt) gegen die von ihm bekämpfte Individualisierungstheorie ein, dass sie die generische Obligation nach Art der Alternativen in die Summe der möglichen Leistungsgegenstände auflöst. Diese Unterstellung geht jedoch nicht an, denn auch die Individualisierungstheorie lässt, nicht anders als die Lieferungstheorie, den Käufer beim Untergang des ganzen, beschränkten *genus* vor der Ausscheidung die Gefahr keineswegs tragen.

[105] So Jehring (o. Anm. 104) 384 bzw. 442. Ähnlich noch S. 418 bzw. 472: „erfolgt die Verwandlung des *genus* in die *species* erst und mit der Lieferung, Object des debere ist bis zum letzten Moment das *genus*, Object des solvere die *species*."

[106] So Brinz (o. Anm. 5) 112-113.

[107] So Brinz (o. Anm. 5) 105.

tion selbst, die Genusschuld sei also letzten Endes als eine Speziesschuld aufzufassen.[108] Bekkers Anliegen war anscheinend das Auflösen des paradoxen Sachverhaltes, der in der schulmässigen Maxime zum Ausdruck kam. Doch widerfuhr ihm eine schulmeisterliche Abfertigung dafür von seiten Karlowas, der kurzsichtig darauf pochte, dass Schuld = Leistung und Erfüllung voneinander abzugrenzen sind.[109] Aber eben hier ist der Hund begraben!

Viel klarer sieht Goldschmidt in dieser heiklen Frage; er streift so zu sagen die richtige Lösung. Er ist sich dessen bereits bewusst, dass die geleistete Sache zwingend die gekaufte Sache selbst sein muss: „Die aus der Gattung vom Verkäufer offerierte und vom Käufer angenommene *species* ist die gekaufte." Zugleich gibt er auf die Frage nach dem Gegenstand der generischen Obligation eine beinahe vollkommen treffende Antwort: „Eine 'Gattung' kann so wenig verkauft und geschuldet als geleistet werden, vielmehr ist überall eine *species*, aber ungewiss welche, *in obligatione* und eine bestimmte *species in solutione*." Das Treffen geht aber bedauerlicherweise gleichzeitig mit dem Verfehlen zusammen: Ist der Leistungsgegenstand bereits eine bestimmte *species*, so ist ein Konkretisierungsvorgang mitnichten zu entbehren: „jeder Gattungskauf löst sich durch gehörige ... Leistung nothwendig in einen Specieskauf auf."[110] So vertritt also auch Goldschmidt letzten Endes die bekannte Konkretisierungstheorie.

Selbst Vassalli, der in der italienischen Literatur mit überwältigender Gelehrsamkeit und geistiger Aufgeschlossenheit das Problem der generischen Obligation in Angriff nimmt, gelingt nicht der vollständige Durchbruch. Auf den Spuren Jherings wagt er einmal die Feststellung, Gegenstand der generischen Obligation sei keine Sache, sondern das *genus* selbst als abstraktes Gebilde, das bei der Leistung dann notgedrungen konkretisiert (konzentriert) wird: „... prima che la species sia stata sostituita al genus, essa – se anche esiste in rerum natura – tuttavia non ancora esiste come oggetto dell'obbligazione."[111] Zugleich fühlt er aber mit gesundem dogmatischem Sinn, wie verkehrt eine schroffe Abspaltung der Solution von der Obligation wäre. Es erwacht in ihm daher die nüchterne Vermu-

---

[108] Vgl. Bekker (o. Anm. 85).
[109] So Karlowa (o. Anm. 62) 616: „Hier wird verwechselt, was allerdings so vielfach geschieht: Leistung (als Inhalt einer Obligation) und Zahlung, Erfüllung. Die Leistung kann noch irgendwelche Unbestimmtheit haben, welche die Erfüllung abstreifen muss, bei der generischen Obligation ist die Leistung nur nach Gattungsmerkmalen bestimmt, die Erfüllung muss allerdings in etwas spezifisch Bestimmtem erfolgen." Dass die Leistung mit dem Inhalt der Obligation zusammenfallen muss, geben wir Karlowa am gefälligsten zu. Hätte er aber uns eingehend erklären können, worin der Unterschied zwischen Leistung und Erfüllung besteht, so wären wir ihm zum grössten Dank verpflichtet gewesen.
[110] So Goldschmidt (o. Anm. 18) 112.
[111] So Vassalli (o. Anm. 47) 155. Ähnlich auf S. 188: „L'obbligazione ... dovrà, per la condizione sua, tramutarsi su una *species* nel momento estremo, quando si passi alla *solutio*"; und auf S. 191: „Per necessità sua propria, organica direi, l'obbligazione di genere non subisce mutazione che all'atto del suo realizzarsi ... la species per la soluzione dovrà essere instaurata, questo diciamo *concentrare*."

tung, dass der Leistungsgegenstand irgendwie mit dem Schuldgegenstand identisch sei und vielleicht Bekker dennoch Recht habe: „In esso non era che una cosa abbracciata e considerata in un certo modo: in questo senso è vera l'osservazione di Bekker, che quest'oggetto fosse pur sempre in ultima analisi una *species*."[112] Letztlich kehrt er jedoch unter die Flügel Jherings zurück[113] und vertritt die pandektistische Konkretisierungslehre ohne wesentliche Abweichung.

Als Ergebnis unserer kritischen Übersicht der erfolglosen Versuche, den Gegenstand der generischen Obligation zu bestimmen, sind uns endlich die folgenden, unumgänglichen Erfordernisse klar geworden:

- dass der Leistungsgegenstand vom Schuldgegenstand unmöglich abweichen und
- dass der Leistungsgegenstand nicht spezifisch bestimmt werden kann.

Die geschilderten Lehrmeinungen genügen diesen Erfordernissen anscheinend nicht. Die Konkretisierungslehre verstösst gegen beide Forderungen: Der Leistungsgegenstand kommt im Leistungsakt unausweichlich als *species* vor, obwohl keine *species* den Gegenstand der Genusschuld bildete. Für die Wahltheorie, die die generische Obligation also auf die alternative zurückführen will, gilt zwar der Leistungsgegenstand zugleich als Schuldgegenstand, ist aber schon von vornherein als *species* bestimmt, zumal das *genus* der Gesamtheit der zu ihm gehörigen Individuen gleichgestellt wird.

Hält man sich dagegen vor Augen, dass der Schuldgegenstand und der mit ihm notwendigerweise identische Leistungsgegenstand in einer generischen Obligation nicht spezifisch, sondern nur generisch bestimmt werden kann, so kommt man zum Schluss, dass der eigentliche Gegenstand der generischen Obligation nichts anderes sein kann, als irgendein Individuum *(aliqua species)* bzw. die angemessene Menge irgendwelcher Individuen *(determinata quantitas aliquarum specierum)*, die gewissen generischen Bestimmungsmerkmalen genügen.[114] Die entspre-

---

[112] So Vassalli (o. Anm. 47) 158.
[113] Daselbst: „per questo più esatta e più piena è la definizione di Jhering ... che oggetto dell'obbligazione del genere è un *genus*."
[114] Dieser Auffassung kommt recht nahe Brinz (o. Anm. 5) 104-105: „Bei der schlechthin generellen Obligation sind nicht alle einzelnen, das genannte Genus ausmachenden Spezies oder Massen, sondern je nur eine oder einige von diesen, und zwar ungewiss was für eine *in obligatione.*" Den richtigen Pfad verlässt er aber bedauerlicherweise sofort: „Wird hier also keine bestimmte Spezies und keine konkrete Quantität *in obligationem* deduzirt, so ist denn namentlich auch diejenige, welche geleistet wird, niemals *in obligatione* gewesen." Eine gleichfalls treffende Bemerkung befindet sich auch bei Vassalli (o. Anm. 47) 158: „Oggetto dell'obbligazione è una cosa rappresentata alla mente delle parti per certe sue caratteristiche, quindi nella sua concreta entità non tratta ancora nel vincolo obbligatorio. Questo tale oggetto, *pel modo della sua rappresentazione*, non pel modo suo di essere nella realtà delle cose, i Romani chiamarono *genus*". Mit dieser richtigen Einsicht des Verfassers steht eine andere Behauptung jedoch in schroffem Widerspruch, daselbst, auf S. 155: „si può dire che la cosa, ... non esiste: *rispetto al rapporto che si considera*, finchè un *genus* è in obligazione, cosa non esiste."

chende Bedeutungsweise des *genus* als Allgemeinbegriff *(universale)* ist die *suppositio particularis disiuncta (vaga)*. Hier bezeichnet das *genus* als *universale* lediglich irgendeines der ihm unterstehenden konkreten Individuen, gleichgültig welches, so z.B. in der Aussage: 'Ich brauche ein Pferd' *('equum volo')*. Hier bestimmt der Sprecher das Objekt, das er verlangt, nicht individuell, aber gewiss will er nicht alle Pferde der Welt erhalten, sondern lediglich ein einzelnes Individuum. Auf diese Weise bleibt die spezifische Bestimmung des Gegenstandes, der zur Befriedigung des Bedürfnisses des Gläubigers taugt, in der generischen Obligation aus: sowohl beim Vertragsschluss als auch zu einem späteren Zeitpunkt (Ausscheidung oder Lieferung). Zur Abwicklung des Geschäfts bedarf es einer Konkretisierung (Spezialisierung) überhaupt nicht, zumal der Gegenstand der Verbindlichkeit weder die Gesamtheit der zum *genus* gehörenden Individuen noch das *genus* als abstrakter Allgemeinbegriff ist. Der Gegenstand der generischen Obligation ist von Anfang an bis zur vollständigen Tilgung lediglich eine bestimmte Menge von spezifisch unbestimmten Individuen, die die nötigen Gattungsmerkmale an sich tragen. Nicht einmal beim Leistungvollzug kommt eine solche Konkretisierung (Spezialisierung) zustande. Der Schuldner stellt dem Gläubiger fortan spezifisch unbestimmte Individuen erfüllungshalber zur Verfügung, die den verabredungsmässig generisch bestimmten Merkmalen (Sorte, Qualität, Herkunft, Entstehungszeit, andere Eigenschaften und Eigentümlichkeiten) entsprechen und demzufolge die Ansprüche des Gläubigers hinreichend zu befriedigen vermögen. Die zur Erfüllung dargebotenen Stücke sind vollkommen verwechselbare Exemplare – Musterbeispiel: Eierkauf aus einem grossen Korb –, deren Individualität weder ökonomisch noch juristisch in Betracht kommt und deren Bestimmung sich deshalb in generisch angegebenen Merkmalen ausschöpft.

Ist man noch gewillt, einen Schritt in den Bereich der Metaphysik zu wagen, so gelingt es vielleicht, eine noch klarere Einsicht in die Problematik der generischen Obligation zu gewinnen. Der eigentliche Gegenstand der generischen Obligation ist kein Individuum, sondern ein generisch bestimmtes Wesen als ontologisches Sosein *(essentia, natura)*, das in allen Individuen der betreffenden Art als wesentlicher ontologischer Bestandteil enthalten ist. Seit Aristoteles sind wir darüber unterrichtet, dass ein solches generisches Wesen nirgends ausserhalb der konkreten Individuen (erster, vollständiger Substanzen), deren Wesen es ist, ausfindig zu machen ist.[115] Darum ist es offensichtlich unmöglich, ein generisches Wesen ohne

---

Nüchtern, aber ohne entscheidenden Durchbruch auch Grosso (o. Anm. 55) 232: „La cosa dovuta non è stata pensata e designata come *species* nella sua individualità, ma solo nei caratteri che individuano un *genus*, ... Si tratta di un modo di rappresentazione e determinazione della cosa dovuta."

[115] Nach Aristoteles ist die erste Kategorie, also Sein in vollständigem Sinne, An-sich-Sein (*ousía, substantia*) nicht von abstrakt-allgemeinen Begriffsinhalten, sondern ausschliesslich von konkreten Individuen auszusagen, so in Categoriae, 5,3b,10. Auf abstrakt-allgemeine Begriffsinhalte lassen sich lediglich die anderen Kategorien anwenden. So vollkommen klar in De sophisticis elenchis 22,178b,37, ähnlich in Metaphysica, Z 10,1035b,25 und 1038b,9, des weiteren Z 16,1040b,23 ff. Das abstrakt-allgemeine lässt sich nämlich von unzähligen Individuen gemeinhin aussagen, es wäre aber absurd zu

konkret-individuelle Entitäten (erste, vollständige Substanzen), um deren ontologischen Bestandteil es geht, zu leisten. Zur Leistung von generischen Wesen, die den Gegenstand generischer Obligationen ausschliesslich ausmachen, ist also die Leistung konkreter Individuen, die als vollständige Substanzen das betreffende generische Wesen innehaben, unentbehrlich. Diese unausweichliche Notwendigkeit beeinträchtigt aber nicht im mindesten, dass die generische Obligation sich allein und ausschliesslich auf ein generisches Wesen als ihren Gegenstand oder Inhalt bezieht.

Es liegt auf der Hand, dass vorzüglich vertretbare Sachen (Fungibilien) als Schuldgegenstände für generische Obligationen geeignet sind. Gleichwohl ist es, wie allgemein anerkannt, keineswegs ausgeschlossen, dass unvertretbare Sachen als Gegenstände in generischen Obligationen fungieren. Die generische Bestimmung des Schuldobjekts vermag nämlich unvertretbare Sachen funktional in vertretbare umzuwandeln. Die 'spezifische' bzw. 'generische Obligation' sind funktionale Kategorien, die 'vertretbare' bzw. 'unvertretbare Sache' dagegen deskriptive Kategorien.[116] Durch deskriptive Kategorien werden Klassen von Gegenständen gekennzeichnet, durch funktionale Kategorien gegebene Gegenstände zweckmässig gehandhabt.

V. Besehener Kauf – unbesehener Kauf

Ob man einen Spezies- oder Genuskauf eingeht, hängt von den konkreten Tatumständen, vorzüglich von dem Interesse des Käufers ab. Vielmals kommt vor, dass der Käufer im gegebenen Fall kein besonderes Interesse an der spezifischen Individualität der Kaufsache hat. Seinen Bedürfnissen scheint die generische Bestimmung der Kaufsache vollkommen zu genügen. Er hegt nicht das mindeste Bedenken, dass mangels spezifischer Bestimmung der Kaufsache die Befriedigung

---

behaupten, dass diese unzähligen Individuen, die dem Allgemeinbegriff unterstehen, eine gemeine Substanz bilden, so Z 1038b,10ff. Anderseits lässt sich die Substanz als die erste aristotelische Kategorie nicht von einem anderen als von sich selbst aussagen, das abstrakt-allgemeine lässt sich aber von den unzähligen Individuen, die ihm unterstehen, aussagen, so Z 1038b,15 ff. Der grösste Nachfolger Aristoteles' in der europäischen Philosophiegeschichte, Thomas von Aquin, betrachtet das abstraktallgemeine *genus* als bloss im menschlichen Verstande befindliches Gedankengebilde *(ens rationis)*, Kommentar in l. 4 met. lect. 1: *Ens rationis dicitur proprie de illis intentionibus, quas ratio adinvenit in rebus consideratis, sicut intentio generis, speciei et similium, quae quidem non inveniuntur in rerum natura, sed considerationem rationis consequuntur*. Der Aquinate lehrt, dass die objektive Grundlage unserer Allgemeinbegriffe das metaphysische Wesen *(natura)* der Dinge ist, die Allgemeinheit wird aber durch unsere Verstandestätigkeit hervorgebracht, so in Summa Theologica I, q. 85, a. 2, ad 2: *Ipsa igitur natura, cui accidit vel intelligi vel abstrahi vel intentio universalitatis, non est nisi in singularibus, sed hoc ipsum, quod est intelligi vel abstrahi vel intentio universalitatis est in intellectu.*

[116] Vgl. dazu die treffenden Erörterungen von Vassalli (o. Anm. 47) 151-154.

seiner Bedürfnisse geschmälert wird. Der gewichtigste Beweisgrund für den römischen Genuskauf liegt u.E. eben in dieser natürlichen Interessenlage, in der 'Natur der Sache', wie dies herkömmlich genannt wird, die in kaum bezweifelbarer Weise die Römer zur frühzeitigen Anerkennung des Gattungskaufs hingedrängt haben soll.

Schon in der vorangehenden Literaturübersicht haben wir darauf hingewiesen, dass weder die Rechtsmängel-, noch die Sachmängelgewähr beim Genuskauf allzu grosse Schwierigkeiten für die Römer bedeutet haben werden. Was die Fungibilien anbetrifft, so ist ihre Verbrauchszeit regelmässig kürzer als die der Infungibilien. Die Evitkionsgefahr ist demzufolge – wie auch Haymann treffend bemerkt[117] – bei diesen Sachen, die gewöhnlich den Gegenstand von Gattungskäufen bilden, gewissermassen geringer. Noch bevor der Eigentümer auf die Spur seiner Sache kommt, wird die Kaufsache gutgläubig verbraucht, sodass der Käufer keiner Gefahr von seiten des Dritteigentümers ausgesetzt ist. Wenn auch nicht die ädilizischen Rechtsbehelfe, die ursprünglich zweifellos auf Spezieskäufe gemünzt waren und deren spätere Ausdehnung für uns im Dunkeln liegt, erwies sich die *actio empti* als *bonae fidei iudicium* unbedingt als tauglich, Ansprüche aus Sachmängelgewährschaft auch in Genuskäufen geltend zu machen. Es ist auch auffallend, dass die Quellenstellen, die diese Funktion der *actio empti* aufweisen, solche Kaufsachen erwähnen – Gefäss (Pomp. D. 19,1,6,4) und Vieh *(pecus)* oder Holzbalken *(tignum)* (Ulp.-Iul. D. 19,1,13 pr.) –, die auch in Genuskäufen wohl vorkommen mögen. Es liegt auf der Hand, dass aufgrund der *bona fides* der Genusverkäufer – ausser den abredegemäss festgestellten generischen Merkmalen – auch die normale Brauchbarkeit der geleisteten Sache(n) gewähren soll.

Entgegen einer verbreiteten Meinung setzt nicht einmal die Regelung der Gefahrtragung unbedingt eine konkret-individuell bestimmte Kaufsache(n) voraus. Ist der Kaufgegenstand generisch bestimmt, so wird die Leistung aus einem Vorrat erbracht. Dieser Vorrat mag schon beim Kaufabschluss vorhanden sein. Es mag aber zweifellos vorkommen, dass der Vorrat beim Kaufabschluss für die Parteien nicht vorhanden, aber schon im Besitz des Verkäufers ist. Nicht auszuschliessen ist endlich die dritte Möglichkeit, dass der Vorrat sich im Zeitpunkt des Vertragsschlusses noch nicht einmal im Besitz des Verkäufers befindet, sondern vom Verkäufer erst noch zu beschaffen ist. Im Grenzfall mag der Vorrat nicht mehr als die verabredete Menge enthalten. Ist man sich aber einmal der Grundtatsache klar geworden, dass der Gegenstand der generischen Obligation irgendein taugliches Individuum bzw. eine bestimmte Menge irgendwelcher tauglichen Individuen ist, so ist klar einzusehen, dass ein solcher Vorrat, der irgendwelche tauglichen Individuen enthält, juristisch nicht ohne Bezug zum Kaufgeschäft dasteht. Obwohl kein einzelnes der im fraglichen Vorrat befindlichen Individuen vor der Leistung sicher als Gegenstand des Kaufgeschäfts, als Kaufsache, angegeben werden kann, ist die Frage nach der Gefahrtragung hinsichtlich des Vorrats vor der effektiven Leistung nicht sinnvollerweise vom Kaufgeschäft abzuscheiden. Da der Vorrat zur Erfüllung taugliche Exemplare enthält – gegebenenfalls nicht mehr als die nötige

---

[117] Vgl. Haymann (o. Anm. 34) 102.

Menge –, ist der Zusammenhang des Vorrats mit der generischen Obligation auch juristisch nicht in Abrede zu stellen, wie die herrschende Lehre behauptet.

Es wäre jedoch keineswegs angebracht, die möglichen Fälle unterschiedslos durcheinanderzuwerfen. Bei Geldschulden liegt auf der Hand, dass alle Gefahr bis zum tatsächlich vorgenommenen Zahlungsakt den Schuldner belastet. Verliert er die zur Zahlung angesammelte Geldsumme, so kann er jedenfalls nicht umhin, den nötigen Betrag wieder anzuschaffen. Diese Regelung aber ist gewiss nicht ohne weiteres auf die Warenleistung des Genusverkäufers zu übertragen. Die Lieferungstheorie Jherings will bekanntlich Zahlung und Warenleistung in dieser Hinsicht unter einen Hut bringen. Der Verkäufer trägt die Gefahr – abgesehen von eventuellem Annahmeverzug des Käufers – bis zur tatsächlichen Übergabe bzw. Absendung der bestellten Warenmenge. Diese Lehre ist jedoch nicht gut im Einklang mit den Quellen. Mehreren Quellenaussprüchen zufolge geht die Gefahrtragung schon mit der Zumessung, Zuwägung, Zuzählung der verkauften Warenmenge auf den Käufer über – so Gai. D. 18,1,35,7: *... antequam admetiatur, omne periculum ad venditorem pertinere*, und Ulp. D. 18,6,1,1: *... post mensuram factam venditoris desinit esse periculum*, schliesslich Paul. D. eo. 5: *... donec admetiatur omne periculum venditoris est.* Dieser Akt – das *admetiri, adpendere, adnumerare* – fällt aber – entgegen Jhering[118] und dem ihm folgenden Vassalli[119] – mit der Sachübergabe *(traditio)* nicht unbedingt zusammen.[120] Das *admetiri, adpendere, adnumerare* erfordert zwar die Anwesenheit des Käufers, der er selbstverständlich absagen kann, ist aber nicht jedenfalls durch die sofortige Sachübergabe begleitet. Verschiedene Gesichtspunkte mögen den Ausschub der *traditio* veranlassen, hauptsächlich der Umstand, dass der Käufer nicht sofort bar zu zahlen imstande ist. In diesem Fall wird der Verkäufer vielmals nicht bereit sein, die ausgeschiedene Warenmenge ohne Zahlung oder anderweitige Sicherheit dem Käufer zu überlassen. So behält er die Ware einstweilen noch in seiner Obhut, aber auf die Gefahr des Käufers hin. Wäre das *admetiri, adpendere, adnumerare* mit der *traditio* immer und unbedingt zusammengefallen, so hätten die Quellen einfach von *traditio* gesprochen und die umständliche Redeweise von dem *admetiri, adpendere, adnumerare* ohne weiteres entbehren können.

Fasst man das Käuferinteresse genauer ins Auge, so ist es ohne weiteres einzusehen, dass von diesem Gesichtspunkt aus die eigentliche Grenzscheide sich nicht zwischen Spezieskauf und Genuskauf, sondern zwischen *besehenem* und *unbesehenem* Kauf zieht. Ein besehener Kauf kann sowohl Spezieskauf als auch Genuskauf sein, wie umgekehrt ein unbesehener Kauf Spezieskauf wie Genuskauf sein.

Bei besehenem Kauf ist der Käufer imstande, die Kaufsache unmittelbar anzuschauen, zu besichtigen, zu befühlen, allerhand konkret-empirische Eindrücke über sie zu erwerben. Bei unbesehenem Kauf weiss der Käufer bloss mittelbar, vom Hörensagen anderer – selbstverständlich hauptsächlich des Verkäufers – Bescheid.

---

[118] Vgl. Jhering (o. Anm. 104) 390-394 bzw. 447-450.
[119] Vgl. Vassalli (o. Anm. 47) 200-201.
[120] So auch Brinz (o. Anm. 5) 110 mit Anm. 10.

Der Spezieskauf ist regelmässig besehener Kauf. Es entspricht bei weitem der Natur der Sache, dass der Käufer die feilgebotene Sache vor Kaufabschluss sich näheren anschauen und prüfen will. Diese Möglichkeit ist aber selbst beim Genuskauf nicht unbedingt ausgeschlossen. In diesem Fall ist der Käufer anhand eines verlässlichen Musterstücks in die Lage versetzt, die verschiedenen Eigenschaften der ihm feilgebotenen Ware, ihre Angemessenheit für seine Zwecke und Bedürfnisse vor Bestellung festzustellen. Der Käufer erhält freilich nicht das Muster selbst, sondern andere Exemplare derselben Warengattung, die dem Muster im Wesentlichen gleich sind. Die generische Bestimmung des Kaufgegenstandes beruht hier offensichtlich darauf, dass es dem Käufer vollkommen gleichgültig ist, welche Exemplare der in Frage stehenden Gattung er konkret bekommt.

Typisches Beispiel für den Kauf nach Muster ist die auch in den Quellen mehrmals vorkommende Weinkostung *(degustatio)*. Der Käufer bestellt eine bestimmte Menge vom Wein, den er bei der Kostprobe für schmeckhaft befunden hat. Ob der Weinhändler dem Kunden die bestellte Menge aus einem beim Kaufabschluss vorhandenen Gefäss sofort abmisst, oder aus einem anderen, vielleicht in einem anderen Weinkeller befindlichen Gefäss, oder aber von einem anderen Weinbauer erst noch beschafft, ist für den Käufer im wesentlichen gleichgültig. Das reelle Käuferinteresse erstreckt sich lediglich auf die Sorte, die Eigenart, die Qualität, den Geschmack des Weins, die konkreten Tatumstände, woher und wie der Verkäufer die bestellte Ware abliefert, berühren ihn keineswegs. Darum scheint es eine recht engherzige Auslegung, den Weinkauf aus einem Gefäss – Quellenbeispiel Gai. D. 18,1,35,7: *Sed et si ex doleario pars vini venierit ...*, schlechthin auf das beim Kaufabschluss tatsächlich vorhandenen Weingefäss zu beschränken. Mögen die Parteien auch beim Vertragsschluss *in concreto* an ein bestimmtes, konkretes Weingefäss gedacht haben, dieser Tatumstand steht der ergänzenden Willensauslegung keinesfalls im Wege, dass die Parteivereinbarung sich eigentlich generisch auf die verabredete Menge von Wein derselben Sorte, Qualität und Eigenart, wie der beim Kaufabschluss im fraglichen Gefäss tatsächlich befindliche Wein, bezieht.

Die Weinkostung selbst lässt übrigens juristisch abweichende Beurteilungen zu. Manchmal gehört die Verkostung noch zum Vertragsschluss: Ist die feilgebotene Weinsorte dem Kunden völlig unbekannt, so entscheidet er erst aufgrund der Kostprobe über den Kauf. Ist aber die Kaufvereinbarung zwischen den Parteien in bezug auf eine bestimmte Weinsorte bereits zustande gekommen, so dient die Weinkostung der Kontrollierung der Identität und der Qualität der vom Verkäufer dem Käufer konkret zur Verfügung gestellten Weinmenge. In diesem letzteren Fall ist also die Weinkostung Perfektionsmoment des Kaufgeschäfts. Die recht unklare Bemerkung Ulpians: ... *videlicet quasi tunc plenissime veneat, cum fuerit degustatum* (D. 18,6,1 pr.), scheint vielmehr auf den ersten Fall anzuspielen. Der Jurist behandelt nämlich den Verkauf eines konkreten Weinvorrats zu einem Pauschalpreis, da von *mensura*, die sich anscheinend erübrigt, in der Stelle kein Wort gefällt ist. In bezug auf einen solchen Weinverkauf in Bausch und Bogen bemerkt der Klassiker, dass das Kaufgeschäft selbst hier erst mit der *degustatio* für abgeschlossen gilt, die Parteivereinbarung über die konkrete Kaufsache und den bestimmten Preis an sich also noch nicht hinreichend ist. Wäre eine *mensura* aus irgendeiner Ursache noch benötigt, so müsste die *degustatio* sie sinngemäss vorangehen. Auf die sich verzweigende Problematik der Weinkostung, mit der sich eine umfangreiche Literatur beschäftigt, ist hier natürlich nicht einzugehen.

Bei unbesehenem Kauf ist dem Käufer der unmittelbare, empirische Zugang zur Kaufsache versagt. Dennoch verlässt er sich auf die Angaben des Verkäufers oder anderer Informationsquellen und entschliesst sich zum Kauf. Die heutzutage weit verbreiteten, durch elektronische Post (e-mail) bewerkstelligten, Online-Geschäfte bieten ein typisches Beispiel für den unbesehenen Kauf. Es ist allerdings auch unter altertümlichen Verhältnissen denkbar, dass jemand eine spezifisch bestimmte Sache – z.B. einen Sklaven, ein Lasttier, ein Hausgerät – auf Hörensagen hin erkauft, ohne die Kaufsache vorher persönlich zu besichtigen. In solchen Fällen kommt zweifellos ein Stückkauf (Spezieskauf) zustande, die Stellung des Käufers hinsichtlich der Kaufsache ist aber der eines Genuskäufers im wesentlichen gleich. Obwohl der Kaufgegenstand eine *species* ist, hat der Käufer keinen unmittelbaren, empirischen Zugang zu ihm, als ob der Kaufgegenstand lediglich generisch bestimmt wäre. Das Geschäft, das objektiv unbestreitbar als Stückkauf einzustufen ist, verhält sich vom Gesichtspunkt des Käufers in dar Tat als Gattungskauf. Und auch der umgekehrte Fall kommt vor: Beim Gattungskauf nach Muster ist der Käufer in der Lage, die generisch bestimmte Kaufsache ebenso gut zu besehen, als ob sie spezifisch bestimmt wäre.

Die Grenzen zwischen Genuskauf und Spezieskauf sind auch übrigens recht fliessend. Es mag vorkommen, dass ein regelrechter Spezieskauf sich hinterher in einen Genuskauf verwandelt. Diese Möglichkeit sei anhand einer – amüsierungshalber – pikant gewürzten Anekdote dargestellt. Um meiner durchgehends kritischen finanziellen Lage eine wirksame Nachhilfe zu bereiten, entschliesse ich mich nach wenigen Gewissensskrupeln – aufgrund der Beteuerung von Ulp. D. 5,3,27,1f.: ... *nam et in multorum honestorum virorum praediis lupanaria exercentur*, auf meinem Grundstück ein ergiebiges Bordell einzurichten. Zu diesem Behuf bestelle ich bei einem bekannten Kuppler sechs erfahrene, strapazenfähige Dirnen, unter ausdrücklicher Abrede, dass ich über die Entgegennahme der Mädchen erst nach persönlicher Besichtigung entscheiden will. Auf ganz unerwartete Weise stellt sich meine moralisch strenggesinnte Tante auf einen mehrtägigen Besuch bei mir eines Tages ein. Zu meinem Unglück treffen auch die Mädchen am selben Tage ein. Wegen der Anwesenheit meiner Verwandten, von der ich eine reiche Erbschaft erwarte, bin ich gezwungen, die persönliche Kontaktnahme mit den Mädchen zu verpassen. Ich beauftrage meinen vertrauten Vermögensverwalter, das Kontingent unter voller Geheimhaltung zu übernehmen und an einem entlegenen Platz zu verstecken. Nach diesen Ereignissen bin ich nachträglich keinesfalls berechtigt, einzelne Dirnen oder das ganze Kontingent dem Kuppler zurückzugeben. Ich habe die Mädchen – durch meinen Verwalter – zwar unbesehen übernommen, auf die Umstände, die mir die persönliche Besichtigung der Dirnen verhinderten, vermag ich mich aber dem Verkäufer gegenüber offenbar nicht zu berufen. Obwohl der Kaufplan einen regelrechten Stückkauf vorgesehen hatte, kam ein rechtsgültiger, nicht rückgängig zu machender Gattungskauf schliesslich zustande, da der Käufer dem Vorbehalt der persönlichen Besichtigung der Kaufsache später unwiderruflich absagte.

Auch der umgekehrte Fall ist denkbar. Die Parteien bezeichnen die Kaufsache bloss generisch, bedingen aber zugleich ein *pactum displicentiae* zugunsten des Käufers aus. In solchem Falle ist der Käufer innerhalb einer bestimmten Frist berechtigt, die Kaufsache dem Verkäufer zurückzustellen, falls sie ihm nach persönlicher Ausprobung oder Nachprüfung nicht tauglich erscheint. Infolge eines ausbedungenen *pactum displicentiae* ist der Genuskäufer also in eine solche Lage versetzt, als ob die Kaufsache spezifisch bestimmt worden wäre. Es hängt freilich des Weiteren von der Parteivereinbarung ab, ob der Verkäufer in solchem Falle dem Käufer ein anderes Exemplar zur Verfügung zu stellen berechtigt oder gar verpflichtet ist.

Dass es dem Käufer gegebenenfalls gleichgültig ist, ob das Geschäft als Spezieskauf oder als Genuskauf anzusehen ist, mag schon für die römischen Juristen nicht entgangen sein. Somit erklärt sich vielleicht die merkwürdige Tatsache, dass die römischen Quellen die uns juristisch grundsätzlich wichtige Frage, ob es sich im gegebenen Fall um einen Genuskauf oder Spezieskauf handelt, vielmals anscheinend offen lassen. Viele exegetische Versuche, die sich um die Klärung dieser Stellen bemühen, erweisen sich daher als unergiebig.

So die vorher erwähnten Quellenstellen, die sich mit der Sachmängelgewährschaft befassen, lassen die Möglichkeit des Genuskaufs offen: D. 19,1,13 pr. und besonders D. eo. 6,4, wo das *vas aliquod* die generische Bestimmung des Kaufgegenstandes nahe bringt. Die genaue Bestimmung der Natur des Kaufgeschäfts hängt offenbar davon ab, ob der Käufer sich das letzte Wort zum Geschäft bis zum tatsächlichen Aufweisen und Darbieten des *vas aliquod* von seiten des Verkäufers vorbehält oder nicht. Es ist nun in der Tat eine heikle Auslegungsfrage, oftmals mögen die Parteien selbst sich darüber nicht klar sein, ob sie ein Spezieskauf oder ein Genusgeschäft eingegangen haben. Karl Heldrich versuchte den Verkauf von *vas aliquod* in unserer Stelle als Gattungskauf hinzustellen,[121] seine Auffassung wurde aber selbst von Haymann verworfen.[122]

Seit der Glosse unentschieden ist, ob die *lectos emptos* in Paul.-Alf. D. 18,6,13(12), auf einen Spezieskauf oder einen Genuskauf zu beziehen seien.[123] Viel wichtiger ist Gai. D. 18,1,35,5. In diesem langen Paragraph behandelt der Jurist vorerst den Verkauf von vertretbaren Sachen in Bausch und Bogen (*si omne vinum ... quantuncunque esset uno pretio venieret*) und stellt fest, dass hier mit der Vereinbarung über den konkret vorhandenen Warenvorrat als Ganzes und den Pauschalpreis das Kaufgeschäft sofort perfekt wird, also eigentlich ein Spezieskauf vorliegt. Ist hingegen der Preis der vertretbaren Sachen je Masseinheit bestimmt, also ein sog. Einheitspreis oder Quantitätspreis vereinbart, so ist das Perfektwerden des Kaufgeschäfts nach der Lehre von Sabinus und Cassius bis zur Abmessung hinausgeschoben: *quod si vinum ita venierit, ut in singulas amphoras ... certum pretium diceretur, quaeritur, quando videatur emptio perfici. ... Sabinus et Cassius tunc perfici emptionem existimant, cum adnumerata admensa adpensa-*

---

[121] Vgl. K. Heldrich, Das Verschulden beim Vertragsabschluss, Leipzig 1924 22.
[122] Vgl. Haymann (o. Anm. 34) 106 Anm. 2.
[123] Vgl. zur Frage jüngstens Ernst (o. Anm. 66) 337-338.

ve sint ... Die quälende exegetische Frage ist nun, ob Gaius in diesem Passus noch immer – wie im vorangehenden – den konkret vorhandenen Warenvorrat als Ganzes vor Augen hält oder diese Voraussetzung bereits stillschweigend fallen lässt. Im ersten Fall handelte es sich noch immer um einen Spezieskauf, als ob am Anfang des Passus vor *vinum* das Adjektiv *omne* zu lesen wäre: *quod si <omne> vinum ita venierit* ... Im zweiten Fall dagegen liesse sich die Aussage des Juristen bereits auf einen Genuskauf beziehen! Schade, dass wir unsere brennende Frage nicht an Gaius selbst richten können!

Vangerow will die Auslegung der Stelle im Sinne des Spezieskaufs damit begründen, dass Gaius im nächsten Paragraphen unseres Textes noch immer von einem Spezieskauf – einer Herde als Sachgesamtheit redet.[124] Als ob bereits Gaius, der antike Schulmeister, sich an den dogmatisch strengen Lehrgang eines Pandektenlehrbuchs hätte gebunden fühlen können! Vorerst den Spezieskauf in allen Verzweigungen abhandeln, und erst nach vollständiger Ausschöpfung des Themas auf die Erörterung des Genuskaufs übergehen! Das Argument von Vangerow ist alles andere als überzeugend.

Aber selbst Haymann, der leidenschaftliche Verfechter des römischen Genuskaufs, wagt an die Beweiskraft unserer Stelle nicht zu glauben. Er ist zwar bereit, anzuerkennen, dass die Redeweise der Stelle die Möglichkeit des Gattungskaufes keinesfalls ausschliesst: „Das *omne* fehlt hier im zweiten Teile des § 5, auch im Deutschen kann man vom Genuskauf sagen: Wenn der Wein so verkauft wird, dass für die einzelne Amphora ein bestimmter Preis gesetzt wird usw." Doch entscheidet er – nicht vollkommen verständlich – für den Spezieskauf: Wenn beim Quantitätskauf aus einem konkret vorhandenen Vorrat gemäss § 7 unseres Fragments vor Abmessung jede Gefahr den Verkäufer belastet, so ist unser Passus im § 5, wo es nach Sabinus und Cassius bis zur Abmessung um einen quasi bedingten Kauf geht, mit der Perfektionslehre des Paulus (D. 18,6,8 pr.), wonach beim aufschiebend bedingten Kauf die Gefahr der Verschlechterung selbst vor Bedingungseintritt der Käufer trägt, nur dann in Einklang zu bringen, wenn wir hier einen Spezieskauf annehmen.[125] Dieser höchst verwickelte Gedankengang entbehrt offensichtlich jeder Überzeugungskraft.

Alles in allem, es steht fest, dass das Fehlen des *<omne>* weder auf Abschreiberfehler noch auf die Nachlässigkeit des Gaius zurückzuführen ist. Gaius lässt das Adjektiv bewusst und absichtlich aus, weil die Beschränkung der Geltung seiner Aussage auf den Verkauf eines konkret vorhandenen Vorrats als Ganzes ihm gar nicht notwendig erscheint. Er berichtet die Lehre der Sabinianer Schulhäupter über die Perfektion des Verkaufs vertretbarer Sachen. Gemäss dieser Lehre wird

---

[124] Vgl. K. A. von Vangerow, Lehrbuch der Pandekten III[7], Marburg/Leipzig 1869, 431.

[125] Vgl. Fr. Haymann, Zur Klassizität des periculum emptoris, SZ 48 (1928) 378. Die Abneigung Haymanns, unseren Passus als Belegstelle für die Klassizität des Genuskaufs anzuerkennen, erklärt sich freilich vorwiegend damit, dass er D. 18,1,35,5-7 schon vorher anhand radikal übertriebener Textkritik beinahe vollständig zerrüttet hat, vgl. dens., Textkritische Studien zum römischen Obligationenrecht, SZ 41 (1920) 100-102.

das Kaufgeschäft erst mit der Abmessung perfekt, falls diese Abmessung zur Abwicklung des Geschäfts überhaupt benötigt ist. Vom Gesichtspunkt des Perfektwerdens des Kaufgeschäfts ist es nun vollkommen gleichgültig, ob der Vorrat, der abzumessen ist, schon beim Kaufabschluss vorhanden ist oder nicht. Darum lässt sich unser Passus ohne Bedenken sowohl auf solche Kaufgeschäfte beziehen, wo der noch abzumessende Vorrat schon beim Kaufabschluss vorhanden ist, als auch auf solche, wo dies nicht der Fall ist, also der Vorrat erst noch zu beschaffen ist. In dieser Hinsicht ist der Sinn unserer Stelle offen und ist offen zu halten.

Eine andere *crux exegetarum* in unserem Thema ist Papinians lakonische Aeusserung in Frag. Vat. 16. Der exegetische Brennpunkt dieser Stelle ist die Bedeutung der Wendung *corpore non demonstrato* bzw. ihres Gegenteiles *corpore demonstrato*, womit der grosse Klassiker den Gefahrübergang auf den Käufer verknüpft: *Quod si mille amphoras certo pretio corpore non demonstrato vini vendidit, nullum emptoris interea periculum erit.* Man ist geneigt, die Stelle auf jene Quellenstellen zurückzuführen, wo der Gefahrübergang bzw. die Kaufperfektion an die *mensura* geknüpft ist – Gai. D. 18,1,35,5-7, Ulp. D. 18,6,1,1 und Paul. D. eo. 5 –, das fragliche *corpus demonstrare* also im Sinne von *admetiri* auszulegen. Dann ist es freilich kaum entscheidbar, ob man unter *corpus* die bereits abgemessene Warenmenge oder vielmehr den noch abzumessenden Warenvorrat verstehen soll. Die Autoren, die den reinen römischen Genuskauf in Abrede stellen und nur den aus einem vorhandenen Vorrat anerkennen, – so bereits Bechmann[126], Seckel/Levy[127], Arangio-Ruiz[128] und Martin Pennitz[129], neigen verständlicherweise zu der ersten Auslegungsmöglichkeit. Diejenigen Autoren, die diese Beschränkung für das römische Kaufrecht nicht anzuerkennen gewillt sind, beziehen das *corpus* in *corpore non demonstrato* auf den Warenvorrat selbst, der also voraussetzungsmässig beim Kaufabschluss noch nicht vorhanden, also erst zu beschaffen ist, und betrachten die Stelle als einen handgreiflichen Quellenbeweis des

---

[126] Vgl. Bechmann (o. Anm. 15) 335 Anm. 1.
[127] Vgl. Seckel/Levy (o. Anm. 25) 194-197.
[128] Vgl. Arangio-Ruiz (o. Anm. 53) 123-124. Das *argumentum a contrario*, dessen sich der Verfasser bedient, ist keineswegs schlüssig: „l'espressione *corpore non demonstrato* sembra proprio alludere ad una individuazione già possibile, e solo per ragione di comodo ritardata." Aus einem negativen Tatbestand folgt nicht unbedingt die konkrete Möglichkeit seines positiven Gegenteiles: ist meine Tasche leer, daraus folgt keineswegs zwingend, dass ich nichts mehr brauche, als Geld auf der Bank abzuheben, denn es mag wohl auch der Fall sein, dass ich vollständig auf dem Zahnfleisch gehe.
[129] Vgl. Pennitz (o. Anm. 24) 334, der eben anhand dieses unschlüssigen *argumentum a contrario* die Beweiskraft der Stelle für den römischen Genuskauf zu nehmen glaubt: „Dieser Umstand spricht klar gegen die These, dass die Fallvariante in vat. 16 von einem ‚reinen' Gattungskauf handelt, da sonst die ‚Konkretisierung' der Ware jedenfalls später erfolgen müsste." Ob ‚reiner' oder ‚beschränkter' Genuskauf, hängt also von der Länge einer Zeitspanne ab? Nur nebenbei sei bemerkt, dass die *signatio* von 1000 Amphoren, die Verfasser unterstellt, eine recht mühselige Arbeit sein müsste. Es liegt auf der Hand, dass unter *amphorae* in unserer Stelle nicht einzelne Gefässe, sondern eindeutig das Flüssigkeitshohlmass (= 26,26 Liter) zu verstehen ist.

römischen Genuskaufs. So Goldschmidt[130], Vassalli[131], Haymann[132], Ernst Rabel.[133] Nur Ernst hat den Mut und wissenschaftliche Ehrlichkeit, klipp und klar zuzugestehen, dass die Dunkelheit des Textes exegetisch in diesem oder jenem Sinne leider nicht aufzulösen ist.[134] In ähnlicher Weise äussert sich auch Talamanca, der die Auslegung der Stelle im Sinne des Genuskaufs jedoch für viel unwahrscheinlicher hält.[135]

Hätten die Gedanken Papinians sich wirklich um die *mensura* gedreht, dann scheint es nicht gut verständlich, warum der grosse Klassiker sich anstatt der bekannten und gebräuchlichen Ausdrücke der Wendung *corpus demonstrare* bedienen wollte, die mit *mensura* anscheinend nichts zu tun hat.[136] *Corpus demonstrare*

---

[130] Vgl. Goldschmidt (o. Anm. 18) 105 Anm. 6.
[131] Vgl. Vassalli (o. Anm. 47) 138.
[132] Vgl. Haymann (o. Anm. 23) 72. Auch er bedient sich hier eines unzutreffenden Umkehrschlusses: „Dass im letzteren Fall auch nicht einmal ein bestimmter Vorrat festgesetzt war, aus dem die *mille amphorae* zu entnehmen seien, folgt zwingend aus dem *nullum periculum erit*. Denn sonst müsste doch wenigstens die Gefahr den Käufer treffen, dass dieser ganze Vorrat sich verschlechterte oder unterginge." Sagt D. 18,1,35,7 doch nicht aufs klarste aus, dass vor Abmessung jede Gefahr den Verkäufer trifft: *... si ex doleario pars vini venierit, ... verissimum est (quod et constare videtur), antequam admetiatur, omne periculum ad venditorem pertinere ...?* Gegen Haymann vgl. auch Beseler, Beiträge III (o. Anm. 39) 200-201.
[133] Vgl. E. Rabel, Gefahrtragung beim Kauf, SZ 42 (1921) 555 Anm. 2. Doch, was den römischen Gattungskauf betrifft, beginnt der Standpunkt des Verfassers sofort in der nächstfolgenden Anmerkung 3 zu schwanken. Hier überlegt er, dass erst die Sabinianer den Gattungskauf mit der *mensura* sollen entstehen lassen haben. Kommt aber der Genuskauf erst durch die *mensura* zustande, so ist er in Wahrheit nicht Genus-, sondern Spezieskauf!
[134] So Ernst (o. Anm. 66) 326: „Die Quellenlage hat ein non liquet ergeben." Er fügt jedoch sofort hinzu: „Gleichwohl wird man es für eher unwahrscheinlich halten, dass man einen von einem konkreten Verkäufervorrat losgelösten Quantitätskauf ... als *emptio venditio* gekannt hat."
[135] Vgl. Talamanca (o. Anm. 61) 361 mit Anm.
[136] So zutreffend auch Ernst (o. Anm. 66) 323: „Dass *demonstrare* dasselbe bedeuten soll wie in anderen Quellen *admetiri*, ist auszuschliessen." Die genaue Bestimmung von *demonstrare* bleibt Ernst jedoch schuldig. Einerseits beschreibt er sie als ‚Individualisierung': „Mit *demonstrare* ist ganz einfach eine Individualisierung gemeint ..." Findet aber die ‚Individualisierung' vorzüglich nicht ausgerechnet durch *admetiri* statt? Dies würde sich also mit der Auffassung des Verfassers keineswegs reimen. Andererseits stellt er fest, dass die *demonstratio* „durch genaue, schildernde Beschreibung der Sache erfolgt." Mit dieser Bestimmung sind wir jedoch m.E. zur klaren Erfassung der Bedeutung von *demonstratio* nicht um einen Schritt näher gekommen. Auch der nächste Versuch des Verfassers, die Bedeutung der *demonstratio* zu erleuchten, schlägt fehl. Er will die *demonstratio* nun mit der „identification of the goods to the contract" identifizieren. 'Beschreibung' oder 'identification' sind doch recht verschwommene Ausdrücke, die der nötigen Klarheit und Präzisierung noch immer entbehren. Nicht einzusehen ist des weiteren, wie Ernst seine Auffassung, die *demonstratio* sei keineswegs als Perfektionserfordernis anzusehen, mit der unleugbaren Tatsache zu vereinbaren wissen will, dass Papinian unzweifelhaft der *demonstratio* die Wirkung des Gefahrübergangs zuschreibt.

heisst – ganz einfach, Wort für Wort genommen – *etwas körperlich zeigen, auf etwas körperlich hinweisen.* Die Gefahr der Verschlechterung des verkauften Weins geht auf den Käufer nicht über, ehe die verkaufte Weinmenge ihm körperlich gezeigt wird. Ob es sich dabei um einen Spezieskauf oder einen Genuskauf handelt, ist in dieser Hinsicht vollkommen gleichgültig. Es mag sein, dass die *mille amphorae vini* beim Kaufabschluss noch nicht vorhanden waren, der Verkäufer brauchte sie nur zu beschaffen. Es mag aber auch vorkommen, dass die vereinbarten *mille amphorae* beim Kaufabschluss dem Verkäufer bereits abgemessen zur Verfügung standen.[137] Doch ging die Gefahrtragung auch in diesem Fall noch nicht mit der Kaufvereinbarung, sondern erst mit der körperlichen Aufzeige des Kaufgegenstandes auf den Käufer über. Papinian weist also auf eine solche Bedingung des Gefahrüberganges hin, die aus Billigkeitsrücksichten hervorstechend ist. Selbst bei einem Spezieskauf mag die Gefahrtragung nicht billigerweise dem Käufer auferlegt sein, ehe er körperlichen Zugang zu der Kaufsache hat und dadurch die unmittelbare Möglichkeit sich ihm erschliesst, den Wein zu verkosten.

Das bei Papinian ausschlaggebende *corpus demonstrare* steht also mit der *degustatio* unbestreitbar in engem Zusammenhang. Dem spanischen Romanisten, Mariano Alonso Pérez kommt das Verdienst zu, auf diesen Zusammenhang hingewiesen zu haben: „ ... el *nullum emptoris interea periculum erit* relacionado con *corpore non demonstrato* tiene su entronque jurídico en la *degustatio.*"[138] Zugleich ist aber zu bemerken, dass es Papinian nicht auf die tatsächliche Verkostung ankommt, wie der Verfasser glaubt, sondern bloss auf die Möglichkeit der Kostung für den Käufer. Noch schwerere Entgleisung ist, dass der spanische Schriftsteller auf unerhörte Weise *corpus* mit *genus* und *corpore demonstrato* mit *genere degustato* verwechselt.[139] Die *degustatio* kann niemals der – angeblichen – Konkretisierung einer Genusschuld dienen, wie die *mensura*. Obwohl *mensura* wie *degustatio* Perfektionsmomente sein mögen, ist der *degustatio* unmöglich eine Rolle in der Konkretisierung zuzuschreiben.

Ambivalenter Tatbestand ist auch Alf. D. 19,1,26. Hier ist der Kaufvertrag – offenbar im Schutz des Käuferinteresses – in kühner Weise uminterpretiert: Nachdem es sich erwiesen hat, dass der akzessorische (zusätzliche) Kaufgegenstand nicht existiert, wird die Leistungspflicht desselben dennoch dem Verkäufer auferlegt. Da es sich um Gefässe handelt, die als Zubehör eines Grundstücks angesehen werden, ergibt sich die Umdeutung des Spezieskaufs in Genuskauf fast von selbst: es ist angesichts des Käuferinteresses gleichgültig, ob der Käufer die auf dem

---

[137] So auch Ernst (o. Anm. 66) 325: „Es wäre sogar möglich, dass beim Verkauf an 1000 Weinamphoren als vorrätige Spezies gedacht ist, die nur dem Käufer nicht *corpore* demonstriert worden sind." Gegen diese Möglichkeit Pennitz (o. Anm. 24) 334 mit Anm. 207.

[138] So M. A. Pérez, Periculum est emptoris y Frag. Vat. 16, AHDE 31 (1961) 369.

[139] So Pérez (o. Anm. 138) 367: „*corpus* es equivalente a *genus*", ähnlich auf S. 369: „*Corpore demonstrato* = género concretado mediante la *degustatio*, o lo que es igual, equiparable a *species*" und „*corpore non demonstrato* es equivalente a *genere non degustato.*"

Grundstück befindlichen Gefässe erhält oder andere, ähnlich brauchbare Gefässe. Eine andere Frage ist, ob der Jurist in diesem Sinne entschieden hätte, wenn die fraglichen Gefässe als Hauptobjekt im Kaufvertrag bezeichnet worden wären. Die Antwort mag von der Eigenart des Grundstücks abhängen: befindet sich auf dem Grundstück eine Wein- oder Ölkultur, infolge deren die Gefässe besonders wichtig für den Käufer erscheinen müssen? Wenn so, ist der Zusammenhang des Grundstücks und der Gefässe angesichts des Käuferinteresses handgreifbar. In diesem Fall liesse sich kaum voraussetzen, dass der preklassische Jurist die kühne Umdeutung des Spezieskaufs in Genuskauf vorzunehmen bereit gewesen wäre. Die Erklärung von Arangio-Ruiz, der die Entscheidung von Alfen darauf zurückführen will, dass der Kaufkontrakt gültig ist, da das Grundstück ja wirklich existiert, ist eine offenbare *petitio principii*: Das Grundstück zu leisten ist der Verkäufer zweifelsohne verpflichtet, aber diese Leistungspflicht umfasst keinesfalls auch die nicht existierenden Gefässe.[140]

Der Kauf einer vom Verkäufer aus eigenem Stoff herzustellenden Sache sowie der Kauf des zukünftigen Ertrags oder Nachwuchses sind zweifellos Spezieskäufe. Zugleich aber sind sie unbesehene Käufe und als solche vom Gesichtspunkt des Käufers aus einem Genuskauf im Wesentlichen gleich. Der nebensächlichen Frage, ob die Stoffmenge, aus der das Werk hergestellt wird, schon beim Kaufabschluss konkret bestimmt vorhanden ist oder nicht, ist entgegen Bechmann[141] und Haymann[142] nicht ausschlaggebende Bedeutung beizumessen. Die Vereinbarung der Parteien richtet sich ja eindeutig auf die erst herzustellende Sache selbst als spezifischen Kaufgegenstand, wobei die Identität der Stoffmenge, d.h. ob der Verkäufer die Kaufsache aus der beim Vertragsschluss eventuell konkret bezeichneten Stoffmenge herstellt oder aus einer anderen, ausser Betracht bleibt.

VI. Das Problem der *causa emptionis*

Wie oben bereits erwähnt, erblickt man seit Karlowa ein durchschlagendes Argument für die Unmöglichkeit des römischen Gattungskaufs in der Tatsache, dass die Kaufsache vom Verkäufer dem Käufer *ex causa emptionis* übergeben (tradiert) und ins Eigentum übertragen wird. Diese *causa* kommt offensichtlich durch die Kaufvereinbarung, den Abschluss des Kaufvertrages zwischen Verkäufer und Käufer zustande. Anderseits kann Eigentum selbstverständlich lediglich an konkret individuell bestimmten Sachen übertragen werden, Eigentumserwerb an einer

---

[140] Vgl. Arangio-Ruiz (o. Anm. 53) 124.
[141] So Bechmann (o. Anm. 15) 337: „Der Kauf einer aus individuell bestimmtem Stoff herzustellenden Sache ist selbst Spezieskauf, bei genereller Bestimmung des Stoffs ist auch das Produkt generell bestimmt, ... müssen wir allerdings im Sinne des römischen Rechts den Begriff des Kaufs auf die Voraussetzung des individualisierten Materials beschränken."
[142] Vgl. Haymann (o. Anm. 34) 120-125, der aus Gleichgültigkeit der Individualität der Stoffmenge auf den Gattungskauf schlussfolgert.

bloss nach generischen Merkmalen bestimmten Sache ist handgreiflich ein Nonsens. Kommt also die *causa* der Eigentumsübertragung schon mit dem Kaufvertrag zustande, so kann sich der Kaufvertrag selbst notwendig nur auf eine konkret-individuell bestimmte Sache als Kaufgegenstand beziehen. Ein Kaufvertrag mit bloss generisch bestimmter Kaufsache muss daher in den Augen der Römer völlig undenkbar gewesen sein. Wie jüngstens Pennitz sich ausdrückt: „... eine solche dogmatische Konzeption läge eben jenseits des rechtlich und sprachlich 'Denkmöglichen'."[143]

Angesichts dieses Meinungsstandes freilich erhebt sich freilich die Frage: Ist die *causa emptionis* nicht einer weiteren Differenzierung fähig, verhält sich die *causa emptionis* als *causa contractus* und als *causa traditionis* vollkommen gleichmässig? Eine Schulmeinung, die sog. Entäusserungstheorie versucht die heiss umstrittene Gefahrtragungsregel des römischen Rechts – *periculum est emptoris* – damit zu rechtfertigen, dass der römische Kauf seinem inneren Sinne gemäss ursprünglich ein Veräusserungsgeschäft darstellt. In der Kaufvereinbarung geht es ganz einfach darum, dass der Kaufgegenstand fortan nicht mehr dem Verkäufer, sondern dem Käufer angehören soll. Im gegenseitigen Verhältnis der Parteien kommt also eine Vermögensverschiebung bereits mit der Kaufvereinbarung vonstatten. Schon ehe die Kaufsache vom Verkäufer dem Käufer übergeben wird, gehört sie eigentlich ins Vermögen des letzteren, die effektive Tradition erfolgt erst zur Bezeugung der wirklichen Rechtslage für die Aussenwelt, dritten Personen gegenüber. Aufgrund dieser Voraussetzung liesse sich dann hinreichend erklären, dass seit Kaufabschluss jede Frucht und sonstiger Ertrag der Kaufsache dem Käufer gebührt, auf der anderen Seite aber er jeden Schaden tragen muss, der ohne Schuld des Verkäufers die Kaufsache trifft.

Die Veräusserungstheorie hat also ursprünglich mit dem Problem des Genuskaufs gar nichts zu tun. Ihre Erklärungsabsicht erstreckt sich allein auf die Gefahrtragungsproblematik. Zuerst erscheint der Gedanke vielleicht 1851 in der Inauguraldissertation von Emil Kuntze, der die Perfektion im Kaufvertrag als den Übergang der Kaufsache in das Vermögen des Käufers deutet.[144] Nur gestreift wird der Gedanke später bei Scheurl[145] und Huschke.[146] Mit vollem Eifer eignet sich Bernhard Windscheid die Idee an und wird der berühmteste Vertreter der Entäusserungstheorie. Schon 1855 masst er sich verblüffende Aussagen an: „Der Abschluss des Kaufvertrags ist die Erfüllung ... Sobald der Kauf perfekt ist, hat der Käufer die Sache bereits in seinem Vermögen."[147] Später mildert er diese Aussage in seinen Pandekten selbstkritisch ab: „... die Kaufsache, was das Verhältnis

---

[143] So Pennitz (o. Anm. 24) 328.
[144] Über die Inauguraldissertation von E. Kuntze, In obligationibus bilateralibus ad utrum contrahentium obligationis periculum pertineat?, 1851, berichtet F. Regelsberger, Über die Tragung der Gefahr beim Kaufvertrag, Kritische Vierteljahrsschrift für Gesetzgebung und Rechtswissenschaft 13 (1871) 96.
[145] Vgl. A. von Scheurl, Beiträge zur Bearbeitung des römischen Rechts II/1, Erlangen 1854 (Nd. 1970), 64.
[146] Vgl. Ph. E. Huschke, Das Recht der Publicianischen Klage, Stuttgart 1874, 62.
[147] So B. Windscheid, Heidelberger Kritische Zeitschrift 2 (1855) 136.

zwischen den Parteien angeht, auch ohne Tradition als aus dem Vermögen des Verkäufers ausgeschieden und in das Vermögen des Käufers übergegangen angesehen wird."[148] Doch Goose bezweifelt entschieden, ob dieser Wandlung der Ausdrucksweise irgendwelche Bedeutung zuzumessen sei.[149] Er selbst will womöglich noch radikaler sein als Windscheid und die juristische Welt aus den Angeln heben: „Dass die Tradition ohne *causa* unwirksam ist, bestätigt, dass das *dominium* übertragen wurde, nicht damit, sondern weil dem Empfänger gehöre. Die Tradition ist Wirkung, nicht Ursache des Vermögensüberganges." Es ist nicht völlig klar, ob Goose hier nur die *causa emptionis* meint oder jede *causa traditionis*, die translative Wirkung ausübt, also Eigentumsübertragung bewirkt. Im letzteren Fall wäre sein Satz besonders haarsträubend: Gehört das Geschenk schon vor Hingabe in das Vermögen des Beschenkten, obwohl der Schenker offensichtlich nicht verpflichtet ist, die Sache zu übergeben? Aber selbst wenn man die Aussage auf die *causa emptionis* beschränkt auslegen will, ergibt sie nichts juristisch Brauchbares. Ist der Verkäufer zur Sachübergabe verpflichtet, weil die Kaufsache schon dem Käufer angehört, so lässt sich dies keineswegs auch von einem Dritten sagen, der die Kaufsache gelegentlich besitzt. Die rechtliche Zuweisung der Kaufsache zum Käufervermögen ist also allein im Hinblick auf den Verkäufer in Geltung, für dritte Personen ist diese Rechtslage vollkommen unerheblich. Demzufolge ist es völlig gleichgültig, ob der Verkäufer darum zur Sachübergabe verpflichtet ist, weil die Kaufsache bereits dem Käufer angehört, oder einfach darum, weil er sich dazu kraft des Kaufvertrages verpflichtet hat. Das angebliche dingliche Recht des Käufers dem Verkäufer gegenüber ist also einem obligatorischen Recht gleichwertig.

Mit grossem exegetischem Aufwand tritt für die Lehrmeinung Windscheids auch Bernhöft ein,[150] ohne allerdings überzeugende Wirkung zu erzielen. Ein anderer Anhänger der Entäusserungstheorie gibt schon offen zu, dass die Theorie dogmatisch nicht ins klare zu bringen ist: „... ist die rechtliche Beziehung des Käufers zur Sache, welche wir hier durch gehören bezeichnen, mehr als ein Forde-

---

[148] So B. Windscheid, Lehrbuch des Pandektenrechts II⁹, Frankfurt a. M. 1906, 660 (§ 390). Ähnlich auch auf S. 330 (§ 321): „die Verkaufserklärung eine Entäusserungserklärung ist. ... Infolge dieser Natur der Verkaufserklärung wird die verkaufte Sache vom Rechte, was das Verhältnis des Verkäufers zum Käufer angeht, behandelt als sie sei bereits aus dem Vermögen des Verkäufers ausgeschieden und in das Vermögen des Käufers übergetreten."

[149] So Goose, Zur Lehre vom casus, Jahrbücher für die Dogmatik 9 (1868) 205 Anm. 23: „Weshalb wird es so angesehen, als ob es so sei? - Weil es so ist." Diese Kritik an Windscheid berührt die heikle Grenzscheide zwischen Tatsachenfrage *(quaestio iuris)* und Rechtsfrage *(quaestio iuris)*. Was eine Tatsachenfrage ist, das vermag das Recht anders anzusehen als es in der Wirklichkeit ist. Das Recht selbst vermag das Recht offensichtlich nicht mehr anders anzusehen als es ist. Hier handelt es sich um die Entäusserungswirkung des Kaufvertrags, also um eine Rechtswirkung, eine rechtliche Wirklichkeit. Das rechtlich Wirkliche ist aber unausweichlich so wie das Recht es ansieht, eben weil das Recht es so ansieht.

[150] Vgl. F. Bernhöft, Beitrag zur Lehre vom Kaufe, Jahrbücher für die Dogmatik 14 (1875) 68 ff.

rungsrecht und weniger als ein dingliches Recht, und sie entspricht demnach keiner ausgebildeten Rechtsform." Und einige Zeilen später: „... nur in gewissem Masse gehört die Sache dem Käufer. Für dieses Mass des Gehörens ist ein fester technischer Terminus nicht ausgebildet worden."[151] Dieses zweischneidige Schwert, zu dem Stintzing seine Zuflucht nimmt, gibt allerdings einigen Schriftstellern Anlass, die Entäusserungstheorie entschieden anzugreifen. So Regelsberger[152], Koeppen[153] und mit vernichtender Schärfe Karlowa. Mit vollem Recht führt der letztere aus: „Alle Versuche, die Entäusserungs- oder Abtretungserklärung selbst schon in den Abschluss des Kaufcontracts und nicht in den Moment der Tradition zu verlegen, müssen verworfen werden."[154] Trotzdem scheint diese Theorie noch vor kurzem fähig zu sein, auf einige Forscher – wie Gerhard Dulckeit[155] und noch vor kurzem Ernst[156] und Stefan Weyand[157] – eine gewisse Anziehungskraft auszuüben.

Der Grundsatz der Entäusserungstheorie, die Kaufsache soll kraft Kaufvereinbarung nicht mehr dem Verkäufer, sondern dem Käufer angehören, ist schon an sich so unklar und unbestimmt, dass man nicht viel Nutzen davon erwarten kann. Prinzipiell ist der Satz mitnichten zu beanstanden. Na ja, es ist vollkommen gewiss, dass die Kaufsache dem Käufer gehören soll. Auf dieser Ebene entspricht der Satz aber der vulgären Denk- und Redeweise, nutzt dem Juristen eigentlich nichts. Es gibt nun zwei Möglichkeiten, unserem Satz einen juristisch brauchbaren Sinn zu verleihen. Man kann der Kaufvereinbarung entweder eine dingliche oder eine obligatorische Rechtswirkung beimessen. Die dingliche Wirkung führt herbei, dass die Kaufsache infolge der Kaufvereinbarung in juristischem Sinne ins Vermögen des Käufers übergeht, d.h. in sein Eigentum übertragen wird. Die obligatorische Wirkung verpflichtet den Verkäufer, den Eigentumserwerb des Käufers an der Kaufsache seinerseits herbeizuführen. *Tertium non datur*. Die Kaufvereinbarung ist entweder ein Verfügungsgeschäft mit dinglicher Wirkung oder ein Verpflichtungsgeschäft mit obligatorischer Wirkung. Wir gebrauchen hier das Wort 'Kaufvereinbarung' bewusst und absichtlich. Solche Ausdrücke wie 'Kauf-

---

[151] So R. von Stintzing, Necessario sciendum est quando perfecta sit emtio, Jahrbücher für die Dogmatik 10 (1870) 196.
[152] Vgl. Regelsberger (o. Anm. 144) 100-104.
[153] Vgl. A. Koeppen, Der obligatorische Vertrag unter Abwesenden, Jahrbücher für die Dogmatik 11 (1871) 391 Anm. 497.
[154] So O. Karlowa, Das Rechtsgeschäft und seine Wirkung, Berlin 1877, 213-214.
[155] G. Dulckeit, Die Verdinglichung obligatorischer Rechte, 1951, 33 ff., hat darauf hingewiesen, dass das Eigentum bei Abschluss eines Kaufvertrages bereits *inter partes* übergehe, da der Veräusserer bereits mit Abschluss des Kaufvertrages dem Käufer gegenüber mit dem Kaufgegenstand nicht mehr nach Belieben verfahren darf. Auf diese Behauptung ist man allerdings geneigt zu erwidern: Aber Dritten gegenüber k a n n der Verkäufer mit dem Kaufgegenstand zweifellos nach Belieben verfahren, auch wenn er es nicht d a r f.
[156] Vgl. Ernst (o. Anm. 73) 244 ff.
[157] Vgl. S. Weyand, Kaufverständnis und Verkäuferhaftung im klassischen römischen Recht TR 51 (1983) 228, 255 Anm. 150.

vertrag', 'Kaufgeschäft', 'Kaufverhältnis', aber auch 'Kaufakt' liessen schon eine komplexe Interpretation zu in dem Sinne, dass man in den Begriff 'Kauf' ausser der Kaufvereinbarung, damit eng verbunden, auch den Kaufvollzugsakt, die Tradition mit einbezieht. Diese komplexe Interpretation ist offenbar nicht von der Hand zu weisen, vielmals erfasst sie das Kaufgeschäft in seiner komplexen, dinglich-obligatorischen Struktur. Vollständig unzulässig ist es dagegen, Verpflichtungsgeschäft und Verfügungsgeschäft miteinander zu vermengen, aus beiden ein hybridisches Gemisch herzustellen, worauf die Veräusserungstheorie letzten Endes unglücklicherweise hinausläuft.

Als ob Marsbewohner, die aus immenser Ferne das Geschlechtsleben der Erdbewohner beobachten, zum folgenden, ganz absurden Forschungsergebnis gelangen würden: Da Erdbewohner verschiedenen Geschlechts manchmal miteinander schlafen und dieser Akt der Fortpflanzung menschlichen Lebens dient, ist anzunehmen, dass anlässlich eines solchen Aktes ein männliches und ein weibliches Individuum sich in ein zweigeschlechtiges Individuum vereinigen und dieses männlich-weibliches Individuum sich befruchtet. Nach der Befruchtung trennen sie sich wieder ab und das weibliche Individuum trägt die Leibesfrucht aus.

Irgendwie an diese verkehrte Perspektive erinnert, wenn einige Autoren – wie Günther Jahr[158] und Frank Peters[159] – in die Kaufvereinbarung, also in den konsensuellen Gründungsakt des Kaufverhältnisses, umsonst Verpflichtungsgeschäft und Verfügungsgeschäft hineinzwängen wollen. Besonders befremdlich ist die quantitative Aufteilung des Kaufgeschäfts, das in einem gewissen Masse ein Verpflichtungsgeschäft und in einem gewissen Masse ein Verfügungsgeschäft sein sollte.[160] Als ob juristische Phänomene quantifizierbare Grössen darstellen könnten!

Was nun die Römer betrifft, so ist allem Zweifel enthoben, dass sie der Kaufvereinbarung keine dingliche Wirkung (Eigentumsübertragung) beimassen. Die Kaufvereinbarung lässt sich also in ihren Augen nicht anders als Verpflichtungsgeschäft charakterisieren. Die dingliche Funktion im Rahmen des ganzen Kauf-

---

[158] So G. Jahr, Zur *iusta causa traditionis*, SZ 80 (1963) 168: „Geschäfte, die weder ganz Verfügungsgeschäfte noch ganz Verpflichtungsgeschäfte sind ..." und auf S. 169: „Diese Geschäfte sind beides, sie sind inhaltlich kausal, sie sind kausale Leistungs- oder Verfügungsgeschäfte, sie enthalten Übereignungskonsens und Rechtsgrundabrede unvermischt und ungeschieden."

[159] So F. Peters, Die Verschaffung des Eigentums durch den Verkäufer, SZ 96 (1979) 185: „gewinnt der Kauf eine Doppelfunktion. Er ist gleichzeitig obligatorisches Verpflichtungs- und – als *causa* der *traditio* – dingliches Verfügungsgeschäft ..." und auf S. 186: „die Einigung über den Eigentumsübergang, liegt ja schon in dem Kauf selbst." Nicht verständlich ist die folgende Behauptung des Verfassers: „Dass der Kauf den Verkäufer deshalb nicht zur Übereignung verpflichten kann, weil das Eigentum schon ‚automatisch' auf den Käufer übergeht, sobald ihm die Sache übergeben wird ..." Andererseits aber lässt Peters, 182 zu, dass „die Haftungsfrage für den Misslingensfall [der Eigentumsübertragung auf den Käufer] ist damit natürlich noch nicht präjudiziert." Also Haftung ohne Schuld?

[160] So Ernst, Kurze Rechtsgeschichte (o. Anm. 1) 594: „Unter dem Einfluss der *bona fides* erhielt der Kaufakt zunehmend den Gehalt *auch* eines Verpflichtungsgeschäfts ..."

verhältnisses bleibt daher der *traditio*, dem Verfügungsgeschäft, vorbehalten. Und sie taten dies aus wohl überlegten Gründen! Der Veräusserungswille des Verkäufers ist ja im Zeitpunkt der Kaufvereinbarung – seinem inneren, sozialökonomischen Gehalte nach – noch keineswegs unbedingt, sondern wesentlich bedingt: er will sich der Kaufsache nicht umsonst entledigen, sondern um des Kaufpreises willen. Erhält er nicht den Kaufpreis oder anderweitige Sicherung, so ist er keinesfalls gewillt, die Kaufsache dem Käufer dennoch zu veräussern. Erweist sich der Käufer als zahlungsunfähig oder -unwillig, so fühlt sich auch der Verkäufer nicht an die Vereinbarung gebunden, sondern tritt vom Kaufvertrag zurück und versucht die Kaufsache einem anderen Käufer feilzubieten. Hätte er dagegen die Kaufsache schon durch die Kaufvereinbarung dem Käufer veräussert, so wäre er auf jeden Fall an ihn gebunden, gezwungen, sich mit der – gegebenenfalls hoffnungslosen – Kaufklage gegen den Käufer zu begnügen. Die Veräusserungstheorie ist also mit den elementaren Interessen des Verkehrslebens in Widerspruch.

Die Römer wussten sehr wohl die beiderseitigen Interessen in ausgewogener Weise wahrzunehmen. Das grundsätzliche Interesse des Verkäufers richtet sich offensichtlich auf den Kaufpreis, das grundsätzliche Interesse des Käufers auf die brauchbare, für seine Ansprüche taugliche Kaufsache. Das Verkäuferinteresse schützt die bekannte Regel des römischen Rechts (Pomp. D. 18,1,19, Gai. D. eo. 53 und Inst. 2,1,41), dass das Eigentum an der Kaufsache auf den Käufer selbst durch die Sachübergabe (Tradition) nur dann übergeht, insofern die Kaufpreisforderung des Verkäufers – durch Barzahlung oder Sicherheitsleistung – vollends befriedigt worden ist. Die Übergabe der Kaufsache erfolgt also jeweils unter einem stillschweigenden Eigentumsvorbehalt *(pactum reservati dominii)*, dem der Verkäufer durch ausdrückliche Abmachung, die Kreditierung des Kaufpreises, dem Käufer zugunsten selbstverständlich entsagen kann. Diese Regelung erweist nun mit voller Deutlichkeit, dass der rechtswirksame Eigentumsübertragungswille von seiten des befriedigten Verkäufers sich erst im Traditionsakt verkörpern kann. Hätte der Verkäufer seine Sache bereits vorher, im Vertragsschliessungsakt, veräussert, so verstiesse der dem Verkäufer von Rechtswegen zugebilligte Eigentumsvorbehalt gegen den Willen des Veräusserers selbst, die Rechtsvorschrift enthielte ein *venire contra factum proprium*. Auf der anderen Seite ist der Käufer beim Kaufabschluss gegebenenfalls noch nicht unbedingt bereit, den Kaufpreis prompt zu zahlen. Er erwartet dafür noch weitere Versicherungen von seiten des Verkäufers, so vorzüglich die Rechts- und Sachmängelgewährleistung, die auch die Rechtsordnung vom Verkäufer verlangt. Hätte er seine Einwilligung in die Eigentumsübertragung schon beim Kaufabschluss abgegeben, hätte er sich auch zur Kaufpreiszahlung endgültig und unbedingt verpflichtet.

Das wunderbar ausgeglichene und schmiegsame System des gegenseitigen Interessenschutzes im römischen Kaufrecht beruht also auf der deutlichen Abtrennung von Kaufplan und Kaufvollzug, d.h von Verpflichtungsgeschäft und Verfügungsgeschäfts, innerhalb der komplexen Einheit des beide umfassenden Kaufgeschäfts. Es wäre doch logisch wie juristisch ein Unding, Verpflichtung und Erfüllung in ein einzelnes, hybridisches Geschäft einzuzwängen. Die Behauptung, die Kaufsache gehöre seit Kaufabschluss bereits ins Vermögen, aber noch nicht ins Eigentum des Käufers, entbehrt jedes begreifbaren Sinnes. Auch wenn man den Satz mit anderer Hand sofort auf das gegenseitige Verhältnis der Parteien einschränken will. Dieses Verfahren bringt an sich am klarsten zum Vorschein, dass es sich hier einzig und allein um die bewusste Vermischung der Ebene des dinglichen und des obligatorischen Rechts geht. Hätten die Römer wirklich die Entäusserungstheorie befolgt, so hätten sie sicherlich dem Käufer gegen den Verkäufer, der die Kaufsache noch einmal einem anderen Käufer verkauft, *actio furti* und *condictio furtiva* gewährt und damit gegen das akute Problem des mehreren Verkaufs derselben Sache einen recht wirksamen Rechtsbehelf gefunden. Dieses wirksamen Rechtsbehelfs ermangelte aber das römische Recht: Erhielt der Verkäufer nach dem Verkauf seiner Sache ein viel besseres Angebot, so war er in Wahrheit nicht verhindert, die Sache noch einmal – vermutlich zu höherem Preis – zu verkaufen. Dem ersten Käufer stand in diesem Fall ausser der obligatorischen Klage *actio empti* nichts zur Verfügung. Mittels dieser Klage erreichte er höchstens Ersatz für Interessenverletzung, der aber tief unter dem angebotenen Preis stehen mochte. Das Problem zog sich daher in der Tat als roter Faden durch viele Jahrhunderte hindurch.

Obwohl also Verpflichtungsgeschäft und Verfügungsgeschäft dogmatisch voneinander deutlich und folgerichtig abzutrennen sind, zeitlich mögen sie manchmal zusammenfallen und ihre Rechtswirkung gleichzeitig ausüben. So z.B beim Pfandvertrag, wo die Übergabe der Pfandsache *(datio pignoris)* zugleich ein obligatorisches Vertragsverhältnis und ein dingliches Pfandverhältnis hervorbringt. Dasselbe findet bei einem jeden Einkauf in einem Selbstbedienungsladen statt: Nimmt der Käufer irgendwelche Ware vom Regal ab, so empfängt er die angebotene Leistung des Verkäufers und verpflichtet sich zugleich zur Kaufpreiszahlung. Kaufabschluss und Kaufvollzug fallen hier zeitlich in der Tat zusammen, diese merkwürdige Konstellation der juristischen Tatsachen rechtfertigt jedoch keineswegs die Annahme eines besonderen Kauftyps, des sog. 'Realkaufs' in diesem Falle. Auch wenn Verpflichtung und Erfüllung zeitlich zusammenfallen, sind sie begrifflich-dogmatisch dennoch auseinanderzuhalten. Die gegenteilige Behauptung von S c h u l z wirkt nicht überzeugend: „it would be artificial and unrealistic to say that the obligations to convey the thing and to pay the price came into existence and are discharged at the same moment."[161]

Was nun die Möglichkeit des Gattungskaufs betrifft, so bildet auch das Problem der *causa emptionis* kein unüberwindbares Hindernis. Hält man sich folgerichtig vor Augen, dass Verpflichtungsgeschäft und Verfügungsgeschäft nicht miteinander zu vermengen sind, so sieht man ohne weiteres sofort ein, dass auch die *causa emptionis* als *causa contractus* und als *causa traditionis* zu differenzieren ist. Die *causa emptionis* als *causa contractus* gehört zum Verpflichtungsgeschäft. Da die Kaufvereinbarung als Verpflichtungsgeschäft noch keinen unmittelbaren, endgültigen Eigentumsübertragungswillen enthält, ist die konkret-individuelle – spezifische – Bestimmung des Kaufgegenstandes hier entbehrlich, reicht auch die generische Bestimmung aus. Auf dieser Ebene gibt sich erst der Verpflichtungswille

---

[161] F. S c h u l z (o. Anm. 45) 526.

kund, die angemessene Menge tauglicher Exemplare des betreffenden *genus* herbeizuschaffen, um sie dem Käufer zu übergeben. Der unmittelbare, endgültige Eigentumsübertragungswille kommt erst im Akt der Sachübergabe, im Verfügungsakt zur Erscheinung. Hier sind aber die beschaffenen Exemplare schon vorhanden, sie bilden den Gegenstand des Verfügungsgeschäfts, auf sie richtet sich der in der *causa traditionis* sich verkörpernde Eigentumsübertragungswille. Die *causa emptionis* als *causa traditionis* bezieht sich also auf konkret-individuelle Exemplare, deren Eigentum durch den Traditionsakt übertragen wird. Dies setzt aber nicht notwendigerweise voraus, dass sich bereits die *causa emptionis* als *causa contractus* auf konkret-individuelle Kaufgegenstände beziehen muss, denn hier handelt es sich noch nicht um den unmittelbaren, endgültigen Eigentumsübertragungswillen, sondern um den vorbereitenden Verpflichtungswillen, die erheischten Exemplare herbeizuschaffen und dadurch die spätere Entstehung dieses Eigentumsübertragungswillens überhaupt möglich zu machen. Entgegen der gegenteiligen Ansicht, die im Verpflichtungsgeschäft – in der *causa emptionis* als *causa contractus* – bereits den unmittelbaren, endgültigen Eigentumsübertragungswillen vorfinden will, befindet sich der unmittelbare, endgültige Eigentumsübertragungwille erst im Verfügungsgeschäft – in der *causa emptionis* als *causa traditionis* –, während im Verpflichtungsgeschäft – in der *causa emptionis* als *causa contractus* – noch nur der Verpflichtungswille zur späteren Eigentumsübertragung, also die Verpflichtung, später die Eigentumsübertragung zu wollen, enthalten ist.

Im Gattungskauf erscheint die Kaufsache also erst auf dinglicher Ebene – als Verfügungsobjekt – in ihrer konkreten Individualität als spezifisch bestimmter Gegenstand *(certa species)*. Auf obligatorischer Ebene – als Verschuldungsobjekt – ist sie noch generisch bestimmt *(aliqua species)*. Diese generische Bestimmung *(aliqua species)* umfasst aber die spezifische Bestimmung *(certa species)* offensichtlich mit. Die spezifische Bestimmung der Kaufsache vollzieht sich aber erst auf dinglicher Ebene, wo dies zum Vollzug des Übertragungsaktes unentbehrlich ist. Auf obligatorischer Ebene hingegen bleibt die Kaufsache generisch bestimmt, entgegen der Konkretisierungstheorie, die diesen Vorgang auf die obligatorische Ebene zurückbeziehen will. Es erübrigt sich die Bemerkung, dass wo Kaufabschluss und Kaufvollzug zeitlich zusammenfallen, der Kaufvertrag notgedrungen spezifischen Kaufgegenstand voraussetzt.

Zum Schluss ist noch die Frage zu beantworten, warum der Käufer die Kaufsache *ex causa emptionis* erwirbt und nicht vielmehr *ex causa solutionis*. Es liegt ja auf der Hand, dass die Übergabe der Kaufsache als Verfügungsgeschäft, mittels dessen der Verkäufer seiner Verpflichtung dem Käufer gegenüber nachkommt, die Natur des Lösungsakts *(solutio)* hat. Diese Redeweise kommt in den Quellen in der Tat – obwohl vereinzelt – vor, so bei Papinian D. 46,3,95,12: *Si inter emptorem et venditorem convenerit, priusquam aliquid ex alterutra parte solveretur, ut ab emptione discedatur ...* und Paulus D. 41,3,48f.: *... in emptione autem et contractus tempus inspicitur et quo solvitur: nec potest pro emptore usucapere,* *qui non emit, nec pro soluto* ... Die Interpolationsvermutungen, die Pflüger[162] und Kaser[163] anführen, um die Stellen zu diskreditieren, sind aus heutiger Sicht allerdings nicht mehr stichhaltig.

Die Standardbezeichnung der *causa*, aufgrund deren der Käufer die Kaufsache besitzt und nötigenfalls ersitzt, ist *pro emptore*. Zur Erklärung dieser geläufigen Ausdrucksweise ist jedoch keinesfalls die Entäusserungstheorie, die verhängnisvolle Vermengung von Verpflichtungsgeschäft und Verfügungsgeschäft nötig. Es ist einfach in Erwägung zu ziehen, dass durch die Sachübergabe die Verkäuferverpflichtung in der Regel noch nicht vollständig erfüllt wird, manchmals die Sachübergabe überhaupt nicht als Lösungsakt gilt. Dies ist der Fall beim Verkauf einer gestohlenen Sache: Hier erwirbt der Käufer an der Kaufsache nicht einmal durch Ersitzung Eigentum, durch die Sachübergabe erfüllt der Verkäufer nicht einmal einen Teil seiner Leistungspflicht. Aber auch in anderen Fällen hat der Verkäufer ausser der Sachübergabe Rechts- und Sachmängelgewährschaft zu leisten, den Käufer im Besitz der Kaufsache gegenüber Dritten sicherzustellen. Die Leistungspflicht des Verkäufers erstreckt sich auch auf diese Aufgaben, die angesichts des Käuferinteresses von besonderer Bedeutung sind. Durch die Sachübergabe allein kann sich der Verkäufer noch keineswegs als seiner Leistungspflicht entledigt betrachten.

---

[162] Vgl. H. H. Pflüger, Zur Lehre vom Erwerbe des Eigentums nach römischem Recht, München/Leipzig 1937, 12 Anm. 11.
[163] Vgl. M. Kaser, Zur *iusta causa traditionis*, BIDR 64 (1961) 77-78 Anm. 65.

Abgrenzung zwischen Kauf und Tausch in der Dichtung des Homer

Peter Blaho

I. Die Quellen

Von dem großen griechischen Dichter Homeros sind in den römischen Rechtsquellen insgesamt vierzehn Texte angeführt, ein Text bei Gaius, neun in den Digesten und vier in den justinianischen Institutionen. In einigen davon ist Homeros nur allgemein zitiert,[1] andere führen den Text wörtlich an.[2] Die Homeros-Texte, die man direkt oder indirekt in den Quellen des römischen Rechts findet,[3] behandeln unterschiedliche Themen aus dem römischen Privatrecht. Die Frage, ob die *permutatio* einen Unterfall des Kaufvertrages bildet oder nicht, wird in verschiedenen Homeros-Texten angesprochen. Bekanntlich war diese Frage Gegenstand eines Streits zwischen Sabinianern und Prokulianern. Die Sabinianer haben die Frage bejaht, die Prokulianer verneint.[4]

Das Kern-Problem bei *emptio venditio* und *permutatio*[5] dreht sich um den Kaufpreis: muss er aus einer Geldsumme bestehen, oder war ein gültiger Vertrag

---

[1] Marc. D. 39,6,1 pr.-1; Pap. D. 33,10,9,1; Inst. 1,2,2; Inst. 2,7,1.
[2] Gai. 3,141; Gai. D. 50,16,236; Claud. Saturn. D. 38,19,16,8; Marc. D. 32,65,4; Paul. D. 18,1,1,1; Ulp. D. 48,5,14(13),1; Mod. D. 38,10,4,6; Inst. 3,23,2; Inst. 4,3,1; Const. Omnem § 11.
[3] Il. 7,472-5 (Gai. 3,141; Paul. D. 18,1,1,1; Inst. 3,23,2); Il. 6,234-5 (Paul. D. 18,1,1,1); Od. 1,430 (Paul. D. 18,1,1,1); Od. 13,407 (Marc. D. 32,65,4); Od. 17,78f. (Marc. D. 39,6,1 pr.-1); Il. 23,85 (Claud. Saturn. D. 48,19,16,8); Od. 4,230 (Gai. D. 50,16,236 pr.); Od. 23,190f. (Pap. D. 33,10,9,1); Il. 6,344 (Mod. D. 38,10,4,6); Il. 6,378 (Mod. D. 38,10,4,6); Il. 9,340 (Ulp. D. 48,5,14(13),1); Od. 17,78-83 (Inst. 2,7,1); Od. 13,407f. (Inst. 4,3,1); Il. 6,236 (Const. Omnem § 11). Sechzehn Hinweise auf dreizehn Rechtsstellen! Davon kann man schließen, daß Homer in den römischen Rechtsquellen als meist zitierter Nichtjurist gilt.
[4] Gai. 3,141; Paul. D. 18,1,1,1; Inst. 3,23,2.
[5] Nach H. G. Heumann/E. Seckel z. B. bedeutet das Verbum *permutare* „eine Sache gegen eine andere hingeben, vertauschen". Siehe H. G. Heumann/E. Seckel, Handlexikon zu den Quellen des römischen Rechts, 9. Aufl., Jena 1914 s.v. *permutatio*,

abgeschlossen, wenn ein Austausch von Leistung und Gegenleistung vereinbart worden war? Die Frage hat historische Wurzeln und damit eine große Bedeutung in der Zeit, als noch kein Geld bekannt war. In der Urzeit hat man nämlich die Sache als Gegenstand eines „Kaufvertrages" einfach mit einer anderen Sache ausgetauscht. Tauschen (*permutare*; umwandeln, umändern, aus-, ein- und umtauschen) hat man als „kaufen" und „verkaufen" verstanden.

Wenden wir jetzt unsere Aufmerksamkeit einigen Homer-Texten zu. Das bekannteste und längste Fragment, das die Quellen des römischen Rechts enthalten, stammt aus der Ilias 7,472-5. Anhand diesen Fragments wirft die römische Jurisprudenz die Frage auf, ob die *permutatio* ein Unterfall des Kaufvertrages ist oder nicht. Als Erster hat diesen Homeros-Text Gaius in seinen Institutionen erwähnt (3,141), nach ihm der Jurist Iulius Paulus in einem Kommentar zum praetorischen Edikt (D 18,1,1,1), danach Justinian in den Institutionen (3,23,2) und in der *Constitutio Omnem* (§ 11). Viermal finden also wir denselben Vers in den Rechtsquellen in folgender Chronologie: 2. Jh. n.Chr. (Gaius), um die Wende des 2. und 3. Jhs. n.Chr. (Paulus), 6. Jh. n.Chr. (Justinian)!

1. Gai. Inst. 3,141

Item pretium in numerata pecunia consistere debet. Nam in ceteris rebus an pretium esse possit, veluti homo aut toga aut fundus alterius rei pretium esse possit, valde quaeritur. Nostri praeceptores putant etiam in alia re posse consistere pretium; unde illud est, quod vulgo putant per permutationem rerum emptionem et venditionem contrahi, eamque speciem emptionis venditionisque vetustissimam esse; argumentoque utuntur Graeco poeta Homero qui aliqua parte sic ait: Enthen ar or oinizonto karékomoóntes Achaio, / alloi men chalkó, alloi d aithóni sidéró, / alloi de rinois, alloi d avtési boessin, / alloi d andrapodessi.[6] et reliqua. Diversae scholae auctores dissentiunt aliudque esse existimant permutationem rerum, aliud emptionem et venditionem; alioquin non posse rem expediri permutatis rebus, quae videtur res venisse et quae pretii nomine data esse, sed rursus utramque rem videri et venisse et utramque pretii nomine datam esse absurdum videri. Sed ait Caelius Sabinus, si rem tibi venalem habenti, veluti fundum, acceperim et pretii nomine hominem forte dederim, fundum quidem videri venisse, hominem autem pretii nomine datum esse, ut fundus acciperetur.[7]

Die Rede ist vom *pretium*, mit anderen Worten vom Kaufvertrag, denn in den vorübergehenden zwei Paragraphen schreibt Gaius *de emptione et venditione*

422, bzw. auch „Tausch" und „Verwechslung". Siehe s.v. *permutatio*, in: Taschenwörterbuch zum Corpus Juris Civilis, den Institutionen des Gajus und anderen römischen Rechtsquellen, 8. Aufl., Berlin 1971, 109.

[6] Hom. Il. 7,472-475.
[7] Text nach der Ausgabe von Gai Institutiones, ed. E. Seckel/B. Kübler, 8. ed., Lipsiae 1939, 164.

(3,139-140). Es klingt merkwürdig, daß er in diesem Paragraph (141) mit den Worten „der Kaufpreis muß in klingendem Geld bestehen" *(pretium in numerata pecunia consistere debet)* angefangen hat und weiter fortsetzt: Unsere (meine) Lehrer meinen, daß der Kaufpreis *(pretium)* auch in einer anderen Sache bestehen kann. Da er zuerst von der Meinung der Sabinianer berichtet, zu der auch er selbst tendiert, und nachher von der Prokulianischen Schule schreibt, ist verständlich, daß er den Begriff *pretium* als Kaufpreis verstanden hat. Nach der Äusserung des Gaius haben die Sabinianer *permutatio* nicht nur als älteste Art von *emptio venditio* konzipiert *(vetustissimam esse)*, sondern sogar behauptet, daß der Kaufvertrag durch Tausch einer Sache abgeschlossen wird. Für diese Lehre haben die Sabinianer den Vers des Homer als Beweis *(argumentoque utuntur)* zitiert:

„Dort nun beschafften Wein die hauptumlockten Achäer,[8] / die einen mit Erz, die anderen mit schimmerndem Eisen, / andere mit Rindshäuten, andere mit lebenden Rindern, / wieder andere mit Sklaven."[9]

Homer beschreibt in dem Epos fünf Fällen, in denen man immer eine Sache für dieselbe andere Sache, den Wein, ausgetauscht hat, oder mit Worten von dem Dichter benützt: die Achäer haben den Wein mit einer anderen Sache beschafft *(oinizonto)*. Diese fünf Fälle dienen den Sabinianern als Argumentation für die Meinung, dass der Tausch ein Unterfall des Kaufvertrages sei.

Umgekehrt haben die Prokulianer nach Gaius diese Stellungnahme bestritten. Tausch und Kaufvertrag sind danach zwei unterschiedliche Situationen, man kann nicht beurteilen „welche Sache man verkauft und welche Sache man als Kaufpreis gegeben hat" *(quae videatur res venisse et quae pretii nomine data esse)*. Und es scheint unsinnig *(absurdum videri)*, daß man beide Sachen verkauft und beide als Kaufpreis gegeben hat.

2. Paul D 18,1,1,1 (libro trigensimo tertio ad edictum)

Sed an sine nummis venditio dici hodieque possit, dubitatur, veluti si ego togam dedi, ut tunicam acciperem. Sabinus et Cassius esse emptionem et venditionem putant: Nerva et Proculus permutationem, non emptionem hoc esse. Sabinus Homero teste utitur, qui exercitum Graecorum aere ferro hominibusque vinum emere refert, illis versibus:

Enthen ar or oinizonto karékomoóntes Achaioi, / alloi men chalkó, alloi d aithóni sidéró, / alloi de rinois, alloi d avtési boessin, / alloi d andrapodessi."[10]

---

[8] „Achäer" ist eine alte homerische Bezeichnung für die Griechen am Nordrand des Peloponnes am Korinthischen Golf. Man hat sie auch nach Homer „Danaer" als griechische Helden benannt. Zu den Danaern W. F. Albright, Some oriental Glosses on the Homeric Problem, American Journal of Archaeology 54 (1950), 162-176.

[9] Deutsche Übersetzung von H. Honsell, in: Corpus Iuris Civilis. Text und Übersetzung III. Digesten 11-20, hg. von O. Behrends/R. Knütel/B. Kupisch/H. H. Seiler, Heidelberg 1999, 439-440.

sed hi versus permutationem significare videntur, non emptionem, sicuti illi: „eno ante Glaýkó Kronídés frénas ékséleto Zeús, / os prós Týdeidén Diomédza teýche ameiben."[11] *magis autem pro hac sententia illud diceretur, quod alias idem poeta dicit: „priato kteátessin eoisin.*"[12] *sed verior est Nervae et Proculi sententia: nam ut aliud est vendere, aliud emere, alius emptor, alius venditor, sic aliud est pretium, aliud merx: quod in permutatione discerni non potest, uter emptor, uter venditor sit.*

Der zweite Beleg stammt von Paulus aus seinem 33. Buch zum Edikt. Auch Paulus hat mit dem Streit zwischen den Sabinianern und den Prokulianern angefangen und ähnlich wie Gaius illustrierte er die Meinung der Sabinianer mit demselben Vers aus der Ilias (7,472-5). Paulus hat offenbar diesen Vers als ein Beispiel für den Tausch eingeschätzt *(sed hi versus permutationem significare videntur)* und noch zur Unterstützung dieser Sabinianer-Meinung einen weiteren Vers aus der Ilias angegeben, den man ebenso als ein Beispiel für den Tausch, und nicht für den Kauf ansehen darf *(permutationem significare videntur, non emptionem)*:

„Da aber verwirrte Zeus, der Sohn des Saturn, den Glaukos so, daß er mit Diomedes, dem Sohn des Tydeus, die Waffen tauschte."[13]

Zwei Stellen aus der Ilias (7,472-5 und 6,234-5) waren für Paulus nicht genügend, um die Richtigkeit der Theorie, dass die *permutatio* nicht unter dem Kauf subsumiert werden kann, zu bestätigen. Er hat noch eine weitere Stelle von Homer angewendet, diesmal aus der Odysee: *priato kteátessin eoisin*:[14] „Er [Láertés] hat [die junge Erykleia] gekauft mit Stücken seines Vermögens".[15] Auf der Basis von zwei Stellen aus der Ilias und einer aus dem Odysseus hat Paulus einen eindeutigen Schluß gezogen: Die Meinung von Nerva und Proculus (beide Prokulianer) sei richtiger *(verius est)*, nämlich wenn jemand die Toga übergibt, um die Tunik zu bekommen, ist dies ein Tausch der Sache für die Sache *(permutatio)* und kein Kauf (nicht *emptio venditio*). Es ist in diesem Fall und in anderen ähnlichen Fällen eigentlich nicht möglich zu bestimmen „wer Käufer und wer Verkäufer ist" *(uter emptor, uter venditor sit)*.[16]

---

[10] Hom. Il. 7,472-475.
[11] Hom. Il. 6,234-235.
[12] Hom. Od. 1,430.
[13] Deutsche Übersetzung von Honsell (o. Anm. 9) 440.
[14] Hom. Od. 1,430.
[15] Deutsche Übersetzung von Honsell (o. Anm. 9) 440. Der Satz bleibt trotz Honsells Ergänzung unverständlich. Man ist gezwungen, den kurzen Satz mit dem davor liegenden (1, 429) zu erweitern. Nach dieser Bereitung der Worte „er hat gekauft mit Stücken seines Vermögens," die wahrscheinlich nicht Paulus selbst gemacht hat, sondern die Kompilatoren hineingeschoben haben, bekommen wir den folgenden faktischen Stand: Láertés, der Vater von Odysseus, als er noch jung war, hat Erykleia (eine Sklavin) für zwanzig Rinder gekauft (gr. *priato*).
[16] Paul. D. 18,1,1,1 in fine. Vgl. auch Paul. D. 19,4,1 pr.: *Sicut aliud est vendere, aliud emere, alius emptor, alius venditor, ita pretium aliud, aliud merx. At in permutatione discerni non potest, uter emptor vel uter venditor sit, multumque differunt praestatio-*

3. Just. Inst. 3,23,2

Item pretium in numerata pecunia consistere debet. Nam in ceteris rebus an pretium esse possit, veluti homo aut fundus aut toga alterius rei pretium esse possit, valde quaerebatur. Sabinus et Cassius etiam in alia re putant posse pretium consistere: unde illud est, quod vulgo dicebatur per permutationem rerum emptionem et venditionem contrahi eamque speciem emptionis venditionisque vetustissimam esse: argumentoque utebantur Graexo poeta Homero, qui aliqua parte exercitum Achivorum vinum sibi comparasse ait permutatis quibusdam rebus, his verbis: „Enthen ar or oinizonto karékomoíntes Achaioi, / alloi men chalkó, alloi d aithóni sidéró, / alloi de rinois, alloi d avtési boessin, / alloi d andrapodessi." Diversae scholae auctores contra sentiebent aliudque esse existimabant permutationem rerum, aliud emptionem et venditionem. Alioquin non posse rem expediri permutatis rebus, quae videatur res venisse et quae pretii nomine data esse: nam utramque videri et venisse et pretii nomine datam esse rationem non pati. Sed Proculi sententia dicentis permutationem propriam esse speciem contractus a venditione separatam merito praevaluit, cum et ipsa aliis Homericis versibus adiuvatur et validioribus rationibus argumentatur. Quod et anteriores divi principes admiserunt et in nostris digestis latius significatur.

Derselbe Homer-Vers (Il. 7,472-5) kommt das dritte Mal in den Quellen des römischen Rechts vor. Es hat keinen praktischen Sinn, wiederum die Stellungnahme der Sabinianer und Prokulianer zur Sache *permutatio* und *emptio venditio* anzuführen. Aus dem „Zweikampf" der beiden Schulen von Justinian erfahren wir auch: Wenn man die Meinung der Sabinianer anerkennen will, dann wäre es beim Tausch unsicher „welche Sache als verkauft und welche Sache als hingegebener Kaufpreis anzusehen sei" (*quae videatur res venisse et quae pretii nomine data esse*). Und am Schluß des ablehnenden Kommentars von Justinian zur Meinung der Sabinianer mit den Worten „und mit Recht hat die Ansicht des Proculus die Oberhand gewonnen" (*sed Proculi sententia .... merito praevaluit*) hat er die Polemik beendet.

4. Constitutio Omnem § 11

Incipite igitur legum doctrinam eis dei gubernatione tradere et viam aperire quam nos invenimus, guaetunus fiant optimi iustitiae et rei publicae ministri et vos maximum decus in omne saeculum sequatur: quia vestris temporibus talis legum inventa est permutatio, qualem et apud Homerum patrem omnis virtutis Glaucus et Diomedes inter se faciunt dissimilia permutantes: Chrýsea chalkeíōn, ekatóyboia

---

nes. Diese Worte von Paulus haben die Kompilatoren an den Anfang des Titels D. 19,14 *de rerum permutatione* gestellt. Deutlicher kann man das Problem Kauf gegen Tausch nicht ausdrücken.

énneaboíón. Quae omnia optinere sancimus in omne aevum, ab omnibus tam professoribus quam legum auditoribus et librariis et ipsis et iudicibus observanda.

Die Erwägungen über Tausch und Kauf beenden wir mit der Konstitution von Justinian, die der Kaiser am 16. Dezember 533 zusammen mit der Tanta (Dédoken) herausgegeben hat und die er an die Professoren richtete (*viri illustres antecessores*). Die Konstitution bezog sich auf die Reform des Rechtsstudiums, das sich von dieser Zeit an das juristische Denken der klassischen Juristen richten soll. Justinian hat die Konstitution unerwartet und „von der Sache" mit Berufung auf Homer abgeschlossen. Er hat von den Professoren erwartet, daß ihre Studenten „die besten Diener der Gerechtigkeit und des Gemeinwesens" (*optimi iustitiae et rei publicae ministri*) sein sollten, weil in ihrer Zeit es zu so einem Tausch gekommen wäre, wie früher beim homerischen Glaukos und Diomedes, welche nach Justinian untereinander daß Ungleiche ausgetauscht haben (*dissimilia permutantes*), und zwar „Gold gegen Bronze, den Wert von hundert Rindern gegen den von neun."[17] Was Justinian unter den Worten *dissimilia permutantes* gemeint hat, wissen wir nicht. Seine metaphorische Äußerung hat keinen Zusammengang mit dem Verhältnis zwischen Tausch und Kauf.

II. „Tauschen" und „Kaufen" bei Homer

Untersuchen wir jetzt die Bedeutung der Verba „tauschen" und „kaufen" in der Dichtung von Homeros. In der Ilias 7,472-5 haben die Achäer den Wein für verschiedene Genus-Sachen „beschafft" (griechisch *oinizonto*),[18] aber nur nicht gekauft. Die ältere juristische Literatur transskribiert das Wort *oinizonto* überwiegend mit „kaufen".[19] Der älteren Literatur folgen manche moderne Autoren.[20]

---

[17] Deutsche Übersetzung von O. Behrends, in: Corpus Iuris Civilis. Text und Übersetzung II. Digesten 1-10, übers. u. hg. von O. Behrends/R. Knütel/B. Kupisch/ H. H. Seiler, Heidelberg 1995, 71.

[18] *Oinizonto* bedeutet „beschaffen"; s. dazu W. Pape, Griechisch deutsches Handwörterbuch II, Nd. Graz 1954, s.v. *oinizó*, 306, Sp. a (ähnlich W. Pape, auch Il. 8, 506; Il. 8, 546); man kann auch „besorgen", bzw. „verschaffen" sagen. Eindeutig hat hier Homer einen neutralen (allgemeinen) Begriff gewählt. *Oinizonto* bedeutet in der juristischen Sprache „austauschen", zugleich auch „kaufen", je nachdem, wie man das Wort „beschaffen" verstehen will. Damit können auch die Sabinianer und die Prokulianer zufrieden sein.

[19] Zum Beispiel C. Feust, in: Das Corpus Iuris Civilis (Romani) II, hg. von K. E. Otto/B. Schilling/K. F. F. Sintenis, Leipzig 1831, Aalen 1984, 340: „Dort nun *kauften* des Weins die hauptumlockten Achaier ..." Nicht zugänglich war mir das Buch von H. Dernburg, Die Institutionen des Gaius – ein Collegienheft aus dem Jahre 161 n.Chr., Halle 1869.

[20] A. Watson, The Digest of Justinian I, Pennsylvania 1998: „Then the longhaired Achaeans *bought* themselves wine..." ähnlich auch J. Kincl, Gaius. Učebnice práva ve čtyřech knihách (= Rechtslehrbuch in vier Büchern), Praha 1981, 176.

Der polnische Romanist C. Kunderewicz hat einen passenden Begriff benutzt: die Achäer haben den Wein „bekommen" (polnisch dostają)[21]

Wenn man die nichtjuristische Literatur prüft, kommt man zu ähnlichen Ergebnissen: die hauptumlockten Achäer „kauften" den Wein,[22] oder ausnahmsweise haben sie ihn „verschafft."[23]

In der Ilias 6,234-235 treffen wir auf eine andere Transaktion, in der Glaukos die Waffen mit Diomedes „tauschte" (griechisch *ameiben*).[24] Mit dieser Stelle, die sich in Paul. D. 18,1,1,1 befindet, hat man keine besonderen Schwierigkeiten. Der Text bietet nur eine Möglichkeit an, und zwar einen Tausch von Waffen, die einfach beide, Glaukos und Diomedes, gegenseitig wechseln.[25]

Der letzte Homer-Vers bei Paulus stammt von Odysseus 1,430. Hier ist die Lage mit dem Begriffspaar „tauschen" und „kaufen" komplizierter. Obwohl Láertés „mit Stücken seines Vermögens," d.h. mit zwanzig Rindern, eine junge Sklavin beschaffte, ist im Text anstatt *ameiben* (tauschte) das Wort *priato* (kaufen) gewählt.[26] Aus diesem Grund übersetzt jeder Autor naturgemäß den Vers mit dem Wort „kaufen" nach dem Original, obwohl es juristisch nicht haltbar ist.

Bleibt noch der § 11 aus der *Constitutio Omnem*. Hier hat Homer kein Verbum angeführt, Justinian selbst spricht im lateinischen Text von austauschen.

---

[21] Gaius Instytucje. Z języka łac. przeł. i wstęp, opatrzył C. Kunderewicz, opr. J. Rezler, Warszawa 1982, 315. Kunderewicz hat die Übersetzung von K. Jeżewska in Betracht genommen. Dasselbe auch Instytucje Justyniana. Z języka łac. przeł. i przedmowa opatrzył C. Kunderewicz, Warszawa 1986, 197.

[22] Homer, Ilias, verdeutscht von Thassilo von Scheffer, Leipzig 1938, 169: „Und so kauften ihn dort die lockigen Achaias .../Andere zahlten mit Sklaven"; Homeros, Ílias, prel. M. Okál, Bratislava 1962, 171.

[23] L. Huchthausen, in: Römisches Recht in einem Band, hg. von L. Huchthausen, Berlin-Weimar 1975, 148, ist inkonsequent: „Dort verschaffen sich [richtig, P. B.] das Getränk [?] die haupthaarumwallten Griechen sie kauften [unrichtig, P. B.] es ein für ...."

[24] *Ameiben*, abgeleitet von *ameibo*, bedeutet „tauschen". So W. Pape (o. Anm. 18) s. v. *Ameibo*, 120, Sp. a, b. Ähnlich auch Il. 14, 381.

[25] Glaukos war ein königlicher Sohn des Hippoloch; im Krieg mit Troja kämpfte er auf der Seite der Trojaner. Diomedes war der Sohn des kalydonischen Helden Tydeus und seiner Ehefrau Deipyla, selbst König in Argos. Dieses Tauschgeschäft war für den Glaukos offensichtlich so ungünstig, daß man ihn in der Antike als Synonym für einen schlechten Geschäftsmann angesehen hat; für goldene Waffen, von Wert von hundert Rindern hat er bronzene Waffen von Wert von neun Rindern bekommen. Daraus darf man für den Rechtsbereich eine wichtige Feststellung schließen, und zwar, daß die Rinder die Position von *pretium* eingenommen haben.

[26] In diesem Sinne z. B. in der tschechischer Übersetzung von V. Šrámek, Odysseia, Praha 1940, 16; in der slowakischer Übersetzung von M. Okál, Odysseia, Bratislava 1966, 24. Priato (von der vorausgesetzten Form *priamai*) bedeutet „kaufen". So W. Pape (o. Anm. 18) II. Band, s.v. *priamai*, 700, Sp. b.

III. Schluss

In den Beispielen, die bei Homer begegnen, war der Kaufpreis anstatt in Geld immer in beweglichen Sachen ausgedrückt. Eigentlich weiß man nicht, welche von zwei angegebenen Sachen den Kaufpreis bilden sollte. Bezahlt wird Erz gegen Wein, schimmerndes Eisen gegen Wein, Rindshäute gegen Wein, lebende Rinder gegen Wein, Sklaven gegen Wein,[27] Waffen gegen Waffen,[28] auch eine Sklavin gegen zwanzig Rinder,[29] schließlich Gold gegen Bronze, hundert Rindern gegen neun.[30] Sollen wir diese Geschäfte als Tausch oder Kauf betrachten, bzw. ist es hier möglich zu behaupten, daß der Tausch eine Art von Kaufvertrag ist?

Wenn wir das Homer-Epos aus der Sicht beider Schulen auswerten, kommen wir zu einer merkwürdigen Stellungnahme: Für die Prokulianer (Nerva, Proculus, Paulus) waren die Verse eine Bestätigung der Theorie, daß man *permutatio* nicht unter den Kauf subsumieren kann;[31] dieselben Verse waren für die Sabinianer (Sabinus, Cassius) ein Beweis, daß der Tausch einer Sache gegen eine andere Sache ein Kauf ist.[32] Also berufen sich beide Schulen auf Homer.

Aus dem bisher gesagten dürfen wir schließen, daß der Tausch historisch auch in Rom dem Kauf vorangegangen sein muß (Paulus D. 18,1,1,1), und wie U. von Lübtow behauptete, mit der Verdrängung des Tausches durch den Kauf trat eigentlich an die Stelle der *res* das *pretium*.[33] Mit dem Aufkommen der Geldwirtschaft hört der Naturaltausch *res* gegen *res* allmählich auf und der Sachgütertausch folgt dem juristischen Modell *res* gegen *pretium*. In diesem Sinne erscheint der Kauf als eine spätere Entwicklungsstufe des Tausches, ähnlich wie es im Sachenrecht der Fall hinsichtlich Eigentum und Besitz war.[34]

---

[27] Il. 7,472-475.
[28] Il. 6,234.
[29] Od. 1,430.
[30] Il. 6,236.
[31] Paul. D. 18,1,1,1: *sed hi versus permutationem significare videntur, non emptionem.*
[32] Paul. D. 18,1,1,1: wenn ich die Tunik gebe, um die Toga zu bekommen, *esse emptionem et venditionem putant.*
[33] U. v. Lübtow, Studien zum altrömischen Kaufrecht, FS P. Koschaker II, Weimar 1939, 117.
[34] Paul. D. 41,2,1,1: *Dominiumque rerum ex naturali possessione coepisse Nerva filius ait.*

Garanzia per i vizi della cosa e responsabilità contrattuale

Nunzia Donadio

Nel diritto romano era conosciuta una responsabilità del venditore per i *vitia rei emptae* in base ad azioni specifiche, l'*actio redhibitoria* e l'*actio quanti minoris*.

Entrambe presupponevano la violazione di determinate norme di condotta, poste all'esterno del regolamento contrattuale.

Il loro fondamento era rappresentato da disposizioni normative *ad hoc*; ovvero, le clausole dell'editto degli edili curuli, che ponevano in capo ai destinatari specifici obblighi di informazione a favore degli acquirenti.

Le prescrizioni edittali, infatti, erano direttamente rivolte ai soggetti dell'ordinamento, o meglio a determinate categorie di venditori.[1]

Nel processo in base alle azioni edilizie non era decisivo valutare se il comportamento del venditore avesse o non impedito la realizzazione del reale assetto di interessi voluto dalle parti con il contratto di compravendita, né il divario tra il rapporto economico che veniva in concreto a determinarsi fra le reciproche prestazioni e quello realmente rispondente agli interessi dell'uno e dell'altro contraente.[2]

Contava, invece, la tutela del soggetto più debole, facile vittima delle frodi perpetrate dai mercanti nelle contrattazioni che si tenevano nei mercati della città,[3] e

---

[1] Nell'editto, i magistrati si rivolgevano immediatamente a „*qui mancipia vendunt*" (D. 21,1,1,1) o a „*qui iumenta vendunt*" (D. 21,1,38 pr.), onde piuttosto che mera autoregolamentazione della propria *iurisdictio* esso rappresentava anche un insieme di precetti per i destinatari. Sulla caratteristica formulazione delle clausole edittali edilizie e sull'uso in esse della forma imperativa, v. spec. M. Kaser, Zum Ediktsstil, in: FS Schulz II, Weimar 1951, 31 ss. (= Ausgewählte Schriften I, Napoli 1976, 219 ss.); A. Watson, The Imperatives of the Aedilician Edict, TR 39 (1971) 73 ss.

[2] Si tratta di esigenze che rileveranno solo in un secondo momento sotto la spinta dell'interpretazione giurisprudenziale e soprattutto nell'ambito differente dell'azione contrattuale *ex empto* e della sua estensione contro il silenzio doloso del venditore sui vizi della cosa venduta. L'esigenza di una giusta proporzione sotto il profilo economico tra il valore della *res* e l'importo del *pretium* pagato, invece, è alla base della successiva *actio quanti minoris*, sebbene nel processo edilizio il riequilibrio tra le posizioni delle parti è operato rispetto a un valore „di mercato" della *res vendita*, come dirò più avanti nel testo.

[3] Sarebbe interessante soffermarsi sul tema concernente lo status dei destinatari delle norme edilizie, se essi cioè fossero soltanto i *cives* romani o anche i non *cives*, come

sulle quali avevano giurisdizione i magistrati che introdussero queste *actiones*. Non a caso, in sede di commento alle disposizioni dell'editto edilizio era frequente da parte dei giuristi classici il richiamo alla *ratio* della relativa disciplina, che come precisava Ulpiano era: *„occurrere fallaciis vendentium"* e *„succurrere emptoribus, quicumque decepti a venditoribus fuerint".*[4]

Anche se il *venditor* rispondeva in base alle *actiones aediliciae* per avere violato le prescrizioni edittali, ben poteva restare valido per il *ius civile* lo scambio di *res* contro *pretium*. Non sorgeva, in altri termini, anche una responsabilità contrattuale per il venditore che non avesse denunciato certi vizi del *mancipium* o del *iumentum*.

Soprattutto con riferimento alla sostanziale risoluzione del contratto – che si otteneva con l'*actio redhibitoria*[5] – gli strumenti offerti nel tribunale degli edili cu-

---

sembra inferirsi dalla circostanza che nella maggior parte dei casi i mercanti, in particolare i *venaliciarii*, erano dei *peregrini*. Sotto questo profilo, si potrebbe supporre che l'insieme di disposizioni create nell'esercizio della giurisdizione edilizia e cristallizzatesi nel relativo *edictum* (v. Gai 1,6) rappresentasser un corpo di norme accessibili – almeno sotto il profilo precettivo, per così dire (cioè quanto agli obblighi di informazione sulle condizioni materiali delle cose messe in vendita) – anche agli stranieri. È chiaro comunque che se le norme che imponevano ai venditori di schiavi e di giumenti determinati comportamenti non avessero avuto come destinatari anche i non *cives*, esse non avrebbero conseguito lo scopo per cui erano state create. Questa considerazione ci riporta alla natura della giurisdizione edilizia, che forse almeno per un'epoca antecedente alla creazione del *praetor peregrinus* (nel 242 a.C.) doveva integrare quella del pretore urbano quanto alle controversie con gli stranieri, sia pure solo in riferimento a quelle concernenti le vendite mercantili di *mancipia* e di *iumenta*. Ma l'argomento merita certamente un'indagine più approfondita, che qui non è possibile svolgere. Sulla *iurisdictio* edilizia in genere v. *infra* nt. 9.

[4] Cfr. D. 21,1,1,2, su cui *infra* nt. 16. Si v., inoltre, D. 21,1,37, D. 21,1,38,2 e, quanto alle fonti letterarie, l'interessante accenno di Cicerone in *off.* 3,17,71.

[5] Per l'*actio quanti minoris* si può richiamare la circostanza che in alcuni passi del Digesto si prevede un totale rimborso del *pretium*, di tal guisa che l'azione realizzava un effetto analogo, quanto alle conseguenze pratiche, a quello dell'azione redibitoria: D. 44,2,25,2 (Iul. 51 *dig.*) e D. 21,1,43,6 (Paul. 1 *ed. aed. cur.*). È possibile che i testi riguardino ipotesi di riduzione del corrispettivo tali da portare a un suo totale azzeramento e perciò da non lasciare sopravvivere il rapporto. La conformità al diritto classico di questi frammenti è stata messa in dubbio in dottrina, sebbene per la verità soprattutto nella letteratura del passato: cfr. B. Biondi, Studi sulle actiones arbitrariae e l'arbitrium iudicis, Palermo 1913, 142 s.; R. Monier, La garantie contre les vices cachés dans la vente romaine, Paris 1930, 177 ss. A favore della sua sostanziale autenticità si sono espressi, invece: G. Impallomeni, L'editto degli edili curuli, Padova 1955, 204 s., 221; V. Arangio-Ruiz, La compravendita in diritto romano II, Napoli 1954, 388 nt. 1, che collega queste decisioni con l'eventualità di un comportamento satisfattorio delle pretese dell'attore per iniziativa della stessa controparte. Altri pensano in genere alla possibilità che il *iudex* nel processo in base all'*actio aestimatoria* condannasse il convenuto al rimborso del prezzo nella sua totalità, ma solo a fronte della restituzione della cosa da parte dell'*emptor* stesso: così H. Honsell, Quod interest im bonae-fidei-iudicium. Studien zum römischen Schadensersatzrecht, München 1969, 77; P.

ruli, dunque, erano diretti a incidere sull'operatività di una fattispecie contrattuale, la quale sul diverso piano del *ius civile* poteva restare valida ed efficace. Si tratta di una situazione che si ricollega alla pluralità di ordinamenti nell'esperienza giuridica romana[6].

I.

1. La garanzia per i vizi e la realizzazione della funzione pratica del contratto di compravendita

La garanzia per i vizi della cosa in base all'editto edilizio non coinvolgeva il tema della imperfetta o mancata realizzazione della funzione pratica del contratto di compravendita, innanzitutto perché per le relative norme e soprattutto ai fini dell'azione redibitoria nelle sue primitive applicazioni – in connessione, cioè, con le vendite private all'asta – rilevava soltanto la posizione di una delle parti coinvolte nelle contrattazioni mercantili, appunto l'acquirente. L'esigenza di bilanciare le posizioni dei due contraenti giocò un ruolo importante, invece, nel contesto dei successivi interventi edilizi, che si collocano nell'ultimo secolo dell'età repubblicana; ma soprattutto nelle soluzioni giurisprudenziali conseguenti all'adattamento della disciplina edilizia alla natura dell'*emptio venditio* consensuale e obbligatoria come contratto di buona fede.

I giuristi romani, in realtà, operarono dei tentativi – di cui restano tracce nelle fonti – per ricondurre nell'alveo degli obblighi del *venditor* una responsabilità per i vizi della cosa, ma essi agirono su un piano differente; ovvero, nel contesto dell'estensione dell'*actio empti* e del suo impiego a integrazione dei limiti della disciplina edilizia. E la soluzione seguita fu per lo più quella di reprimere i comportamenti contrari alla buona fede nella conclusione del contratto, nella specie il silenzio del venditore su vizi della cosa a lui noti al momento della vendita e non denunciati alla controparte[7], purchè differenti da quelli che davano luogo a responsabilità edilizia.

Apathy, Wandlung bei geringfügigen Mängeln?, in: Ars boni et aequi. FS Waldstein, hg. M. J. Schermaier/Z. Végh, Stuttgart 1993, 23 s.; É. Jakab, Praedicere und cavere beim Marktkauf, München 1997, 179 s.

[6] La possibilità di riassumere le disposizioni dell'*edictum aedilium curulium* nel *ius honorarium* è riconosciuta nella dottrina più autorevole. Cfr. A. Guarino, L'editto edilizio e il diritto romano, Labeo 1 (1955) 295 ss. (= PDR. IV, Napoli 1994, 272 ss.); Id., Ancora sull'editto edilizio, Labeo 2 (1956) 352 ss. (= PDR. IV cit. 267 ss.); M. Kaser, Ius honorarium und ius civile, SZ 101 (1984) 68 nt. 318; M. Talamanca, s.v. „Processo (dir. rom.)", in: ED XXXVI, Milano 1987, 51 nt. 363. A contestarlo fu, in passato, soprattutto E. Volterra, Intorno all'editto degli edili curuli, in: Scritti Borsi, Padova 1955, 3 ss. (= Scritti giuridici IV, Napoli 1993, 467 ss.); Id., Ancora sull'editto degli edili curuli, Iura 7 (1956) 141 ss. (= Scritti giuridici IV cit. 501 ss.).

[7] Sul tema v. adesso L. Solidoro Maruotti, „…Si vero sciens reticuit et emptorem decepit…" (D. 19.1.13 pr.): vizi di fatto, vizi di diritto e reticenza del venditore, in: Fides humanitas ius. Studii Labruna VIII, Napoli 2007 5269 ss.; Ead., „Aliud est celare, aliud tacere" (Cic., de off. 3.12.52), proiezioni attuali di un antico dibattito sulla reticenza del venditore, AG 227 (2007) 187 ss.; Ead., Gli obblighi di informazione a carico del venditore, Napoli 2007, spec. 39 ss.

Ai nostri fini, in realtà, basta rilevare la circostanza che si mantennero pur sempre separati l'ambito di applicazione delle *actiones aediliciae* e quello dell'azione contrattuale, in quanto questi rimedi poggiavano su distinti presupposti.

Questa fondamentale differenza è spiegabile rispetto all'esperienza storica alla luce dell'origine della disciplina edilizia. L'*actio redhibitoria* e l'*actio quanti minoris* furono introdotte a Roma da magistrati minori aventi giurisdizione speciale sulle contrattazioni mercantili, in particolare sulle *auctiones* private di *mancipia* e di *iumenta*.[8] La specificità della competenza e i limiti ai poteri degli *aediles curules*,[9] come le caratteristiche del processo nel loro tribunale influirono in modo determinante sulla natura dei rimedi edilizi a tutela dell'acquirente, sulla loro portata e sul rapporto con la diversa azione contrattuale *ex empto*, tra l'altro un *iudicium bonae fidei*.

Così, anche quando la disciplina edilizia venne inserita e adattata all'*emptio venditio* consensuale e obbligatoria essa non perse le essenziali caratteristiche originarie.

Infatti, sebbene rispetto all'*actio quanti minoris*, sorta in un secondo momento,[10] dai riferimenti nelle fonti si inferisce una maggiore attenzione per un giusto equilibrio economico tra le prestazioni reciproche delle parti, è pur vero che gli obblighi posti a carico di determinate categorie di venditori nell'editto degli edili curuli e diretti a tutelare gli avventori da frodi sulle condizioni materiali dei beni compravenduti rimasero distinti dalle obbligazioni discendenti dal contratto e dai rimedi civilistici.

---

[8] Sull'origine dell'*actio redhibitoria* in connessione con le *auctiones* private e sulla diversa introduzione dell'*actio quanti minoris* in età tardorepubblicana nell'ambito dell'*emptio venditio* consensuale e obbligatoria cfr. N. Donadio, Azioni edilizie e interdipendenza delle obbligazioni nell'emptio venditio. Il problema di un giusto equilibrio tra le prestazioni delle parti, in: La compravendita e l'interdipendenza delle obbligazioni nel diritto romano II, a cura di L. Garofalo, Padova 2007, 455 ss. con letteratura.

[9] Per la discussione circa il fondamento della *iurisdictio* edilizia e il rapporto tra questa e il potere di sorveglianza sui mercati dell'Urbe con relativa *coercitio* si v. in part.: Impallomeni, L'editto degli edili curuli cit. 109 ss.; M. Kaser, Die Jurisdiktion der kurulischen Ädilen, in: Mél. P. Meylan I, Lausanne 1963, 173 ss. (= Ausgewählte Schriften II, Napoli 1976, 479 ss.); Id., Das römische Privatrecht^2 I, München 1971, 558; G. Pugliese, Il processo civile romano II.1, Milano 1963, 143; F. Wieacker, Römische Rechtsgeschichte I, München 1988, 479; W. Kunkel, Staatsordnung und Staatspraxis der römischen Republik II. Die Magistratur, München 1995, 478 nt. 19; F. Serrao, Impresa, mercato, diritto. Riflessioni minime, in: Mercati permanenti e mercati periodici nel mondo romano. Atti degli incontri capresi di storia dell'economia antica (Capri 13-15 ottobre 1997), a cura di E. Lo Cascio, Bari 2000, 37 ss. [= Sem. Compl. XII (2000) 302 ss.]. Sulla funzione di sorveglianza nei mercati e sulla connessa *coercitio* edilizia cfr., di recente, Jakab, Praedicere und cavere cit. 116 ss.; M. Kuryłowicz, Zur Marktpolizei der römischen Ädilen, in: Au-delà des frontières. Mél. Wołodkiewicz I, Varsovie 2000, 439 ss.

[10] Sul punto v. *infra* nel testo.

1.1. Il risarcimento dei danni derivati dal vizio della cosa

Per il diritto classico, dal tenore della formula tipo dell'*actio redhibitoria* emerge che l'azione stessa non portava, nel processo edilizio, anche al risarcimento dei danni né, soprattutto, di quelli derivati dal vizio esistente nella cosa venduta.[11] Soltanto in sede di interpretazione delle clausole edittali e, in particolare, nell'ambito dei tentativi di adattamento nelle applicazioni casistiche dello schema formulare tipico alle più svariate esigenze che emergevano nei casi concreti, i giuristi romani

---

[11] Per la condanna nell'azione redibitoria cfr. D. 21,1,29,2: *Condemnatio autem fit, quanti ea res erit: ergo excedet pretium an non, videamus. et quidem continet condemnatio pretium accessionesque. an et usuras pretii consequatur, quasi quod sua intersit debeat accipere, maxime cum fructus quoque ipse restituat? et placet consecuturum.* Nella prima parte del frammento è espresso il principio che la condanna, al *simplum*, corrisponde alla restituzione del prezzo con gli accessori. Si v. anche D. 21,1,31 pr. Cfr. O. Lenel, Das Edictum Perpetuum. Ein Versuch zu seiner Wiederherstellung³, Leipzig 1927, 556 [d'ora in poi EP³.]. In ordine al contenuto del *restituere* che avrebbe potuto essere chiesto al *reus* in sede di *arbitrium iudicis*, è interessante anche il frammento D. 21,1,25,9. Il comportamento richiesto al convenuto per evitare la condanna corrisponde sostanzialmente al rimborso di quanto dato in adempimento della prestazione principale a carico del compratore, discendente dall'*emptio venditio*, insieme con i relativi accessori, o alla liberazione dal relativo obbligo; e, dunque, sotto questo profilo coincide con il contenuto della condanna. Sul problema della definizione della *condemnatio* nell'*actio redhibitoria* vi è un ampio dibattito in dottrina, alimentato soprattutto dall'affermazione che si legge in D. 21,1,45 (Gai. 1 *ed. aed. cur.*) e che sembra attestare la possibilità che il venditore fosse condannato in base all'azione edilizia al *duplum* (in riferimento al valore del prezzo di vendita con i relativi accessori). Sul tema per i contributi più recenti si v.: L. Garofalo, Studi sull'azione redibitoria, Padova 2000, spec. 1 ss.; N. Donadio, La tutela del compratore tra actiones aediliciae e actio empti, Milano 2004, 294 ss., spec. 308 ss., ivi altra letteratura; Ead., Azioni edilizie e interdipendenza delle obbligazioni cit. 505 nt. 84; L. Manna, L'interdipendenza delle obbligazioni nella vendita e la redibizione volontaria, in: La compravendita e l'interdipendenza delle obbligazioni II cit. 556 nt. 34, la quale svolge argomenti, a mio avviso non convincenti a favore del collegamento tra la condanna *in duplum* e il caso specifico in cui fosse impossibile all'attore procedere alla previa *redhibitio* dello schiavo morto senza sua colpa. In particolare, l'idea che quando Gaio parla della liberazione dell'attore dal suo obbligo („... *si ... neque pretium neque accessionem solvat neque eum qui eo nomine obligatus erit liberet rell.*", D. 21,1,45) intenda fare riferimento al pagamento ancora non eseguito della somma che sostituiva la *redhibitio mancipii*, impossibile per morte dello schiavo, si scontra contro un dato esplicito nelle fonti. Queste cioè non consentono di riferire l'obbligo di pagamento a carico dell'attore, che viene in considerazione sulla base dell'*arbitratus iudicis*, a una prestazione diversa da quella concernente il prezzo di acquisto con i relativi accessori. Così, a parte quanto si legge proprio in D. 21,1,45 – „... *eum qui eo nomine obligatus erit*" (riferito alla somma dovuta come prezzo, alla cui indicazione questa precisazione infatti segue) –, anche Ulpiano nel commentare la formula dell'*actio redhibitoria* indica espressamente la restituzione del prezzo e di tutto quanto sia stato dato all'acquirente in base al contratto: v. D. 21,1,27 (Ulp. 1 *ed. aed. cur.*). Il dato non mi sembra sia agevolmente superabile, a meno di volere affrontare una specifica critica del testo, riguardo a quest'ultimo frammento in particolare, ma sul quale l'autrice non si sofferma.

giunsero ad ampliare in parte, in singole ipotesi, la condanna dell'*actio redhibitoria*;[12] ma naturalmente mai fino al punto da tenere conto dei danni derivati dal difetto della *res empta*. Non solo. I *prudentes* si sforzarono di avvicinare gli effetti dell'azione edilizia a quelli di una sostanziale *in integrum restitutio*.[13] In questo modo essi riuscirono a includere nella *litis aestimatio* anche elementi originariamente estranei allo schema formulare dell'azione redibitoria; in particolare, in quei casi in cui il nesso tra i reciproci vantaggi e svantaggi per le parti, conseguenti alla conclusione della compravendita e alla scoperta di un vizio della cosa non denunciato dal venditore al tempo del contratto, suggerisse l'opportunità di ristabilire complessivamente, ovvero per entrambi i contraenti e nella loro sostanziale integrità, le condizioni antecedenti alla conclusione dell'*emptio venditio*.

Al contrario, nel diverso ambito dell'azione *ex empto* e nel contesto della repressione del *dolus venditoris* (*dolus in contrahendo*), il giurista Giuliano riconosceva la risarcibilità dei danni derivati dalla cosa difettosa, nel notissimo caso della vendita di un *tignum vitiosum* e in quello della vendita di un *pecus* morboso,

---

[12] Ad esempio, in sede di interpretazione della clausola che prevedeva il contegno da chiedersi al convenuto *iussu iudicis* (D. 21,1,25,9, su cui cfr. *supra* nt. 11), dove si legge di un generico riferimento alla *pecunia pro eo homine soluta* e a tutto quanto dato in aggiunta al *pretium*, *accessionis nomine*, i giuristi si mostrano chiaramente orientati a favore dell'estensione del contenuto della restituzione imposta al venditore. Si v., infatti, D. 21,1,27. Ad ampliare il contenuto della condanna e la possibilità di aggiungere al rimborso del prezzo e dei relativi accessori anche i frutti, Ulpiano giunge nell'ottica della reciprocità tra i sacrifici imposti all'una e all'altra parte, in vista della realizzazione dello scopo tipico dell'*actio redhibitoria*, ovvero quello di un sostanziale ripristino della situazione preesistente alla conclusione della compravendita. In altri termini, l'accostamento degli effetti dell'azione edilizia a quelli di una *restitutio in integrum*, presente nell'interpretazione giurisprudenziale di età adrianea (Giuliano, D. 21,1,23,7) e severiana (Ulpiano e Paolo, rispettivamente in D. 21,1,21 pr. e in D. 21,1,60), consente ai giuristi di collegare più direttamente con la salvaguardia dell'assetto complessivo delle posizioni di entrambi i contraenti gli strumenti offerti nel tribunale edilizio. Questi ultimi, invece, mirano a tutelare dalle frodi sui mercati il compratore e perciò guardano esclusivamente alla posizione di questa parte nelle compravendite di schiavi e di animali. Interessante in questa prospettiva è anche D. 21,1,31 pr., dove si afferma che in luogo di un rimborso dei danni cagionati al compratore dal servo prima della *redhibitio* è offerta la sola *corporis retentio*, appunto la possibilità per l'acquirente di ottenere la condanna della controparte pur conservando la *res*.

[13] Si v. D. 21,1,23,7 (Ulp. 1 ed. aed. cur.): *Iulianus ait iudicium redhibitoriae actionis utrumque, id est venditorem et emptorem, quodammodo in integrum restituere debere*; D. 21,1,60 (Paul. 69 ed.): *Facta redhibitione omnia in integrum restituuntur, perinde ac si neque emptio neque venditio intercessit*. Su questi testi cfr., in particolare, D. Medicus, Id quod interest. Studien zum römischen Recht des Schadensersatzes, Köln/Graz 1962, 120 ss.; U. Wesel, Zur dinglichen Wirkung des Rücktrittsvorbehalte des römischen Kaufs, SZ 85 (1968) 141 ss., spec. 155 ss.; Honsell, Quod interest im bonae-fidei-iudicium cit. 70 ss.; B. Kupisch, In integrum restitutio und vindicatio utilis bei Eigentumsübertragungen im klassischen römischen Recht, Berlin/New York 1974, 97 s., 119; Donadio, La tutela del compratore cit. 276 ss. dove altra bibliografia.

restituiti nel frammento D. 19,1,13 pr. (Ulp. 32 ed.).[14] Si è qui, però, in un campo distinto da quello delle *actiones aediliciae*. Nelle ipotesi esaminate nel passo, infatti, la rilevanza del *dolus venditoris* nella determinazione della condanna in base all'azione contrattuale si collega a sua volta con l'esigenza di fornire ristoro per l'ingiusto danneggiamento subito dall'acquirente a cose che erano già di sua proprietà o che una volta venute ad esistenza lo sarebbero diventate.

Ai fini della presente discussione, tuttavia, interessa sottolineare che le questioni poste dal frammento attengono pur sempre all'azione contrattuale di buona fede e alla possibile dilatazione della condanna nel relativo processo; mentre non viene preso in considerazione nella discussione del giurista un problema di cumulo tra l'*actio quanti minoris* (o le azioni edilizie, in generale) e la responsabilità contrattuale *ex empto*.[15]

---

[14] *Iulianus libro quinto decimo inter eum, qui sciens quid aut ignorans vendidit, differentiam facit in condemnatione ex empto: ait enim, qui pecus morbosum aut tignum vitiosum vendidit, si quidem ignorans fecit, id tantum ex empto actione praestaturum, quanto minoris essem empturus, si id ita esse scissem: si vero sciens reticuit et emptorem decepit, omnia detrimenta, quae ex ea emptione emptor traxerit, praestaturum ei: sive igitur aedes vitio tigni corruerunt, aedium aestimationem, sive pecora contagione morbosi pecoris perierunt, quod interfuit idonea venisse erit praestandum.* Il testo ha dato vita a un acceso dibattito, specialmente in ordine al problema dell'entità della condanna in base all'*actio empti* per il diritto classico e giustinianeo e, più in genere, della risarcibilità del cd. interesse negativo nel diritto romano. Senza presunzione di completezza, tra i principali contributi si ricordano i seguenti: O. K a r l o w a, Römische Rechtsgeschichte II, Leipzig 1901, 626 s.; A. B e c h m a n n, Der Kauf nach gemeinem Recht III.2, Leipzig 1908, 178 ss.; F. H a y m a n n, Die Haftung des Verkäufers für die Beschaffenheit der Kaufsache I, Berlin 1912, 89 ss.; W. K u n k e l, D. 19.1.13 pr.-2, SZ 46 (1926) 285 ss.; M o n i e r, La garantie cit. 148 ss.; W. F l u m e, Zum römischen Kaufrecht, SZ 54 (1934) 329; Id., Eigenschaftsirrtum und Kauf, Regensberg/Münster 1948, 61; A r a n g i o - R u i z, La compravendita II cit. 241 ss.; I m p a l l o m e n i, L'editto degli edili curuli cit. spec. 247 ss.; U. v o n L ü b t o w, Zur Frage der Sachmängelhaftung im römischen Recht, in: Studi Paoli, Firenze 1956, 492 ss.; M e d i c u s, Id quod interest cit. 128 ss.; H o n s e l l, Quod interest im bonae-fidei-iudicium cit. 79 ss., in part. 83 ss.; U. M a n t h e, Zur Wandlung des servus fugitivus, TR 44 (1976) 134 ss.; M. T a l a m a n c a, s.v. „Vendita (dir. rom.)", in: ED XLVI, Varese 1993, spec. 442 ed ivi nt. 1440 con bibliografia; P. A p a t h y, Sachgerechtigkeit und Systemdenken am Beispiel der Entwicklung von Sachmängelhaftung und Irrtum beim Kauf im klassischen römischen Recht, SZ 111 (1994) 116 ss.; L. V a c c a, Ancora sull'estensione dell'ambito di applicazione dell'actio empti in età classica, Iura 45 (1994) 60 ss.; É. J a k a b, Diebische Sklaven, marode Balken: Von den römischen Wurzeln der Gewährleistung für Sachmängel, in: Verbraucherkauf in Europa. Altes Gewährleistungsrecht und die Umsetzung der Richtlinie 1999/44/EG, hg. M. Schermaier, München 2003, 37 ss.; S o l i d o r o M a r u o t t i, „...Si vero sciens reticuit et emptorem decepit..." cit. *passim*.

[15] Si tratta di un collegamento che è stato vagliato nella dottrina del passato, specie in riferimento a D. 19,1,13,1, ma nel contesto di ipotesi interpolazionistiche oggi superate: K u n k e l, D. 19.1.13 pr.-2 cit. 285 ss.; I m p a l l o m e n i, L'editto degli edili curuli cit. 253 s. Per le ragioni che mi inducono a non accogliere questa interpretazione del fram-

Quanto al criterio di responsabilità, invece, nel diritto romano non avevano rilevanza ai fini dell'applicazione delle *actiones aediliciae* il dolo o la colpa insiti nel comportamento del venditore al tempo della conclusione del contratto, in quanto la responsabilità edilizia si fondava sull'oggettiva violazione di obblighi dettagliatamente descritti nelle disposizioni edittali.[16] In queste si prevedevano già i presupposti per l'esercizio delle azioni a tutela del compratore[17] e si poneva uno specifico dovere di informazione a carico dei mercanti di *mancipia* e di *iumenta*.[18]

L'irrilevanza dell'elemento soggettivo nella valutazione del comportamento del *venditor*, in riferimento alle azioni edilizie, costituiva conseguenza di due caratteristiche fondamentali della relativa disciplina.

a. Innanzitutto, viene in considerazione la circostanza che gli obblighi introdotti a carico del *venditor* dagli edili curuli riguardavano solo alcuni soggetti, i mercanti di *mancipia* e di *iumenta*. Posta la specifica esperienza professionale e la frequente conclusione di contrattazioni di questo genere, essi non potevano non avvedersi delle condizioni materiali delle cose esposte nei mercati per la vendita. Non solo. La fattispecie originaria nel cui contesto venne introdotta l'*actio redhibitoria* va individuata, per numerose considerazioni e dati offerti dalle fonti, nell'*auctio* privata. Ebbene, nel procedimento di vendita all'asta, che spesso anche dalla parte dell'acquirente si svolgeva per mezzo di intermediari, il partecipante alla licitazione che poi si aggiudicava il bene non sempre aveva la possibilità di accertarsi delle caratteristiche della merce prima di fare l'offerta e prima che questa venisse ricevuta dal banditore. Le conseguenze del vizio erano, per così dire, addossate alla parte a cui era più agevole ispezionare il bene prima dell'esposizione nei mercati e che, inoltre, maggiore vantaggio traeva dalla mancata denuncia dei vizi agli avventori.
b. In secondo luogo, bisogna sottolineare la circostanza che i difetti della cui esistenza il venditore doveva accertarsi prima di mettere in vendita gli schiavi o i

---

mento rinvio al mio: Responsabilità del venditore per i vizi della res empta: a proposito di D. 19.1.13.1 (Ulp. 32 ad ed.), Index 33 (2005) 481 ss., spec. 485 s.

[16] La motivazione di una responsabilità del venditore non fondata sul dolo o sulla colpa viene desunta dai giuristi romani dalla *ratio* delle disposizioni edilizie. Si v. D. 21,1,1,2 (Ulp. 1 ed. aed. cur.): *Causa huius edicti proponendi est, ut occurratur fallaciis vendentium et emptoribus succurratur, quicumque decepti a venditoribus fuerint: dummodo sciamus venditorem, etiamsi ignoravit ea quae aediles praestari iubent, tamen teneri debere. nec est hoc iniquum: potuit enim ea nota habere venditor: neque enim interest emptoris, cur fallatur, ignorantia venditoris an calliditate.* V. anche oltre nel testo.

[17] In sede di adattamento della formula tipo, il suggerimento di inserire delle clausole accessorie a favore del venditore (come l'*exceptio doli*: v. D. 21,1,14,10, su cui cfr. Donadio, La tutela del compratore cit. 262 ss., con letteratura sul passo) consentì di dare rilevanza alla circostanza che il compratore conoscesse il difetto della cosa al tempo dell'acquisto o che il difetto fosse tanto palese da non poter essere ragionevolmente ignorato dall'avventore. Sul requisito della natura occulta del vizio e sulle ragioni che spinsero i *prudentes* a dare rilevanza a questa caratteristica ai fini dell'esperibilità delle *actiones aediliciae* si v. *infra* nel testo.

[18] Cfr. Jakab, Praedicere und cavere cit. spec. 127 ss.

giumenti erano già indicati nell'editto. Di conseguenza, i mercanti sapevano già di quali difettosità dei *mancipia* o dei *iumenta* avrebbero dovuto rispondere, per mancata dichiarazione all'atto della vendita. Il dovere di informazione era circoscritto a vizi tipici, cioè a quelli elencati tassativamente nelle disposizioni edittali.[19] Ebbene, la „tipizzazione" nell'editto delle cause redibitorie bilanciava, per così dire, l'assenza di criteri soggettivi di imputazione della responsabilità edilizia. Inoltre, questa circostanza contribuisce a spiegare perché i giuristi classici non poterono estendere analogicamente le prescrizioni edilizie e le relative azioni a tutte le compravendite, qualunque ne fosse l'oggetto.[20]

II.
2. Responsabilità edilizia e responsabilità contrattuale nel diritto classico
Quanto al diritto edilizio, dunque, la responsabilità del venditore per i vizi presupponeva la violazione di una determinata norma di condotta, posta e definita puntualmente nel suo contenuto nell'editto stesso.

Ancora nel diritto giustinianeo la garanzia per i vizi della cosa in base alle *actiones aediliciae* non si configura come effetto diretto della compravendita,[21] posto che nella Compilazione i relativi obblighi del venditore appaiono pur sempre connessi con una fonte distinta dal contratto, appunto le disposizioni edittali specifiche.

Il campo di applicazione di queste ultime fu, tuttavia, generalizzato da Giustiniano, nel momento in cui l'*edictum aedilium curulium* venne esteso a tutte le compravendite.[22] Questa riforma portò i compilatori ad avvicinare la discussio-

---

[19] Cfr., per tutti, M. Kaser, Das römische Privatrecht² I cit. 559 s.; Garofalo, Studi cit. 5 ss.; Jakab, Diebische Sklaven cit. 32 ss., spec. 35.

[20] Sotto questo profilo si coglie una distanza ancora maggiore rispetto ai precedenti storici in quei tentativi operati da parte della civilistica italiana per estendere, nel contesto della responsabilità per i comportamenti scorretti nella fase formativa del contratto, il regime delle regole edilizie previste nel Codice Civile italiano a tutti i contratti. Sul dibattito rinvio alle indicazioni essenziali di R. Fiori, Bona fides. Formazione, esecuzione e interpretazione del contratto nella tradizione civilistica I, in: Modelli teorici e metodologici nella storia del diritto privato II, Napoli 2006, 140 nt. 25.

[21] Si tratta di un'affermazione diffusa nella letteratura meno recente. Cfr., in particolare, Impallomeni, L'editto degli edili curuli cit. 265 ss., spec. 271; Arangio-Ruiz, La compravendita II cit. 394 ss. Questi autori affermano che con il diritto giustinianeo la garanzia per i vizi della cosa sarebbe diventata un *naturale negotium*, dunque un effetto direttamente discendente dalla conclusione del contratto. Bisogna, inoltre, aggiungere che ancora nella Compilazione giustinianea le azioni edilizie e la relativa responsabilità sono distinte dalla responsabilità connessa con l'inadempimento delle obbligazioni contrattuali. Per effetto della generalizzazione dell'editto edilizio, la garanzia per i vizi della cosa divenne di comune applicazione a tutte le compravendite, ma rimase fermo che la fonte dei relativi obblighi a carico del venditore non era il contratto bensì la norma edilizia, il cui ambito di applicazione veniva appunto esteso in virtù di un'innovazione legislativa (su ciò v. ntt. successive).

[22] La scomparsa dei limiti di applicazione della disciplina edilizia – estesa nel regime giustinianeo alle vendite di ogni cosa, sia mobile che immobile [in tal senso sarebbero stati

ne sulla disciplina speciale a quella generale sull'*emptio venditio*; ma giammai a riassumere la responsabilità edilizia in quella contrattuale.²³

Il discorso nei seguenti brani delle *constitutiones* Omnem e Tanta mostra come fosse ancora chiara la distinzione tra i due piani e prova la specificità delle norme dell'*edictum aedilium curulium* ancora nel sistema della Compilazione:

Const. Omnem 4: ... *Et post eundem librum singularem alius liber similiter eis aperiatur, quem ad edictum aedilium et de redhibitoria actione et de evictionibus nec non duplae stipulatione composuimus: cum enim, quae pro emptionibus et venditionibus legibus cauta sunt, in libris de rebus praefulgent, hae autem omnes quas diximus definitiones in ultima parte prioris edicti fuerant positae, necessario eas in anteriorem locum transtulimus, ne a venditionibus, quarum quasi ministrae sunt, vicinitate ulterius devagentur*;

Const. Tanta 5: ... *Alio libro eodem inserto volumine, qui aedilicium edictum et redhibitoriam actionem et duplae stipulationem, quae de evictionibus proposita est, continet, quia haec omnia titulis emptionum et venditionum consentanea sunt et praedictae actiones quasi pedisequae illarum ab initio processerunt, in vetustioris quidem edicti ordinatione in loca devia et multo distantia devagantes,*

---

interpolati i testi in D. 21,1,1 pr., D. 21,1,49 e 63: cfr. l'Index Itp. *ad hh. ll.*, cui *adde* la letteratura citata in Donadio, La tutela del compratore cit. 23 nt. 44; mentre sull'espressione *res se moventes*, che si legge nel primo dei frammenti qui citati, si v. adesso C. Lanza, D. 21,1: res se moventes e morbus vitiumve, SDHI 70 (2004) 55 ss.] – rese allora possibile ed opportuno, nella scelta dei compilatori, avvicinare la discussione *de aedilicio edicto et redhibitione et quanti minoris*, nel titolo 21,1 dei *Digesta*, a quella generale sull'*emptio venditio* e sulle azioni discendenti da questo contratto, nei due titoli precedenti della silloge giustinianea.

²³ A maggior ragione mi sembra improbabile che una confusione in tale direzione fosse operata già in età augustea, come dovrebbe concludersi seguendo la soluzione esegetica di D. 21,1,1 pr. riproposta oggi da E. Parlamento, Labeone e l'estensione della redhibitio all'actio empti, Rivista di Diritto Romano 3 (2003), la quale pensa a una generalizzazione dell'editto edilizio operata da Labeone attraverso l'estensione all'*actio empti* della *redhibitio*. L'ipotesi – che del resto non è nuova: cfr. C. Baldus, Una actione experiri debet? Zur Klagenkonkurrenz bei Sachmängeln im römischen Kaufrecht, OIR 5 (1999) 48 nt. 108 – non convince, in primo luogo per la difficoltà di superare la lettera del frammento. Perché mai il giurista avrebbe dovuto intendere come fulcro dell'editto edilizio solo l'azione redibitoria, come ipotizza Parlamento, se alla sua epoca era stata introdotta anche l'*actio quanti minoris*, altrettanto importante e anzi per i tempi innovativa e più vicina ai precedenti civilistici? La soluzione suggerita, inoltre, non tiene conto della pluralità di ordinamenti (*ius civile – ius honorarium*): come avrebbe potuto il giureconsulto parlare di estensione dell'editto (edilizio) in riferimento a un'innovazione che avrebbe interessato un rimedio civilistico? Non solo. Resta una considerazione importante contro questa tesi: ovvero, che l'ambito di applicazione dell'*actio ex empto* con effetti analoghi a quelli delle *actiones aediliciae* (v. spec. D. 19,1,11,5 e D. 19,1,13 pr.-1) è tenuto dai giuristi classici assolutamente distinto rispetto a quello delle azioni speciali. Su quest'aspetto rinvio alla discussione che svolgo in La tutela del compratore cit. *passim*.

per nostram autem providentiam his congregatae, cum oportuerat ea quae de eodem paene loquuntur in confinio ponere.

2.2. Distinzione tra l'ambito di estensione dell'*actio empti* e le applicazioni delle *actiones aediliciae*

Si concepisce così come nel diritto romano classico vi fosse distinzione tra l'ambito di applicazione delle *actiones aediliciae* e quello dell'*actio empti* e perché problemi di sovrapposizione tra il piano della garanzia per i vizi (*ex edicto aedilium curulium*) e quello dell'inadempimento non si ponessero tra i giuristi.

Di fatto, le *actiones aediliciae* non riguardavano che i casi espressamente previsti nell'editto; ovvero, quelle difettosità per le quali non si dava luogo anche all'applicazione dell'azione contrattuale. A quest'ultima, invece, si ricorreva per vizi della cosa diversi, rilevanti nella prospettiva dell'interesse soggettivo del singolo acquirente.

Le soluzioni concernenti il caso concreto della vendita del *servus fugitivus* sono in questa prospettiva particolarmente illuminanti.

Ai fini dell'applicazione dell'azione redibitoria rilevava, in questa ipotesi, la propensione dello schiavo alla fuga, dunque una sua caratteristica predisposizione d'animo, sia pure latente al momento del contratto.

Al contrario, nel caso risolto da Ulpiano in D. 19,1,13,1[24] con la concessione dell'*actio empti* rilevava lo stato di *servus in fuga positus*, al tempo cioè della conclusione della compravendita. Questa circostanza dava fondamento alla motivazione del giurista (che oggi si legge nel testo), laddove questi definiva l'ipotesi ricorrendo alla nozione di „*quasi evictio*", escludendo con ciò che si trattasse di responsabilità per un vizio materiale della cosa (come naturalmente di una vera e propria evizione).

Muovendo dalla considerazione dei casi nei quali era concessa l'azione contrattuale per difetti della cosa,[25] si può concludere quanto segue:

a. che l'*actio empti* era ammessa per vizi differenti da quelli che davano luogo alla responsabilità edilizia;
b. che si trattava sempre di difetti tali da non influire sulle caratteristiche comuni della cosa. Essi, al contrario, andavano a incidere sulla possibilità di soddisfare interessi specifici del singolo acquirente, il quale volesse impiegare lo schiavo,

---

[24] *Item qui furem vendidit aut fugitivum, si quidem sciens, praestare debebit, quanti emptoris interfuit non decipi: si vero ignorans vendiderit, circa fugitivum quidem tenetur, quanti minoris empturus esset, si eum esse fugitivum scisset, circa furem non tenetur: differentiae ratio est, quod fugitivum quidem habere non licet et quasi evictionis nomine tenetur venditor, furem autem habere possumus.*

[25] Per un esame della relativa casistica offerta nelle fonti rinvio al mio La tutela del compratore cit. *passim*.

ad esempio, per determinate mansioni o compiti non riconducibili alla generale utilizzazione del *mancipium* come forza lavoro.[26]

3. Il difetto redibitorio: i criteri elaborati dai giuristi classici

Nel diritto romano la limitazione della disciplina edilizia a specifiche vendite aveva reso possibile la determinazione nell'editto delle ipotesi concrete di difetti quali presupposti dell'azione redibitoria, soprattutto in quanto essa conduceva alla sostanziale risoluzione della vendita, dunque a un effetto dirompente rispetto alla validità del contratto sul diverso piano del *ius civile*.

I giuristi romani avevano isolato alcuni requisiti essenziali del difetto che, in quanto più a monte rientrante nelle categorie editali, potesse fondare una responsabilità edilizia del venditore: si richiedeva che il *vitium* fosse rilevante, occulto e preesistente alla conclusione del contratto.

Analizziamoli più da vicino singolarmente, partendo dall'importanza del vizio e dal rapporto rispetto alla funzionalità della cosa per l'uso a cui essa era naturalmente destinata.

Riguardo alla rilevanza del vizio, infatti, come si desume da numerosi frammenti nel titolo 21,1 dei *Digesta* e dalla discussione ricordata in Gell. 4,2,1 ss., i giuristi classici individuarono alcuni criteri di massima in tema di applicazione dell'*actio redhibitoria*.

Questi criteri venivano comunque impiegati con metodo topico e solo al fine di interpretare estensivamente le tipologie di difetti già „normativamente" enumerate nell'editto.

Così, si dava importanza alla diminuita utilità o valore della cosa a causa del *vitium rei*. Non si giungeva, però, a individuare nella rilevanza del vizio, come incidenza sull'uso a cui la cosa era naturalmente destinata o come diminuzione considerevole del suo valore, un requisito astratto e di generale validità, utile per estendere la disciplina edilizia al di fuori del suo ambito originario di applicazione, ovvero a tutte le compravendite qualunque ne fosse l'oggetto; o, restando nell'ambito delle *emptiones* di *mancipia* e di *iumenta*, anche ad altri vizi non riconducibili alle categorie enumerate nell'*edictum*.

In ordine al requisito della rilevanza del *vitium*, dalle fonti emergono tre orientamenti essenziali.

1) I giuristi romani guardavano, nella compravendita di schiavi, all'incidenza del vizio sull'integrità fisica e, in particolare, Trebazio Testa prendeva in considerazione la natura congenita del difetto. Si potrebbe pensare che si cercasse di dare rilievo al difetto di formazione della *res*, in quanto incidente sull'ordinaria destina-

---

[26] Si pensi, per esempio, in ragione anche della posizione economico sociale dell'acquirente, alla richiesta di uno schiavo che fosse un cuoco particolarmente esperto o che fosse abile in una determinata attività. Si tratta di interessi che ai fini dell'applicazione delle azioni edilizie potevano venire in considerazione soltanto nell'ambito della vincolatività dei *dicta promissave* del venditore al tempo del contratto, come emerge da D. 21,1,17,20, D. 21,1,19 pr.-4 e D. 21,1,31,1.

zione all'uso della cosa stessa. Basti richiamare al riguardo una famosa definizione di *morbus* di Labeone[27] o un parere di Trebazio concernente la vendita di una *sterilis ancilla*. I testi sono i seguenti:

Gell. 4,2,3: Caelius Sabinus in libro, quem de edicto aedilium curulium composuit, Labeonem refert, quid esset 'morbus', hisce verbis definisse: morbus est habitus cuiusque corporis contra naturam, qui usum eius facit deteriorem;[28]

D. 21,1,14,3 (Ulp. 1 ed. aed. cur.): De sterili Caelius distinguere Trebatium dicit, ut, si natura sterilis sit, sana sit, si vitio corporis, contra;[29]

D. 21,1,14,4: Item de eo qui urinam facit quaeritur. et Pedius ait non ob eam rem sanum non esse, quod in lecto somno vinoque pressus aut etiam pigritia surgendi urinam faciat: sin autem vitio vesicae collectum umorem continere non potest, non quia urinam in lecto facit, sed quia vitiosam vesicam habet, redhiberi posse: et verius est quod Pedius.

---

[27] Lenel, Pal. I *Labeonis loci incerti* 397; Cael. Sab. 1. Celio Sabino giunge, tuttavia, a soluzioni diverse, in polemica probabilmente con Labeone. Sull'argomento, cfr. F. Grelle, La 'correctio morum' nella legislazione flavia, ANRW. II.13, Berlin/New York 1980, 357. Quanto alla definizione di *morbus* nella giurisprudenza del primo principato, si v. soprattutto: R. Monier, La position de Labéon vis à vis de l'expression *morbus vitiumve* dans l'édit des édiles, in: Eos. Symbolae Taubenschlag III, Varsavia 1957, 443 ss.; A. Guarino, Labeone giurista meridionale, Labeo 1 (1955) 51 (= PDR. V, Napoli 1994, 111) 51; R. Martini, Le definizioni dei giuristi romani, Milano 1966, 144; D. Dalla, L'incapacità sessuale in diritto romano, Milano 1978, 141 s.; L. Manna, Actio redhibitoria e responsabilità per i vizi della cosa nell'editto de mancipiis vendundis, Milano 1994, 33 ss.; M. Kaser/R. Knütel, Römisches Privatrecht, 17. Auflage, München 2003, 269; R. Gamauf, Zur Frage 'Sklaverei und Humanität' anhand von Quellen des römischen Rechts, in: Fünfzig Jahre Forschungen zur antiken Sklaverei an der Mainzer Akademie 1950-2000. Miscellanea zum Jubiläum, hg. H. Bellen/H. Heinen, Stuttgart 2001, 55 ss.

[28] Una definizione analoga a quella ricordata da Gellio si legge in D. 21,1,1,7: *Sed sciendum est morbum apud Sabinum sic definitum esse habitum cuiusque corporis contra naturam, qui usum eius ad id facit deteriorem, cuius causa natura nobis eius corporis sanitatem dedit ...* L'attribuzione tradizionale a Masurio Sabino della *definitio* ricordata in questo frammento (v. Lenel, Pal. II Sab. 98; F. P. Bremer, Iurisprudentia antehadrianae quae supersunt II.1, Lipsiae 1898, 545) è stata contestata da molti, appunto in base al confronto con la definizione testimoniata per Celio Sabino (e Labeone) dall'erudito di età adrianea (Gell. 4,2,3). Si v. F. Schulz, Storia della giurisprudenza romana, tr. it. a cura di G. Nocera, Firenze 1968, 339; Monier, La position de Labéon cit. 444; R. Astolfi, I libri tres iuris civilis di Sabino², Padova 2001, 264 nt. 303.

[29] Lenel, Pal. II *Trebatii loci incerti* 30. Cfr. Gell. 4,2,10: *Nam cum redhiberi eam Labeo quasi minus sanam putasset, negasse aiunt Trebatium ex edicto agi posse, si ea mulier a principio genitali sterilitate esset. At si valitudo eius offendisset exque ea vitium factum esset, ut concipere fetus non posset, tum sanam non videri et esse in causa redhibitionis.*

Il giurista Pedio[30] in quest'ultimo frammento sembra rifarsi a un criterio più formale che sostanziale, nel senso di ritenere rilevanti non tanto le conseguenze del difetto sull'uso a cui il *mancipium* era naturalmente destinato, ma piuttosto l'assenza di integrità fisica dello schiavo in sé considerata. Pedio, in altri termini, dava rilievo al vizio della cosa in quanto congenito; così come Trebazio, a proposito dell'ipotesi della *sterilis ancilla*, guardava alla caratteristica negativa della schiava come a un difetto insito in quel determinato organismo umano sin dalla nascita (quasi alla stregua di un difetto di formazione).

2) La maggior parte dei giuristi prendeva in considerazione, in ogni caso, l'impedimento al normale uso a cui fosse destinata la *res empta*, in conseguenza del vizio. I frammenti che si possono richiamare a questo proposito sono numerosi. Se ne ricordano a titolo esemplificativo solo alcuni, come il seguente:

D. 21,1,1,8: Proinde si quid tale fuerit vitii sive morbi, quod usum ministeriumque hominis impediat, id dabit redhibitioni locum, dummodo meminerimus non utique quodlibet quam levissimum efficere, ut morbosus vitiosusve habeatur. proinde levis febricula aut vetus quartana, quae tamen iam sperni potest, vel vulnusculum modicum nullum habet in se delictum, quasi pronuntiatum non sit: contemni enim haec potuerunt ...

In questo testo si considera rilevante la circostanza che il vizio sia tale da impedire l'*usus* e il *ministerium* dello schiavo unitamente all'altra caratteristica consistente nella non lieve entità del difetto.
Interessanti sono, inoltre, i seguenti passi, tratti tutti dal libro primo del commento all'editto edilizio di Ulpiano:

D. 21,1,4,6: Idem[31] ait non omnem morbum dare locum redhibitioni, ut puta levis lippitudo aut levis dentis auriculaeve dolor aut mediocre ulcus: non denique febriculam quantulamlibet ad causam huius edicti pertinere;

D. 21,1,6,1: Trebatius ait impetiginosum morbosum non esse, si eo membro, ubi impetigo esset, aeque recte utatur: et mihi videtur vera Trebatii sententia;

D. 21,1,12,1: Eum, qui alterum oculum aut alteram maxillam maiorem habet, si recte iis utatur, sanum videri Pedius scribit: ait enim inaequalitatem maxillarum oculorum brachiorum, si nihil ex ministerio praestando subtrahit, extra redhibitionem esse;

D. 21,1,10 pr.-2: Idem Ofilius ait, si homini digitus sit abscisus membrive quid laceratum, quamvis consanaverit, si tamen ob eam rem eo minus uti possit, non vi-

---

[30] Cfr. Lenel, Pal. II Sex Ped. 44.
[31] Cfr. Lenel, Pal. II Pomp. 167.

deri sanum esse. 1. Catonem quoque scribere lego, cui digitus de manu aut de pede praecisus sit, eum morbosum esse: quod verum est secundum supra scriptam distinctionem. 2. Sed si quis plures digitos habeat sive in manibus sive in pedibus, si nihil impeditur numero eorum, non est in causa redhibitionis: propter quod non illud spectandum est, quis numerus sit digitorum, sed an sine impedimento vel pluribus vel paucioribus uti possit.

Riguardo all'ultimo dei frammenti trascritti, dalla lettura del secondo paragrafo emerge che addirittura una difettosa conformazione dell'organismo umano era considerata irrilevante se l'utilizzabilità della parte del corpo interessata dal difetto non ne fosse impedita. Il criterio seguito appare qui sostanziale, diverso da quello formale accolto da Trebazio Testa nell'esempio richiamato sopra della *sterilis ancilla*. La considerazione della possibilità concreta di utilizzare la cosa prevale qui rispetto a quella formale dell'esistenza del vizio di formazione nella stessa, per così dire.

3) In alcuni testi si considera causa di *redhibitio* anche la difettosità lieve che solo diminuisca o renda meno agevole l'impiego dello schiavo o che soltanto ne riduca il pregio. Sembra, perciò, che l'interpretazione estensiva delle categorie di vizi redibitori previsti nell'editto rispondesse in alcuni casi all'esigenza di ricondurre alla responsabilità fondata sulla mancata dichiarazione dei vizi da parte del venditore l'assenza di specifiche qualità nella cosa venduta, essenziali nell'interesse dell'acquirente. A titolo di esempio si può ricordare il seguente parere di Labeone, relativo alla vendita del *servus eunuchus*:

Gell. 4,2,6-7: *De eunucho quidem quaesitum est, an contra edictum aedilium videretur venundatus, si ignorasset emptor eum eunuchum esse. 7. Labeonem respondisse aiunt redhiberi posse quasi morbosum.*

Il *mancipium* non era definito *morbosum*, bensì „*quasi morbosum*". In questa ipotesi si intendeva cioè motivare l'applicazione dell'*actio redhibitoria* a un caso di assenza di qualità, alla quale aveva evidentemente interesse l'acquirente nel caso specifico. Ma, non essendo possibile riconoscere che nello schiavo vi fosse un vero e proprio *vitium corporis*, ai sensi delle norme dell'editto edilizio, si fece ricorso all'analogia.

È evidente, a mio avviso, il tentativo almeno in alcuni *prudentes* di garantire la realizzazione di interessi specifici perseguiti dal compratore attraverso il contratto, attenuando in parte la rigidità dei presupposti della responsabilità introdotta dagli edili curuli, i quali ultimi guardavano invece all'aspetto oggettivo del corretto svolgimento delle contrattazioni nei mercati, in corrispondenza verosimilmente con la loro funzione di sorveglianza.

Il requisito della natura occulta del vizio può ricondursi già alla disciplina edilizia. Non si trattava, in realtà, di un elemento esplicitamente previsto nell'*edictum aedilium curulium*.

Nel contesto della disciplina dettata dagli edili curuli non si dava rilevanza alla realizzazione dell'interesse concretamente perseguito dal compratore nel singolo caso e al conseguente rapporto tra questo e la posizione del venditore. La natura occulta del vizio si desumeva dunque in via interpretativa dalla *ratio* delle disposizioni edilizie, che consisteva, come detto, nel prevenire le frodi dei mercanti ai danni dei compratori e nel tutelare questi ultimi dai raggiri di cui potevano essere facile vittima.[32] Allorché non veniva in considerazione quest'esigenza, neppure veniva in gioco il presupposto per l'applicazione delle norme edilizie, a prescindere dall'atteggiamento soggettivo del venditore al momento del contratto. In altri termini, egli rispondeva anche se il suo comportamento durante le trattative non fosse stato scorretto.

Quanto alla preesistenza del vizio rispetto alla conclusione del contratto, alcune decisioni in tema di vendita del *servus fugitivus*, in particolare, consentono di ricondurre già al diritto romano questo requisito.

Interessante è la seguente decisione del giurista Papiniano:

D. 21,1,54 (Pap. 4 resp.): *Actioni redhibitoriae non est locus, si mancipium bonis condicionibus emptum fugerit, quod ante non fugerat.*

La maggioranza degli studiosi occupatisi del frammento ha collegato il parere del giurista con la prassi, ampiamente attestata nelle fonti per il periodo classico, di inserire nella compravendita clausole aggiuntive con cui il venditore prometteva che lo schiavo venduto avesse specifiche caratteristiche.[33] Secondo questa dottrina, Papiniano avrebbe fatto riferimento a una fattispecie nella quale il venditore aveva assunto specifica garanzia che lo schiavo venduto fosse in buone condizioni.[34] Ma, se questo fosse stato il caso, non avrebbe avuto senso per il giurista sottolineare che l'azione redibitoria in questa ipotesi non trovava applicazione. È chiaro, infatti, che se avesse fatto riferimento nel testo a una specifica clausola di garanzia circa le qualità dello schiavo venduto, a maggior ragione Papiniano avrebbe

---

[32] Sulla figura del mercante di schiavi nel mondo romano c'è una vastissima letteratura. In relazione alla discussione che qui svolgo si rinvia per l'attività dei *venaliciarii* e le forme della loro organizzazione a Jakab, Praedicere und cavere cit. 16 ss.; R. Ortu, „Qui venaliciariam vitam exercebat...": ruolo sociale e qualificazione giuridica dei venditori di schiavi, Ius Antiquum 9 (2002) 87 ss.; Ead., Note in tema di organizzazione e attività dei venaliciarii, Diritto@Storia 2 (2003), con altra bibliografia.

[33] Sulla clausola con cui le parti integravano la compravendita predisponendo a carico del venditore uno specifico impegno di garanzia a trasferire uno schiavo in buone condizioni si v., in particolare, M. Memmer, Der „schöne Kauf" des „guten Sklaven", SZ 107 (1990) 16 s.; Jakab, Praedicere und cavere cit. 188 ss.; Ead., Rec. a L. Schumacher, Sklaverei in der Antike. Alltag und Schicksal der Unfreien, München 2001, SZ 119 (2002) 433; A. Söllner, Der Kauf einer Sklavin, beurkundet in Ravenna um die Mitte des 2. Jahrhunderts n.Chr., in: Iurisprudentia universalis. FS Mayer-Maly, hg. M. J. Schermaier/J. M. Rainer/L. C. Winkel, Köln/Weimar/Wien 2002, spec. 731 s.

[34] In tal senso Memmer, Der „schöne Kauf" des „guten Sklaven" cit. 11 s.; Jakab, Praedicere und cavere cit. spec. 190.

dovuto ricordare che trovavano applicazione le azioni connesse in generale con la garanzia per i vizi della cosa (in questa ipotesi, fondate su un falso *dictum promissumve* del venditore, D. 21,1,1,1).

Io credo invece che il giurista volesse esprime un concetto più semplice: cioè, che qualora lo schiavo non fosse stato un *fugitivus* al tempo della conclusione del contratto, non avendo mai manifestato prima di questo momento una predisposizione ad allontanarsi definitivamente dal *dominus*, la fuga successiva alla vendita non avrebbe potuto essere imputata all'alienante. Si sarebbe trattato, in altri termini, di un vizio sopraggiunto e, di conseguenza, esso non poteva giustificare una responsabilità per un comportamento del venditore antecedente alla vendita del bene.

Nel diritto romano classico, da un lato, la configurazione della compravendita come contratto a effetti solo obbligatori, dall'altro le descritte caratteristiche della responsabilità edilizia portavano a escludere che i vizi sopravvenuti potessero motivare una responsabilità a carico del venditore. A mio avviso, è per offrire tutela al compratore anche in questo caso, che gli edili curuli imposero al venditore di garantire mediante *stipulatio* l'assenza di determinati *vitia*.[35] Attraverso questa prescrizione si tutelava l'acquirente contro quelle difettosità che avrebbero potuto manifestarsi entro un termine breve dalla vendita. Si trattava di vizi, che in quanto verificatisi nella cosa a breve distanza dalla conclusione della compravendita potevano essere considerati conseguenza immediata di un cattivo stato della merce già al momento del contratto.

Quanto infine al requisito della corporeità o materialità del vizio, esso nell'ambito del diritto romano e della disciplina edilizia veniva in considerazione sotto un profilo diverso rispetto a come rileva nei moderni ordinamenti di tradizione romanistica. Ovvero, i giuristi romani non parlavano di materialità del difetto per escludere dalla garanzia i vizi riguardanti la condizione giuridica della cosa.[36] Piuttosto, in riferimento alle vendite di schiavi e ai difetti rilevanti ai fini

---

[35] Sulla stipulazione edilizia per i vizi della cosa, v. di recente: G. Camodeca, Tabulae Pompeianae Sulpiciorum (TPSulp.). Edizione critica dell'archivio puteolano dei Sulpicii I, Roma 1999, 115 ss.; Id., Tabulae Herculanenses: riedizione delle emptiones di schiavi (TH 59-62), in: Quaestiones iuris. FS Wolf, hg. U. Manthe/C. Krampe, Berlin 2000, 58 ss.; É. Jakab, Rec. a Quaestiones iuris cit., SZ 119 (2002) 561 s.; F. Reduzzi Merola, Per lo studio delle clausole di garanzia nella compravendita di schiavi: la prassi campana, Index 30 (2002) 215 ss.

[36] Al contrario, però, si può rilevare come le stesse disposizioni edilizie prevedessero tra i vizi da denunciare anche la circostanza che lo schiavo fosse *noxa non solutus*: D. 21,1,1,1. In questo caso il compratore poteva subire la perdita dello schiavo a seguito della *noxae deditio*. Altre attestazioni, con riferimento alla *stipulatio* edilizia, in: Cic. *off.* 3,17,71; Varr. *de re rust.* 2,10,5; Sen. *contr.* 7,6,23; TH 60 e TPSulp. 43 (per le differenze tra le indicazioni contenute in questi passi cfr. Camodeca, Tabulae Herculanenses cit. 74 s.; Reduzzi Merola, Per lo studio delle clausole di garanzia cit. 216 s.). L'esatta individuazione del contenuto della dichiarazione posta in questo caso a carico del *venditor* costituì probabilmente oggetto di discussioni tra i giuristi, come si trae da D. 21,1,17-18, su cui v. Impallomeni, L'editto dgli edili curuli cit. 13 s., 17 s.; Manna, Actio redhibitoria cit. 64 s.; e, per l'accenno nel frammento a un

dell'applicazione dell'*actio redhibitoria*, i giuristi sottolineavano che all'ambito delle cause redibitorie potevano essere ricondotti solo i difetti corporei; mentre, ne erano esclusi i *vitia animi*.

Il fondamento di questa esclusione potrebbe essere ravvisato nella circostanza che l'accertamento dell'esistenza nello schiavo venduto e della rilevanza del *vitium animi* – si pensi alla *melancholia*[37] o al caso dello schiavo *vinarius, litigiosus* o *aleator*,[38] per esempio – richiedeva una valutazione discrezionale da parte del *iudex*, che non gli era riconosciuta nel processo edilizio; e difficile ne era un riscontro oggettivo attraverso un'ispezione diretta sulla cosa. Diversi invece erano i poteri riconosciuti al giudice nell'ambito del *iudicium bonae fidei*, onde per difetti del genere i giuristi, almeno a partire da Viviano,[39] cominciarono a concedere l'*actio empti* fondata sul *dolus in contrahendo* del venditore.

4. Esperibilità dell'azione redibitoria e validità *iure civili* della vendita.

L'accennata configurazione della garanzia per i vizi della cosa spiega perché l'*actio redhibitoria* non rispondesse all'esigenza di garantire una proporzionalità tra le prestazioni delle parti.[40]

Questo si comprende in base alla circostanza che l'azione non si fondava sulla violazione di un obbligo discendente dal contratto, ma sulla violazione di una regola di condotta posta all'esterno dell'assetto di interessi sancito nel programma contrattuale, in disposizioni normative *ad hoc* (le clausole edilizie). Se scopo di queste norme era – in connessione con il potere di sorveglianza sui mercati dei magistrati che le introdussero – quello di stornare e prevenire le frodi degli abili mercanti ai danni dei compratori e fare in modo che le vendite, in origine le *auctiones* private, si svolgessero secondo regole di correttezza nella considerazione soprattutto della posizione di debolezza del compratore, era conseguente che lo

---

cavere del venditore, Jakab, Praedicere und cavere cit. 250 nt. 93, la quale lo intende in riferimento a possibili „freiwillige Garantiezusage von seiten des Verkäufers" (sulla circostanza appunto che il *mancipium* fosse *noxa solutum*).

[37] Considerata da Paolo ai fini della concessione dell'*actio empti* fondata sul *dolus in contrahendo* del venditore (D. 21,1,3). Sull'argomento si è soffermata di recente, Parlamento, Servus melancholicus cit. 325 ss., con bibliografia.

[38] Queste ipotesi sono concretamente discusse dai giuristi, che concedono al compratore contro il silenzio in mala fede del *venditor* l'azione contrattuale: D. 21,1,4,2. In relazione a fattispecie analoghe, presumibilmente, già la giurisprudenza tardopubblicana discuteva dell'applicabilità dell'*actio redhibitoria*, come lascia inferire il discorso di Cicerone in *off*. 3,23,91.

[39] Si leggano, in particolare, i testi da D. 21,1,1,9-11 a D. 21,1,4, dei quali mi sono già occupata diffusamente in: La tutela del compratore cit. spec. 121 ss., a cui rinvio anche per le indicazioni bibliografiche concernenti questi frammenti.

[40] Sotto questo profilo nella letteratura romanistica si guarda, invece, alla funzione dell'*actio empti* concessa contro i vizi della cosa venduta, in special modo nella sua applicazione diretta a ottenere un effetto analogo a quello dell'azione redibitoria edilizia (D. 19,1,11,3 e 5). Cfr. Vacca, Ancora sull'estensione dell'ambito di applicazione dell'actio empti cit. 59 ss.

strumento da essi impiegato nel proprio tribunale non guardasse alla realizzazione dello scambio quale causa del contratto e non fosse diretto a dare attuazione all'assetto di interessi che le parti avevano inteso darsi con il contratto nel singolo caso; ma mirasse innanzitutto ad offrire agli avventori ingannati un duttile strumento per liberarsi di un affare svantaggioso.

Il vizio, che fosse riconducibile alle categorie enumerate nell'*edictum aedilium curulium*, dava luogo soltanto alla responsabilità edilizia del venditore e non anche a quella contrattuale (*actio ex empto*).

Si tratta di una situazione che si ricollega alla caratteristica pluralità di ordinamenti nell'esperienza storica romana.[41]

All'assenza di una tutela civilistica del compratore per i vizi della cosa sopperirono inizialmente gli edili. Questi nell'ambito della loro giurisdizione, verosimilmente estesa anche ai peregrini[42] perché concernente le contrattazioni che si svolgevano nei mercati dell'Urbe,[43] escogitarono degli strumenti utili per consentire al compratore, che scoperto il vizio non avesse più utilità alla cosa, di ripristinare la situazione precedente al contratto.

Atteso che la compravendita restava valida ed efficace per il *ius civile* nonostante il *vitium rei emptae*, era indispensabile che lo strumento creato dagli *aediles curules* fosse congegnato in modo tale da vanificare gli effetti discendenti dal contratto. Questo risultato si otteneva cercando la collaborazione *in iudicio* del convenuto. E con ciò si sopperiva all'assenza di una volontà del venditore a risol-

---

[41] Sotto questa prospettiva il rapporto tra l'intervento edilizio in tema di garanzia per i vizi della cosa e l'intervento pretorio (*actio empti*) è stato vagliato, ma con soluzioni diverse da quelle qui accolte, da A. Watson, Sellers' Liability for Defects: Aedilician Edict and Praetorian Law, Iura 38 (1987) 167 ss.

[42] Sul punto v. *supra* nt. 3.

[43] È generalmente condivisa in dottrina l'affermazione secondo cui l'editto edilizio avrebbe avuto diretta applicazione al di fuori del ristretto ambito dei mercati a Roma. Già T. Mommsen, Römisches Staatsrecht II, Leipzig 1887, rist. Graz 1952, 501 ed ivi nt. 4 metteva in dubbio che per tutto il periodo classico l'editto edilizio e la *iurisdictio* degli edili curuli potessero essere rimasti circoscritti alle sole compravendite mercantili. Mommsen, in particolare, collegava a questo limite la redazione dell'*edictum de mancipiis vendundis* nella versione restituita da Gell. 4,2,1 e ipotizzava che invece nella diversa versione accolta nelle Pandette (D. 21,1,1,1 e D. 21,1,38 pr.) l'editto edilizio non avrebbe avuto più applicazione limitata alle sole vendite che si concludevano nei mercati cittadini. Per la letteratura successiva v.: Haymann, Die Haftung des Verkäufers I cit. 19 ss.; Monier, La garantie cit. 44; Arangio-Ruiz, La compravendita II cit. 362 nt. 1, dove altra bibliografia; Impallomeni, L'editto degli edili curuli cit. 134 s. Diversa opinione in: F. Schulz, Classical Roman Law, Oxford 1951, rist. Aalen 1992, 536; Medicus, Id quod interest cit. 125 ss.; Watson, The Imperatives cit. 73 ss., spec. 80 s. Dati importanti sono oggi quelli offerti dalle tavolette cerate campane relative alle *emptiones* di schiavi, le quali provano che l'editto edilizio non aveva applicazione solo nell'Urbe, ma certamente almeno nei municipi e nelle colonie in territorio italico. Cfr., per tutti, G. Camodeca, L'archivio puteolano dei Sulpicii I, Napoli 1992, 147 con altra letteratura; Id., Tabulae Herculanenses cit. 61 s.

vere in via stragiudiziale l'accordo concluso con nocumento per l'avventore, riprendendosi la cosa e restituendo a sua volta quanto ricevuto a titolo di *pretium*.

Caratteristica del processo in base all'*actio redhibitoria*, infatti, era la circostanza che grazie alla mediazione del *iudex* il convenuto venisse indotto a riprendere presso di sé la *res* che l'acquirente chiedeva di restituire a causa di un *vitium* occulto, non dichiarato al momento del contratto. In questo modo si incideva, eliminandola, sulla giustificazione della prestazione principale discendente dalla compravendita a carico dell'*emptor*; ovvero, sull'obbligo di versare il *pretium* con i relativi accessori.

È chiaro tuttavia che questo complesso meccanismo dell'azione speciale si spiega storicamente in ragione delle diverse conseguenze che alla vendita di una *res vitiosa* si collegavano per il *ius civile* o per il diritto edilizio.

5. *Actio quanti minoris* e giusto equilibrio economico tra le prestazioni delle parti

A differenza dell'*actio redhibitoria*, per la quale è più agevole mostrare come, nella configurazione assunta nell'editto edilizio, essa non fosse diretta a dare realizzazione all'accordo tra le parti e rilevanza alla *conventio* sottostante al contratto, ma piuttosto a salvaguardare l'interesse generale a un corretto svolgimento delle contrattazioni nei mercati, più difficile è spiegare rispetto al quadro che si è fin qui delineato il meccanismo dell'*actio quanti minoris*. Quest'azione venne introdotta solo in un momento storico successivo,[44] verosimilmente proprio nell'ambito dell'*emptio venditio* di *iumenta* e in occasione dell'intervento edilizio a essa relativo – trovandosi, infatti, menzionata soltanto nell'*edictum de iumentis vendundis*.[45] Ben presto, tuttavia, l'azione estimatoria dovette essere estesa anche alle compravendite di schiavi, forse sotto la spinta di un'interpretazione evolutiva dei giuristi a partire dal primo principato.[46]

---

[44] Cfr., per tutti, Karlowa, Römische Rechtsgeschichte II cit. 1299 ss.; A. Pezzana, Classicità dell'*actio aestimatoria*, AG 140 (1951) 60; Kaser, Das römische Privatrecht² I cit. 560; Jakab, Praedicere und cavere cit. 139. Impallomeni, L'editto degli edili curuli cit. 106 ipotizza, sulla base di un parere di Labeone ricordato in Gell. 4,2,8 e in base alla circostanza che Cicerone non ne faccia menzione, che l'*edictum de iumentis vendundis* sarebbe stato introdotto „posteriormente a Cicerone ed anteriormente o contemporaneamente a Labeone medesimo." L'analoga interpretazione fu sostenuta in passato da Bechmann, Der Kauf nach gemeinem Recht III.2 cit. 410. In realtà, nella ricostruzione di questo studioso essa si fondava su un generale spostamento della datazione dell'editto edilizio, anche per le vendite di schiavi, intorno alla metà del I sec. a.C. (cfr. del medesimo autore, Der Kauf nach gemeinem Recht I, Erlangen 1876, rist. Aalen 1965, 396). Mi sembra, al contrario, che i pareri di Aulo Ofilio, relativi ai difetti dell'animale e il contesto entro cui essi appaiono citati da Ulpiano (v., soprattutto, D. 21,1,38,7) consentano di ricondurre l'editto per le compravendite di *iumenta* a un momento precedente a quello suggerito da Impallomeni.

[45] Cfr. D. 21,1,38 pr.

[46] Già Labeone estendeva l'*actio quanti minoris* alle vendite di *mancipia*, come si trae ad esempio da D. 21,1,47 pr. In numerosi altri frammenti è testimoniata l'applicabilità alle compravendite di schiavi dell'azione in parola. Segnatamente: D. 21,1,48,2, D. 21,1,18 pr., D. 21,1,44,2 e D. 21,1,31,16. Quanto alla letteratura cfr., per tutti, Bechmann,

Con questo rimedio il compratore che avesse interesse a conservare la cosa acquistata poteva ottenere un rimborso del prezzo, proporzionale alla diminuzione di valore della cosa a causa del vizio.

È stato giustamente osservato che quest'azione risulta più vicina, nello scopo, ai precedenti civilistici e, in particolare, all'azione contrattuale.[47] Infatti, essa offre di ripristinare una certa proporzionalità tra le prestazioni delle parti.

Questa funzione dell'azione, però, non può essere semplicisticamente intesa nell'ottica di un'attuazione del programma contrattuale così come voluto dalle parti, perché una cosa è garantire un equo rapporto economico tra le reciproche prestazioni, altra cosa è dare attuazione alla *conventio* sottostante al contratto.

Come ha dimostrato Honsell,[48] nell'*actio quanti minoris* la valutazione utile ai fini del rimborso proporzionale del prezzo, rimessa al *iudex* privato, non prendeva in considerazione il valore della *res empta* come rappresentato dalle parti, ma un valore oggettivo della cosa priva di difetti: un valore di mercato, per così dire. In altri termini, nel processo edilizio non veniva in gioco il rapporto tra il valore della cosa nell'interesse del singolo compratore e il prezzo così come concordato tra le parti in riferimento a questa rappresentazione soggettiva (per così dire) della *res vendita*. Il rimborso proporzionale tendeva a sostituire il contenuto dell'accordo con un giusto equilibrio tra *res* e *pretium* fissato dal giudice sulla base di un valore oggettivo di riferimento.

Pur tenendo presente quest'aspetto, è innegabile comunque che la più giovane azione edilizia si presentava rispetto all'originaria applicazione dell'*actio redhibitoria*[49] più cònsona alla natura dell'*emptio venditio*, perché l'azione era diretta a garantire un giusto rapporto tra le prestazioni delle parti.

Questo indica che gli edili curuli cominciarono a considerare non più soltanto la posizione dell'acquirente isolata da quella reciproca e interdipendente del vendito-

---

Der Kauf nach gemeinem Recht I cit. 410 ss.; Arangio-Ruiz, La compravendita II cit. 391 s. Diversa opinione in Lenel, EP³. 561 nt. 4, secondo cui l'azione sarebbe stata promessa direttamente nell'editto sulle vendite di schiavi. Segue quest'ipotesi in tempi moderni Honsell, Quod interest im bonae-fidei-iudicium cit. 73 nt. 43.

[47] In tal senso si v. Arangio-Ruiz, La compravendita II cit. 384 e 391. Ormai isolata nella letteratura romanistica è l'affermazione della non classicità dell'*actio quanti minoris*, avanzata nella prima metà del secolo scorso da Monier, La garantie cit. spec. 170 ss., seguito da Schulz, Classical Roman Law cit. 538. Contro quest'ipotesi cfr. A. Giffard, L'action édilicienne quanti minoris (D. 21,1,38 pr.; 13 et 14), RH 12 (1931) 682 ss.; F. Pringsheim, Das Alter der aedilizischen actio quanti minoris, SZ 69 (1952) 234 ss.; Pezzana, Classicità dell'actio aestimatoria cit. 53 ss.

[48] Cfr. Quod interest im bonae-fidei-iudicium cit. 73 ss. I risultati dello studioso sono prevalentemente accolti nella letteratura romanistica: cfr. Kaser, Das römische Privatrecht² I cit. 559 ed ivi nt. 51 con altra bibliografia.

[49] Quella fondata sulla mancata dichiarazione dei vizi dello schiavo indicati nell'editto. Per le più tarde applicazioni dell'*actio redhibitoria*, ovvero per i *dicta et promissa* (D. 21,1,1,1 e 19 pr.-4), per la vendita di schiavi *veteratores* spacciati dai venditori come *novicii* con artifizi vari (D. 21,1,37 e D. 21,1,65,2) rinvio alle riflessioni che svolgo in: Azioni edilizie e interdipendenza delle obbligazioni cit. spec. 489 ss., 519 ss.

re, ma insieme quelle di entrambi i contraenti come l'esigenza di un contemperamento tra le opposte pretese.

6. Considerazioni finali

La diversa operatività dell'*actio quanti minoris* rispetto alla natura del contratto concluso tra le parti si spiega pensando alla sua introduzione nell'ambito dell'*emptio venditio* consensuale e obbligatoria, appunto verso la tarda repubblica.

Al contrario, il meccanismo, la funzione e le caratteristiche dell'*actio redhibitoria*, fondata sulla mancata denuncia dei *vitia rei emptae* – la più antica applicazione dell'azione introdotta dagli *aediles curules* – sembrano ricollegarsi a una fattispecie diversa, in cui non rilevasse la *conventio* delle parti né assumesse importanza il giusto equilibrio tra il *pretium* e il valore della cosa: ovvero, il procedimento delle *auctiones* private aventi per oggetto *mancipia*.[50]

Nella vendita all'asta, infatti, la somma per cui veniva aggiudicato il bene era quella più alta raggiunta nella licitazione, grazie al susseguirsi di contro offerte al rialzo su un importo base. Essa poteva variare perciò in base al numero dei partecipanti alla gara, all'entità delle offerte etc.

Se dunque il ricavo della vendita poteva differire, anche in modo considerevole, dal valore effettivo dello schiavo, è conseguente che nel processo edilizio ai fini della *redhibitio* della *res empta* non assumesse importanza la circostanza che non vi fosse un giusto rapporto economico tra il prezzo raggiunto all'asta e il valore reale dello schiavo. Al contrario, rilevava la frode del venditore che, conscio dei difetti presenti nella *res*, non li indicasse nella *proscriptio* e non consentisse al *praeco* di denunciarli al momento del proclamo orale tra le condizioni della vendita. Così facendo egli, infatti, impediva che la gara si svolgesse correttamente e che gli avventori vi prendessero parte debitamente informati delle condizioni materiali della merce e in grado, di conseguenza, di calibrare opportunamente le proprie offerte.[51]

---

[50] Almeno per un'epoca antecedente all'introduzione dell'*emptio venditio* consensuale e successivamente alla creazione dell'edilità curule.

[51] Le fonti testimoniano la frequenza con cui mediante accordi sottobanco e attraverso il gioco delle offerte al rialzo o delle fittizie astensioni a offrire si influiva sulla determinazione del prezzo d'asta, nell'interesse dell'una o dell'altra parte: v. segnatamente Cic. *off.* 3.15.61 e *Caec.* 16. Cfr. spec. T. Mayer-Maly, s.v. „Auction", in: Der Kleine Pauly I, Stuttgart 1964, 728; W. Kroll, s.v. „Licitatio", in: PWRE XIII.1, Stuttgart 1926, 505 (con altre fonti), il quale si sofferma in genere sulle modalità di svolgimento della gara d'asta; G. Thielmann, Die römische Privatauktion zugleich ein Beitrag zum römischen Bankierrecht, Berlin 1961, 244 ss.; N. K. Rauh, Finance and Estate Sales in Republican Rome, Aevum 63 (1989) 45 ss., dove un'accurata analisi della testimonianza offerta da Cicerone nella corrispondenza con l'amico Attico.

Der zweifache Verkauf derselben Sache – Betrachtungen zu einem Rechtsproblem in seiner europäischen Überlieferung

Wolfgang Ernst

I. Der zweifache Verkauf derselben Sache und der Konflikt der beiden Käufer

Wenn ein Verkäufer dieselbe Sache an zwei verschiedene[1] Käufer verkauft, ergibt sich ein Interessengegensatz der beiden Käufer. Dieser Interessengegensatz der beiden Käufer ist ein geradezu zeitloses Problem des Kaufrechts.[2] Obwohl der Doppelverkauf einen universellen Konfliktfall darstellt, wird die juristische Lösung doch durch wesentliche Eigenheiten der jeweiligen positiven Rechtsordnung bestimmt.[3] Im Folgenden soll aufgezeigt werden, wie historische Vorgaben die

---

[1] Davon zu unterscheiden ist der Fall eines (irrtümlich) zweifachen Verkaufs zwischen denselben Parteien; s. dazu – für das deutsche Recht – W. Flume, Rechtsgeschäft, 4. Aufl., 1992, S. 793.

[2] Ein frühes Vorkommen schildert R. Haase, Fälle von Doppelverkauf in der hethitischen Rechtssatzung (§§ 146 bis 148), ZAR 11 (2005) 1 ff.

[3] Für das deutsche Recht haben wir den Doppelverkauf umfassend behandelt unter dem Titel „Doppelverkauf – Ein Panorama", in: St. Lorenz/A. Trunk/H. Eidenmüller u.a. (Hrsg.), Festschrift für Andreas Heldrich, 2005, 113-142. Für andere Landesrechte s. R. Michaels, Sachzuordnung durch Kaufvertrag, 2002, insb. S. 188 ff., sowie 147 f. (Österreich), 148 ff. (Frankreich); rechtsvergleichend außerdem A. Stadler, Gestaltungsfreiheit und Verkehrsschutz durch Abstraktion, 1996, 381 ff. (bewegl. Sache), 488 ff. (Grundstück); aus öst. Sicht s. auch C. Bollenberger, Die Ersatzherausgabe, 1999, 108 f., 195 f., 237 ff., 337 ff., sowie Chr. Rabl, Die Gefahrtragung beim Kauf, 2002, S. 298 ff. Im Wesentlichen brauchbar auch noch E. Klug, Ein Beitrag zur Lehre vom zweimaligen Verkauf der gleichen Sache im deutschen, schweizerischen, österreichischen und französischen Recht, 1934. Zum doppelten Grundstücksverkauf nach schweiz. Recht s. G. Clopath, Quelques problèmes relatifs à la double vente, spécialement en matière immobilière, SJZ 66 (1970) 49 ff.; W. Wiegand, Festgabe Hans Marti, 1985, S. 11 ff.; S. Wolf/S. Zingg, Zivil- und notariatsrechtliche Aspekte des Doppelverkaufs von Grundstücken, in: E. Bucher et al. (Hrsg.),

Behandlung des Problems in der Geschichte des europäischen Kaufrechts beeinflusst haben.

Schon der Umstand, dass es überhaupt zu einem regelrechten Doppelverkauf kommen kann, hängt davon ab, wie das Recht des derivativen Eigentumserwerbs ausgestaltet ist: Nur wenn der Käufer aufgrund des Kaufvertrages lediglich ein obligatorisches Recht erwirbt, kann derselbe Verkäufer zwei im Grundsatz gleichwertige Kaufverträge über dieselbe Sache abschließen. So verhält es sich in der Mehrheit der kontinental-europäischen Rechte, nicht aber in Frankreich und den Ländern mit französisch inspirierten Gesetzbüchern und auch nicht in England.[4]

Soweit die Rechtsfolge des Kaufvertrages in der Entstehung zweier gegenläufiger obligatorischer Rechte gesehen wird, wird der Verkäufer verpflichtet, die Kaufsache zu übergeben und – zumeist – auch den Eigentumserwerb des Käufers zu bewirken. Die nähere Ausgestaltung des Aktes, durch den der Eigentumserwerb herbeigeführt wird, ist von Land zu Land verschieden und außerdem zumeist noch davon abhängig, ob es sich um ein Grundstück oder um eine bewegliche Sache handelt. Entscheidend ist, dass eine Phase der bloß obligatorischen Gebundenheit der schlussendlichen Veränderung der Eigentumszuordnung vorausgeht. Obschon der Akt, der die Veränderung der Eigentumszuordnung bewirkt, vielgestaltig ist, mag man vereinfachend vom Traditionsprinzip sprechen, weil die *traditio*, die Übergabe, derjenige Vollzugsakt ist, der im Mittelpunkt der Entwicklung gestanden hat. Wenn wir im Weiteren das „Traditionsprinzip" behandeln, so ist der Begriff des Tradition aber *pars pro toto* gebraucht: Gemeint ist das Erfordernis eines Vollzugsaktes, der aus einer *traditio*, aber etwa auch aus einer Eintragung in ein Register bestehen kann.

Dem obligatorischen Recht als solchem erkennen unsere Rechtsordnungen im Grundsatz eine bloß relative Wirkung zu; aus ihm sind – sehen wir von Ausnahmeerscheinungen ab – Ansprüche gegen Dritte, etwa gegen den anderen Käufer, nicht herzuleiten. Obligatorische Rechte, die sich gegen denselben Schuldner richten, sind sodann „gleichrangig"; es gibt – Ausnahmen beiseite gelassen – kein Prioritätsverhältnis zwischen verschiedenen Gläubigern desselben Schuldners. Vielmehr gilt bei mehreren Verbindlichkeiten der Grundsatz ihrer Gleichbehandlung (*par condicio creditorum*).

Ganz wesentlich wird die Konfliktlage dadurch bestimmt, ob ein Käufer aufgrund seiner Berechtigung aus dem Kauf erwarten kann, dass er die Kaufsache *in natura* erhalten wird. Wo der Kauf, wo der schuldrechtliche Anspruch nicht mit dem Recht auf Naturalerfüllung verbunden ist, tritt der Konflikt nicht mit derselben Schärfe hervor, weil jeder Käufer von vornherein damit rechnen muss, durch Nichtleistung auf ein Geldäquivalent verwiesen zu werden. Ein solcher Geldersatz

---

Norm und Wirkung = Festschrift W. Wiegand, 2005, 707 ff. – Für die Entwicklung der Doppelverkaufs-Dogmatik in der Rechtsgeschichte des Mittelalters und der Neuzeit ist jetzt auszugehen von: S. Sella-Geusen, Doppelverkauf. Zur Rechtsstellung des ersten Käufers im gelehrten Recht des Mittelalters, 1999; daneben bleibt bedeutsam J. E. Scholtens, Double Sales, SALJ 70 (1953) 22 ff., insb. auch zum. röm.-holl. Recht.

[4] Dazu unten III 6.

kommt natürlich auch demjenigen Käufer zu, der vom Doppelverkäufer übergangen wird. Erst vor dem Hintergrund des naturalen Erfüllungszwangs, wie er sich in der mittelalterlichen Doktrin durchgesetzt hat,[5] ist der Doppelverkauf daher zu einem harten Konfliktfall geworden. Die zu entscheidende Frage geht dahin, welcher Käufer die Sache in Natur bekommt und wer sich anstelle der Sache mit einem Geldersatz begnügen muss.

Schließlich hat sich die Konfliktlage insoweit geändert, als das moderne europäische Recht – in unterschiedlichen Weisen – den gutgläubigen Erwerb vom Nichtberechtigten anerkennt. Nun kann ein Verkäufer, der schon den Eigentumserwerb eines der beiden Käufer herbeigeführt hat, gleichwohl noch den anderen Käufer zum Eigentümer machen, wenn er zu seinen Gunsten einen Tatbestand bewirkt, der einen Eigentumserwerb kraft guten Glaubens zulässt. Damit kann sich der zuletzt belieferte Käufer – es muss nicht der Erstkäufer sein – durchsetzen, wenn er guten Glaubens ist.

Wie man sieht, entsteht das Problem des Doppelverkaufs im Schnittpunkt wichtiger Grundsätze des Vermögensrechts: Diese sind

- die Möglichkeit der Sachkondemnation,
- das Traditionserfordernis,
- die Prinzipien der Relativität und Gleichwertigkeit der schuldrechtlichen Beziehungen, sowie
- der Schutz des Verkehrs, der Vertrauensschutz für den redlichen Erwerber.

Der Doppelverkauf soll hier und heute dazu dienen, grundlegende Elemente unserer Rechtsordnungen in historischer und vergleichender Betrachtung herauszupräparieren. Es ist aber nicht so, dass der Doppelverkauf ein rein akademisches Thema wäre. Doppelverkäufe begegnen uns ja durchaus in der Rechtspraxis. Dabei kann es aus ganz verschiedenen Gründen zum Doppelverkauf kommen. Der absichtlich vorgenommene Doppelverkauf hat seinen Grund meistens darin, dass der zweite Käufer einen höheren Kaufpreis bietet. Eine rechtspraktisch überaus wichtige Ursache für den Doppelverkauf liegt darin, dass ein Verkäufer wegen Nichtzahlung seitens seines Käufers die Sache an einen anderen, für zahlungsfähig gehaltenen Käufer verkauft: Versäumt hier der Verkäufer, den ersten Kauf rechtzeitig durch Rücktritt aufzuheben (oder erweist sich der Rücktritt als unwirksam), so ist es aus Unachtsamkeit mit dem Selbsthilfeverkauf (so genannter Deckungsverkauf) zu einem Doppelverkauf gekommen.[6] Viel behandelt werden auch Fälle, in denen einesteils eine Sachgesamtheit (z.B. eine Erbschaft), anderenteils ein zur Sachgesamtheit gehörender Einzelgegenstand verkauft wird. Eher einen rechtsdidaktischen Zweck verfolgt man mit dem Lehrbuchfall, dass zunächst ein Vertreter

---

[5] T. Repgen, Vertragstreue und Erfüllungszwang in der mittelalterlichen Rechtswissenschaft, 1994.
[6] S. den deutschen Fall BGHZ 126, 131 (20.5.1994); zum vorzeitigen Deckungsverkauf s. auch U. Huber, Leistungsstörungen, Bd. 1, 1999, S. 357 f.

und anschließend der Eigentümer, der vom ersten Verkauf noch nicht unterrichtet war, dieselbe Sache verkaufen.[7]

II. Die Entscheidung durch erfolgte Sachübergabe nach Wahl des Verkäufers

1. Der Doppelverkaufsfall in der römischen Rechtsliteratur

Für das römische Recht ist vorab ein interessanter Befund festzuhalten: Die römischen Juristen haben die Problematik des Doppelverkaufs gar nicht für den Eigentumserwerb durch *traditio ex iusta causa* erörtert. Die römischen Juristen behandeln den Doppelverkauf vielmehr im Hinblick auf die *actio Publiciana*.[8] Mit der *actio Publiciana* konnte der ehemalige Besitzer einer (ersitzungsfähigen) Sache deren Herausgabe verlangen, sofern er selbst die Sache in gutem Glauben *ex iusta causa* in seinen Besitz gebracht hatte. Die Position, die auf diese Weise geschützt wurde, war nicht exklusiv: Verschiedene Personen konnten nach- und nebeneinander eine solche Position erworben haben, bei deren Vorhandensein der Besitzverlust die *actio Publiciana* entstehen lässt. Demgegenüber ist ja etwa die Position des zivilen Eigentümers exklusiv: Das (ungeteilte) zivile Eigentum kann zu einem bestimmten Zeitpunkt immer nur einer Person zugeordnet sein. Zu einer Situation, in der mehreren Beteiligten die *actio Publiciana* zustand, konnte es kommen, wenn der Besitz an der Sache einer Person verloren ging, zu deren Gunsten die *actio Publiciana* verfügbar wurde, und dann eine weitere Person sich gutgläubig *ex iusta causa* die Sache übergeben liess. Tritt dann auch bei dieser Person Besitzverlust ein, so steht jedem der beiden ehemaligen Besitzer die *actio Publiciana* zu. Es stellt sich damit die Frage nach einem Rangverhältnis der beiden Berechtigten. Die römischen Juristen haben dies dahingehend entschieden, dass der frühere Käufer besser berechtigt sei. Es wurde auch die Frage gestellt, wofür es auf den Zeitvorzug ankomme: auf den Abschluss des Kaufs oder auf den Besitzerwerb; offenbar entschied man sich für den Moment des Besitzerwerbs.[9] Da für denjenigen, der hinsichtlich der *actio Publiciana* aktivlegitimiert ist, während seiner Besitzzeit die Aussicht auf Ersitzung der Sache bestand, kann man auch sagen, es sei derje-

---

[7] Zu Doppelhandlungen des Vertreters und des Vertretenen nach deutschem Recht s. E. Riezler, AcP 98 (1906) 372 ff.
[8] Zum folgenden s. (Auswahl): P. Apathy, actio Publiciana beim Doppelkauf, SZ RomAbt 99 (1982) 158 ff.; L. Vacca, Il c.d. duplex dominium e l'actio Publiciana, in: E. Cortese (ed.), La proprietà e le proprietà, Mailand 1988, 39 ff., 62 ff.; F. Wubbe, Pomp. D. 50,17,33 und so weiter, in: Iurisprudentia Universalis (= Festschrift f. T. Mayer-Maly), 2002, 911 ff.; M. García Garrido, Similitudines e interpretación jurisprudencial en un caso de venta a non domino de un fundo ajeno, in: Nozione, formazione e interpretazione del diritto. Ricerche dedicate al professore Filippo Gallo, Mailand 1997, S. 280 (mir nicht zugänglich).
[9] D. 6.2.9.4 Ulp 16 ad ed.

nige bevorzugt worden, dessen „Anwartschaft" auf den Eigentumserwerb durch Ersitzung im Hinblick auf den notwendigen Zeitablauf am weitesten „fortgeschritten" war. Die römischen Juristen haben das Nebeneinander zweier Positionen, die beide den Schutz der *actio Publiciana* geniessen, auch für den Fall erörtert, dass beide vom selben Verkäufer erworben hatten – also für unseren Fall des Doppelverkaufs – und sich auch insoweit für die Priorität des Übergabevorgangs entschieden:[10] *potior sit cui res priori tradita est.* Diese Prioritätslösung ist aus folgendem Grund bemerkenswert: Soweit Verfügungen darauf abzielen, eine exklusive Position – wie das Eigentum – zu übertragen, bedeutet die Übertragung an den ersten Verfügungsempfänger zugleich den Verlust der Position beim Verfügenden. Dieser wird zum Nichtberechtigten. Infolgedessen fehlt ihm für eine zeitlich spätere Verfügung die Verfügungsmacht. Hinsichtlich der Übertragung exklusiver Positionen ergibt sich die Geltung des Prioritätsprinzips, die Bevorzugung des früheren insoweit gleichsam aus der Logik der rechtsübertragenden (derivativen) Verfügung[11]. Im Fall von Mehrfachverfügungen hingegen, bei denen jedem der Käufer die Position des Ersitzungsbesitzers/Aktivlegitimierten der *actio Publiciana* verschafft wird, verhält es sich anders: Hier entstehen an sich gleichwertige Positionen und es ist ein Akt der *juristischen Wertung*, wenn man der älteren der beiden Positionen den höheren Rang gibt. A p a t h y hat feinsinnig davon gesprochen, diese Wertungsentscheidung ergebe sich „aus der Parallele [!] zum derivativen Erwerb"[12] mit seiner gleichsam rechtslogischen Bevorzugungen des ersten Erwerbers. Davon ist als nächstes zu handeln:

2. Der Eigentumserwerb durch *traditio*

Viel weniger dicht ist die Quellenlage für den Fall, dass der wirkliche Eigentümer zwei Käufern dieselbe Sache verkauft hat. Nun fordert das römische Recht für den Eigentumserwerb des Käufers, soweit man sich nicht der *mancipatio* oder der *in iure cessio* bediente, die *traditio*, also die Übergabe der Kaufsache an den Käufer.[13] Die bloße kaufvertragliche Einigung bewirkt noch nicht den Eigentumserwerb des Käufers:

---

[10] D. 19.1.31.2 Ner 3 membr.; s. hierzu P. A p a t h y, Fn. 8, 175 ff.
[11] Insoweit kann man sagen, der Satz *prior tempore potior iure* ergebe sich „rechtslogisch" aus dem Satz *nemo plus iuris transferre potest quam ipse habet*; s. v. Staudinger/W. W i e g a n d, Komm. BGB, Neubearbeitung 2002, § 1209, Rn. 1; J. W i l h e l m, Sachenrecht, 3. Aufl. 2007, S. 251 (Rz 608).
[12] A p a t h y, Fn. 8, 181.
[13] S. den Überblick von G. P u g l i e s e, Vendita e trasferimento di proprietà in diritto romano, in: L. V a c c a (ed.), Vendita e trasferimento della proprietà nella prospettiva storico-comparatistica. Atti del Congresso Internazionale Pisa-Viareggio-Lucca 1990, vol. 1, 1991, 25 ff. Zum Traditionsprinzip s. auch N. B e n k e, Gedächtnisschrift Hofmeister, Wien 1996, 31 ff.

C. 2.3.20
Traditionibus et usucapionibus dominia rerum, non nudis pactis transferuntur.

Da es für den Abschluss des Kaufvertrages genügt, dass sich Verkäufer und Käufer einigen, was auch über Distanz und auch in Abwesenheit der Kaufsache geschehen kann, kommt der römische Kaufvertrag oft genug zustande, ohne dass sogleich die *traditio* erfolgt, die in Verbindung mit dem Kaufvertrag den Eigentumserwerb des Käufers bewirkt. Dies ist die Ursache dafür, dass Verpflichtung und Erfüllung auseinander fallen können. So erläutert denn eine Konstitution aus dem Jahre 239, dass der Konflikt zugunsten desjenigen Käufers entschieden wird, dem der Verkäufer die Sache übergibt:

C. 3.32.15 pr
Quotiens in duobus in solidum praedium iure distrahitur, manifesto iuris est eum, cui priori traditum est, in detinendo dominio esse potiorem.[14]

Um zu verstehen, warum die römischen Juristen den derivativen Eigentumserwerb an die Besitzübergabe geknüpft haben – dieses ist für alles Weitere der Dreh- und Angelpunkt –, sei die Rechtsfigur der *traditio* genauer in der römischen Rechtsordnung verortet. Die Römer unterscheiden den Eigentumserwerb *iure civile* und *iure naturale*, der auch dem Nichtbürger offen steht. Die Tradition rechnen die römischen Juristen unter die naturalen Erwerbsgründe.[15] Der Erwerb des Eigentums durch Tradition steht insofern auf einer Stufe mit der Okkupation herrenloser Sachen, mit dem Erwerb durch Verarbeitung, dem Fruchterwerb, dem Erwerb durch Verbindung und dem Erwerb von Anschwemmungen nach Uferrecht. Diesen Tatbeständen des naturalen Erwerbs steht der Erwerb *iure civile* gegenüber, wie er etwa durch das hochförmliche Geschäft der *mancipatio*, aber auch durch *in iure cessio* erfolgt: Hier besteht der Erwerbsvorgang in der Vornahme einer Rechtshandlung, die gerade auf die Herbeiführung dieser Erwerbsfolge gerichtet ist. Während die zivilen Erwerbsgründe nur den römischen Bürgern zugänglich sind, können die naturalen Erwerbsgründe – in ihrer Lebenstatsächlichkeit – von jedermann hergestellt werden. Der Zugehörigkeit zum *ius gentium* entspricht es, dass sich die Verwirklichung dieser Erwerbsgründe in der Gegenstandswelt abspielt. So muss z.B. die herrenlose Sache in den eigenen Besitz gebracht sein, die alte Sache zu einer neuen verarbeitet, Sachen verbunden oder vermischt worden sein. Es ist eine lebensweltliche Lage erforderlich, die den Erwerbsaspiranten in die Lage versetzt, die Herrschaft über die Sache – in tatsächlicher Hinsicht – ohne weiteres auszuüben. Sehr schön ist dieser naturale Charakter des Eigentumserwerbs *iure gentium* bei der Okkupation wilder Tiere sichtbar, bei der die erreichte tatsächliche Herrschaft über das Tier den beständigen Erwerb der Eigentümerstel-

---

[14] Man mag sich freilich fragen, ob es nicht in Wirklichkeit um einen Sonderfall geht: Das *in solidum* deutet darauf hin, beide Käufer seien aufgrund desselben Kaufvertrages (als Gesamtkäufer) berechtigt.

[15] Vgl. Gai I, 66.

lung vermittelt. Das Erfordernis des Besitzerwerbs im Einverständnis mit dem zuvor besitzenden Vormann ist hiervon nicht grundlegend verschieden. Erforderlich ist stets die erfolgreich abgeschlossene Herstellung einer bestimmten Sachlage in der Gegenstandswelt. War bislang ein anderer der Besitzer, so muss dieser die Begründung neuen Besitzes gutheissen, während bei besitzlosen Sachen eine aktive Besitzbegründung durch den Erwerbswilligen gefordert wird. Sowenig man einen Eigentumserwerb auf eine Fruchtziehung, Okkupation oder Verbindung stützen konnte, die noch nicht geschehen, wohl aber beabsichtigt oder versprochen ist, genauso wenig kann man sich schon mit der Begründung als Eigentümer darstellen, man habe die Sache gekauft und könne sie vom Verkäufer beanspruchen. Der Eigentumserwerb *ex causa emptionis* stellt sich dar als ein gestreckter Tatbestand, zu welchem integral auch der Besitzerwerb durch den Käufer gehört: Erst derjenige, der den Besitz *emptionis causa* von seinem Vormann erhalten hat, wird im Erwerb des Eigentums geschützt. Die *causa emptionis* gibt dem Käufer den Titel, den er für die Verteidigung seines Besitzes braucht. Nicht ist jedoch die *causa emptionis* selbst ein Recht, kraft dessen der Käufer gegen Dritte hätte vorgehen können.

3. Das Präventionsprinzip als Folge des Traditionserfordernisses

Bekanntlich hat von den verschiedenen Eigentums-Erwerbsarten des römischen Rechts in der Überlieferung die *traditio* die weitere Rechtsentwicklung bestimmt. So haben die Glossatoren des Mittelalters unschwer das Präventionsprinzip aufstellen können.[16] Es bedeutet, dass der Konflikt *nicht* durch die zeitliche Abfolge, in der die beiden Kaufverträge geschlossen wurden, entschieden wurde, ebenso wenig durch die zeitlich frühere Anrufung des Gerichts oder dessen Spruch; auch die Bös- oder Gutgläubigkeit des Käufers, dem die Sache übergeben wird, spielte insoweit keine Rolle. Auch wenn das Präventionsprinzip später vielfach angefochten worden ist, ist es doch für die Lösung des Doppelverkaufsfall der zentrale Ausgangspunkt unserer Überlieferung geblieben. Nicht deutlich genug kann man den Zusammenhang betonen, der zwischen unserer grundsätzlichen Lösung des Konflikts zwischen den beiden Käufern und dem Traditionserfordernis besteht: Aus dem Umstand, dass der Kaufkonsens als solcher ohne Translativwirkung ist, dass es im Verhältnis zu jedem der Käufer noch eines Vollzugsaktes in Form der *traditio* bedarf, über dessen Vornahme der Verkäufer bestimmt, folgt die Wahlfreiheit des Verkäufers. Zugleich ergibt sich, dass der Konflikt nicht schon durch die zeitliche Abfolge der Kaufverträge vorentschieden ist. Die Lösung des Doppelverkaufs entsprechend dem Präventionsprinzip hinsichtlich der *traditio*, d.h. die Konfliktentscheidung durch den Verkäufer, ergibt sich als gleichsam logische Folge des Traditionserfordernisses.

---

[16] Glosse *petentis* ad D. 6.2.9.4.

4. Die Entscheidung des Doppelverkaufsfalls in ihrer Abhängigkeit von der Ausgestaltung des Traditionserfordernisses

Wenn man vom Traditionserfordernis ausgeht, so ist damit die konkrete Konfliktentscheidung oft noch nicht gefallen. In dreierlei Hinsicht nämlich kann die Wirkung der Tradition klärungsbedürftig sein. Die Stichworte lauten: gestreckter Erwerbstatbestand, Traditionssurrogate und gutgläubiger Erwerb.

a) Gestreckte Erwerbstatbestände

Vor allem bei der Veräusserung von Grundstücken ist es nicht selten so, dass der Eigentumserwerb durch Registereintragung und damit durch die Verwirklichung eines – wie wir sagen – zeitlich gestreckten Tatbestandes herbeigeführt wird. Es ist dann die Frage, ob erst die abschliessende Perfektion des kompletten Übereignungstatbestandes dem Erwerber die Sicherheit gibt, dass der Verkäufer nicht doch noch auf eine Befriedigung des anderen Käufers „umschaltet" oder ob schon der Verwirklichung bestimmter Teilakte diese streitentscheidende Wirkung zukommt. Ich nenne nur den Antrag auf Eintragung, aber auch die Vormerkung.

Ein gestreckter Tatbestand war auf der Grundlage des justinianischen Rechts aber auch der Erwerb des Eigentums durch *traditio ex iusta causa*. Zum Gesamttatbestand gehörte auch die Zahlung – oder doch die Kreditierung – des Kaufpreises, von welcher nach justinianischem Recht der Eigentumserwerb abhing.[17] Daher setzte sich im Ius Commune ein Käufer, dem die Kaufsache übergeben war, nicht gegen den anderen Käufer durch, wenn er mit der Kaufpreiszahlung in Verzug war.

b) Traditionssurrogate

Traditionsssurrogate kannte im Ansatz schon das römische Recht.[18] Besondere Bedeutung hatte stets das Besitzkonstitut. Die mittelalterliche Rechtswissenschaft hat die Lehre von den Übergabesurrogaten weiterentwickelt und systematisiert.[19]

Für den Fall des Doppelverkaufs entstand nun – ganz auf der Grundlage des Traditionsprinzips und der daraus folgenden Maßgeblichkeit der Prävention in der Übereignung – die Frage, wie das Zusammentreffen einer wirklichen Übergabe mit einem Übergabesurrogat zu bewältigen ist. Man fragte etwa, welcher der beiden Käufer Eigentum erwirbt, wenn z.B. der Verkäufer dem einen Käufer die Sache mittels einer wirklichen *traditio*, dem anderen Käufer mittels eines Traditionssurrogats zuwendet, oder wenn der Verkäufer sich für beide Zuwendungen eines

---

[17] Der Eigentumserwerb des Käufers durch *traditio* erforderte nach I. 2.1.41 die Zahlung des Kaufpreises (oder doch dessen regelrechte Kreditierung); dazu statt aller R. Feenstra, Eigentumsvorbehalt und die Regel von Inst. 2.1.41 über das Verhältnis von Kaufpreiszahlung und Eigentumsübertragung, TR 58 (1990) 133 ff.
[18] S. z.B. M. Kaser, Römisches Privatrecht, 2. Aufl. 1971, S. 393 f.
[19] W. M. Gordon, Studies in the Transfer of Property by Traditio, 1970.

Traditionssurrogats bedient.[20] Der Konflikt verschiebt sich damit gleichsam auf sachenrechtliches Gebiet, nämlich auf Fragen des Besitzrechts. Es handelt sich nicht bloß um die u.U. schwierige Tatsachenfrage, welcher der Vorgänge früher stattgefunden hat,[21] sondern es geht darum, ob die tatsächliche Übergabe gegenüber dem einen oder anderen Übergabesurrogat rechtlich „stärker" ist.

Wir müssen den Verästelungen der reichhaltigen mittelalterlichen Lehre von den Übergabesurrogaten hier nicht nachgehen. Erinnert sei an die Stichworte *traditio ficta*, symbolische Übergabe, *traditio per cartam* und förmliche *designatio* (etwa: Auflassung) beim Grundstückskauf.[22]

Für das heutige deutsche Recht etwa stehen die Übergabesurrogate der körperlichen Übergabe im Grundsatz gleich. Wir sehen in ihnen nicht mehr eine Fiktion der Übergabe, sondern Vorgänge, bei denen der Empfänger wirklichen Besitz – wenngleich u.U. nur mittelbaren Besitz – erwirbt.[23] Gleichwohl haben sich diese Konflikte verschiedener Übergabeformen über die Zeiten erhalten, dies freilich im Hinblick auf den Fall des gutgläubigen Erwerbs; davon soll jetzt gehandelt werden:

c) Die Überlagerung der Konfliktentscheidung durch den Schutz des gutgläubigen (Zweit-)Erwerbers

Die Rechtsentwicklung hat ein weiteres Element in das Feld geführt, das die Entscheidung mit beeinflusst. Es handelt sich um die Einrichtung des gutgläubigen oder redlichen Erwerbs des Eigentums vom Nichtberechtigten. Der Verkäufer wird ja, nachdem er einem der Käufer die Kaufsache übereignet hat, zum Nichtberechtigten. Mit der Einführung des gutgläubigen Erwerbs[24,25] ergibt sich nun die Möglichkeit, vom Nichtberechtigten kraft guten Glaubens Eigentum zu erwerben, und so kann auch der Verkäufer unter Umständen das Eigentum noch dem anderen Käufer zuwenden. Mit dem zunächst zugunsten eines der Käufer herbeigeführten Eigentumserwerb ist der Konflikt unter Umständen also zunächst nur vorläufig entschieden, wenn es nämlich dem Verkäufer – als Nichtberechtigten – gelingt,

---

[20] S. hierzu bereits Gordon, vorige Fn., S. 140 f.
[21] Für die Frage, welcher Eigentumserwerb der frühere gewesen ist, erwog man eine Vermutung zugunsten desjenigen Käufers, der seinen Kaufvertrag früher abgeschlossen hatte; s. dazu Sella-Geusen, Doppelverkauf, Fn. 3, S. 143 ff.
[22] S. H. Coing, Europäisches Privatrecht, Bd. 1, 1985, S. 304 ff. mit Nachweisen; seither vor allem E. Schrage, in: M. Ascheri/F. Ebel/M. Heckel et al. (Hrsg.), „Ins Wasser geworfen und Ozeane überquert" – Festschrift für K. W. Nörr, 2003, S. 913 ff.
[23] Ernst, Eigenbesitz und Mobiliarerwerb, 1992.
[24] S. z.B. A. Völkl, Ein Lösungsrecht im frühen Westgotenrecht? Ein Beitrag zum Ursprung des Lösungsrechts, TR 71 (2003) 41 ff.
[25] Auch in der römisch-rechtlichen Tradition des *ius commune* sind schon vergleichbare Konflikte erörtert worden, weil derjenige, der vom Nichtberechtigten eine Sache übergeben erhalten hat, als sog. bonitarischer Eigentümer mit Rechtsschutz ausgestattet war.. S. zum Konflikt hinsichtlich der *actio Publiciana* bereits oben II.1. und wegen weiterer Einzelheiten Sella-Geusen, Fn. 3, S. 55 ff. u. öfter.

dem anderen (gutgläubigen) Käufer Eigentum zu verschaffen. Die Konfliktsituation setzt sich nun gleichsam noch auf dem Gebiet des Sachenrechts fort.

Freilich begünstigt diese Möglichkeit keineswegs generell den Erst- oder Zweitkäufer: Es ist ja nicht gesagt, dass der Verkäufer die erste Übereignung zugunsten des Erstkäufers (zugunsten desjenigen, der zeitlich früher den Kaufvertrag *abgeschlossen* hat), vornimmt. Abgesehen von dem Erfordernis, einen Besitzvorgang herzustellen, der einen gutgläubigen Erwerb zulässt, kann auf diese Weise jedenfalls nur ein noch gutgläubiger Käufer den bereits erfolgten Eigentumserwerb des anderen Käufers überwinden. Die Gutgläubigkeit, die insoweit erforderlich ist, damit etwa die spätere körperliche Übergabe das frühere Besitzkonstitut schlägt, besteht darin, dass der Erwerber von der früheren Übereignung nichts weiß oder wissen sollte; es geht also nicht um die Gutgläubigkeit hinsichtlich des Bestehens des anderen Kaufvertrages. Allerdings wird tatsächlich das eine oft zusammen mit dem anderen gegeben sein. Für das Verhältnis von Erst- und Zweitkäufer ergibt sich, dass ein Erstkäufer, der sich sogar bei erfolgtem Eigentumserwerb noch eine Niederlage gegenüber einem gutgläubigen Zweiterwerber hinnehmen muss, sicherlich auch auf der Ebene der schuldrechtlichen Ansprüche keinen Vorrang vor einem gutgläubigen Zweitkäufer sollte beanspruchen können.

Was die gleichsam nachträgliche Entscheidung durch gutgläubigen Erwerb des zweiten Verfügungsempfängers betrifft, so mag noch beachtet werden, dass der damit enteignete Ersterwerber zum Ausgleich regelmäßig einen Bereicherungsanspruch gegen den Verfügenden – den Doppelverkäufer – erwirbt.[26] Ob ein solcher Anspruch nicht nur dann besteht, wenn der Doppelverkäufer das bereits verschaffte Eigentum wieder entzieht, sondern auch dann, wenn er durch Übereignung (als Berechtigter) den Eigentumserwerb des anderen vereitelt, ist eine andere Frage.[27]

d) Traditionssurrogate abgestufter Wirkung?

Im Hinblick auf den gutgläubigen Erwerb kann es sein, dass die Traditionssurrogate dann doch nicht mehr dieselbe Wirkung haben. Es gibt eine Reihe von Konstellationen, die ich nicht im Einzelnen durchspielen möchte:

- Besitzkonstitut zugunsten des einen Käufers, dann wirkliche Übergabe an den anderen,
- Besitzkonstitut zunächst zugunsten des einen, dann zugunsten des anderen Käufers,
- Besitzanweisung (oder Abtretung des Anspruchs auf Herausgabe) zunächst zugunsten des einen, dann zugunsten des anderen Käufers,
- Besitzanweisung und Besitzkonstitut.

---

[26] In Deutschland s. § 816 Abs. 1 S. 1 BGB.
[27] Dazu unten V.

In Deutschland haben solche Fälle Rechtsprechung und Literatur in einem erheblichen Umfang beschäftigt.[28] Freilich waren die (je zweifachen) Übereignungen nicht zur Erfüllung von Kaufverträgen erfolgt, sondern fiduziarisch, zur Sicherheit. Der Konflikt ist aber im Prinzip kein anderer als in dem Fall, dass die Übereignungen aufgrund von zwei Kaufverträgen miteinander kollidieren. Man hat versucht, den auf verschiedene Weise erworbenen Besitzpositionen eine unterschiedliche Wertigkeit zuzuweisen. Man spricht etwa vom „Nebenbesitz", dessen Erwerb nicht in der Lage sein soll, einen gutgläubigen Eigentumserwerb unter Enteignung des bisherigen Besitzers zu vermitteln. Einzelheiten müssen hier nicht behandelt werden. Für uns ist wesentlich: Die unterschiedlichen rechtlichen Wertigkeiten von Tradition und Traditionssurrogaten überlagern und modifizieren das Präventionsprinzip, denn unter bestimmten Voraussetzungen gewinnt nicht notwendig derjenige Käufer, dem gegenüber als erstem irgendein Übereignungstatbestand vorgenommen wird. Vielmehr kann sich die Entscheidung noch zugunsten des anderen Käufers umkehren, vorausgesetzt, dieser ist gutgläubig.

Durch die Abstufungen von Tradition und Traditionssurrogaten im Bereich des gutgläubigen Erwerbs wird freilich keineswegs eine Bevorzugung des zeitlich früheren Käufers vor dem zeitlich späteren Käufer bewirkt. Es ist ja nicht gesagt, welchen der Käufer der Verkäufer mit einer tatsächlichen Sachübergabe bedient, und welchen mit einem Übergabesurrogat. Auch muss die Reihenfolge der Übereignungen nicht mit der Reihenfolge der Abschlüsse der obligatorischen Kaufverträge übereinstimmen.

Wenn nun die Entscheidung von anderen Umständen mitbestimmt wird als dem der Zeitfolge der Übereignungen, so stehen dahinter Zwecke wie die der Publizität oder des Verkehrsschutzes; es handelt sich dabei jedoch nicht um Gesichtspunkte, die auf die Entscheidung des Konflikts der beiden Gläubiger zugeschnitten wären.

III. Altersvorzug statt Verkäuferwillkür?

1. Ansätze zur Entscheidung nach dem Altersvorzug

Wir hatten mit der Feststellung begonnen, dass unsere Sicht auf das Doppelverkaufsproblem entscheidend durch das Traditionsprinzip bestimmt wird. Lässt man den Umstand der erfolgten Tradition entscheiden, stellt man es in die Willkür des Verkäufers, welcher der Käufer sich gegen den anderen durchsetzt. Denn über die Vornahme der Tradition kann der Verkäufer nach seiner Willkür befinden. Man wird sich nun fragen, ob das Traditionsprinzip eigentlich eine materiale Wertentscheidung enthält, die gerade auf die Entscheidung des Konflikts der beiden Käufer zugeschnitten ist.

---

[28] S. W. Ernst, Eigenbesitz und Mobiliarerwerb, 1992, S. 251 ff.; Kindl, AcP 201 (2001) 391 ff., F. Hartung, Besitz und Sachherrschaft, 2001, 280 u. passim; S. Lohsse, Gutgläubiger Erwerb, mittelbarer Besitz und die Väter des BGB, AcP 206 (2006) 527 ff., alle jew. m. w. Nachw.

In der auf dem römischen Recht aufbauenden Rechtsgeschichte hat es nicht an Versuchen gefehlt, die Konfliktentscheidung stärker zu „materialisieren", d.h. die Willkür des Verkäufers durch eine objektivrechtliche Entscheidung des Konflikts zu ersetzen – und dies kann natürlich nur eine Bevorzugung des ersten Käufers sein.

In der Spätscholastik[29] und in der sich anschließenden Naturrechtslehre machte sich dagegen eine Bevorzugung des ersten Käufers geltend. Es wurde als unbefriedigend empfunden, dass die tatsächliche Erfüllung letztentscheidend sein sollte: Diese wird ja vom Verkäufer herbeigeführt und so bestimmt ausgerechnet derjenige, der die Konfliktsituation verursacht hat, darüber, welcher der beiden Käufer sich durchsetzt. Bei Pufendorf heißt es für den Fall, dass die Sache noch keinem der Käufer übergeben sei, *sine dubio praevalebit emtor, qui prior contractum inivit.*[30] Noch Glück gab dem ersten Käufer den Vorzug.[31] Das sächsische BGB brachte eine ausdrückliche gesetzliche Bevorzugung der älteren Forderung; bei zwei gleichzeitig abgeschlossenen Kaufverträgen sollte das Los entscheiden (§ 764). Der Dresdener Entwurf behielt den Altersvorzug bei, ließ aber bei gleichzeitiger Entstehung das Zuvorkommen durch Klageerhebung entscheiden (Art. 318).[32] In bewusster Absage an diese Gesetze und Entwürfe hat das deutsche BGB auf eine derartige Vorrangregelung verzichtet. Eine besondere Bestimmung müsse nicht aufgestellt werden.[33] Der Schuldner, der durch nacheinander abgeschlossene Verträge zur Übertragung desselben Gegenstandes verpflichtet sei, könne sich keinem seiner Gläubiger gegenüber darauf berufen, dass er aus einem älteren oder jüngeren Vertrag zugleich einem anderen verpflichtet sei. Daher könne zwischen den Gläubigern weder das Alter der Forderung, noch das Zuvorkommen durch Klageerhebung oder durch Erlangung eines rechtskräftigen Urteils einen Vorzug begründen:[34]

„Der allgemeine, für Forderungsrechte jeden Inhalts maßgebliche Grundsatz kann nur sein, daß die Entscheidung lediglich von der Erfüllung des Anspruchs abhängig gemacht wird. Der Wettbewerb um die Erfüllung steht frei und kein Berechtigter braucht dabei auf den anderen Rücksicht zu nehmen."

---

[29] S. z.B. die Behandlung des Doppelverkaufs bei Covarruvias, Variarum Resolutionum lib. II cap. 19 no. 2 ff., Op. Omnia Genf 1734, II, S. 250 ff.

[30] De Jure Naturae et Gentium lib. V cap. V sec. 5, ed. Frankfurt/Leipzig 1744, S. 738.

[31] Ausführliche Erläuterungen der Pandecten, Bd. 17/1, 1815, S. 215, mit Nachw.

[32] S. hierzu Protokolle Dresdner Kommission (zur Ausarbeitung des Entwurfs eines Allgemeinen Deutschen Gesetzes über die Schuldverhältnisse), 1866, S. 949 ff., 4196 f.

[33] Prot. 1. Komm., Folio, S. 461 = Jakobs/Schubert, Beratung des BGB, Allgemeiner Teil, 2. Teilbd., 1985, S. 1245 f.

[34] Vorlage des Redaktors Gebhard, in: W. Schubert (Hrsg.), Vorlagen der Redaktoren für die Erste Kommission, Allg. Teil, Teil 2, 1981, S. 420 f.; daraus exzerpiert auch Motive I, S. 276 = Mugdan I, S. 506.

2. Präventiver Schutz des Erstkäufers

Da unter dem Traditionsprinzip die Entscheidung für den Zweitkäufer durch die an diesen erfolgende Tradition fällt, konnte man, so man den Erstkäufer schützen wollte, entweder schon dessen Eigentumserwerb verhindern oder man konnte den stattgefundenen Erwerb im Nachhinein wieder neutralisieren, aufheben. Im ersten Fall mag man von einem präventiven, im zweiten von einem repressiven Schutz des Erstkäufers sprechen.

Bei dem repressiven Schutz geht es um die nachträgliche Neutralisierung der Tradition, wenn diese zugunsten des zweiten Käufers erfolgt ist: Auch wenn der Verkäufer den zur Übereignung erforderlichen Akt zugunsten des zweiten Käufers vollzogen hat – also etwa die bewegliche Sache dem zweiten Käufer übergeben hat –, soll der erste Käufer noch berechtigt sein, die Sache in Natur an sich zu bringen. Es geht also um eine Korrektur der Entscheidung, wie sie sich aus dem Traditionsprinzip ergeben würde.

Zu den Instrumenten präventiven Schutzes gehört es, wenn man bei Formbedürftigkeit des Kaufvertrags eine mitwirkende Urkundsperson (Notar) verpflichten will, bei der Beurkundung auf das Vorbestehen eines Erstkaufvertrags zu achten und sich der Mitwirkung beim Zweitverkauf zu versagen.[35] Damit wird schon der Abschluss des zweiten obligatorischen Kaufvertrags verhindert.

Von einem präventiven Schutz des Erstkäufers kann man sodann auch sprechen, wenn der Verkäufer an einer wirksamen Verfügung zugunsten des Zweitkäufers gehindert ist. In Deutschland wird anerkannt, dass das Bestehen einer konkurrierenden Leistungspflicht ausreicht, dem Verkäufer deren Erfüllung durch richterliches Verbot zu untersagen. Auf diese – nicht unproblematische – Möglichkeit soll hier nicht weiter eingegangen werden.[36] Hingewiesen sei nur darauf, dass diese Möglichkeit nach dem Stand der Meinungen in Deutschland an sich b e i d e n Käufern eröffnet ist, dass sich also auch der zeitlich später gekommene Käufer dieses Mittels soll bedienen können. Sehr streitig ist die daraus resultierende Frage, ob und mit welchen Folgen vielleicht sogar b e i d e Käufer gegen den Verkäufer ein solches Verfügungsverbot erwirken können.

Rechtstechnisch wird ein Schutz des Erstkäufers überwiegend auf repressivem Wege bewerkstelligt; hier hat man sich in der Geschichte verschiedener Rechtsfiguren bedient, von denen nun zu handeln ist.

3. Schutz des Erstkäufers nach Art der *actio Pauliana*

Nun also zu Ansätzen, die den Erwerb des Zweitkäufers, wenn dieser die Sache vom Verkäufer erhalten hat, wieder zugunsten des Erstkäufers rückgängig machen (repressiver Schutz). Die erste Gegenbewegung gegen die römisch-rechtliche Lösung hat ihren Ursprung im kanonischen Recht. Die Herkunft aus dem kanoni-

---

[35] Hierzu – kritisch – S. Wolf/S. Zingg, Fn. 3.
[36] S. stattdessen Ernst, Fn. 3, S. 127 ff.

schen Recht ist kein Zufall. Es ist ja ein Charakteristikum des kanonistischen Rechtslehre, das sie auf eine Beachtung des guten oder bösen Glaubens drängt.[37] Das macht sich auch für den Fall des Doppelverkaufs geltend: der bösgläubige Zweitkäufers soll sich nicht durchsetzen.[38]

Die grundlegende Rezeption der kanonistischen Gegenposition in das weltliche Recht erfolgte durch Baldus de Ubaldis. Baldus war ebenso Legist wie Kanonist. Er befürwortete eine direkte Klage des übergangenen Erstkäufers gegen den Zweitkäufer.[39] Baldus stützte diese *actio revocatoria* auf eine, wie wir heute sagen würden, analoge Anwendung der Grundsätze über die Gläubigeranfechtung: Er wertete die Zuwendung der Kaufsache an den Zweitkäufer als Verkürzung des Gläubigerrechts des Erstkäufers. Aus der Anlehnung an die *actio Pauliana* – das Instrument der Gläubigeranfechtung – ergab sich das Erfordernis, dass Verkäufer und Erstkäufer böswillig zusammengewirkt haben mussten; es musste eine *fraus creditoris* vorgelegen haben.[40] An sich setzte die Gläubigeranfechtung voraus, dass es zu einem Konkurs des Verkäufers gekommen war. Von diesem Erfordernis wollte Baldus absehen, weil es um den Schutz eines Gläubigers gehe, dem eine Einzelsache geschuldet ist: Dessen Gläubigerstellung werde nicht erst durch einen Konkurs des Schuldners, sondern bereits durch den Verlust der Sache gefährdet. Man kann nur bewundern, mit welchem juristischen Geschick Baldus *lege artis* eine zunächst moraltheologische Wertung im geltenden Zivilrecht seiner Zeit verwirklicht. An dem von Baldus entwickelten Direktanspruch hat man im Grundsatz auch in der weiteren Entwicklung festgehalten. Als späterer Vertreter sei nur Pothier genannt.[41]

4. Das *ius ad rem*

Eine anders geartete Bevorzugung des Erstkäufers ergab sich, als im Naturrecht und im *usus modernus* das Verhältnis von Kaufvertrag und Eigentumserwerb in Bewegung kam. Soweit man nämlich im neuzeitlichen Vernunftrecht dazu überging, dem Kaufvertrag selbst die Wirkung der Eigentumsübertragung beizulegen,

---

[37] P. Landau, ‚Aequitas' in the ‚Corpus Iuris Canonici'. In: A. M. Rabello (ed.), Aequitas and Equity: Equity in Civil Law and Mixed Jurisdictions. Second International Conference on Aequitas and Equity, Jerusalem 1997, 128 ff., auch in: Syracuse Journal of International Law and Commerce 20 (1994), 95 ff.

[38] S. etwa Johannes ab Imola, In secundum Decretalium Commentaria, ad X 2.24.28, ed. Venedig 1575, fol. 206 Rn 85; weitere Nachw. bei W. Endemann, Studien in der romanisch-kanonistischen Wirthschafts- und Rechtslehre, Bd. 2, 1883, S. 84 f.

[39] Ad C. 7.75 (rubrica) Rz 1, super 7/8/9 Codicis, ed. Lyon 1545; S. 136v; aus der Lit. s. insb. H. Ankum, De Geschiedenis der „Actio Pauliana", Zwolle 1962, S. 182-186; Sella-Geusen, o. Fn. 3, S. 185 ff.

[40] Eine *actio revocatoria* ergab sich auch bei einem unentgeltlichen Zweitgeschäft, wenn die bereits verkaufte Sache vom Verkäufer verschenkt wird.

[41] S. etwa Pothier, Obligations no. 153; Oeuvres II, ed. Paris 1861, S. 72 f.

musste sich ein zwangsläufiger Vorzug für den Erstkäufer ergeben.[42] Damit verliess man die auf die Priorität der Erfüllungsvorgänge gestützte Linie des Ius Commune.

In dieselbe Richtung wirkte das sogenannte *ius ad rem*: Man sah im Kaufvertrag bereits ein wesentliches Element des Eigentumserwerbs, den *titulus acquirendi*, der als solcher schon ein gewisses Recht zur Sache darstellen sollte, eben das *ius ad rem*. Es handelte sich bei dem *ius ad rem* um eine Zwischenform zwischen einem bloß schuldrechtlichen Anspruch und einer dinglichen Zuordnung des Sacheigentums. Bei Bösgläubigkeit des zweiten Käufers, wenn dieser also Kenntnis vom Erstverkauf hatte, konnte der Erstkäufer vom Zweitkäufer aufgrund dieses *ius ad rem* die Herausgabe verlangen.[43] Auf dieser Linie hielt sich auch das preußische Allgemeine Landrecht: Der Zweitkäufer, der vom Erstkauf wusste, konnte sich auf seinen Eigentumserwerb nicht berufen.[44] Auf das französische Recht komme ich noch zurück.

Es wird oft übersehen, dass im praktischen Ergebnis das *ius ad rem* an der Konfliktentscheidung des *ius commune* gar nichts änderte, soweit dieses in Anlehnung an die *actio Pauliana* die *actio revocatoria* des Baldus anerkannte. Es handelt sich lediglich um einen anderen „dogmatischen Überbau".

Festgehalten sei auch noch: Die Gegenposition zur Entscheidungsfreiheit des Verkäufers besteht keineswegs in einer unbedingten Bevorzugung des Erstkäufers. Lediglich derjenige Zweitkäufer, der Kenntnis vom Erstkauf hat, wird von einem beständigen Erwerb der Kaufsache ausgeschlossen. Das kann in Anbetracht des modernen Verkehrsschutzes auch kaum anders sein: Wenn der gutgläubige Käufer sich schon gegen den wirklichen Eigentümer durchsetzt, diesen enteignet, muss er sich natürlich erst recht gegen einen früheren Käufer durchsetzen, der nicht schon Eigentümer, sondern zum Eigentumserwerb nur erst obligatorisch berechtigt ist.

5. Unwirksamkeit des Zweitkaufs?

Man kann auch anders ansetzen und dem Kaufvertrag des Zweitkäufers die rechtliche Wirksamkeit absprechen. Dann mag zwar immer noch eine tatsächliche Übergabe erfolgen; der Zweitkäufer, der am Eigentumserwerb gehindert ist, muss sich die Sache aber wieder abnehmen lassen, sei es vom Verkäufers, sei es vom Erstkäufer. Insofern kann man auch einen Schutz des Erstkäufers, der mit der Unwirksamkeit des zweiten Kaufvertrags arbeitet, als „repressiv" bezeichnen.

Die Unwirksamkeit des zweiten Kaufvertrages wiederum kann darauf beruhen, dass man in dem Zweitkauf einen Verstoß gegen ein gesetzliches Verbot findet,

---

[42] Grotius, De iure belli ac pacis, lib. II cap. XII, XV no. 2, ed. de Kanter/van Hettinga-Tromp, 1939, ND 1993 (R. Feenstra), S. 349.
[43] S. H. Coing, Europäisches Privatrecht I, 1985, S. 175 f. m.w.N.; seither insb. Wesener, Festschrift Niederländer, 1991, 195 ff.
[44] ALR I 19 § 5.

oder aber darauf, dass man diesen wegen eines Verstoßes gegen die guten Sitten verwirft:

a) Verstoß gegen ein Verbotsgesetz

In den römischen Rechtstexten fand sich ein Verbotsgesetz, das man auf den Doppelverkauf anwenden konnte: Nach D. 48.10.21 konnte gegen den Zweitverkäufer die *poena falsi* verhängt werden. Der vorsätzliche Doppelverkauf war also strafbar. In der mittelalterlichen Anwendung des Corpus Iuris kam man indes früh zu der Ansicht, dass es sich *nicht* um ein zivilrechtliches Verbotsgesetz, eine *lex perfecta*, handelt[45]. Damit war die Gesetzeswidrigkeit des Zweitkaufs ausgeräumt.

b) Unwirksamkeit des Zweitkaufs wegen Verstoßes gegen die guten Sitten?

Damit bleibt der Tatbestand des Verstoßes gegen die guten Sitten. Seine Wirkung hängt davon ab, ob die Rechtsordnung die Übereignung „kausal" ausgestaltet, also so, dass ein Mangel im Kaufgeschäft auch den Übergang des Eigentums verhindert.

aa) In den Rechtsordnungen, die dem sogenannten Kausalprinzip folgen, etwa in der Schweiz, entfällt mit der Sittenwidrigkeit des Geschäfts die Übereignungswirkung der Tradition, so dass der Verkäufer Eigentümer bleibt. Der Erstkäufer muss und kann daher seinen Verkäufer zwingen, ihm das Eigentum zu verschaffen.

bb) Etwas anders verfährt man in Deutschland: Hier nimmt man wegen des Grundsatzes der abstrakten Übereignung an, dass auch bei Sittenwidrigkeit des zweiten Kaufvertrages der Zeitkäufer zunächst einmal Eigentum erwirbt, dies aber ohne rechtlichen Grund, so dass er bereicherungsrechtlich zur Rückübereignung verpflichtet ist. Man will aber den Erstkäufer nicht darauf beschränken, dass dieser den Verkäufer drängt, die Sache durch Anstellung der Kondiktion wieder an sich zu bringen, um sie vertragsgemäß dem Erstkäufer zu übereignen. Vielmehr soll dem Erstkäufer die Arglistklage, also die *actio doli*, unmittelbar gegen den Zweitkäufer zustehen. Man ist dann in etwa wieder bei der *actio revocatoria*. Man muss nicht in eine Fundamentalkritik des Abstraktionsgrundsatzes eintreten,[46] um zu sehen, dass hier ein zweifelhafter Umweg gemacht wird: Sofern das Geschäft zwischen dem Verkäufer und dem zweiten Käufer gegen die guten Sitten verstößt, ist u.E. auch die Übereignung an den zweiten Käufer als nichtig anzusehen. Die Wirksamkeit des Übereignungsgeschäfts kann hier nicht mit der in Deutschland gängigen Formel von der Indifferenz des abstrakten Zuwendungsgeschäfts gerechtfertigt werden. Gerade die Rechtsänderung, die durch das abstrakte Zuwen-

---

[45] S. Sella-Geusen, Doppelverkauf, s. Fn. 3, S. 69 ff.
[46] Hierzu zuletzt mit ausführlichem historischen Rückblick: U. Huber, Savigny und das sachenrechtliche Abstraktionsprinzip, in: A. Heldrich/J. Prölss/I. Koller (Hrsg.), Festschrift C.-W. Canaris, 2007, S. 471 ff.

dungsgeschäft bewirkt wird, würde die Verwirklichung des Anspruchs des ersten Käufers vereiteln. Gerade die Änderung der Eigentumszuordnung der Sache als Inhalt des Übereignungsgeschäfts ist hier das Anstößige. Sie ist als solche sittenwidrig und damit (in Deutschland nach § 138 BGB) nichtig.

Eine auf unerlaubter Handlung beruhende Verpflichtung des Zweitkäufers, die Sache dem Erstkäufer zu übereignen, wird gelegentlich auch unter dem Gesichtspunkt eines deliktischen Eingriffs in das Forderungsrecht des Erstkäufers erörtert.[47] Es handelt sich um eine immer wieder einmal erwogene, aber wohl nirgends auf breiter Front durchgesetzte Lösung. Es ist nun einmal so, dass eine derartige Deliktshaftung in unseren Rechtsordnungen im Grundsatz nicht anerkannt wird; das hat natürlich damit zu tun, dass unser Deliktsrecht auf der *lex Aquilia* aufbaut.[48]

6. Rechtsordnungen mit Translativwirkung des Kaufs

Eine besondere Betrachtung verdienen abschließend diejenigen Systeme, die dem Kaufvertrag Translativwirkung beilegen. Das ist vor allem das französische Recht (Art. 711, 938, 1138, 1583 Code civil). Durch diese Regelung wird der Zweitverkauf zum einfachen Verkauf einer fremden Sache. Diesen erklärt Art. 1599 Code civil für nichtig. Damit ergibt sich für den Doppelverkauf an sich das Prioritätsprinzip im Hinblick auf die Zeitpunkte, in denen die Kaufverträge abgeschlossen werden. Wird die Sache dem Zweitkäufer übergeben, so setzt sich der Erstkäufer gegen diesen jedoch nur durch, wenn der Zweitkäufer nicht in gutem Glauben gewesen ist; Art. 1141 Code civil.[49] Überhaupt nur noch aufgrund dieser Vorschrift zum Gutglaubensschutz – man könnte auch vom Verkehrs- oder Vertrauensschutz sprechen – besteht eine Möglichkeit des Konflikts zweier Käufer.

Ähnlich verhält es sich im englischen Recht: Der englische *Sale of Goods Act* lässt zu, dass der Verkäufer, der im unmittelbaren Besitz der Sache geblieben ist, die Sache mit Übereignungswirkung an einen *bona fide*-Käufer absetzt (sec. 24 SGA). Auch insoweit genießt der Erstkäufer einen Schutz nur und gerade gegenüber dem böswilligen Zweitkäufer.

Wir sehen also zwei Rechtskreise: Einmal das französische Recht mit seinen Tochterrechten und mit diesem gleichlaufend das englische Recht: Hier kann sich der bösgläubige Zweitkäufer nicht mehr gegenüber dem Erstkäufer durchsetzen. Dem steht ein Rechtskreis gegenüber, zu dem die Rechtsordnungen Deutschlands, Österreichs und der Schweiz gehören. Hier ist die Kenntnis des Zweitkäufers vom Erstkauf nicht schon als solche der Gültigkeit seines eigenen Kaufvertrages schäd-

---

[47] S. Chr. Becker, AcP 196 (1996), 439 ff.
[48] Für das deutsche Recht s. MünchKomm/G. Wagner, 4. Aufl., 2004, § 823 Rz 154 ff. m. zahlr. Nachw.; dazu R. Pletzer, Doppelveräußerung und Forderungseingriff, 2000. Aus schweizerischer Sicht F. Zulliger, Eingriffe Dritter in Forderungsrechte, Diss. Zürich 1988, S. 52 ff.
[49] Einzelheiten bei Ghestin/Desché, La Vente, 1990, S. 223 ff. sowie bei Stadler, o. Fn. 2.

lich; anders verhält es sich erst, wenn sein Verhalten als besonders verwerflich, als sittenwidrig erscheint.

Sehen wir von den verschiedenen Rechtstechniken einmal ab, so ist die entscheidende materielle Frage die, ob der Erstkäufer sich gegen einen Zweitkäufer schon durchsetzt allein aufgrund dessen, dass der Zweitkäufer vom vorbestehenden Erstkauf Kenntnis hat, oder ob man weitergehende Umstände verlangt, die eine schärfere Missbilligung des Zweitkaufs erlauben. Es geht darum, ob man denjenigen Zweitkäufer, der Kenntnis vom Erstkauf hat, allein schon aus diesem Grund von einem beständigen Erwerb der Kaufsache ausschließen soll.

IV. Die Gefahrtragung beim Doppelverkauf

Die Verkäuferwillkür wurde und wird als besonders problematisch empfunden im Hinblick auf die Gefahrtragungsregel, die nach römischem Recht für den Kauf galt: Da schon der Vertragskonsens (*emptio perfecta*) den Gefahrübergang auf den Käufer bewirkte, schien bei zweimaligem Verkauf und anschließendem Sachuntergang der Verkäufer gegenüber jedem der Käufer berechtigt zu sein, den Kaufpreis zu verlangen. In den römischen Rechtsquellen war diese Konsequenz freilich so nicht ausgesprochen.[50] Berühmt sind zwei aufeinanderfolgende Stellungnahmen Rudolf von Jherings, der zunächst meinte, man könne nicht anders als dem Verkäufer beide Kaufpreise zuzubilligen,[51] später aber in Anbetracht eines praktischen Falles diese Doppelberechtigung bestritt.[52] Dieser Meinungsumschwung wird mit Jherings Abwendung von der sogenannten Begriffsjurisprudenz in Verbindung gebracht, so dass man – mit einer leichten Übertreibung – sagen könnte, das Problem der Gefahrtragung beim Doppelverkaufsfall sei der Auslöser einer methodologischen Revolution geworden. Heute wird das Problem noch für das schweizerische, das französische und das italienische Recht erörtert, die wie das römische Recht die Gefahr mit dem Vertragsschluss auf den Käufer übergehen lassen[53]. In den Rechtsordnungen, die von dieser Regel abgegangen sind, tritt das

---

[50] Zu D. 18.4.21 Paul 16 quaest als dem überlieferungsgeschichtlichen Sitz des Problems s. Schmidt-Ott, Pauli Quaestiones, 1993, 136 ff.; I. Reichard, Die Frage des Drittschadensersatzes, 1993, 77 ff.; Sella-Geusen, o. Fn. 3, 36 ff.; sowie H. H. Jakobs, lucrum ex negotiatione, 1992.

[51] Abhandlungen aus dem röm. Recht I, 1844, S. 59/71.

[52] Beiträge zur Lehre von der Gefahr, Jherings Jahrb. 3 (1859), 450, 453; s. dazu U. Falk, Ein Gelehrter wie Windscheid, 1989, S. 52 ff.; Jakobs, lucrum, Fn. 50, S. 61 ff., 69 ff.

[53] Schweiz: E. Bucher, Obligationenrecht: Besonderer Teil, 3. Aufl., 1988, S. 80, mit der in etwa zutreffenden Lösung: Keiner der Käufer trägt die Gefahr, da nicht feststeht, wem der Verkäufer die Kaufsache zugewendet hätte; seither O. Cortese, Die Kaufpreisgefahr. Eine dogmatische Analyse des schweizerischen Rechts aus rechtshistorischer und rechtsvergleichender Sicht unter besonderer Berücksichtigung des Doppelverkaufs, Zürich (Diss. Iur.) 1996; Italien: T. Cuturi, Della Vendita, della Cessione e

Problem nur noch in Ausnahmesituationen auf.[54] Wenn die Gefahrtragung beim Doppelverkauf in der romanistischen Tradition ein so erhebliches Problem gewesen ist, dann auch deshalb, weil ein Rücktrittsrecht, mit dem man auf einen Vertragsbruch des Verkäufers hätte reagieren können, grundsätzlich nicht anerkannt wurde. Unschwer wird man ja in dem Umstand, dass der Verkäufer dieselbe Sache zweifach verkauft, einen (wenigstens geplanten) Vertragsbruch gegenüber beiden Käufern sehen können. Moderne Vertragsrechtsordnungen dürften jedem der Käufer die Befugnis zum Abrücken vom Vertrag einräumen; dies beseitigt dann die Vertragsgeltung und damit – in gewisser Weise rückwirkend – auch die Gefahrtragung für die untergegangene Sache.[55] Ein Rücktrittsrecht kann freilich demjenigen Käufer nicht zustehen, der sich auf den Kauf in Kenntnis dessen eingelassen hat, dass sein Verkäufer ein Doppelspiel spielt; von einem solchen Käufer kann der Verkäufer bei Sachuntergang den Kaufpreis verlangen, ohne dass dieser sich seinerseits durch Rücktritt der Gefahrtragung entziehen könnte. Hat der Verkäufer beiden Käufern gegenüber ein falsches Spiel gespielt, können beide zurücktreten, in diesem Fall erhält der Verkäufer nichts. Wie auch immer: Das Problem der zwei gleichzeitig gefahrbelasteten Käufer mit der paradoxen Begünstigung des Doppelverkäufers bestand unseres Erachtens nur, weil und solange die Befugnis zum Vertragsrücktritt mit einer damit einhergehenden Gefahrrückwälzung auf den Verkäufer unbekannt war.

V. Gewinnabschöpfung durch den übergangen Käufer

Eine von jeher umstrittene Frage geht dahin, ob der übergangene Käufer vom Verkäufer den Kaufpreis beanspruchen kann, den dieser für die Sachleistung an den anderen Käufer erlöst hat. *Sedes materiae* in der Überlieferungsgeschichte war D. 18.4.21. Paulus geht in dieser Stelle[56] von dem Fall aus, dass einerseits eine ganze Erbschaft, andererseits ein zu dieser Erbschaft gehörender Gegenstand (mit einer zusätzlichen Garantiestipulation) verkauft wird, und er führt diesen Ausgangsfall in zahlreichen Varianten weiter (wobei unter anderem auch der Sachuntergang beim Doppelverkauf behandelt wird[57]). Die Pflicht des Verkäufers,

---

della Permuta, 2. ed. 1915, S. 222 f. Österreich: Rabl, Fn. 2, S. 298 ff. zugleich mit weiteren rechtsvergl. Ausblicken.

[54] Nach Streichung des § 446 Abs. 2 BGB[1900] kann das Problem im deutschen Recht noch beim Erbschaftskauf (§ 2380 BGB) und etwa auch dann auftreten, wenn mit einem der beiden Käufer ein Gefahrübergang allein aufgrund der Eigentumsverschaffung vertraglich vereinbart ist; s. zur Lösung auch Ernst, Rechtsmängelhaftung, 1995, S. 226 ff.

[55] Wenn man den Satz *mortuus redhibetur* auch für das Rücktrittsrecht gelten lässt; s. Ernst, Sachmängelhaftung und Gefahrtragung, in: Th. Baums et al. (Hrsg.), Fs. U. Huber, 2006, 165, 213 ff.

[56] Hierzu und zum folgenden s. die bereits Fn. 50 angeführte Lit.; dazu H. G. Ullrich, Doppelverkauf und stellvertretendes commodum, Diss. Bonn 1990.

[57] S. oben IV.

den anderweit erzielten Kaufpreis dem Erstkäufer herauszugeben, scheint von Accursius nicht nur für den Erbschaftskauf, sondern auch für das Zusammentreffen zweier Kaufverträge mit derselben Einzelsache als Objekt, – im Gegensatz zu anderen Glossatoren – als Billigkeitslösung bejaht worden zu sein.[58] In diesem Fall hat sich jedoch die Ansicht des Accursius – der doch ansonsten oft die weitere Geschichte bestimmt hat – nicht durchgesetzt: Fast alle Grossen haben sich *gegen* die Gewinnhaftung ausgesprochen.[59] Baldus allerdings stellte einen Bezug her zu der Bereicherungshaftung, die in den Digesten für den Fall angenommen wird, dass eine fremde Sache vom Nichtberechtigten veräußert wird und dann untergeht: der nichtberechtigte Veräußerer soll den Kaufpreis, den er wegen der *periculum emptoris*-Regel behalten darf, an den einstmals wirklich Berechtigten abgeben.[60] Baldus fragte, ob diese Haftung auch denjenigen trifft, der eine eigene, aber bereits einem Gläubiger versprochene Sache veräußert, und er scheint dies zugunsten des Käufers, der seinerseits den Kaufpreis bereits gezahlt hat, bejaht zu haben.

Nach einer Vorschrift des deutschen BGB[61] kann ein Schuldner, dem die Erfüllung seiner Verpflichtung unmöglich wird, vom Gläubiger auf die Herausgabe eines Ersatzes in Anspruch genommen werden, den dieser für den Sachuntergang erhält. Gedacht ist insbesondere an eine allfällige Versicherungsleistung. Die Vorschrift wird nun freilich so verstanden, dass auch ein aufgrund eines anderweitigen Vertrages erlangtes Entgelt „Ersatz" im Sinne dieser Vorschrift sein soll. Danach kann derjenige Käufer, dessen Anspruch der Verkäufer nicht mehr erfüllen kann, weil er die Sache dem anderen Käufer zugewendet hat, die Herausgabe des Kaufpreises verlangen, den der andere Käufer gezahlt hat.[62] Weil es sich um ein *commodum* handelt, das zur Kaufsache nicht einfach hinzukommt (wie etwa Früchte), das vielmehr an deren Stelle tritt, spricht mach auch vom „stellvertretenden commodum". Dabei soll dem Käufer der *ganze* vereinnahmte Betrag zustehen, auch soweit er den Wert der Sache übersteigt; man sieht in dieser Herausgabepflicht daher eine Gewinnhaftung verwirklicht.

Seit einer Entscheidung des deutschen Reichsgerichts aus dem Jahre 1938 ist die Befugnis des übergangenen Käufers, einen etwaigen Mehrerlös, den der Verkäufer durch die Befriedigung des anderen Käufers erzielt, abzuschöpfen, höchstrichterlich anerkannt.[63] Die Abschöpfung des Erlöses (unter Einschluss des vom Verkäufer erzielten Gewinns) ist in Deutschland feststehende und weithin gebil-

---

[58] Glosse *propter negotiationem* ad D. 18.4.21; dazu Sella-Geusen, Doppelverkauf, s. Fn. 3 a.E., S. 82 ff., Jakobs, lucrum, Fn. 50, S. 75 ff.

[59] S. Sella-Geusen, Doppelverkauf, s. Fn. 3 a.E., S. 96 ff. (zu Odofredus), 214 ff. (zu Baldus).

[60] D. 12.1.23 Afr 2 quaest.

[61] § 285 BGB, bis zum Jahre 2002 § 281 BGB^{1900}.

[62] S. MünchKomm/Emmerich, 5. Aufl. 2007, § 285 BGB Rz 19, 20 m.w.N.; seither T. Helms, Gewinnherausgabe als haftungsrechtliches Problem, 2007.

[63] RGZ 138, 45, 48 (11.10.1932); für die Doppelvermietung jetzt einschränkend BGHZ 167, 312 u. dazu M. Lehmann, JZ 2007, 523 ff.

ligte Praxis.[64] Dabei hatten die Verfasser des deutschen BGB die sog. Erlösabschöpfung gerade nicht vorgesehen. Es bestehen auch gewisse Schwierigkeiten, die Erlösabschöpfung in das Haftungssystem des BGB zu integrieren. Die Erlösabschöpfung ist eine überzeugende Lösung jedenfalls dann, wenn der Verkäufer bewusst die schon einmal verkaufte Sache auf eigene Rechnung verwertet.[65] Ob man die Erlös(Gewinn-)abschöpfung auch gegenüber einem Verkäufer eingreifen lässt, der es ohne Kenntnis und ohne Verschulden zu einem vollzogenen Zweitverkauf hat kommen lassen, erscheint dagegen fraglich.

Auch was das Recht auf die Erlös(Gewinn-)abschöpfung betrifft, mag beachtet werden, dass sie dem übergangenen der beiden Käufer hilft, der aber nicht zwingend der Erstkäufer sein muss. Immerhin kann man sagen, dass mit dem Recht auf Erlösabschöpfung dem Verkäufer der Anreiz genommen wird, eine schon verkaufte Sache aufgrund einer Preisüberbietung anderweitig abzusetzen, weitgehend beseitigt. Insofern mag diese Lösung schon dem Abschluss eines zweiten Kaufvertrages entgegenwirken. Diese Anreizwirkung greift aber nur, wie gesagt, gegenüber einem Verkäufer, der bewusst zweifach verkauft.

VI. Rückblick

Der Frage, wie der Doppelverkauf *lege ferenda* zu ordnen wäre, soll hier nicht nachgegangen werden. Dieser Beitrag dient nur dem Nachweis, dass keines der zahlreichen beim Doppelverkauf auftretenden Probleme geschichtslos ist. Es ist eine beeindruckende Vielfalt von wechselnden Elementen aus unserer römischrechtlichen Tradition, die in unserem einfachen Fall wirksam sind: die *traditio ex iusta causa*, die *actio Publiciana*, das *constitutum possessorium*, das *periculum emptoris*, die *actio de dolo* und das Recht der aquilischen Haftung, das Konzept der *boni mores*, die *actio Pauliana*, die „bereicherungsrechtliche" Gewinnherausgabe und weitere mehr.

---

[64] Zur Rechtslage in der Schweiz s. M. Nietlispach, Zur Gewinnherausgabe im schweizerischen Privatrecht, Diss. Zürich, Bern 1994, S. 438.
[65] Mit guten Gründen kritisch hinsichtlich der anderen Fälle: J. Köndgen, RabelsZ 56 (1992) 742 ff.; in diese Richtung auch Herbert Roth, Festschrift Niederländer, 1991, 370 f., 374, 380 f.; jew. m.w.N.

Anmerkungen zur Entwicklung des ungarischen Privatrechts im 19. Jahrhundert

Mária Homoki-Nagy

Will man sich mit der Geschichte der vermögensrechtlichen Institutionen des ungarischen Privatrechts auseinandersetzen, bleibt dem Forscher nichts anderes übrig, als aufgrund der zur Verfügung stehenden Archivquellen die alltägliche richterliche Rechtspraxis zu untersuchen. In der Entwicklung unseres Privatrechts spielt das Tripartitum von István Werbőczy eine doppelte Rolle: Einerseits hat er in seinem Werk die Institutionen des ungarischen adligen Privatrechts im 15-16. Jh. zusammengefasst; andererseits ließ er dadurch die privatrechtlichen Verhältnisse bis Mitte des 19. Jhs. erstarren.[1] Das Rechtssystem musste jedoch auf die veränderten wirtschaftlichen und gesellschaftlichen Verhältnisse reagieren, insbesondere nach dem Ende der osmanischen Besetzung Ungarns, obwohl der oberflächliche Beobachter den Eindruck haben kann, dass das adlige Privatrecht in völlig unveränderter Form weiterlebte.

Zweifelsohne spielte der Adel die Hauptrolle in der Ständegesellschaft; es fragt sich trotzdem, inwieweit sich die rechtliche Absonderung der einzelnen Stände auf ihre eigene Rechtslage sowie auf die der anderen gesellschaftlichen Schichten, vor allem auf die der Leibeigenen und Bauern, ausgewirkt hat. Konnten die juristischen Normen der einzelnen Stände aufeinander einwirken und somit die Entwicklung des Privatrechts fördern? Welche äußeren Faktoren konnten das ungarische Privatrechtssystem beeinflussen, welches im Zeitalter des späten Ständesystems die Entwicklung des Bürgertums ermöglichte?

Hat das Gewohnheitsrecht, das die privatrechtlichen Verhältnisse in erster Linie regelte, ausschließlich die Beziehungen zwischen den Angehörigen des Adels geprägt oder wirkte es sich auch auf andere gesellschaftlichen Schichten aus? Eine annähernd genaue Antwort ermöglicht einzig das Studium der zur Verfügung stehenden Archivquellen. Allein diese Quellen können zur Erkenntnis der typischen Charakteristika der einzelnen privatrechtlichen Institute beitragen, da die Bearbeitung des gesamten spätständischen ungarischen Privatrechts bedauerlicherweise

---

[1] Die Erschließung der privatrechtlichen Verhältnisse vor Werbőczy wäre eine Aufgabe der Mittelalterforschung. Das in den drei Jahrhunderten nach Erscheinen des Tripartitum vorherrschende Rechtssystem bedürfte ebenfalls selbständiger Erforschung, da uns außer der Rechtssammlung von Werbőczy kein anderes zusammenfassendes Werk zur Verfügung steht.

noch aussteht. Der Mangel an einer zusammenfassenden Verarbeitung dieser Probleme hat mehrere Ursachen: Zunächst ist das eigentümliche System des ungarischen Gewohnheitsrechts zu nennen. Unsere Vorfahren begnügten sich mit der Kenntnis des Tripartitum; sie bemühten sich nicht, jene privatrechtlichen Institutionen zu erschließen, die in Werbőczys Werk keinen Eingang gefunden hatten. Die dadurch ausgebliebene Rechtsentwicklung wurde durch spätere Gesetzgebung nur sporadisch behoben. Andererseits fehlen in der ungarischen juristischen Literatur bis zum 19. Jh. auch wissenschaftlich anspruchsvolle Arbeiten. Als einzige Ausnahme ist lediglich das Werk von János Szegedi zu nennen, welches aber leider kaum berücksichtigt wurde. Die Kodifikation des Privatrechts hätte Abhilfe schaffen können. Die diesbezüglichen Versuche der Landtage blieben jedoch zum Teil erfolglos, und von den Entwürfen, welche sich durchsetzen konnten, beschränkten sich die meisten auf das Gebiet des Vermögensprivatrechts, wobei auch dort in erster Line nur das adlige Recht berücksichtigt wurde.[2]

Die Kodifikation des ungarischen Privatrechts wurde aus zwei Richtungen gefördert. Einerseits spielte die richterliche Praxis eine bedeutende Rolle. Es ist anzunehmen, dass die an verschiedenen richterlichen Foren tätigen Richter über hohe theoretische Kenntnisse verfügten, die vor allem aus dem Studium des römischen Rechts stammten; diese ermöglichten es ihnen, in den konkreten Rechtsfällen auch dann sichere Entscheidungen zu treffen, wenn Werbőczys Tripartitum gar keine Anhaltspunkte bot. Als Vorlage diente vor allem eine gut ausgearbeitete und weitertradierte Gerichtspraxis. Es liegt nahe, dass in der Argumentation der Juristen auch jene Kenntnisse zur Geltung kamen, die ihnen an den Rechtsakademien und Universitäten vermittelt wurden. Diese Behauptung wäre durch Archivforschung nachzuweisen.

Im Folgenden werde ich diesem Problem nachgehen und die typischen Charakteristika der Vertragstypen der Alltagspraxis analysieren. Dadurch werden diejenigen begriffswesentlichen Elemente der einzelnen privatrechtlichen Rechtsinstitute aufgezeigt, welche in der Dogmatik des römischen Rechts bzw. der deutschen Rechtsgeschichte bekannt sind, aber in der ungarischen Rechtswissenschaft bis zur zweiten Hälfte des 19. Jhs. nicht untersucht wurden. (Um dies zu illustrieren, werde ich die Problematik der Rechtsmängelhaftung erörtern.)

Zweitens drängte Kaiserin Maria Theresia zur Kodifikation des ungarischen Privatrechts: Sie versuchte, den habsburgischen Erbländern ein einheitliches Gesetzbuch zu verleihen, was in Ungarn den ersten Schritt zur Vereinheitlichung des zersplitterten Privatrechts bedeutete. Im Jahre 1769 liess sie die rechtskräftigen Urteile der königlichen Kurie als des höchsten Gerichts sammeln und die Grundprinzipien der Kurie festlegen. Die Ergebnisse wurden der Kaiserin in der Erwartung vorgelegt, dass weitere Maßnahmen getroffen würden. Die Sammlung dieser

---

[2] 1715. Systematica commissio. Damit befasste sich Gy. Bónis, dessen Arbeit aber unveröffentlicht blieb. Zu den durch das Gesetz 1791:67 aufgestellten Kodifikationskommissionen und zu den durch das Gesetz 1827:8 aufgestellten Landtagskommissionen siehe M. Homoki-Nagy, Az 1795. évi magánjogi tervezetek [Privatrechtliche Gesetzesentwürfe aus dem Jahre 1795], Szeged 2004.

kurialen Urteile wurde *Planum Tabulare* genannt.³ Das Sammelwerk führte scheinbar zu keinem konkreten Ergebnis, da die zögernd angefangene Kodifikation des Privatrechts nach 1796 wieder ins Stocken geriet. Es war erst der vereinheitlichenden Politik von Joseph II. zu verdanken (obwohl die Ungarn jeden seiner Schritte ablehnten), dass nach dessen Tod durch das Gesetz 1791:67 jene Landtagsausschüsse aufgestellt wurden, die sich die Kodifikation des ungarischen Rechtssystems, insbesondere des Privatrechts, zum Ziel setzten. Hinsichtlich des Privatrechts blieb dieses Vorhaben unvollendet, da lediglich die Entwürfe für die vermögensrechtlichen Rechtsinstitute fertiggestellt wurden. Nimmt man aber diese privatrechlichen Entwürfe von 1795 unter die Lupe, können zwei wichtige Merkmale festgehalten werden:

1. Beinflusst von der naturrechtlichen Philosophie, vor allem von der Schule des Christian Wolff, wurde das geplante privatrechtliche Gesetzbuch nach den Institutionen des Gaius in drei Teile gegliedert. Im sachenrechtlichen Teil hätten sämtliche vermögensrechtlichen Rechtseinrichtungen (Eigentum, Besitz, Verjährung, Ersitzung, Pfand, gesetzliche Erbfolge, Verträge) behandelt werden sollen, wie dies im späteren ABGB der Fall war. (Der Kodifikationsprozess des ungarischen Privatrechts verlief parallel zur österreichischen Kodifikation, sogar die Zeitpunkte der einzelnen Schritte stimmen fast restlos überein.)⁴ Leider wurde dieser Entwurf niemals vor den Landtag gebracht.

2. Ein weiteres Merkmal der ungarischen Kodifikationsbewegung war, dass die treibenden Kräfte, das heisst die Richter der Kurie, die im *Planum Tabulare* gesammelten Urteile gut kannten und bei der Gesetzgebungsarbeit am Entwurf weitgehend berücksichtigten. Dadurch hätte die Vereinheitlichung des ungarischen Privatrechtssystems gefördert werden können, auch wenn die Abfassung der Entwürfe technische Mängel aufwies.

Obwohl das *Planum Tabulare* keine grundlegenden Rechtsprinzipien festlegt und aus den Entwürfen kein privatrechtliches Gesetzbuch entstanden ist, haben die in diesen Arbeiten zusammengestellten Richtlinien und Definitionen die Alltagspraxis entscheidend beeinflußt und eine gewisse Rechtsvereinheitlichung hervorgerufen. Dies belegen jene Quellen, in denen man sich nicht nur auf das Tripartitum, sondern auch auf die Urteile des *Planum Tabulare* berief.

Diesen juristischen Hintergrund ergänzen ab der ersten Hälfte des 19. Jhs. die wenigen rechtstheoretischen Arbeiten, die nicht bloß schulbuchartig das seit Jahrhunderten vorhandene und erstarrte privatrechtliche System beschreiben, sondern einen gewissen Versuch zur dogmatischen Analyse zeigen. Sie haben in der zwei-

---

[3] A Planum Tabulare keletkezésével kapcsolatos kérdések [Fragen zur Entstehung des Planum Tabulare], in: A. Degré, Válogatott jogtörténeti tanulmányok [Ausgewählte rechtsgeschichtliche Studien], hg. v. B. Mezey, Budapest 2004, 292-298.

[4] W. Brauneder, Neuere Privatrechtsgeschichte Mitteleuropas am Beispiel Österreichs (bis 1900), Wien 1995.

ten Hälfte des 19. Jhs. die Entwicklung der Dogmatik gefördert und den Anschluß an die ausländischen wissenschaftlichen Schulen des 18-19. Jh. vermittelt.[5]

Im Folgenden soll versucht werden, die auf die richterliche Praxis wirkenden verschiedenen Aspekte darzulegen. Es sollen dabei insbesondere zwei Fragen beantwortet werden: 1) Bis 1848 herrschte in Ungarn eine Ständegesellschaft, wodurch die für die einzelnen Stände geltenden Regeln determiniert wurden. Es fragt sich zunächst, ob die Rechtsnormen nur für innerhalb der einzelnen Stände gegolten haben oder eine gewisse Zirkulation der Rechtsregeln zu beobachten ist. 2) Die starren Standesverhältnisse verhinderten aber weder das Zustandekommen neuer privatrechtlicher Institute (in erster Linie als Antwort auf die Herausforderungen des wirtschaftlichen Lebens) noch die Ergänzung des alten gewohnheitsrechtlichen Systems mit neuen Aspekten und gesetzlichen Normen. Die Erscheinung der neuen Normen ist auf die Einwirkung der österreichischen und deutschen Gesetzgebung und Rechtswissenschaft zurückzuführen. Die führenden Politiker und Juristen der Reformzeit haben die juristischen Tendenzen Europas gut gekannt und stets mit dem geltenden ungarischen Gewohnheitsrecht verglichen. Das Ergebnis dieses Prozesses zeigt sich erst in den bürgerlichen Veränderungen nach 1848: In Ungarn ist das ABGB im Jahre 1853 in Kraft getreten (obwohl es bald darauf, bereits im Jahre 1860, wieder außer Kraft gesetzt wurde) und hat die Gerichtspraxis wesentlich beeinflusst: Die Anwendung von einzelnen Normen des ABGB kann in den einzelnen Urteilen während Jahrzehnten immer wieder festgestellt werden. Man findet sogar die Spuren einzelner Prinzipien des sächsischen bürgerlichen Gesetzbuches bzw. der Dresdner Entwürfe in diesen Urteilen.[6] Es ist natürlich nicht möglich, jeden einzelnen Einfluß nachzuweisen. Ich konzentriere mich im Folgenden auf die Analyse der vermögensrechtlichen Verhältnisse in der Reformzeit und auf die diesbezügliche Gerichtspraxis des Patrimonialgerichts und des Komitatsgerichts. Die Eigentums- und Besitzverhältnisse können anhand bestimmter Vertragstypen untersucht werden. Ich möchte im Folgenden die typischen Merkmale der Verträge des 19. Jhs. aus den Gerichtsakten rekonstruieren.

Zunächst ist der Kaufvertrag zu untersuchen. Es ist vielleicht wenig bekannt, dass im ungarischen Gewohnheitsrechtssystem, abgesehen von einigen allgemeinen Regeln, für den Verkauf von Immobilien bzw. Mobilien verschiedene Normen galten. Es war dies die Folge der gebundenen Eigentumsverhältnisse, da jeweils andere Regeln für Erb-/Stamm- und Donationsgüter bzw. für die erworbenen Gü-

---

[5] I. Czövek, Magyar hazai polgári magános törvényröl írt tanításk I-III [Lehre vom ungarischen Privatrecht], Pest 1822; P. Szlemenics, Közönséges törvényszéki polgári magyar törvény I-IV [Allgemeines bürgerliches Recht], 1823; J. Fogarasi, Magyarhoni magános törvénytudomány [Ungarisches Privatrecht], Pest 1839; I. Frank, A közigazság törvénye Magyarhonban [Allgemeinrecht in Ungarn], Buda 1845.

[6] L. Kallós, A magyar polgári jog alapelvei [Grundprinzipien des ungarischen Privatrechts], Debrecen 1865; J. Suhayda, A magyar polgári anyagi magánjog rendszere [System des ungarischen bürgerlichen materiellen Privatrechts], Budapest 1874; I. Zlinszky, A magyar magánjog mai érvényében [Das ungarische Privatrecht in seiner heutigen Gültigkeit], Budapest 1891; B. Kolosváry, Magánjog [Privatrecht], Budapest 1927.

ter zur Anwendung kamen. Daher wurde nur die Veräußerung von Mobilien gegen (bares) Geld An- und Verkauf genannt, während der An- und Verkauf von Immobilien als *fassio perennalis* bezeichnet wurde. Darunter sind alle Verträge zu verstehen, in denen es um die Übertragung des Eigentumsrechts an Immobilien ging. Hierher gehören der An- und Verkauf, der Tausch, die Schenkung und selbst die unter den Adligen übliche Privatdonation.

Die Eigentums- und Besitzverhältnisse waren im 18-19. Jh. von großer Bedeutung. Beim Adel haben sich (durch jahrhundertelange Entwicklung) drei Eigentumstypen herausgebildet: a) das Stammgut, das die Vermögensverhältnisse eines Geschlechts festhielt, b) das Donationsgut, das die Vermögensverhältnisse zwischen dem König und dem Adel charakterisierte, und c) das „Freigut," das zur freien Verfügung stand und meistens durch Kauf erworben wurde. Mit Ausnahme des Donationsguts erschienen die Avitizität und die erworbenen Güter auch in anderen Gesellschaftsschichten und wiesen eigentümliche Züge auf.

Die Gewährleistung des Verkäufers für Rechts- und Sachmängel wurde im ungarischen Rechtssystem erst um die Wende vom 19. zum 20. Jh. festgelegt, als die Kodifikation des ungarischen Privatrechts in ihre Endphase kam.

Die Rechtsmängelhaftung wird in einem Entwurf vom Anfang des 20. Jhs. (1928) folgendermaßen umschrieben: „Der Verkäufer haftet dem Käufer gegenüber, dass Dritte über kein Recht bezüglich des Kaufobjekts verfügen, das den Rechtserwerb des Käufers verhindern oder gegen den Käufer geltend gemacht werden könnte."[7]

Die Untersuchung der Rechtsgewähr ist deshalb von Bedeutung, weil in den Verträgen um die Wende des 18.-19. Jhs. oft eine Klausel zu finden ist, die besagt, dass „der Verkäufer, damit der Käufer seines Rechtserwerbs sicherer ist, die gesetzliche *evictio* auf sich genommen habe."[8] Die Haftung für *evictio* kommt aus dem römischen Recht und bedeutet das Einstehenmüssen des Verkäufers dafür, dass Dritte die gekaufte Sache aufgrund eines bereits vor dem Verkauf bestandenen Rechts vom Käufer nicht evinzieren. Was bedeutet dies aber in der spätständischen Gerichtspraxis? Der *terminus technicus „evictio"* wird im Tripartitum des Werbőczy als prozessrechtliche Institution eingestuft.[9] Der Schutz des Käufers

---

[7] Magánjogi Törvényjavaslatok (=MTJ) [Privatrechtliche Gesetzentwürfe], Budapest 1928, § 1370.
[8] Bács-Kiskun Megyei Levéltár (BKML) [Komitatsarchiv Bács-Kiskun] IV 1504/u.1. 19. Februar 1759; Csongrád Megyei Levéltár Szentesi Fióklevéltára (CSMLSZ) [Szenteser Filiale des Komitatsarchivs Csongrád] V.102.o.1. 27. September 1787: „Vida Mihály házát és a hozzátartozandó szállási földjét 250 rajnai forintért örökösen és megmásolhatatlanul eladta és a törvényes evictiot a történhető impetitorok ellen magára vállalta." [Mihály Vida verkaufte sein Haus und den dazu gehörenden Landbesitz endgültig und unwiderruflich für 250 rheinische Forint und nahm die gesetzliche *evictio* auf sich.]
[9] HK II 34 2 §: *Qui si in depositione hujusmodi sacramenti defecerit; tunc tutor, et expeditor illorum bonorum, ac jurium, possessionariorum, super quorum literis jurare non potuit, esse declarabitur; et actorem, suosque haeredes, in dominio eorundem jurium possessionariorum, adversus quoslibet causidicos, et legitimos impetitores, semper conservare tenebitur.*

wurde bis 1848 „Annahme der Lasten" (*onera assumere*, HK I 74) genannt und als ein materiellrechtliches Institut der Vertragsgewähr verstanden. Werböczy sagt darüber Folgendes: „Und die Annahme der Lasten ist die dem Käufer gegenüber geleistete Bürgschaft für die Lasten der Vorfahren oder Verwandten" (HK I 59). Es bedeutete in der Alltagspraxis, dass wenn Dritte dem Käufer das Gut mit Berufung auf eine Rechtsverletzung (*praejuditio*) evinzieren wollten, der Käufer den Verkäufer als Gewährsmann (*evictor*) vor Gericht zitieren ließ. In diesem Fall musste der Verkäufer alles versuchen, um den Käufer vor dem Kläger zu schützen, denn bei einer Prozessniederlage musste der Käufer nach den Normen des spätständischen Rechts entschädigt werden.[10] (Wenn in den früheren Jahrhunderten dem Käufer das Gut aberkannt wurde, konnte er höchstens den allgemeinen Schätzwert (*communis aestimationis*) verlangen, was keinen vollständigen Schadenersatz bedeutete.) Daraus folgt, dass die Rechtsgewähr, das heißt die *evictio*, im ungarischen ständischen Privatrecht in erster Linie prozessrechtliche Verpflichtungen bedeutete, und der Pflicht des Verkäufers, den Käufer zu entschädigen, nur sekundäre Bedeutung zukam. Pál Szlemenics definierte dies in seinem Buch 1823 wie folgt: „Gewährsmann oder Evictor wird diejenige Person vor Gericht genannt, die die angeklagte Partei vor Gericht zitieren lässt, um ihre vom Evictor stammenden Güter zu verteidigen oder im Falle der Niederlage die eventuellen Verluste zu entschädigen."[11] Diese Praxis wurde im Tripartitum des Werböczy festgehalten: „Wenn jemand dem Grundstückskäufer die erworbenen Liegenschaften streitig macht, muss dieser den Verkäufer zur Verteidigung der Sache noch vor dem Urteil vor Gericht zitieren lassen" (HK I 75 § 1).[12] Zwanzig Jahre später formuliert Ignác Frank bereits etwas präziser: „Evictor ist derjenige, der jemanden vor Gericht zu verteidigen, oder wenn ihm dies nicht gelingt, ihn zu entschädigen hat."[13] Werner Ogris definiert das entsprechende österreichische Rechtsinstitut sehr ähnlich: „Im deutschen Recht war die Rechtsmangelgewährleistung die unangefochtene Gewere. Wurde der Käufer von einem Dritten in Anspruch genommen, hatte der Verkäufer in den Prozess einzutreten. Die Rechtsmangelgewährleistung (auch Wahrschaft genannt) war also prozessuale Schirmungspflicht."[14]

Wer, wann, und unter welchen Umständen konnte mit Berufung auf eine Rechtsverletzung seinen Anspruch auf Rechtgewähr geltend machen? Um diese

---

[10] Gy. Bónis/A. Degré/E. Varga, A magyar bírósági szervezet és perjog története [Geschichte der ungarischen Gerichtsorganisation und des Prozessrechts], Zalaegerszeg 1996, 74; G. Béli, Magyar jogtörténet. A tradicionális jog [Ungarische Rechtsgeschichte. Das traditionelle Recht], Budapest/Pécs 1999.

[11] Szlemenics (o. Anm. 5) IV, 51.

[12] HK I 75 § 1: *Emptor itaque bonorum, dum per quempiam ordine juris, praetextu hujusmodi bonorum emptorum impedietur, in causamque trahitur; tunc eadem decisionem sortita fuerit, penes se evocare tenetur.* B. Handel, A tehervállalás középkori jogrendünkben [Die Evictio in unserer mittelalterlichen Rechtsordnung], Századok 78 (1944) 372-418.

[13] Frank (o. Anm. 5) II, 51.

[14] W. Ogris, Privatrechtsentwicklung, 2. Aufl., Wien 2000, 91. Vgl. auch H. Coing, Europäisches Privatrecht II, München 1989, 476-477.

Frage zu beantworten, führe ich einige Beispiele aus der Praxis der Patrimonial- und Komitatsgerichte in der spätständischen Zeit auf, die für die Vermögensverhältnisse der Leibeigenen-Bauern typisch sind und einen sicheren Anhaltspunkt dafür bieten, wie die Rechtsgewähr verstanden und praktiziert wurde. Es ist charakteristisch für die ungarische Geschichte, dass die Leibeigenen-Bauern nach dem Ende der Türkenherrschaft eine günstigere privatrechtliche Situation genossen als in anderen Ländern Europas. Der Leibeigene-Bauer war rechtlich seinem Grundherrn unterworfen und benutzte das in dessen Eigentum stehende Grundstück, wobei er für Besitz und Benutzung zu zahlen hatte. Er durfte aber das Urbarialgrundstück, das Haus, den Wein-, Gemüse- oder Obstgarten unter bestimmten Bedingungen veräußern, tauschen, verpfänden und vererben. Eine primäre Bedingung dafür war, eine solche Verfügung schriftlich abzufassen und dem Grundherrn bekanntzugeben. Diese Bedingung wurde in der Rechtspraxis eines Marktfleckens wie folgt statuiert: „Es ist in dieser Stadt üblich, den Verkauf einer Sache in einem vom Stadtrichter beglaubigten Vertrag festzuhalten, in welchen alle Wünsche beider Parteien aufgenommen werden."[15]

Eine ähnliche Bedingung ist auch in jenem Urteil zu finden, in dem der Ehemann den Bruder seiner Frau anklagte, weil dieser ihn als nächsten Verwandten vor dem Verkauf des Weingartens nicht gefragt und das Grundstück an einen Fremden verkauft habe. Die Verteidigung des Angeklagten wurde vom Gericht anerkannt und im Urteil folgendermaßen formuliert: „Der Verkäufer hat den Verkauf der Verordnung des Patrimonialgerichts entsprechend dem Verwalter gemeldet und das Grundstück den Nachbarn angeboten, welche auf den Kauf verzichteten und dies im Stadtprotokoll vermerken ließen."[16] Diese Bedingung beruhte auf dem Prinzip, das bei Werböczy wie folgt formuliert wurde: „Der Leibeigene-Bauer hat hinsichtlich der Grundstücke des Grundherrn außer dem Arbeitslohn keine Rechte, also steht das Eigentum am gesamten Grundbesitz dem Grundherrn zu. Der Leibeigene darf also dementsprechend nur den Ertrag seiner Arbeit, das heisst den Wert des Urbarialgrundstücks, der Weide, der Mühle oder des Weingartens vererben oder verkaufen." (HK III 30 § 7-8) Wurde dies versäumt, so durfte der Grundherr mit Berufung auf Verletzung seines Eigentums den abgeschlossenen Vertrag annullieren.

Um die Rechtsgewähr zu verstehen, müssen wir zunächst klarstellen, dass die Avitizität (Stammgut) auch bei den Leibeigenen-Bauern existierte und einem an ein jeweiliges Geschlecht gebundenen Eigentumsrecht entsprach. Die Avitizität legte die Bluts- und Rechtsgemeinschaft eines Geschlechts fest, was im Alltag dazu führte, dass der jeweilige Besitzer der Liegenschaft bloßer Benutzer blieb, der darüber weder unter Lebenden noch von Todes wegen verfügen durfte. Der Eigen-

---

[15] CSMLSZ V A 102.b/1. 320/1780. Eine ähnliche Behauptung finden wir bei István Kállay: „az úriszék általában uradalmi engedélyhez kötötte a jobbágyi telek forgalmát." [Das Patrimonialgericht verband den Verkehr mit Urbarialgrundstücken meistens mit der Erlaubnis des Grundherrn.] I. Kállay, Úriszéki bíráskodás a XVIII-XIX. században [Gerichtsbarkeit der Patrimonialgerichte im 18-19. Jh.], Budapest 1985, 329-331.

[16] CSMLSZ V A 102.b/2. 411/1784.

tümer des Gutes war nämlich das Geschlecht bzw. die Familie. Wenn ein Leibeigener-Bauer eine Liegenschaft, etwa ein auf einem Urbarialgrundstück stehendes Haus oder einen Wein- oder Gemüsegarten, gesetzmäßig geerbt hatte, zählte diese zum Stammgut, worüber man nur mit Einverständnis der Familie oder des Geschlechts verfügen durfte.

All das beweist, dass Werböczys Gewohnheitsrecht auch unter den Leibeigenen-Bauern galt und bei Streitigkeiten sowohl das Patrimonialgericht als auch der Komitatsgerichtsstuhl (*sedria*) mit Berufung auf das Tripartitum sein Urteil fällte.

Um die Avitizität eines Besitzes zu belegen, musste nachgewiesen werden, dass die Blutsverwandten und Vorfahren der Betroffenen das fragliche Gut gemeinsam besaßen. Zu dieser Bedingung äussert sich das *Planum Tabulare* wie folgt: „Wenn der Kläger aufgrund der Avitizität eines Grundstücks klagt, muss er dieses Recht, seinen Besitz an den streitigen Sachen und die einschlägigen Privilegien seiner Ahnen belegen und seine Abstammungslinie mit diesen verbinden."[17]

Wenn also jemand ein geerbtes Gut veräußern wollte, musste er seine Miterben, welche auf dieses Gut ein Vorkaufsrecht hatten, darüber ins Kenntnis setzen. Man war verpflichtet, ihnen das Gut zum Kauf anzubieten (*praemonitio*, HK I 60 § 1). Wollte einer von den Miterben davon Gebrauch machen, konnte er das Gut zu denselben Bedingungen erwerben, wie es die folgenden Urkunden verdeutlichen. „Nach dem Tode meines Ehemanns weiland Ferenc Körmödi verkaufte ich das in meinem Besitz verbliebene Gut im vergangenen Jahr dem ehrbaren Herrn Péter Fazekas für 200 rheinische Forint. Aber mein leiblicher Sohn János Körmödi behielt dieses Gut zum gleichen Preis bei."[18]

Pál Kis und Mihály Kis wollten den Gemüsegarten, der außerhalb der Ortschaft auf dem Landgut des Gutsherrn lag, verkaufen, und legten folgendes Bekenntnis (*fassio*) ab: „Unten Benannte geben allen, die es angeht, zur Kenntnis, dass wir mit Einwilligung aller unserer Angehörigen den Gemüsegarten, der auf den Wiesen des Herrn liegt, nördlich an die Gemeindewiese der Stadt, südlich an den Besitz der Successoren des weiland János Kis, östlich an das Urbarialgut von Borbás, westlich an freies Weideland grenzt, den wir beide bislang ungeteilt besaßen, unserem Verwandten Mihály Kis und seinen Successoren für immer und ewig und unwiderruflich für 400 rheinische Forint verkauft haben, welche Summe wir vom besagten Verwandten auch erhielten. Wir behalten uns keine Rechte am Erbgut vor, d.h. weder wir noch unsere Successoren werden unseren Verwandten in seinem Besitz je angreifen."[19]

In diesem Rechtsfall veräußerten die Verkäufer ihr Teilerbe an den eigenen Bruder und verletzten somit das Recht am Erbbesitz nicht. In einem anderen Fall ging das Gut an einen Fremden, weshalb die Rechtsgewähr auch im Vertrag festgehalten werden musste.

„Ich, Erzsébet Panka, lasse es alle wissen, denen es jetzt und künftig zusteht, dass ich jenen Wiesengarten, der in der Nachbarschaft von András Boda, János

---

[17] I. Czövek, Planum Tabulare, Buda 1825, 110.
[18] CSMLSZ V A.b/3. 711/1798.
[19] BKML IV 1504/u. 3. 4. Juni 1790.

Dékány, István Kis und Gergely Szívós liegt, und der mir als Stammgarten vom Edlen Rat zugeeignet wurde am 16. März 1781, mit Zustimmung meines Ehemannes und die Lasten der Kinder auf mich nehmend, und weil wir kein Haus haben, Herrn Ádám Raky und dessen Erben für den ewigen Preis 340 Ft verkauft habe, und den Preis heute in Empfang nahm. Als Bestätigung dessen gebe ich Herrn Ádám Raky und seinen Erben diesen Vertrag, ich und meine Nachkommen verzichten auf jegliches Recht bezüglich des Gartens und übernehmen sogar die Rechtsgewähr (*evictio*). Erzsébet Panka, Kecskemét, 14. Februar 1790."[20]

Ein ähnliches Bekenntnis legte auch Erzsébet Márton ab: „Das von meinem Vater, dem weiland János Márton geerbte Urbarialgrundstück verkaufte und übergab ich meinem Bruder Dávid Márton und dessen Erben, und verzichte selber und im Namen meiner Nachkommen auf jedwedes Recht bezüglich des Landes, und verpflichte mich im Rechtsfall, als Evictor meinen Bruder zu verteidigen."[21]

Im Falle einer Veräußerung mussten außer den Teilerben auch die Nachbarn der Liegenschaft informiert werden. Das Vorkaufsrecht der Nachbarn ist auch im adligen Recht bekannt, jedoch mit dem Unterschied, dass hier die Benachrichtigung der Nachbarn keine Pflicht war. Es genügte, wenn diese bei den Komitatsversammlungen davon erfuhren. Wie gesagt verfügten unter den Leibeigenen-Bauern auch die Nachbarn über ein Vorkaufsrecht. Versäumte der Verkäufer die Nachbarn zu informieren, durften sie mit Berufung auf Rechtsverletzung den Vertrag annullieren lassen. Das Vorkaufsrecht stand den Nachbarn nicht nur im Falle der Avitizität, sondern auch für die käuflich erworbenen Bauern-Güter zu. Es ist also kein Zufall, dass in den erwähnten Verträgen alle Nachbarn genau angeführt wurden. Dies hatte auch einen praktischen Sinn, denn so konnte man (auch ohne Grundbuch) exakt wissen, wo genau die Grenzen des fraglichen Gutes lagen. Andererseits diente es der Publizität: Die Verkäufer haben damit deklariert, dass die Nachbarn über die Veräußerung Bescheid wussten.

„Mihály Boros der Ältere verkaufte seinen aus drei Stücken bestehenden Weinberg, der einerseits in der Nachbarschaft der Witwe des weiland János Nagy, andererseits des János Szépe liegt, mit Wissen des Verwalters des Gutsherrn, unwiderruflich und ohne Widerspruch seiner Söhne und Töchter, dem Nachbarn János Szépe und dessen beidseitigen Successoren für den Erbpreis von 225 rheinische Forint, und gab ihn ihm in Besitz."[22]

Das Vorkaufsrecht der Nachbarn wird im adligen Gewohnheitsrecht damit erklärt, dass es in den früheren Jahrhunderten als sehr wahrscheinlich galt, dass nach der Aufteilung des Gutes gerade die Stammesverwandten miteinander in Nachbarschaft gerieten. Es ist nicht mehr festzustellen, wann dieses Gewohnheitsrecht zur

---

[20] BKML IV 1504/u. 3. 14. Februar 1790.
[21] CSMLSZ V 102 o. 1. 2. Juni 1825.
[22] CSMLSZ V A 102 o.1. 5. März 1790: „Özv. Májer Ferencné Lencs József kömüvesnek örökösen és megmásolhatatlanul, az uraság hitével és a szomszédok ellenzése nélkül eladta házát." [Die Witwe von Ferenc Májer verkaufte ihr Haus dem Maurer József Lencs für immer und ewig und unwiderruflich, mit Einwilligung des Gutsherrn und mit Einverständnis der Nachbarn.] CSMLSZ V 102 o.1. 26. September 1787.

Alltagspraxis der Leibeigenen-Bauern wurde. Fest steht, dass es in der spätständischen Zeit als vertragsannullierender Faktor bestand.[23]

Sowohl die Teilerben als auch die Nachbarn konnten der Veräußerung widersprechen. Von diesem Recht durften sie innerhalb einer Frist von einem Jahr und einem Tag nach Ankündigung der Veräußerung Gebrauch machen. Diese Frist war die im Tripartitum festgelegte Verjährungsfrist (HK I 78 § 4). Wurde rechtzeitig Einspruch erhoben, so konnte die Übergabe des Besitzes an den Käufer zwar nicht verhindert werden, letzterer besaß und benutzte das Gut jedoch im Falle eines gültigen Widerspruchs nur provisorisch und der Widersprechende konnte ihm den Besitz abverlangen. „Gergely Rus junior und die Ehefrau von Gergely Rus senior erschienen vor Gericht und Letztere sagte im Namen ihres Gatten (da dieser wegen seiner Krankheit zu Hause geblieben war) aus, dass sie ihren aus 75 Gängen bestehenden Weinberg dem Herrn Pál Szépe verkauft hätten. Der Einwand des Gergely Rus junior, er wolle sein Recht als Sohn auf den Weinberg geltend machen, wurde nicht berücksichtigt, da er zur Zeit nicht imstande war, den Kaufpreis vorzulegen. Den Preis des Weinbergs bezahlte Pál Szépe sofort und nahm das Gut in Besitz."[24] In diesem Fall behielt sich der mündige Sohn das Recht vor, das von seinen Eltern verkaufte Gut noch innerhalb der Verjährungsfrist vom Käufer zurückzuerwerben.

Ähnlich erging es auch dem Miterben von Klára Bakó: „Klára Bakó gab an, dass sie ihren aus 44 Gängen bestehenden Weingarten für immer und ewig und unwiderruflich an János Illés und dessen Erben für 600 rheinische Forint verkauft habe. Bei dieser Deklaration erschien József Vátzi, der Miterbe und Nachbar von Frau Bakó, und verkündete, dass er den Weingarten zum gleichen Preis kaufen möchte. Da er aber vor Ort nicht bezahlen konnte, wurde ihm eine Zahlungsfrist von einem Jahr und einem Tag gewährt. Sollte er innerhalb dieser Frist nicht bezahlen, dürfe János Illés den Weingarten für immer behalten."[25]

In einem anderen Fall bat der Bruder um Bedenkzeit für den Vorkauf: „Mihály Burunkai und seine Geschwister István, Judit und Susanna erschienen vor Gericht und sagten aus, dass ersterer seinen Landbesitz mit der Weizen- und Gerstensaat sowie mit dem darauf stehenden Stall verkaufen wolle und den Preis mit dem Nachbarn Mihály Bubor schon ausgehandelt habe. Der Landbesitz seines Bruders István Burunkai lag aber in der Nachbarschaft, daher wurde ihm der Kauf angeboten. István erbat daraufhin eine Woche Bedenkzeit."[26]

Das Recht auf Bedenkzeit gab es auch im adligen Recht, wie dies bei Werbőczy belegt ist.[27] Der Einspruch annullierte nämlich die Veräußerung. Hat jedoch der

---

[23] A. Degré, A szomszédok öröklése és a szomszédi elővásárlási jog kialakulása [Die Entwicklung des Erb- und Vorkaufsrechts der Nachbarn], Budapest 1942, 122-141.
[24] CSMLSZ V 102 o.1. 8. November 1789.
[25] BKML IV 1504/u. 3. 17. Januar 1811.
[26] Csongrád Megyei Levéltár Makói Fióklevéltára [Makóer Filiale des Komitatsarchivs Csongrád] (CSMLM) V A 101.b/1 31. Mai 1806.
[27] HK I 60 § 7: *Attamen, si quis filiorum, aut filiarum, vel fratrum, bona ipsa ad se recipere velle, tempore ipsius admonitionis responderit, et allegaverit: tunc ad deponendam summam ipsam condignam, et concordandum cum venditore, terminus brevis, et*

Verkäufer das Gut trotzdem verkauft, durfte der Teilerbe oder der Nachbar bei begründetem Einspruch dem Käufer den Besitz abklagen, das heißt er durfte von seiner evictio Gebrauch machen.

József Diós widersprach als Sohn dem Kaufvertrag, welchen sein Vater mit Mihály Mágori abgeschlossen hatte. Der Grund seines Widerstandes war, dass er den Stammacker behalten wollte. Trotz seines Widerspruchs verkaufte der Vater das Landgut. Dem Sohn wurde das Gut vom Komitatsgericht zugesprochen, und zwar mit folgender Begründung: „Der Kläger widersprach dem Verkauf nicht nur vor dem Gutsverwalter, sondern bekräftigte dies sogar dadurch, dass er vor Ablauf eines Jahres einen Prozess anstrengte, um das Stammgut zurückzubekommen. Daher wird das Landgut dem Kläger mit der Auflage zugesprochen, den Kaufpreis der beklagten Partei zurückzuzahlen."[28]

Auch dieses Urteil beweist, dass entweder bei der Veräußerung oder innerhalb eines Jahres Einspruch erhoben bzw. bei Rechtsverletzung innerhalb eines Jahres geklagt werden musste.[29] Gleichzeitig ist klar, dass es Anfang des 19. Jhs. in Form von Kaufpreiszahlungen zu tatsächlichen Entschädigungen kam, und nicht nur, wie es im Tripartitum steht, dem Käufer der allgemeine Wert (*communis aestimationis*) erstattet werden musste.[30] Es wurde der Kaufpreis dem Vater ausbezahlt, der Sohn wurde zur Entschädigung verpflichtet, weil es um ein erbliches Gut ging, das die Bluts- und Rechtsgemeinschaft des Geschlechts verkörperte.

Die Versäumnis der Verjährungsfrist hob die Rechtsverletzung auf. Mihály Vida protestierte beim Gericht des Marktfleckens und wollte das wegen der belastenden Schulden seines Vaters mit dessen Zustimmung verkaufte Haus vom Käufer György Dobosy zurückkaufen. Das Urteil lautete wie folgt:

„Da Mihály Vida persönlich dabei war, als die Güter seines verstorbenen Vaters in Anwesenheit von János Vida und seiner Schwester vor zwei Ratsmitgliedern aufgeteilt wurden, und das besagte Haus einstimmig wegen der belastenden Schulden verkauft wurde, stimmte auch Mihály Vida zu und erhob keinen Einwand. Er schwieg weitere anderthalb Jahre, während er zu Hause wohnte. Seine contradictio wurde als unbegründet beurteilt und der Käufer blieb im freien Besitz des Hauses."[31]

Ebenfalls wegen Versäumnis der Verjährungsfrist wurde die Klage der Teilerben vom Gericht abgelehnt, als János und Mihály Halász als gesetzliche Erben von István Tézsla jenes Landgut zurückforderten, das von ihrer Mutter nach dem Tod des Vaters verkauft wurde. Laut dem Gerichtsurteil entbehrte die Forderung

---

competens coram judice (cujus auctoritate, et literis admonitio ipsa fit, et exequitur) ad comparendum sibi praeligi debebit. „Sollte ein Sohn oder eine Tochter oder irgendein Verwandter verkünden, dass er oder sie die zum Kauf angebotenen Güter an sich nehmen wolle, dann muss ihm oder ihr von jenem Richter, vor dem das Angebot erfolgt ist, eine angemessene Frist für Bezahlung und Vereinbarung gewährt werden."

[28] Csongrád Megyei Levéltár Szeged, Csanád megye törvényszéke IV A 11 a.1. 24. Juni 1808.
[29] Frank (o. Anm. 5) II, 484-496.
[30] HK I 60 § 10.
[31] CSMLSZ V A 102 b/1.149/1773.

der Ankläger jeder Grundlage, „da István Tézsla, der Beklagte, das Gut vor glaubwürdigen Zeugen von der Mutter der Kläger für einen Erbpreis kaufte, den Kauf in das Protokoll der Stadt aufzeichnen ließ, seit 13 Jahren in Besitz des Landgutes war und darin bislang nicht gestört wurde. Während dieser Zeit signalisierten die Kläger ihren Widerspruch nicht. Da der Beklagte das Landgut rechtmässig erworben und seit mehreren Jahren als sein eigenes benutzt hatte, wurde es ihm im Besitz belassen."[32]

Über das angekaufte Gut konnte man frei verfügen, aber die Nachbarn konnten ihr Vorkaufsrecht geltend machen. Wenn der Vater ein gekauftes Gut veräußert hatte, durfte dies von den mündigen Söhnen nicht annulliert werden, da es bei Beachtung des freien Verfügungsrechts zu keiner Rechtsverletzung kam, genauer gesagt wurde das Erbrecht der Kinder nicht beeinträchtigt. Als die drei Geschwister Mihály, Pál und Mátyás Marsi ihren Schwager, Mátyás Tancsik verklagten, um das Landgut, das Tancsik von ihrem Vater gekauft hatte, zurückzuerwerben, entschied das Gericht: „Weiland Pál Marsi hatte das Recht, sein eigenes Haus mit Wissen des Landsherrn zu verkaufen, was durch das 13 Jahre lange Schweigen der Kläger bekräftigt wurde. Den Klägern wird von ihrem unrechtmäßigen Anliegen abgeraten."[33]

Dieses Urteil zeigt eindeutig, dass die Leibeigenen-Bauern über ihr gekauftes Gut (ihr eigenes Haus) frei verfügen, es verkaufen, tauschen usw. konnten. Das Eigentumsrecht des Landsherrn durfte aber nicht verletzt werden, da das Haus zwar vom eigenen Geld und aus eigener Kraft, aber auf einem Grundstück erbaut wurde, das Eigentum des Landsherrn war; deshalb durfte der Bauer es nur mit Kenntnis und Zustimmung des Herrn veräußern. Die Veräußerung mußte auch durch das Schweigen (d. h. Zustimmung) der erwachsenen Söhne des Bauern bestätigt werden (nach dem Prinzip des *tacitus consentire videtur*); zudem musste die Verjährungsfrist (von einem Jahr und einem Tag) abgelaufen sein.[34]

Ähnlich urteilte das Gericht im Jahre 1805: „Lörinc Szikszay, der Vater des Klägers, hatte das Recht, sein Vermögen als seinen eigenen Erwerb zu verkaufen, er war also nicht verpflichtet, es seinem Sohn als Erbgut zu übergeben."[35]

Zusammenfassend kann festgehalten werden, dass die Rechtsfigur der Rechtsgewähr dem ungarischen Gewohnheitsrecht bekannt war. Die Rechtsgewähr behielt zum Teil ihre ständischen Eigenschaften, zum Teil unterlag sie jedoch Veränderungen, was auch durch die Änderung der Terminologie bestätigt wird: Anfang des 19. Jhs. taucht in den Vertragsklauseln die Bezeichnung *evictio* auf. Das zeigt, dass zwar die Immobilien bei einer Rechtsverletzung vom Käufer zurückverlangt werden konnten, dem Käufer aber der volle Schadenersatz zustand (welcher aus dem Kaufpreis und aus dem Wert seiner Aufwendungen bestand).

---

[32] Csongrád Megyei Levéltár Szeged, Csanád megye törvényszéke. IV A 11 a.1. 10. Januar 1810.
[33] CSMLSZ V A 102 b/2. 526/1792.
[34] Kállay, Úriszéki bíráskodás (o. Anm. 15) 335.
[35] CSMLSZ V A 102 b/4. 1059/1805.

Die Gewährleistung für Rechtsmängel galt auch beim Verkauf von beweglichen Sachen; wir haben viele Beispiele dafür beim Verkauf von Tieren. Bei der Veräußerung von Tieren ist das Prinzip von großem Interesse, wonach der Kaufvertrag mit dem Einverständnis beider Parteien zustande kommt und der Verkäufer Zug um Zug für den erhaltenen Kaufpreis das bis dahin ihm gehörende Tier dem Käufer zu übereignen hat. Soll also jemand später ein ihm abhanden gekommenes Tier beim Käufer erkannt haben, ließ der Käufer den Verkäufer als Evictor vorladen. Das war von großer Bedeutung, denn wenn der Käufer nicht belegen konnte, von wem er das Tier gekauft hatte, bzw. wenn der Verkäufer nicht beweisen konnte, dass er der rechtmäßige Eigentümer des Tieres war, wurden sie des Diebstahls bezichtigt. Und dann mussten sie sich über die Entschädigung hinaus auch noch wegen eines Verbrechens verantworten. „Tódor Muntyán ließ den in Orosháza wohnenden István Farkas vorladen, weil besagter István Farkas ihm auf dem Markt zu Elisabeth im Jahre 1807 als Tauschobjekt eine braune Stute gab. Dieses Pferd erkannte Lucas Tyirill vor Weihnachten selben Jahres als das seine und nahm es laut schriftlicher Bestätigung von József Török, dem Geschworenen des Komitats Arad, mit richterlicher Genehmigung am 20. Januar 1808 an sich. István Farkas aus Orosháza bekannte, dass er besagtes Pferd Tódor Mutnyán gab, es aber vorher auf dem Markt zu Hl. Paul im Jahre 1807 in Gyula im Tausch erwarb. Er wusste ferner, dass das Pferd früher dem László Radnai in Komlós gehörte, welcher sein Schwiegervater ist. Aus diesem Grund gab er, um eine Entschädigung von seinem Evictor zu erhalten, Tódor Muntyán ein schwarzes Pferd. Um sich ferner von der Anklage des Diebstahls zu entledigen, wurde er unter Bürgschaft der hiesigen Mihály Sirok und János Lakatos frei gelassen."[36] Der Fall zeigt, dass wenn der Eigentümer von dem Käufer die gutgläubig gekaufte Sache auf dem Prozeßweg zurückfordert, der Käufer von der Anklage des Diebstahls nur dann freigesprochen werden kann, wenn er beweist, dass er die Sache nicht gestohlen hat. Daher mussten die Leibeigenen-Bauern von dem nach ihrem Wohnort zuständigen Richter einen sogenannten Schutzbrief oder Schutzpass verlangen, um den Verkäufer aufsuchen und vor Gericht zitieren zu können. Sie mussten aber Bürgen stellen, die dafür einstehen mußten, dass der Weggehende zurückkommen (und nicht verschwinden) werde. All dies diente dem Prinzip der Verkehrssicherheit.

„István Mándoki aus Makó erkannte im jetzigen Markt zu Makó sein verloren gegangenes schwarzes Pferd bei István Szabó aus Vásárhely. Mándoki bewies vor dem Stuhlrichter, dass er der Eigentümer des Pferdes war, während István Szabó Bürgen für sich stellte, um nach Orosháza gehen und seinen Evictor Péter Szász, von dem er vor drei Wochen das Pferd kaufte, aufsuchen und vorladen zu können."[37]

Nach der Rechtsgewähr ist noch die Problematik der Sachmängelhaftung zu behandeln. Das ungarische ständische Privatrecht hat über die Sachmängelhaftung eine ähnliche Auffassung vertreten wie das österreichisch-deutsche Recht: Es galt

---

[36] Makó V A 101 b 2. 29. März 1808.
[37] CSMLM V 101 b/1. 19. November 1805.

allgemein, dass der Käufer verpflichtet war, die Ware beim Kauf sorgfältig zu untersuchen. Versäumte er dies, hatte er nicht das Recht, die Verbesserung der Ware vom Verkäufer zu verlangen: „Dem älteren Recht war eine derartige Gewährleistung unbekannt. Der Käufer hatte die Sache zu prüfen. Hatte er sie angenommen, konnte er keine Ansprüche mehr geltend machen: Augen auf, Kauf ist Kauf."[38]

Im 18-19. Jh. gab es jedoch in der alltäglichen Gerichtspraxis mehrere Fälle, in denen der Käufer den Verkäufer wegen der ungesehenen Mängel verklagte. Man kann in Kenntnis der richterlichen Praxis annehmen, dass sich das Naturrecht auch auf das ungarische Rechtssystem auswirkte, unabhängig davon, dass es in den vorzubereitenden privatrechtlichen Entwürfen keine Erwähnung findet, ja sogar in den kurialen Entscheidungen um die Wende des 18-19. Jhs fehlt. Andererseits beschäftigt sich bereits der Codex Theresianus mit dieser Frage,[39] es ist jedoch nicht nachzuweisen, inwiefern seine Regeln in Ungarn bekannt waren. Zumindest kann angenommen werden, dass einige Richter an Gerichten niedrigerer Instanz derartigen Ansprüchen der Käuferschaft entgegenkamen.

György Bónis analysierte bei der Untersuchung der Gerichtspraxis von Buda und Pest (Wende des 17-18. Jhs.) den Gesetzbuchentwurf der Stadt Pest aus dem Jahre 1697. Darin wird die Gewährleistung für Sachmängel bereits erwähnt[40], und auch in der alltäglichen Praxis setzte man sich damit auseinander. In diesem Zusammenhang stellte Bónis fest: „Wenn der Käufer die gekaufte Sache gut kannte oder kennen konnte, musste er bezahlen; wenn er aber die Mängel mit seinen Sinnesorganen nicht wahrnehmen konnte, und er erst später dahinter kam, musste er selbst nach der Übergabe der Sache den Kaufpreis nicht bezahlen, und der Verkäufer wurde für die arglistige Täuschung (*dolus*) bestraft."[41]

In der Richterpraxis von Pest und Buda ist der österreichische Einfluss eindeutig nachzuweisen, da die habsburgischen Herrscher nach dem Ende der Türkenherrschaft (1687) bemüht waren, Verwaltung und Justiz in Ungarn nach österreichischem Muster zu reorganisieren. Die Erschließung bzw. Feststellung dessen, ob sich die Rechtspraxis in den beiden Städten auf die Rechtsprechung an den Komitatsgerichten und Patrimonialgerichten ausgewirkt hat, ist Aufgabe der Rechtshistoriker.

Werfen wir nun einen Blick darauf, welche Gewährleistungsregeln für Sachmängel an den Patrimonialgerichten angewendet wurden. Im Jahre 1765 kaufte

---

[38] Ogris (o. Anm. 14) 91; Coing (o. Anm. 14) II, 478; Flossmann, 258.

[39] Flossmann, 259: „Der Codex Theresianus widmete der Gewährleistung für Sach- und Rechtsmängel noch getrennte (überaus kasuistische) Bestimmungen. Er sah für den Käufer einer mangelhaften Sache zwei Rechtsbehelfe vor, die Widerrufsklage und die Gering- oder Minderschätzungsklage."

[40] Gy. Bónis, Buda és Pest bírósági gyakorlata a török kiűzése után, 1686-1708 [Die Gerichtspraxis in Buda und Pest nach der Austreibung der Türken, 1868-1708], Budapest 1962: *Emptor prore qualibet vendita quam abunde cognovit, quam cognosci potuit, pretium conventum solvat, guod si vero vitium rei sensibus humanis comprehendi non potuerit, et postea res vitiosa reperiatur, et si tradita sit, ad solutionem pretii non teneatur, quod si venditor in dolo fuerit, adhuc mulctetur*. Pars II. tit. VII. art. 4. 352.

[41] Bónis (o. Anm. 40) 223-224.

István Gerecz vom Ochsenhirten Pál Mata ein Zugpferd. Der Verkäufer übergab dem Käufer bei Einbruch der Dunkelheit das Tier, so dass dieser es nicht mehr in Augenschein nehmen konnte. Am nächsten Morgen, als der Käufer bei Tageslicht das Tier untersuchte, musste er feststellen, dass es zum Karrenziehen ungeeignet war. Ohne zu zögern brachte er das Tier dem Verkäufer zurück und verlangte den Kaufpreis, den der Verkäufer nicht zurückerstattete. Der Käufer wandte sich an das Gericht, welches ihm Recht gab: „Der Verkäufer täuschte arglistig den Käufer, obwohl er wusste, dass dieser das Pferd für seinen Lebensunterhalt brauchte. Trotzdem gab er ihm ein Pferd, das dazu nicht geeignet war. Der Verkäufer ist verpflichtet, den Kaufpreis zurückzuzahlen."[42] Aus diesem Rechtsfall können mehrere Prinzipien abgeleitet werden, die im Späteren befolgt wurden. Der Käufer muss das Kaufobjekt danach untersuchen, ob es über die entsprechenden Eigenschaften verfügt. In diesem Fall hätte das Tier genau bestimmte Eigenschaften aufweisen müssen, da der Käufer es als Zugtier gebrauchen wollte. Der Verkäufer übergab dem Käufer das Tier bei Dämmerung, als der Käufer seiner Untersuchungspflicht nicht nachkommen konnte. Dieses Vorgehen des Verkäufers wurde vom Gericht als vorsätzliche Täuschung qualifiziert. Zugleich wurde es dem Käufer zu Gute gehalten, dass er am nächsten Morgen, als er die Mängel bemerkte, das Pferd ohne Aufschub dem Verkäufer zurückgab. Aus dieser Praxis ist noch nicht ersichtlich, wie viel Zeit dem Käufer nach der Übernahme der Ware zur Verfügung stand, das unverzügliche Handeln wurde ihm aber zu Gute gehalten. In diesem Fall wurde der Verkäufer verpflichtet, den Kaufpreis zurückzuzahlen.

In einem anderen Fall kaufte jemand zwei Kälber vom Vorjahr, von denen eines nach zwei Tagen verendete. Der Käufer verlangte den Kaufpreis zurück, was der Verkäufer ausschlug. Das Gericht gab in diesem Fall dem Käufer nicht Recht, weil „der Käufer beim Vertragsschluss keine Mängel an den Tieren bemerkte und von mehreren angebotenen Tieren schließlich genau diese zwei kaufte"[43]. Daher musste der Käufer den Schaden selber tragen.

In diesem Fall wird das althergebrachte Prinzip befolgt, dass der Käufer das Kaufobjekt prüfen solle. Im obigen Fall ist der Verkäufer gutgläubig vorgegangen, als er dem Käufer die Wahl überließ. Es ist also anzunehmen, dass gegen Ende des 18. Jhs. die Gewährleistung für Tiere noch nicht gegolten hat; sie kam erst im 19. Jh. allmählich zur Anwendung.

Die Rechtsprinzipien der zwei vorigen Fälle tauchen im folgenden Fall gleichzeitig auf. Zwei Händler kauften eine Kuh, die sie später weiterverkaufen wollten. Es kam aber nicht dazu, sondern sie trieben die Kuh auf die Wiese hinaus, wo sie verendete. Die Käufer verklagten daraufhin den Verkäufer, er habe „ihnen wissentlich ein fehlerhaftes krankes Tier verkauft, welches sie deswegen nicht weiterverkaufen konnten." Der Verkäufer leugnete selbstverständlich diesen Vorwurf, und das Gericht fällte folgendes Urteil: „Die Käufer hätten klug und vorsichtig

---

[42] CSMLSZ V A 102 b/1. 1765.
[43] CSMLSZ V A 102 b/1. 1775.

vorgehen sollen, [...] und da die Kuh etwa zehn Tage bei ihnen war, müssten sie den Kaufpreis unverzüglich bezahlen."[44]

In der Gerichtspraxis kamen aber nicht nur Fragen der Gewährleistung für Tiere vor; ein Käufer erwarb etwa vom Kürschnermeister am Tag der Fastnacht im Jahre 1805 für 127 Forint eine Pelzjacke: „Die Pelzjacke, obwohl wenig getragen, war bereits in einem sehr schlechten Zustand, der Pelz vom rechten Ärmel abgerissen, als hätten ihn Hunde zerrissen, und auch an anderen Stellen war sie rissig." Der Kürschner verteidigte sich, der Käufer sei mit der Jacke „fahrlässig" umgegangen. Das Gericht der Stadt ließ die anderen Kürschnermeister die Jacke untersuchen, die einstimmig behaupteten, der Fehler rühre daher, dass der Kürschner mehr Salz bei der Bearbeitung des Fells benutzt hätte, als nötig gewesen wäre." Der Kürschner nahm die Jacke zurück und der Käufer erhielt einen Teil des Kaufpreises zurück. In dem Urteil steht übrigens nichts darüber, warum er nur einen Teil des Preises zurückbekam, es ist jedoch anzunehmen, dass es am zwischenzeitlichen Gebrauch der Jacke lag.[45] Dieser Fall beweist, dass der Verkäufer für die versteckten Mängel verantwortlich war, was das Gericht dadurch nachweisen konnte, dass die Ware von Experten untersucht wurde. Von einer Gewährleistungsfrist des Verkäufers ist keine Rede. Im konkreten Fall wissen wir nur, dass der Käufer die Ware in der Fastenzeit kaufte, die Jacke nur wenig benutzte, höchstens ein halbes Jahr, da das Urteil von Anfang des Jahres 1806 stammt.

Wegen mangelhafter Leistung kam es auch im nächsten Fall zu einem Prozess zwischen Käufer und Verkäufer. Der Käufer wollte 400 Garben Schilf zum Dachdecken kaufen und leistete dafür Anzahlung. Von den 400 Garben nahm er aber nur 195 mit und wollte nicht einmal den Preis dafür bezahlen, da „das zum Kauf angebotene Schilf größtenteils von schlechter Qualität und zum Dachdecken ungeeignet war. Der Verkäufer verdeckte die schlechten Garben mit den guten, um eine gute Qualität vorzutäuschen." Der Verkäufer verlangte vom Käufer, er solle die 400 Garben mitnehmen und den ausgehandelten Kaufpreis bezahlen. Das Gericht stellte nach der Beweisaufnahme die vorsätzliche Täuschung des Käufers fest und verpflichtete den Käufer, den Preis für die 195 Garben zu bezahlen.[46] Aus diesem Fall wird ersichtlich, dass eine Sachmängelhaftung des Verkäufers bejaht wurde, wenn das Gericht bei der Beweisaufnahme zur Überzeugung gelangte, dass der Verkäufer dem Käufer vorsätzlich oder fahrlässig mangelhafte Ware verkaufte und der Käufer dies nicht feststellen konnte.

Nach dieser Vorgeschichte, gemäss der ungarischen Rechtspraxis und mit Rücksicht auf die österreichisch-deutschen Kodifikationslösungen konnte die Grundbedingung der Gewährleistung für Sach- und Rechtsmängel bestimmt werden: „Der Verkäufer garantiert dem Käufer gegenüber, dass die gekaufte Sache bei der Übereignung frei von Mängeln ist. Mängelfrei ist eine Sache, wenn sie die

---

[44] CSMLSZ V A 102 b/1. 1778.
[45] CSMLM V A 101. 1806.
[46] CSMLSZ V A 102. 1800.

im Voraus bestimmten Eigenschaften hat und keine Mängel aufweist, die ihren Wert oder ihre Nutzbarkeit zunichte machen oder wesentlich beeinträchtigen."[47]

Die angeführten Rechtsfälle beweisen, dass, obwohl die Entwicklung des Privatrechts in Ungarn vom Gewohnheitsrecht bestimmt war, sich bedeutsame Rechtsinstitute herausbildeten, und die Gerichte diesbezüglich relativ genaue Rechtsprinzipien statuierten, welche dann im bürgerlichen Zeitalter auch auf Gesetzesstufe erhoben wurden.

---

[47] MTJ § 1382.

Cavere und Haftung für Sachmängel.
Zehn Argumente gegen Berthold Kupisch

Eva Jakab

Berthold Kupisch hat neulich für die Klagefristen der ädilizischen Rechtsbehelfe im klassischen römischen Recht eine neue, bis jetzt von niemandem vertretene Lehre vorgeschlagen.[1] Zum Ausgangspunkt diente dazu eine lange, scharf polemisierende Kritik[2] meiner Auffassung über die denkbare prozessuale Funktion der ädilizischen Stipulationen.[3] Die regionale Tagung über „Römisches Kaufrecht" in Budapest bot einen guten Anlass, die Thesen von B. Kupisch zu überprüfen. Zur Einführung in die Problematik scheint es nützlich, die wichtigsten Merkmale der verschiedenen markanten Auffassungen (traditionelle Lehre, Jakab und Kupisch) über die ädilizischen Stipulationen kurz zu skizzieren, um die darauf folgenden Ausführungen auch dem im Thema weniger Bewandten verständlich zu machen.

Die springenden Punkte bezeichnen jeweils die technischen Worte *praedicere* und *cavere*. *Praedicere* drückt das ädilizische Gebot aus, Mängel des zum Verkauf angebotenen Sklaven dem Käufer offen, redlich bekannt zu geben: *Qui mancipia vendunt certiores faciant emptores, quid morbi vitiive cuique sit, quis fugitivus errove sit noxave solutus non sit.*[4] Wer dagegen handelt, dem wird der strenge Eingriff der Ädilen angedroht: *Quod eius praestari oportere dicetur: emptori omnibusque ad quos ea res pertinet iudicium dabimus, ut id mancipium redhibeatur.*[5] *Cavere* bedeutet die zusätzlich geleistete Kaution, die in Form einer Garantiestipulation erfolgte. Sie ist in den Schriften der klassischen römischen Juristen, in Urkunden und auch in der sogenannten nichtjuristischen Literatur reichlich belegt.

---

[1] B. Kupisch, Römische Sachmängelhaftung: Ein Beispiel für die ökonomische Analyse des Rechts'?, TR 70 (2002) 21-54.

[2] Kupisch, Sachmängelhaftung (o. Anm. 1) 21-35. Von dem 34 Seiten starken Aufsatz widmet er 17 Seiten der scharfen Kritik meiner Arbeit; auf den darauf folgenden 17 Seiten skizziert er eine überraschende, auf den ersten Blick bestechende geistreiche neue Lösung für die ädilizischen Klagefristen.

[3] É. Jakab, Praedicere und cavere beim Marktkauf. Sachmängel im griechischen und römischen Recht, München 1997, 223-261.

[4] D. 21,1,1,1 Ulp. 1 ed. aed. cur.; s. dazu Jakab, Praedicere (o. Anm. 3) 127 ff.

[5] D. 21,1,1,1 Ulp. 1 ed. aed. cur. Zum Inhalt jenes *iudicium dare* s. Jakab, Praedicere (o. Anm. 3) 263-271; neuerdings auch N. Donadio, La tutela del compratore tra actiones aediliciae e actio empti, Milano 2004, 247 ff.

Von einem gewissen *cavere* berichtet auch Gaius in D. 21,1,28: *Si venditor de his quae edicto aedilium continentur non caveat, pollicentur adversus eum redhibendi iudicium intra duos menses vel quanti emptoris intersit intra sex menses.*[6] Gaius behandelt den Fall, dass der Verkäufer eine im Edikt der kurulischen Ädilen vorgesehene Stipulation nicht leistet und deshalb gegen ihn die Klage auf Wandelung innerhalb von zwei Monaten, auf Minderung innerhalb von sechs Monaten gewährt wird. Diese kurzen Klagefristen des Gaius stehen im offensichtlichen Widerspruch zu den regulären, von Ulpian überlieferten Fristen der ädilizischen Klagen: sechs Monate für Wandelung und ein Jahr für Minderung. Das Verhältnis zwischen *praedicere* und *cavere* bzw. die Auslegung der Klagefristen des Gaius sind in den drei darzustellenden Lehren unterschiedlich gelöst.

a) Die traditionelle Auffassung verbindet *praedicere* und *cavere* zwingend: Die Ädilen hätten nicht bloss eine gewisse Informationspflicht vorgeschrieben, sondern auch noch angeordnet, dass jeder Verkäufer die Freiheit von den im Edikt genannten Mängeln zusätzlich in Form einer Stipulation garantieren solle: „Für die Freiheit von nicht kundgemachten und auch nicht offenkundigen Mängeln ... kann der Käufer Gewährübernahme in Stipulationsform verlangen. Verweigert dies der Verkäufer, kann der Käufer, wohl ohne dass bereits ein Mangel aufgetreten ist, mit einer (besonderen) *actio redhibitoria* binnen zwei Monaten auf Rückzahlung des Preises gegen Rückgabe des Sklaven klagen."[7] Die regulären Klagefristen betrugen sechs Monate und ein Jahr (D. 21,1,19,6 Ulp.); die verkürzten Fristen des Gaius (D. 21,1,28) stünden jedem Käufer ohne Beweis offen, wenn der Verkäufer die Leistung der verlangten Stipulation verweigert hätte. In diesem Fall hätte der Käufer den Sklaven auch ohne Mangel sofort zurückgeben können. Die überlieferten Urkunden und Formulare (Varro, Sklavenkäufe aus dem antiken Dakien und Herculaneum) seien nach dem Wortlaut der im ädilizischen Edikt proponierten Musterstipulation entstanden bzw. formuliert.

---

[6] D. 21,1,28 Gai. 1 ed. prov.: „Wenn der Verkäufer darüber, was im Edikt der Ädilen enthalten ist, keine Sicherheit leistet, wird gegen ihn die Klage auf Wandelung innerhalb von zwei Monaten oder auf *quanti intersit* (Minderung) innerhalb von sechs Monaten gewährt."

[7] M. Kaser, Das römische Privatrecht I[2], München 1971, 560. In diesem Sinne auch die ältere Literatur, etwa G. Impallomeni, L'editto degli edili curuli, Padova 1955, 90ff.; D. Medicus, Id quod interest, Köln/Graz 1962, 123 ff.; H. Honsell/Th. Mayer-Maly/W. Selb, Römisches Recht (4. Aufl.), Berlin/Heidelberg/New York 1987, 316-318; R. Zimmermann, The Law of Obligations. Roman Foundations of the Civilian Tradition, Oxford 1996, 319 ff.; neuerdings auch L. Garofalo, Studi sull'azione redibitoria, Padova 2000, 16; L. Manna, Actio redhibitoria e responsabilità per i vizi della cosa nell'editto de mancipiis vendundis, Milano 1994, 8.

b) Hingegen trenne ich *praedicere* und *cavere* und trete dafür ein, dass die kurulischen Ädilen eine blosse Informationspflicht anordnen:[8] Die im Sachkatalog des Edikts genannten Mängel müssen dem Käufer – in welcher Form auch immer – mitgeteilt werden. Das Auftreten eines nicht kundgemachten Mangels löst die Sanktion, die Gewährung der ädilizischen Klagen aus. Eine Garantiestipulation kann zusätzlich geleistet werden, sie wird aber von den Parteien freiwillig ausgehandelt. Sie gehört zur Vertragspraxis, nicht zum Sonderrecht der Ädilen. Es hat also im klassischen römischen Recht keinen Stipulationenzwang vor den Ädilen gegeben. Diese Hauptthese meiner Habilitationsschrift wurde von manchen Kollegen,[9] sogar von mehreren Lehrbüchern[10] akzeptiert. Bis dahin folgt mir sogar Berthold Kupisch.[11] Anschließend habe ich versucht, die Funktion der in den Quellen erwähnten ädilizischen Stipulationen neu zu erklären.[12] Das von Gaius verlangte und mit verkürzten Fristen versehene *cavere* deute ich (betont hypothetisch) als prozeßbegründende Stipulation, womit die Parteien sich auf das Streitverfahren einlassen;[13] diese Vorstellung bekämpft Kupisch vehement in seinem oben zitierten Aufsatz.[14]

c) Kupisch lehnt zwar die alte Lehre des ädilizischen Stipulationenzwanges ab, vertritt aber die Theorie eines „weichen Zwanges" – kein zwingendes Recht, aber ädilizisches Gebot:[15] Die Ädilen hätten das Formular einer Garantiestipulation proponiert, die sich nach dem Wortlaut des Edikts richtete. Es habe als „Gebot einer Musterregelung" die Vertragspraxis überwiegend geprägt. Als Beleg zitiert er D. 21,2,37,1 (*per edictum autem curulium de servo cavere iubetur*) und D. 21,1,32 (*praedicere iubetur ... ut promittat praecipitur*). Die Ädilen hätten ihre „Empfehlung" so stark favorisiert, dass die bekannten Klagefristen (sechs Monate, ein Jahr) nur im Falle einer Garantiestipulation gegolten hätten. Einigten sich die Parteien in einem Kauf ohne Garantie, stünden dem Käufer nur die kurzen Fristen des

---

[8] Jakab, Praedicere (o. Anm. 3) 127 ff.
[9] W. Ernst, Neues zur Sachmängelhaftung aufgrund des Ädilenedikts, SZ 116 (1999) 208-221; M. Kaser/K. Hackl, Das Römische Zivilprozeßrecht, München 1996, 174 f.; Donadio, La tutela del compratore (o. Anm. 5) 84 ff. lehnt sowohl Jakab als auch Kupisch ab; sie verteidigt die traditionelle Lehre.
[10] Einige Lehrbücher haben die alte These des Stipulationszwanges weggelassen, etwa P. Apathy/G. Klingenberg/H. Stiegler, Einführung in das römische Recht,² Wien/Köln/Weimar 1998, 130. M. Kaser/R. Knütel, Römisches Privatrecht (18. Aufl.), München 2005, 216 berichtet objektiv von allen drei Auffassungen (traditionelle Lehre, Jakab, Kupisch); der Verf. der Neuauflage scheint am ehesten Kupisch zugeneigt zu sein.
[11] Kupisch, Sachmängelhaftung (o. Anm. 1) 36 ff.
[12] Jakab, Praedicere (o. Anm. 3) 223-306.
[13] Jakab, Praedicere (o. Anm. 3) 300-306. Zustimmend Kaser/Hackl, RZ (o. Anm. 9) 174 f.; Ernst, Sachmängelhaftung (o. Anm. 9) 210, 218.
[14] Kupisch, Sachmängelhaftung (o. Anm. 1) 23-36.
[15] Kupisch, Sachmängelhaftung (o. Anm. 1) 39, auch 40: „Die Musterregelung war kein zwingendes Recht, sondern stand zur Disposition der Parteien." Ich frage, wo dann der Unterschied zu meiner „freiwilligen Garantiestipulation" liegt?

Gaius, also zwei Monate auf Redhibition oder sechs Monate auf Minderung offen. Als dritte Möglichkeit hätten die Parteien die ädilizische Haftung völlig ausschließen können (nicht neu, seit langem bekannt und beachtet[16]) – in diesem Fall habe es keine Klagen gegeben (und natürlich auch kein Problem mit den Fristen).

Im Folgenden möchte ich der Frage nachgehen, ob Kupisch' neue These stichhaltig ist. Bei Überprüfung seiner Argumentation fallen mehrere Probleme auf, die ich in zehn Punkten zusammenfassen werde.

1) *Ein einziger Quellenbeleg.* Einen wesentlichen Schönheitsfehler bedeutet die Tatsache, dass Kupisch seine (dogmatisch hübsche) Lehre auf einen einzigen Quellenbeleg stützt:[17]

Si quis servum vendiderit, qui vitium latens habeat, emtori competit actio aedilicia redhibitoria, vel quanti minoris servum emisset emtor, si vitium cognitum habuisset. Et redhibitoria quidem dumtaxat intra sex menses agitur, quanto minoris autem intra annum utilem, si nimirum venditor emtori caverit de his, quae edicto aedilium continentur: etenim si ei non caverit, redhibitoria dumtaxat intra duos menses, quanti minoris intra VI menses agitur, ut Gaius dig. 28 dicti lib. et tit. librorum singularium Antipapiniani dicit. Sed hoc sic accipe, si non simpliciter et ita, ne restitutio fieret, venditor servum vendiderit: nam adversus eum, qui simpliciter et ita, ne restitutio fiat, vendit, aediliciae actioni non est locus, ut Papinianus dicit dig. 48 [§.8] eiusdem lib. et iti.

Der Text stammt aus den älteren Basilikenscholien, also aus den Schriften der *antecessores* aus dem 6. Jh., die überwiegend Vorlesungsstoff überliefern. In den Rechtsschulen wurde zur Zeit Justinians in griechischer Sprache unterrichtet, während der sogenannte Pflichtlehrstoff, der Text der Institutionen und der Digesten, in lateinischer Sprache vorlag. Die im Latein nicht sehr gut ausgebildeten Studenten waren stets auf die Erläuterungen der Professoren angewiesen. Diese diktierten zunächst in einem einleitenden Kurs die Übersetzung der auf lateinisch abgefaßten Rechtsnormen (Index); in einem zweiten Kurs folgte dann der juristische Sachkommentar (Paragraphai).[18] Die uns bekannten Werke der *antecessores* stammen aus Mitschriften ihrer Schüler, die in den Vorlesungen fleißig notiert haben.

Das oben zitierte Fragment stammt von Stephanos, einem der *antecessores* Justinians. Stephanos studierte in Beryt und wurde zunächst auch dort Professor; spä-

---

[16] Vgl. auch Jakab, Praedicere (o. Anm. 3) 183 ff. mit weiterer Literatur und Urkundenbelegen.
[17] Scholion 19 zu Bas. 18,6,2 Suppl. Zachariae von Lingenthal = Scheltema 1148 f. Ich drucke hier aus technischen Gründen nur den lateinischen Text in der Übersetzung von Heimbach ab. Der Vergleich mit dem griechischen Original führte zum Schluss, dass seine Übersetzung juristisch-technisch stichhaltig ist. Ich konnte keine Abweichungen feststellen, die sich auf den Inhalt auswirken würden.
[18] Vgl. P. E. Pieler, Byzantinische Rechtsliteratur, in: H. Hunger, Die hochsprachliche profane Literatur der Byzantiner, München 1978, 405 mit weiterer Literatur.

ter lehrte er in Konstantinopel.[19] Ihm werden ein ausführlicher Index und separat veröffentlichte Paragraphai zum Digestenlehrstoff (zu den ersten 36 Büchern) zugeschrieben, die ebenfalls aus Vorlesungsmitschriften der Studenten veröffentlicht wurden. Die wissenschaftliche Qualität bzw. Zuverlässigkeit solcher Skripten leiden immer (sowohl heute als auch zur Zeit Justinians) unter der Unkenntnis oder beschränkten Kenntnis der Aufzeichnenden. Es reicht darauf hinzuweisen, dass Ferrini die Urheberschaft des Theophilos bezüglich der *Paraphrasis Institutionum* angezweifelt hat, weil im Text zahlreiche sachliche Fehler,[20] ja „blühender Unsinn"[21] zu lesen ist. Ähnliche Verschreibungen oder sogar Überarbeitungen von Studenten sind auch bei Stephanos nicht auszuschließen.[22]

Die Scholien-Exzerpte des Stephanos zeichnen sich durch ihren signifikanten Stil aus; sogar anonyme Fragmente können ihm leicht zugewiesen werden.[23] Er paraphrasiert den lateinischen Text meistens sehr ausführlich, gibt oft mehrere Synonyme für ein lateinisches Wort und fügt zum Text reichlich Beispiele.[24] Seine Paragraphai zitieren nicht selten auch Schülerfragen, wobei eventuell sogar der Name des Fragenden aufgeführt wird.[25] Diese Weitschweifigkeit des Stephanos dürfte der Grund dafür gewesen sein, dass er im Basilikentext kaum vertreten ist: Zu einem Werk, das bloße Übersetzung der Digesten sein sollte, war sein Stil nicht zu empfehlen.[26] Sein Index war hingegen bei den Byzantinern sehr angesehen und seine Paragraphai begegnen oft in den Basiliken-Scholien.[27] Vermutlich liegt in Schol. Bas. 18,6,2 ein solches Musterbeispiel vor uns. Bei der Auslegung sind jedoch die Spezifika der Quelle stets vor Augen zu halten. Einerseits können Stephanos' Studenten etwas mißverstanden oder falsch notiert haben; andererseits verraten auch die berühmten *antecessores* oft mangelnde historische Kenntnisse.[28]

Der griechische Text zeigt die typischen Merkmale der byzantinischen Scholion-Literatur.[29] Die lateinischen Termini werden im griechischen Text zum Teil in der Originalsprache beibehalten, etwa *aedilicia redibitoria* (sic), und *quanti minoris*; zum Teil wird der lateinische *terminus technicus* mit griechischen Buchstaben (oft mit Schreibfehlern) geschrieben, etwa =ednibitor¤a, kouánti minÒriw. Es sind auch Mischformen vertreten, etwa a°dilik¤aw kefala¤oiw für das ädilizische Edikt. Manche Fachwörter scheinen hingegen eine gefestigte griechische Terminologie zu besitzen, wie etwa çpl«w ka‹ énapodÒtƒ präsei. Heimbach übersetzt

---

[19] L. Wenger, Die Quellen des römischen Rechts, Wien 1953, 626, 686.
[20] C. Ferrini, La Parafrasi di Teofilo ed i Commentari di Gaio, in: Opere I, Milano 1929, 15 ff.
[21] So Wenger, Quellen (o. Anm. 19) 683.
[22] Pieler, Rechtsliteratur (o. Anm. 18) 421.
[23] H. J. Scheltema, TR 26 (1958) 26 ff.
[24] Pieler, Rechtsliteratur (o. Anm. 18) 421.
[25] H. J. Scheltema, TR 26 (1958) 26; Pieler, Rechtsliteratur (o. Anm. 1) 422.
[26] Pieler, Rechtsliteratur (o. Anm. 18) 422.
[27] Pieler, Rechtsliteratur (o. Anm. 18) 422.
[28] Vgl. Wenger, Quellen (o. Anm. 19) 683 bezüglich Theophilos.
[29] Vgl. Pieler, Rechtsliteratur (o. Anm. 18) 364; H. J. Scheltema, TR 26 (1958) 26 ff.

den technischen Ausdruck mit *simpliciter et ita, ne restitutio fiat, vendit*. Die klassischen römischen Juristen verwenden dafür die Wendung *simplaria venditio*, „einfacher Kauf."[30] Mit der Ausdrucksweise des Stephanos ist auch die Wendung des Syrisch-römischen Rechtsbuchs verwandt: § 35 spicht von „einfach kaufen" und versteht darunter den Ausschluss der Rückgabe.[31]

Stephanos erläutert hier seinen Studenten die verschiedenen Fristen der ädilizischen Klagen. Er bemüht sich offensichtlich darum, ein didaktisch möglichst klares Bild zu zeichnen: Es durfte für ihn (und sein Publikum) verwirrend gewirkt haben, dass wegen verborgener Mängel zwei verschiedene *actiones aediliciae* zur Verfügung stehen, die dazu noch unterschiedlich befristet sind. Dazu kam, dass Gaius für den Fall des *non cavere* wieder andere Fristen nennt. Der engagierte Professor (oder sein fleißiger Schüler?) versuchte daraus ein verständliches System zu bauen und dürfte die regulären Fristen *quasi e contrario* ergänzt haben: *si nimirum venditor emtori caverit de his, quae edicto aedilium continentur*. Dadurch entstand ein eigenes, sonst nirgends überliefertes Verständnis der ädilizischen Fristen: Wegen verborgener Mängel des Sklaven stehen dem Käufer die ädilizischen Klagen *redhibitoria* und *quanti minoris* zur Verfügung; die Klagefristen sollen sich freilich danach richten, ob eine *cautio* (Garantiestipulation) beim Verkauf geleistet wurde. Die allgemein bekannten, regulären Fristen von sechs Monaten und einem Jahr sollen nur im Falle einer Garantie gegolten haben. Hat der Verkäufer keine Garantiestipulation geleistet, soll die *actio redhibitoria* nur innerhalb von zwei Monaten, die *quanti minoris* innerhalb von sechs Monaten geltend gemacht werden können. Bei einem Verkauf mit Ausschluss der Rückgabe (*ne restitutio fieret*) sind die ädilizischen Klagen natürlich restlos ausgeschlossen.

Der klare Aufbau, die Dreiteilung der Sklavenkäufe zeichnet den guten Schulmeister aus, der seine Studenten mit systematisiertem, logisch aufgebautem Unterricht erziehen will. Bevor wir das Modell des Stephanos weiter bewerten, werfen wir noch einen Blick, was Kupisch nicht tat, auf den näheren Kontext.

2) *Der Kontext*. Stephanos kommentiert hier nicht den Digestentitel 21,1, also nicht das ädilizische Edikt. Seine Paragraphai knüpfen an Paulus D. 15,2,2 pr. an:

---

[30] D. 21,1,48,8 Pomp. 23 Sab.
[31] Bei Jakab, Praedicere (o. Anm. 3) 214 ist es noch § 39b, zitiert nach W. Selb, Zur Bedeutung des Syrisch-Römischen Rechtsbuches, München 1964. Inzwischen ist die neue Edition erschienen: W. Selb/H. Kaufhold, Das syrisch-Römische Rechtsbuch I-III, Wien 2002; der Text ist jetzt unter § 35 und mit leicht geänderter Übersetzung zu lesen: „Wenn aber ein Mann einen Jungen als Sklaven „einfach" kauft, sei er gut oder schlecht, mit der Abmachung, dass keiner sich gegen seinen Partner wende, was griechisch *haple one* genannt wird ..." Das SRRB kennt jedoch eine Ausnahme, wenn in dem Sklaven ein Dämon, ein böser Geist, gefunden wird. Zur Deutung dieser Klausel s. Jakab, Praedicere (o. Anm. 3) 213 ff.

Cum post mortem filii familias annua adversus patrem actio est, quemadmodum adversus eum esset perpetua vivo filio, ideo si ex causa redhibitionis erat de peculio actio, sex mensum erit post mortem filii: idemque dicendum in omnibus temporalibus actionibus.

Das Fragment steht im Digestentitel 15,2 *Quando de peculio actio annalis est*; es handelt sich also um das Problem der sogenannten adjektizischen Klagen.[32] Die *actio de peculio* gilt allgemein als *actio perpetua*, konnte also unbefristet geltend gemacht werden. Wird jedoch das Gewaltverhältnis durch Tod, Emanzipation, Freilassung oder Veräußerung beendet, bleibt die *actio de peculio* auf eine relativ kurze Übergangsfrist beschränkt: Sie kann innerhalb eines Jahres noch gegen den alten Gewalthaber (oder dessen Erben) geltend gemacht werden.[33] Bereits die klassischen römischen Juristen und auch das moderne Schrifttum beschäftigten sich mit dem Vater-Sohn Verhältnis vor allem aus dem Aspekt des Todes des Gewalthabers.[34] Paulus kehrt hier die Frage um: Wie weit haftet der *pater familias* für die Schulden des Sonderguts nach dem Tod des *filius*. Paulus hebt hier als Ausnahme hervor, dass für die Klagen mit noch kürzeren Fristen, etwa wegen Redhibition, natürlich auch in diesem Fall nur die sechs Monate, und nicht das Jahr, gelten.

Der Sachverhalt ist leicht zu rekonstruieren: Der *filius* hat einen Sklaven verkauft, kurz darauf rügte der Käufer einen ädilizischen Mangel. Aus dem Text geht nicht mehr hervor, ob der Sklave bereits zurückgenommen aber der Preis nicht zurückgezahlt wurde, oder sogar die Rücknahme erst auf dem Prozeßweg zu erzwingen sein wird.[35] Paulus behandelt eine Wandelung, die innerhalb der regulären sechsmonatigen Frist abzuwickeln ist. Etwas überraschend ist jedoch die Stellungnahme, dass die sechs Monate ab dem Tod des *filius* zu laufen beginnen. Man würde eher die Befristung ab dem Kaufabschluss bzw. die Beschränkung auf die Restzeit erwarten. Fest steht jedenfalls, dass der Spätklassiker keinen Hinweis auf eine eventuelle *cautio* (Garantiestipulation) gibt; die sechs Monate betrachtet Paulus offensichtlich als die einzig denkbare Klagefrist.

Diesen „Sonderfall" hat Stephanos pedantisch kommentiert und für die ädilizischen Rechtsbehelfe mit den verschiedenen Fristen eine „vernünftige" Erklärung konstruiert. Bereits die abgelegene, keineswegs an das Edikt der kurulischen Ädilen direkt anknüpfende Redaktion erweckt Zweifel an der zentralen Rolle und Wichtigkeit seiner Feststellung. Dazu kommt die Tatsache, dass Paulus' Text die Möglichkeit einer modifizierten Frist völlig außer Acht läßt.

---

[32] Zum Thema vgl. umfassend A. Wacke, Die adjektizischen Klagen im Überblick, SZ 111 (1994) 280-362 mit weiterer Literatur.
[33] Zur Formel vgl. Kaser/Hackl, RZ (o. Anm. 9) 341 f.
[34] Vgl. etwa A. Wacke, Peculium non ademptum videtur tacite donatum. Zum Schicksal des Sonderguts nach Gewaltentlassung, IVRA 42 (1991) 47 ff.
[35] Zum Ablauf des Verfahrens vor den Ädilen s. neulich Donadio, La tutela del compratore (o. Anm. 5) 247-318.

Aber kehren wir zum Scholion zurück. Stephanos stellt uns ein beachtenswertes Modell dar, das eine geistreiche Lösung für die unterschiedlichen Klagefristen bietet. Es spricht jedoch nichts dafür, dass die von ihm favorisierte Trias bereits im klassischen römischen Recht gegolten hätte. Sie scheint eher die (zweifelsohne intelligente) Theorie des Rechtsunterrichts des 6. Jhs. zu vertreten. In der byzantinischen Tradition taucht zwar diese These noch einige Male auf,[36] sie beruht weder auf klassischem Recht noch hat sie auf die abendländische Überlieferung irgendwelchen Einfluss genommen. Stephanos' Modell bleibt ein typischer Versuch der byzantinischen Gelehrsamkeit, widersprüchliche oder unverständliche Fragmente in den angesehenen Digesten vorsichtig umzudeuten und in einem harmonischen System aufzulösen.

3) *Prozessuale Fristen materiellrechtlich ausgelegt.* Die byzantinischen Gelehrten neigen allgemein dazu, prozessuale Normen des prätorischen Formularverfahrens materiellrechtlich auszulegen. Als Parallele möchte ich hier auf die Entstehung der *longi temporis praescriptio* verweisen, deren Entwicklungsgeschichte D. Nörr[37] überzeugend nachgezeichnet hat. Die *ltp* entstand als eine Mischung von prozessualen und materiellrechtlichen Rechtsfiguren, deren Vorbild bereits im griechischen Rechtskreis als prozessuales Mittel im Gebrauch war, um einen Prozess für unzulässig zu erklären.[38] Diese Rechtsfigur dürfte den römischen Juristen (und Septimius Severus) zum Vorbild gedient haben, als sie die *praescriptio* zur Geltendmachung einer Frist zur Befestigung der Besitzlage *extra ordinem* eingeführt haben. Institutionalisiert wurde sie erst von Justinian als Ersitzung.[39] Ähnlich stellte auch U. Manthe eine „Neuinterpretation" der byzantinischen Gelehrten dar, wodurch ein Zitat aus den Schriften der klassischen Juristen in der Paraphrase des Tipukeitos leicht missverstanden und vereinfachend umgedeutet wurde.[40]

Diese allgemeine Tendenz mahnt zur Vorsicht: Ähnliche Erscheinungen sind für den klassischen Formularprozeß keineswegs als bare Münze zu nehmen bzw. sind vor der Übernahme sorgfältig zu überprüfen.

4) *Widerspruch zu Ulpian.* Noch bedenklicher erscheint mir, dass Kupisch' neue These mit zentralen Quellen des ädilizischen Edikts, also des klassischen römischen Rechts, in offensichtlichem Widerspruch steht. Die uns allen geläufigen Fristen der ädilizischen Klagen sind in Ulpian in D. 21,1,19,6 überliefert:

---

[36] Darauf verweist bereits Kupisch, Sachmängelhaftung (o. Anm. 1) 46.
[37] D. Nörr, Die Entstehung der longi temporis praescriptio. Studien zum Einfluß der Zeit im Recht und zur Rechtspolitik in der Kaiserzeit, Köln/Opladen 1969.
[38] Nörr, Longi temporis (o. Anm. 37) 16 ff.
[39] Nörr, Longi temporis (o. Anm. 37) 113.
[40] Es geht um D. 21,1,21,3 Ulp.; s. dazu U. Manthe, Zur Wandlung des servus fugitivus, TR 44 (1976) 133-146.

Tempus autem redhibitionis sex menses utiles habet: si autem mancipium non redhibeatur, sed quanto minoris agitur, annus utilis est. Sed tempus redhibitionis ex die venditionis currit aut, si dictum promissumve quid est, ex eo ex quo dictum promissumve quid est.

Der Text wurde nicht einmal zur Zeit der strengsten Interpolationenkritik verdächtigt.[41] B. Kupisch ist der erste, der seine Echtheit bezweifelt und wesentliche Korrekturen vorschlägt.[42] Er will vor allem den Schluss *ex eo ex quo dictum promissumve quid est* als spätere Überarbeitung, dann noch *aut* vor *si dictum* als Schreiberfehler streichen.[43] So kommt er zum gewünschten Inhalt: „Aber die [sechsmonatige] Wandelungsfrist ab dem Tag des Verkaufs läuft, wenn etwas erklärt oder versprochen worden ist." Die regulären Fristen hätten also allein im Falle einer Garantiestipulation gegolten.[44]

Ulpian stellt im ersten Satz eindeutig fest, dass die reguläre Frist der Redhibition eine sechsmonatige Frist ist. Ab *si autem* ergänzt er diese Aussage um die einjährige Minderungsfrist. Dieser Aufbau erinnert an die schichtenweise Entstehung des Edikts.[45] Die ursprünglich allein existierende Redhibition steht an der Spitze; die später eingeführte Minderung mit der abweichenden Frist wird anschließend hinzugefügt. Ganz logisch knüpft daran Ulpians Erläuterung im zweiten Satz an, ab wann die Fristen zu laufen beginnen. Diesen zweiten Satz will Kupisch radikal ändern.

Sehen wir uns seinen „verbesserten" Text genau an: Vermittelt der verstümmelte Text wirklich die Aussage, die er darin sehen will? Wir würden im zweiten Satz lesen: „Die Frist der Redhibition beginnt ab dem Zeitpunkt des Verkaufs zu laufen, wenn etwas zugesagt oder versprochen wurde." Es ergibt keineswegs den von Kupisch gewünschten Inhalt, dass beim Ausbleiben des *dictum promissumve* kürzere Fristen gegolten hätten. Ulpian behandelt hier allein den Anfangstermin, wann die Fristen zu laufen beginnen; über deren Ablauf, also über die Dauer dieser Frist, sagt er nichts. Den von Kupisch umgeschriebenen Text könnte man höchstens so verstehen, dass ohne *dictum promissum* die sechsmonatige bzw. einjährige Frist nicht ab dem Zeitpunkt des Verkaufs, sondern später oder früher (es bliebe aber hier unbestimmt, ab wann) zu laufen begänne; dies würde aber weder zu der alten Lehre noch zu Kupisch' Thesen passen.

5) *Die Textumgebung*. Dazu kommt, dass die von Kupisch soeben verworfene Fassung der Florentina (Mommsens uns wohl bekannter Text) in seiner Textumgebung ausreichend Bestätigung findet. Die davor stehenden Fragmente (D.

---

[41] Vgl. den Index Interpolationum und Kaser, RP I[2] 559 Anm. 48; Lenel, EP[2] 555 Anm. 12.
[42] Kupisch, Sachmängelhaftung (o. Anm. 1) 46 ff.
[43] Kupisch, Sachmängelhaftung (o. Anm. 1) 48 f.
[44] Kupisch, Sachmängelhaftung (o. Anm. 1) 51.
[45] Im Sklavenedikt wird nur die Redhibition geregelt; die Minderung kommt im eigentlichen Ediktwortlaut nicht vor. Erst das später entstandene Jumentumedikt hat einen einheitlich komponierten Text, der die verschiedenen Klagefristen nebeneinander nennt.

21,1,19 pr.-4) behandeln Auslegungsprobleme der Wendung *dictum promissumve*. Darauf folgt D. 21,1,19,5 mit der Erläuterung des Ediktwortlauts *emptori omnibusque ad quos ea res pertinet iudicium dabimus*, und schließlich das Fragment über die hier relevanten Fristen des ädilizischen *iudicium dare*.

Das Edikt der Ädilen nennt zwei Klagegrundlagen (D. 21,1,1,1): Erstens die unterlassene Information über die explizit aufgezählten Mängel (*morbus, vitium, fugitivus, erro, noxa*), zweitens unwahre Aussagen über (weitere) beliebige Eigenschaften und Mängel (*dicta et promissa*). Zu diesem Dualismus der ädilizischen Sachmängelansprüche paßt gut Ulpians Differenzierung: Die Fristen können *ex die venditionis*, ab dem Tag des Verkaufs, aber auch ab dem Tag des *dictum*, der Zusage laufen, wenn die beiden nicht zusammenfallen. In den Juristenschriften sind zahlreiche Belege dafür zu finden, dass der Abschluss des Konsensualkaufs zeitlich von der Leistung einer Zusage oder Zusicherung (*dictum promissumve*) abweichen kann. Gaius bespricht in D. 21,1,20 einen Fall, worin das *dictum* bereits früher, vor dem Kaufabschluß, erfolgte. In D. 21,2,56 pr. berichtet Paulus davon, dass die Leistung einer *stipulatio duplae* vom Verkäufer beim Kaufabschluss zu einem künftigen Zeitpunkt zugesagt wurde. In Kenntnis dieser offenbar üblichen Praxis hat Ulpians Differenzierung in D. 21,1,19,6 einen guten Sinn. Der Käufer muss entscheiden, ob er seinen Redhibitionsanspruch auf *praedicere iubetur* oder auf *adversus dictum promissumve* des ädilizischen Edikts gründen will. Die Fristen können unterschiedlich sein, wenn der Kaufabschluss mit dem *dictum* nicht zusammenfällt.

Ulpian will hier also nur so viel sagen, dass die Fristen der auf *adversus dictum promissumve* gegründeten Klage nicht ab dem Kaufabschluss, sondern ab dem wirklichen Zeitpunkt des *dictum* zu laufen beginnen. Keineswegs folgt aus der Ulpianstelle D. 21,1,19,6, dass die Fristen vom *dictum promissumve* des Verkäufers abhängig seien und noch weniger, dass darunter eine Garantiestipulation zu verstehen wäre. Leider geht Kupisch auf die hier von mir zitierten Quellen nicht ein.

6) *Der Begriff dicta et promissa*. Noch problematischer finde ich Kupisch' Deutung bezüglich der Wendung *dictum promissumve*. Er verweigert es, eine klare Definition zu geben, spricht aber konsequent von einer „Garantiestipulation."

Im modernen Kaufrecht arbeiten wir mit einem homogenen Begriff der Garantie, der aber keineswegs mit den *dicta et promissa* des klassischen römischen Rechts gleichzusetzen ist. Die klassischen römischen Juristen bedienen sich verschiedener Verben und Wendungen, um die bindende Zusicherung des Verkäufers über die Beschaffenheit der Kaufsache auszudrücken. In den Kommentaren zum Edikt der kurulischen Ädilen liest man etwa *praedicere, dicere, promittere, adfirmare, pronuntiare, cavere* ... Das Bedeutungsfeld der einzelnen technischen Wörter ist nicht immer scharf abgegrenzt.

Kupisch identifiziert *dictum promissumve* ohne Bedenken mit der Garantiestipulation.[46] Das entspricht etwa der älteren Auffassung, die bei Kaser[47] oder Honsell/Mayer-Maly/Selb[48] nachzulesen ist. Bereits Olde Kalter[49] hat aber das Problem viel differenzierter behandelt.

Ulpian versucht in D. 21,1,19,2 den Begriff des *dictum promissumve* zu definieren. Der Jurist betont, dass jede formlose Zusage als *dictum* bezeichnet werden kann.[50] Nicht einmal das *promissum* ist zwingend als Stipulation aufzufassen: Es erfolgt auf eine Anfrage, kann aber als formloses Versprechen oder als Stipulation geleistet werden.[51] Bereits die vorhin besprochenen Texte zeigen, dass das enge Verständnis nicht zutreffen kann. Dazu kommen weitere Fragmente, worin die klassischen römischen Juristen *dictum promissumve* und Stipulation ausdrücklich gegenüberstellen.[52] Lesen wir nun D. 21,1,19,2 weiter: Wenn der Käufer das *promissum* in Form einer Stipulation in Empfang nimmt, kann er (wahlweise) mit der *actio ex stipulatu* oder mit den ädilizischen Klagen vorgehen. Ulpian hebt also hervor, dass ein bloßes *promissum* oder eine Garantiestipulation unterschiedliche Rechtswirkungen haben: Die Garantiestipulation (*argumentum a maiore ad minus*) enthält natürlich auch ein *promissum* in sich, berechtigt also den Käufer auch zu den ädilizischen Rechtsbehelfen. Sie eröffnet ihm aber den Weg zum Prätor, um mit einer *stricti iuris actio* unbefristet vor ihm zu klagen. Nebenbei sei bemerkt: Ulpian weiß in seinem Kommentar offenbar nichts davon, dass *promissum* oder *sponsum* auf die Fristen der Redhibition Einfluss genommen hätten. Hier möchte ich nur kurz darauf hinweisen, dass die Wahl des Käufers unter den beiden denkbaren Klagen natürlich auch den Umfang des einklagbaren Anspruchs bestimmt:[53] Mit den ädilizischen Klagen kann er nur Wandelung oder Minderung

---

[46] Kupisch, Sachmängelhaftung (o. Anm. 1) 42, 47.
[47] Kaser, RP I² 560.
[48] Honsell/Mayer-Maly/Selb, RR (o. Anm. 7) 316.
[49] A. L. Olde Kalter, Dicta et promissa. Die Haftung des Verkäufers wegen Zusicherungen für die Beschaffenheit der Kaufsache im klassischen römischen Recht, Utrecht 1963, 32 ff.
[50] J. Partsch, SZ 33 (1912) 607 setzt das *dictum* mit dem *dictum in mancipio* gleich; vgl. dagegen überzeugend Olde Kalter, Dicta (o. Anm. 49) 40, 147.
[51] Olde Kalter, Dicta (o. Anm. 49) 40, 147; Jakab, Praedicere (o. Anm. 3) 135; E. Jakab, Diebische Sklaven, marode Balken. Von den römischen Wurzeln der Gewährleistung für Sachmängel, in: Verbraucherkauf in Europa, hg. von M. J. Schermaier, München 2003, 41 ff.
[52] Vgl. etwa D. 21,1,19 pr.-5.
[53] Es reicht hier nur auf Gaius zu verweisen: In D. 21,1,20 trennt er konsequent *dictum* und *stipulatio*. Vor dem Verkauf erfolgte ein *dictum*, dann kam der Verkauf, und erst einige Tage später noch eine Garantie in Stipulationsform. Zum Verhältnis der ädilizischen Klagen zu der *actio ex stipulatu* s. auch Chr. Baldus, Zur Klagenkonkurrenz bei Sachmängeln im römischen Kaufrecht, OIR 5 (1999) 72 ff.

durchsetzen,[54] während die strengrechtliche Klage aus der Stipulation ihm den vollen Schadenersatz bringen kann.[55]

7) *Die Funktion der dicta et promissa.* Nähert man sich der Problematik aus dem Aspekt der Funktion der Zusagen, ist Kupisch' Auffassung ebenfalls abzulehnen. Bereits in meiner Monographie,[56] später in einem Tagungsbeitrag in Münster[57] versuchte ich zu zeigen, dass die Parteien durch *dicta et promissa* den Sachkatalog des ädilizischen Edikts nach Belieben erweitern konnten. Es reicht, wenn ich zur Illustration auf den bereits oben zitierten kleinen Ausschnitt aus der reichen Kommentarliteratur zum *dictum promissumve* verweise: Der Verkäufer verspricht, dass der Sklave einen treuen, zuverlässigen Charakter habe,[58] dass er kein Würfelspieler oder Dieb sei, niemals Zuflucht bei einer Kaiserstatue gesucht habe,[59] dass er in einem bestimmten Handwerk ausgebildet ist.[60] Durch derartige Zusagen und Versprechen konnten die Parteien die ädilizischen Klagen (*redhibitoria* und *quanti minoris*) einvernehmlich individuell erweitern. Es handelt sich also bei den *dicta et promissa* oft um das Vorhandensein oder Fehlen solcher Eigenschaften, die in den Sachkatalog des ädilizischen Edikts keine Aufnahme gefunden haben.[61] Kupisch versteht hingegen *dicta et promissa* als die in Stipulationsform wiederholte Garantie für ediktale Mängel; diese Auffassung schränkt das Bedeutungsfeld der Wendung quellen- und lebensfremd ein.

8) *Das Jumentumedikt.* Ein weiteres Problem sehe ich darin, dass die regulären Fristen von sechs Monaten und einem Jahr im Jumentumedikt ausdrücklich genannt, also als geltendes Recht korrekt überliefert sind (D. 21,1,38 pr. Ulp.):

Aediles aiunt: ‚Qui iumenta vendunt, palam recte dicunto, quid in quoque eorum morbi vitiique sit, utique optime ornata vendendi causa fuerint, ita emptoribus tradentur. Si quid ita factum non erit, de ornamentis restituendis iumentisve ornamentorum nomine redhibendis in diebus sexaginta, morbi autem vitiive causa inemptis faciendis in sex mensibus, vel quo minoris cum venirent fuerint, in anno iudicium dabimus.'

Das Edikt weiß nichts von der modifizierenden Wirkung einer eventuellen Garantiestipulation, obwohl die freiwillige Garantie beim Verkauf von Groß- und Kleinvieh nach dem Zeugnis von Varro bereits seit Manilius (2. Jh. v.Chr.) allge-

---

[54] Sein Anspruch ist allerdings in der Höhe des Kaufpreises limitiert, s. dazu Jakab, Diebische Sklaven (o. Anm. 51) 49 f.
[55] H. Honsell, Quod interest im bonae-fidei-iudicium, München 1969, 63 ff.
[56] Jakab, Praedicere (o. Anm. 3) 13 ff.
[57] Jakab, Diebische Sklaven (o. Anm. 51) 41 ff.
[58] D. 21,1,19 pr. Ulp.
[59] D. 21,1,19,1 pr. Ulp.
[60] D. 21,1,19,4 Ulp.
[61] Jakab, Diebische Sklaven (o. Anm. 51) 43 ff.

mein üblich war.⁶² Diesen störenden Widerspruch bemerkt auch Kupisch; er will das Problem dadurch lösen, dass die von ihm vorgeschlagene Staffelung (verkürzte Fristen beim Ausbleiben der Garantie, reguläre Fristen nur bei der Leistung einer Garantie) allein beim Sklavenkauf gegolten habe.⁶³ Damit unterstellt er eine gründlich abweichende ädilizische Regelung der Sachmängel für Sklaven und *iumenta*, wovon aber die Quellen nichts zu wissen scheinen.

9) *Die Redhibition in weiteren Quellen*. Gegen Kupisch sprechen auch die Quellen, die von Redhibition berichten, ohne Fristen oder die Möglichkeit einer Garantie zu erwägen:

In D 21,1,18 pr. kommentiert Gaius das Edikt der kurulischen Ädilen und stellt fest, dass der Käufer wegen unwahrer Zusagen und Zusicherungen des Verkäufers mit der *actio redhibitoria* oder der *a. aestimatoria* (*quanti minoris*) vorgehen kann. Der Jurist benützt das Verbum *adfirmare* und versteht darunter bindende Zusagen des Verkäufers über die Beschaffenheit der Kaufsache. Es handelt sich offenbar um formlose Zusicherungen; das benützte Verbum lässt den Schluss auf eine Garantiestipulation keineswegs zu. Nicht einmal D. 15,2,2 pr. (das Fragment, das den Anlass zum umstrittenen Kommentar Stephanos' gegeben hat) erweckt Zweifel an der allgemeinen Gültigkeit der sechsmonatigen Frist. Ganz im Gegenteil: Paulus nennt die sechs Monate selbstverständlich und erwähnt keine Garantiestipulation.

Wären den klassischen römischen Juristen mehrere Varianten bekannt gewesen, hätten sie ihre Aussagen in den zitierten Texten wohl präzisieren müssen.

Kupisch hat weiterhin übersehen, dass die sechsmonatige Frist für die Redhibition nicht nur in D. 21,1,19,6, sondern auch noch in weiteren Quellen überliefert ist. In D. 3,5,34,2 (*De negotiis gestis*) erwähnt Scaevola die Redhibition ausdrücklich mit der sechsmonatigen Frist. Im Digestentitel 21,1 werden die Fristen zunächst von Ulpian dargelegt (im oben zitierten D. 21,1,19,6); weiter unten nennt auch Pomponius (D. 21,1,48,2) die sechsmonatige Frist für die Redhibition und die einjährige für die Minderung. Schließlich erklärt Papinian, dass die sechsmonatige Redhibitionsfrist als sog. *tempus utile* zu verstehen ist. In D. 21,1,55 behandelt Papinian den Fall des *fugitivus*, den der Käufer wegen seiner Flucht nicht auf *morbus* und *vitium* überprüfen kann. Es geht hier also eindeutig um *mancipia*. Man findet keinen Hinweis auf eine eventuelle Garantie; geklagt wird aus dem ädilizischen Edikt. Aus dem Textzusammenhang geht es eindeutig hervor, dass Pomponius in D. 21,1,48,2 ebenfalls von Sklaven handelt. Schließlich betont Julian in D. 44,2,25,1 (*De exceptione rei iudicatae*), dass der Käufer zwischen der *actio redhibitoria* innerhalb von sechs Monaten und der *actio quanti minoris* wegen des Mangels des Sklaven frei wählen kann; die Geltendmachung der einen Klage schließe jedoch die andere aus. Es geht hier offensichtlich ebenfalls um einen Sklavenkauf ohne Garantiestipulation.

---

⁶² Vgl. Jakab, Praedicere (o. Anm. 3) 157 ff.; Jakab, Diebische Sklaven (o. Anm. 51) 25 ff.
⁶³ Kupisch, Sachmängelhaftung (o. Anm. 1) 53.

Scaevola, Papinian, Pomponius und Julian schließen jeden Zweifel aus: Die Ädilen haben aufgrund ihres Edikts (also ohne zusätzliche Garantie) die Klage auf Redhibition innerhalb von sechs Monaten und auf Preisminderung innerhalb von einem Jahr gewährt.

10) *Weitere Überlegungen.* Prüft man die Erläuterungen in den Scholien zu den oben zitierten Stellen, ist festzustellen, dass die von Stephanos favorisierte Staffelung nie wieder vorkommt. Es ist also festzustellen, dass die geistreiche Idee des Stephanos nur ein einziges Mal, im Kommentar zu D. 15,2,2 pr. überliefert ist. Diese Tatsache wirft ein neues Licht auf den Text des Stephanos. Offenbar handelt es sich um einen einzigen Versuch der frühbyzantinischen Lehre, die inzwischen unverständlich gewordenen Unterschiede zwischen den prozessualen Fristen in den klassischen Texten vernünftig zu erklären. Ähnliche Versuche zur Systematisierung sind sogar in den Basiliken zu finden. Etwa in B 51,2,23 (zu D. 44,2,25,1) setzt der Übersetzer die *actio quanti minoris* mit der Klage auf *quod interest* gleich.[64] Sichtlich kann der byzantinische Gelehrte zwischen der Preisminderung (um wie viel weniger der Käufer den Sklaven in Kenntnis des Mangels gekauft hätte) und dem Schadenersatz nicht mehr unterscheiden.[65]

Schließlich könnte ich noch auf eine lange Liste von Widersprüchen verweisen, auf die ich hier nicht näher eingehen kann. Wie wir soeben gesehen haben, eröffnet die zusätzliche Garantiestipulation dem Käufer zwei Klagemöglichkeiten: Er kann die *actio ex stipulatu* unbefristet, als *actio perpetua*, auf *quod interest* vor dem Prätor geltend machen, oder auf den Ediktsteil *quod adversus dictum promissumve fuerit* gestützt die ädilizischen Klagen vor den Ädilen anstreben. Die *actio ex stipulatu* steht ihm jedenfalls unbefristet zu – welchen Sinn machte es, die ädilizischen Fristen bei Vorliegen einer Stipulation (nach Kupisch) von zwei (bzw. sechs) auf sechs (bzw. zwölf) Monate zu verlängern?

Ich könnte weiterhin auf die im SRRB dargestellte spätantike Vertragspraxis verweisen, die von der Staffelung der Fristen keine Spur erkennen läßt. Ebenso fehlt jeder Beleg dafür in den spätantiken Papyri.

Zusammenfassend ist festzustellen, dass B e r t h o l d K u p i s c h eine hübsche byzantinische Lehrmeinung bezüglich der Klagefristen *ex edicto aedilium curulium* neu entdeckt hat, die für den verwirrenden (scheinbaren) Widerspruch zwischen Ulpian (D. 21,1,19,6) und Gaius (D. 21,1,28) eine geistreiche Erklärung bietet. Stephanos vermittelt eine geschickte Lösung der *antecessores*, die aber auf das klassische römische Recht keineswegs übertragbar ist. K u p i s c h ' Beitrag ist wertvoll für die Überlieferungsgeschichte. Der Transfer seines Modells auf das klassische römische Recht ist jedoch abzulehnen.

---

[64] *Emtor potestatem habet, intra sex menses actionem redhibitoriam movere, aut actionem quanti minoris, ad id quod interest, aut ad redhibitionem servi* (Heimbach).

[65] Julian formuliert noch ganz anders in D. 44,2,25,1: *Est in potestate emptoris intra sex menses, redhibitoria agere mallet an ea quae datur quanti minoris homo cum veniret fuerit...* (s.a. oben Anm. 54 f.)

Gaius bespricht in D. 21,1,28, dass die Ädilen im Falle eines gewissen *non cavere* des Verkäufers das *iudicium redhibendi* mit stark verkürzten Klagefristen angedroht haben. Kein anderer Jurist und kein weiterer Text spricht sonst von diesen Klagefristen wegen des Mangels des Sklaven; dies macht eine schlüssig abgeleitete Erläuterung unmöglich und verweist die Interpreten auf den schwierigen weg der Hypothesen. Das *non cavere* mit den abgeänderten Fristen erinnert an Rechtsfiguren des **Formularverfahrens**, worin der Prätor im Rahmen seiner Jurisdiktion den Ungehorsam des Beklagten mit prozessualen oder außerprozessualen Mitteln bekämpfen musste. Die Ähnlichkeiten legen die Hypothese nahe, vor den Ädilen *in iure* eine Streiteinlassung *per stipulationem* zu vermuten und das *iudicium polliceri* mit verkürzten Fristen als Bekämpfung der Verschleppungsmanöver des beklagten Verkäufers zu verstehen.

Hoffnungskauf und Eviktionshaftung*

Rolf Knütel

I. 1. Der Hoffnungskauf, die *emptio spei*, hat in den neuzeitlichen Kodifikationen und in der modernen Literatur seinen festen Platz. Grundlage ist ein berühmter Text aus dem 9. Buch des Sabinuskommentars von Pomponius D. 18,1,8,1:

Aliquando tamen et sine re venditio intellegitur, veluti cum quasi alea emitur. quod fit, cum captum piscium vel avium vel missilium emitur: emptio enim contrahitur etiam si nihil inciderit, quia spei emptio est: et quod missilium nomine eo casu captum est si evictum fuerit, nulla eo nomine ex empto obligatio contrahitur, quia id actum intellegitur.	Manchmal kann jedoch ein Kauf auch ohne eine Sache angenommen werden, zum Beispiel wenn man gewissermaßen Würfelglück kauft. Dies ist der Fall, wenn ein künftiger Fang von Fischen oder Vögeln gekauft wird oder das, was jemand von den unter das Volk geworfenen Geschenken erlangt. Hier wird nämlich ein gültiger Kauf geschlossen, auch wenn nichts gefangen oder aufgefangen wird, weil es sich um den Kauf einer Hoffnung handelt. Und wird das, was jemand von den bei einem bestimmten Ereignis unter das Volk geworfenen Geschenken erlangt hat, evinziert, so entsteht aufgrund dessen keine Verbindlichkeit aus dem Kauf, weil dies als vereinbart anzusehen ist.

---

* Ich danke Herrn Dr. iur. Sebastian Lohsse für förderliche Mitarbeit. Erstveröffentlichung in SZ 117 (2000) 445-453, hier geringfügig ergänzt.

2. Von den drei genannten Beispielen hat das erste die Weihen des Gesetzgebers in Art. 2451 Louisiana Civil Code gefunden: „A hope may be the object of a contract of sale. Thus, a fisherman may sell a haul of his net before he throws it. In that case the buyer is entitled to whatever is caught in the net, according to the parties' expectations, and even if nothing is caught the sale is valid."[1] Doch ist der Hoffnungskauf auch in zahlreichen anderen Kodifikationen geregelt worden.[2] Auch in der heutigen Literatur bildet der (auch in Iul.-Ulp. D. 19,1,11,18; Cels. D. 19,1,12; Ulp. D. 18,4,11 angeführte) Ertrag eines Fischzuges noch das Standardbeispiel für den Hoffnungskauf.[3] Da im Gegensatz zur Fischerei die Vogelfängerei hierzulande ausgestorben ist, wird das zweite (in D. 19,1,11,18 ebenfalls genannte) Beispiel, der Fang eines Vogelstellers, heute nicht mehr angeführt.[4]

Auch das dritte Beispiel, der *captus missilium*, ist in der Literatur zum modernen Recht nicht aufgegriffen worden, obwohl die antiken Triumphzüge immerhin einen schwachen Abglanz in unseren Karnevalszügen finden, wo als „Kamelle" nicht nur Süßigkeiten, sondern auch Obst, Blumen, Spielzeug etc. in die Menge geworfen werden.

II. 1. Auch in der romanistischen Literatur hat man sich des dritten Beispiels zu entledigen gesucht. Zunächst hat Vassalli[5] gemeint, zumindest der Passus *cum quasi alea emitur. quod fit* und das Schlußstück *et quod missilium nomine rell.*

---

[1] Die Fassung des Louisiana Civil Code von 1870 ist mit Wirkung vom 1.1.1995 dahin geändert worden, daß nunmehr auch eine Lösung für den Fall getroffen ist, daß andere Gegenstände als Fische sich im Netz verfangen. Das läßt an den berühmten Fall denken, wo ein Dreifuß in das Netz geriet, Valerius Maximus 4,1,7; Plutarch, Solon 4,1ff.; Diogenes Laertius 1,1,27ff.; dazu D. Daube, Studi Paoli, Florenz 1955, 203 (=Collected Studies I, 1991, 553), im Folgenden abgekürzt Daube. Einen Parallelfall bringt Sueton, De rhetoribus 25,16: Junge Römer hatten Fischern in Ostia den Fang abgekauft, den diese beim nächsten Wurf des Netzes machen würden. Als es eingeholt wurde, hatte sich zwar kein einziger Fisch darin verfangen, wohl aber ein zugenähter Korb voll Gold. Die Parteien stritten darum, wem dieser Fang gehöre. Wie der Streit ausging oder zu entscheiden war, berichtet Sueton nicht.

[2] Vgl. z.B. (überwiegend mit Einordnung unter die aleatorischen Verträge) §§ 1065, 1267-1269, 1276 ABGB; Artt. 1104 Code civil; 1469, 1472 Cc Ital.; 1790 Cc Span.; 880, 881 Cc Portug.; 1404-1407, 2051 Cc Argent.; 1118 Cc Brasil. 1916=458 Cc 2002; 1813 Cc Chil.; 1869 Cc Colomb.; 2309 Cc Mex.

[3] Endemann, Lehrbuch d. Bürgerl. Rechts 1, 9. Aufl. 1903, 932 Anm. 16 (mit dem Hinweis, es sei „heute noch z.B. an der Ostsee üblich, daß bei Ausfahrt der Schifferböte der Aufkäufer mit den Fischern vereinbart: für den heutigen Fang zahle ich 70 Mark"); Dernburg, Das bürgerl. Recht II/2, 3. Aufl. 1906, 10f.; Crome, System des Deutschen Bürgerl. Rechts 2, 1902, 408 m. Anm. 22; Oertmann, BGB, 5. Aufl. 1929, Vor § 433 A. 1 b, S. 525; Heck, Grundriß des Schuldrechts, 1929, 253; Enneccrus/Lehmann, Schuldrecht, 15. Bearb. 1958, 406; Fikentscher, Schuldrecht, 9. Aufl. 1997, 410f. Rz. 657; Soergel/Huber, BGB, 12. Aufl. 1991, Vor § 433 Rz. 75.

[4] Anders V. Arangio-Ruiz, La compravendita in diritto romano 1, 2. Aufl. (Nd.), Napoli 1961, 119: „ancora oggi di quotidiana esperienza."

[5] Studi giuridici III/1, Milano 1960 (aus Ann. Perugia 1913), 372.

seien sicher interpoliert. Beseler hat dann mit der Streichung von *vel missilium* und dem Schlußstück *et quod missilium rell.* den „sonderbaren casus," nämlich des *captus missilium,* verschwinden lassen.[6] Vermutlich hat dies Fritz Schulz darin bestärkt, die *emptio spei* überhaupt als eine „bold idea" zu verdächtigen.[7]

2. „Merkwürdig" sind die Ausführungen zu den *missilia* in fr. 8,1 in der Tat. Welcher vernünftige Mensch, so fragt Arangio-Ruiz,[8] kann auf die Bereitschaft, sich beim Auffangen der *missilia* zu engagieren, bei einem *venditor spei* zählen, der weiß, daß er die bescheidenen Werte ohnehin nicht behalten dürfte, und der das Geld bereits eingestrichen hat, ohne schon irgendetwas gefangen zu haben? Darüber hinaus wird man aber auch fragen müssen, welcher vernünftige Jurist, wenn es sich bei den *missilia* um Geldstücke[9] oder um „gettoni" von geringem Wert[10] handelte, in dieser Situation überhaupt auf den Gedanken an eine Vindikation und eine mögliche Eviktionshaftung verfallen sollte.

3. Doch hat sich der Wandel in der Einstellung gegenüber der Interpolationenkritik auch bei D. 18,1,8,1 ausgewirkt. Schon in der Mitte der fünfziger Jahre hat David Daube sich für die Echtheit des Textes ausgesprochen; allenfalls sei mit ein oder zwei Modifikationen zu rechnen.[11] Insbesondere sei das dritte Beispiel typisch römisch; nicht zufällig werde es auch im Zusammenhang mit dem Prob-

---

[6] Scritti Ferrini III, Milano 1948, 295, in Erweiterung seiner in TR 8 (1928) 287f. geäußerten Verdächtigungen. Daß W.W. Buckland dem gefolgt sei, berichtet Daube (o. Anm. 1) 205 (=555); für Unechtheit dieses Falles auch Perozzi, Istituzioni di diritto romano 2, 2. Aufl., Roma 1928, 273 sowie Bartošek, RIDA 2 (1949) 50. Bedenken auch bei Brasiello, NNDI VI, Torino 1960 (Nd. 1981), 519 s.v. *emptio rei speratae*. Unsubstantiierte Verdächtigungen zu D. 18,1,8,1 bei F. Pringsheim, SZ 44 (1924) 430f. Anm. 7; vgl. auch Segrè, Scritti giuridici 4, Roma 1939, 122 Anm. 2 (123).

[7] Classical Roman Law, Oxford 1951, 528 und 539 mit der Verweisung auf den Index Itp. zu D. 18,1,8,1. Zuvor hatte bereits C. Longo, Corso di diritto romano, Milano 1937, 349f. die *emptio spei* als eine unklassische Anomalie abgetan. Gegen beide Arangio-Ruiz (o. Anm. 4) 120f., der ungeachtet seiner Bedenken gegenüber dem Beispiel der *missilia* und gegenüber dem Fall in D. 18,4,11 die Klassizität des Hoffnungskaufs bejaht.

[8] Arangio-Ruiz (o. Anm. 4) 119f.

[9] Davon geht G. Beseler, Scritti Ferrini (o. Anm. 6) 295 aus; auch Feust und Sintenis in Otto/Schilling/Sintenis, Das Corpus Juris Civilis in's Deutsche übersetzt 2, 1831, 342 geben die *missilia* mit „ausgeworfenen Münzen" wieder. F. De Zulueta, The Roman Law of Sale, Oxford 1945 (Nd. 1957), 89 (vgl. S. V) übersetzt als „coins thrown as largesse"; entsprechend Berger, Encyclopedic Dictionary of Roman Law, Philadelphia 1953, 584, „money thrown as largesse"; S. P. Scott, The Civil Law 5, Cincinnati 1932, 5f., „money."

[10] So Arangio-Ruiz (o. Anm. 4) 119.

[11] S. auf S. 203, 204ff. (=553, 555ff.).

lem des Eigentumserwerbs verschiedentlich diskutiert.[12] Die Begründung *quia spei emptio est* gehe wahrscheinlich auf Pomponius zurück.[13] Auch das Schlußstück, das ohnehin nicht auf den *captus piscium vel avium*, sondern nur auf den der *missilia* passe, sei klassisch und *evincere* im technischen Sinne gemeint.

Tony Thomas ist Daubes Ausführungen zwar im wesentlichen gefolgt, hat jedoch an der Interpolation von *cum quasi alea emitur. quod fit* festhalten wollen, weil dieser Passus überflüssig sei gegenüber der späteren Begründung *quia spei emptio est*, die besser zu Pomponius passe.[14] Demgegenüber hat Kaser hervorgehoben, mit *quasi alea emitur* sei der Hoffnungskauf selbst, nicht etwa nur ein Beispiel für diesen gemeint. Es sei „gleichsam der Würfel" gekauft. Die *alea* im übertragenen Sinn sei der generelle Begriff für alle Tatbestände der Spekulationsgeschäfte, für die dann die drei Beispiele gegeben würden. Der Satz *quia spei emptio est* stelle demgegenüber die bloße B e g r ü n d u n g dar.[15] Im übrigen folgt Kaser im wesentlichen Daube, insbesondere auch hinsichtlich des *missilia*-Beispiels, und er resümiert zu D. 18,1,8,1, es bleibe „kein Textstück übrig, das nicht der klassischen Denkweise entspräche."[16]

III. Wie so oft hängt das Verständnis auch hier entscheidend von den Vorstellungen darüber ab, welche tatsächlichen Umstände der Jurist in seinem Beispiel voraussetzt.

1. Arangio-Ruiz hat gemeint, es sei an Situationen zu denken, in denen *missilia* so reichlich ausgeworfen werden, daß prozentual ein sehr großer Teil der Anwesenden die Chance habe, sie zu erlangen.[17] Die Einordnung der *emptio spei* als Kauf hat er mit einem Vergleich gerechtfertigt: Wie sich beim Kauf einer Forderung nachträglich herausstellen könne, daß sie uneinbringlich sei, oder beim Kauf einer Erbschaft, daß sie überschuldet sei, so könne auch die Aussicht, daß man nach einem gewissen Wahrscheinlichkeitskalkül an einem dazu bestimmten technischen Gerät oder in einer dazu vorgesehenen Situation einen Gewinn machen werde, einen Kaufgegenstand bilden.[18] Arangio-Ruiz dachte mithin an Fälle einer relativ konkreten Gewinnaussicht. Zur Illustration führte er das (Karten-)Spiel „mercante in fiera" (Händler auf der Messe) an. Bei diesem versuchen die Spieler, wenn nur noch wenige Karten im Spiel sind, diese zu entsprechend

---

[12] Daube (o. Anm. 1) 206 (=556). Vgl. Pomp. D. 41,7,5,1; Gai. D. 41,1,9,7; Inst. 2,1,46, dazu F. Benedek, Sodalitas. Scr. Guarino 5, Napoli 1984, 2109ff., auch Meyer-Collings, Derelictio (Diss. Erlangen 1932), Kallmünz 1932, 11ff.
[13] Daube (o. Anm. 1) 206 (=556f.).
[14] T. Thomas, Tulane Law Review 33 (1959) 541f.
[15] M. Kaser, Bull. 74 (1971) 45, 47f.
[16] Kaser (o. Anm. 15) 48, vgl. auch R. Zimmermann, The Law of Obligations, Cape Town 1990, 248 Anm. 90. Ohne Beanstandungen auch Senn, RH 34 (1956) 170f.; U. Babusiaux, Id quod actum est, 2006, 214f.
[17] Arangio-Ruiz (o. Anm. 4) 120.
[18] Arangio-Ruiz (o. Anm. 4) 121.

hohen Preisen zu erwerben, um den Gewinn zu machen, der anfällt, wenn eine ihrer Karten mit den von der Bank gehaltenen übereinstimmt.[19] Unter Berufung auf diese offenbar mißverstandene Illustration hat Pringsheim zum Beispiel der *missilia* in fr. 8,1 angenommen, „daß an dem Aufnehmen der ausgeworfenen Gegenstände sich nur Personen beteiligen dürfen, die einen Einsatz bezahlt haben. Davon hören wir sonst nichts; aber solch ein Spiel ist, besonders auf Jahrmärkten, auch für die römische Zeit denkbar."[20]

Danach müßte die Person, die die *missilia* auffängt oder aufhebt, nicht der Verkäufer, sondern der Käufer sein. Verkäufer wäre dann derjenige, der den Eintrittspreis oder den Einsatz erhoben hat. Eine solche Situation ist jedoch, wie Pringsheim selbst einräumt, nirgends belegt, und die Annahme beruht, wie gesagt, wohl auch auf einem Mißverständnis. Überdies wäre es in einem solchen Fall auch schwer einzusehen, weshalb der Verkäufer von einer Eviktionshaftung freigestellt sein sollte.

2. Die Situation wird klarer, wenn man sich vergegenwärtigt, was alles an Gegenständen bei festlichen Anlässen auf Fest- oder Triumphzügen, im Circus oder im Amphitheater in die Menge geworfen wurde.[21] Besonders instruktiv ist die Schilderung der Geschenke, die Nero während eines Festes im Jahre 69 n.Chr. verteilen ließ, bei Sueton, Nero 11,2:

...sparsa et populo missilia omnium rerum per omnes dies: singula cotidie milia avium cuiusque generis, multiplex penus, tesserae frumentariae, vestis, aurum, argentum, gemmae, margaritae, tabulae pictae, mancipia, iumenta atque etiam mansuetae ferae, novissime naves, insulae, agri.	Auch wurden an allen Tagen alle möglichen Geschenke in die Menge geworfen, an jedem Tag tausend Vögel aller Art, vielfältige Lebensmittel, Getreidemarken, Kleidungsstücke, Gold, Silber, Juwelen, Perlen, Gemälde, Sklaven, Zugtiere, selbst gezähmte (wilde) Tiere, zuletzt sogar Schiffe, Miethäuser und Ländereien.[22]

---

[19] Arangio-Ruiz (o. Anm. 4) 121 Anm. 1 (in Auseinandersetzung mit Schulz und Longo, vgl. o. Anm. 7).

[20] F. Pringsheim, SZ 78 (1961) 60f. mit Verweisung auf Arangio-Ruiz (o. Anm. 19).

[21] Eine sehr materialreiche und detaillierte Darstellung der *missilia* mitsamt ihren Umständen bietet Ph. Fabia in: Daremberg/Saglio, Dictionnaire des Antiquités, Paris 1904, 1934ff. s.v. *missilia*. Vgl. auch Friedländer, Darstellungen aus der Sittengeschichte Roms 2, 10. Aufl. 1922, 17ff.

[22] Auch Cassius Dio 61(62),18,1 berichtet davon: kostbare Lebensmittel und sehr wertvolle Gegenstände, wie Pferde, Sklaven, Gespanne, Gold- u. Silbergerät sowie Gewänder in verschiedensten Farben.

Selbstverständlich konnten nicht alle diesen Gegenstände „geworfen" werden. Man bediente sich stellvertretender *tesserae* aus Metall, Bein oder Terrakotta in verschiedensten Formen, etwa von Fischen, Tierköpfen, gerupften Gänsen, von Früchten etc., aber auch in Form von Münzen oder kleinen Holzkugeln. Aus den Einkerbungen auf diesen Wertmarken ergaben sich Art und Umfang des jeweiligen Gewinns.[23]

Anläßlich des Dezemberfestes Domitians wurden Desserts, getrocknete Früchte, Käse und Kuchen über die Menge ausgeschüttet, auf die plötzlich noch riesige Wolken von Vögeln herabstürzten, Flamingos, Fasane, numidische Hühner – zu viele, um sie alle zu ergreifen.[24] Die kleinen Holzkugeln, die Titus 80 n.Chr. bei der Einweihung des Flavischen Amphitheaters (des Kolosseums) in die Menge warf, brachten je nach Aufschrift Gewinne von Nahrungsmitteln, Kleidung, Silber- oder Goldgefäßen, Pferden, Lasttieren, Vieh und Sklaven.[25]

Elagabal bestieg nach der Weihe eines neuen Tempels eine hohe Turmbühne, von der er mit der Aufforderung, „wie Räuber darüber herzufallen," „goldene Becher, silberdurchwirkte Gewänder, allerlei Frauenkleider aus feinem Leinen und alle möglichen Arten gezähmter Tiere (ausgenommen Schweine; von diesen hielt das phönizische Gesetz ihn fern)" in die Menge warf.[26]

3. Da nicht nur die Kaiser selbst, sondern auch Konsuln[27] und Prätoren[28] sowie reiche Privatleute[29] anläßlich der zahlreichen Feste *missilia* auswarfen, waren die Gelegenheiten, etwas davon zu erlangen, gewiß nicht selten.

Angesichts der Werte, die bei einem glücklichen Fang erlangt werden konnten, nimmt es auch nicht wunder, daß es leicht zu großem und gefährlichem Gedränge kam, wenn *missilia* geworfen wurden. Persius rät, bei den Floralien reichlich in

---

[23] Vgl. Fabia (o. Anm. 21) 1936; Rostowzew, Römische Bleitesserae, 1905, 4f. mit Abbildungen im Anhang. Zu den Kugeln s. Cassius Dio 61(62),18,2 (Nero); 66,25,5 (Titus). Martial epigr. 8,78,9 nennt neben den *tesserae* auch *nomismata lasciva*, die bei Prostituierten eingelöst werden konnten, entweder in Bordellen oder bei den anwesenden *faciles emi puellae* (vgl. Statius, Silvae 1,6,67), s. Friedländer, M. Valerii Martialis epigrammaton libri mit Anm., 1886, ad h.l.

[24] Statius, Silvae 1,6,10ff. u. 6,75ff. Vgl. auch (zu Domitians alljährlicher Feier des Minervafestes) Sueton, Domitian 4,5 (*omne genus rerum missilia sparsit*).

[25] Cassius Dio 65(66),25,5.

[26] Herodian 5,6,9. Vgl. auch Historia Augusta, Heliogabal 22,2-3 (zehn Bären mit einer Wertmarke, zehn Pfund Gold mit einer anderen, aber auch zehn Haselmäuse oder zehn Lattichstengel, ferner einerseits tote Hunde oder ein Pfund Rindfleisch, andererseits 100 Gold- oder 1000 Silbermünzen oder nur 100 Kupfermünzen).

[27] Vgl. Valentinian.- Marcian. C. 12,3,2 (a. 452; Verbot an die Konsuln, Geschenke auszuwerfen); Nov. 105 c. 2 (a. 536; Wiedergestattung, jedoch keine Goldmünzen oder -gegenstände oder noch Wertvolleres, weil „allein dem Kaiser die Höhe seines Glücks es erlaubt, auch Gold zu verachten").

[28] Inst. 2,1,46.

[29] Vgl. D. 24,1,42: *si uxor viro lati clavi petenti gratia donet vel ut equestris ordinis fiat vel ludorum gratia*.

das sich balgende Volk zu werfen: *ingere large rixanti populo*,[30] und Statius spielt auf die Tumulte an, die das Ausstreuen von Geschenken im Theater auslöst (*sparsio quos agit tumultus*).[31] An seine Schilderung der von Elagabal ausgeworfenen Gegenstände schließt Herodian den Bericht an: „Bei diesem 'räuberischen Streit' um die ausgeworfenen Geschenke kamen viele um, und zwar dadurch, daß sie totgetrampelt oder in die Speere der umstehenden Soldaten gestoßen wurden, so daß das Fest dieses Kaisers vielen Unglück brachte."[32] Und später rechtfertigt Justinian in seiner Konstitution zur Reform des Konsulats seine Einschränkungen des (wiedereingeführten) Rechts der Konsuln, Geschenke auszuwerfen, mit dem zusätzlichen Zweck, daß die Zuschauer nicht mehr im Kampf um größere Gewinne über einander herfallen und sich gegenseitig mit Keulen, Knüppeln und Steinen Verwundungen beibringen, wie es so oft vorgekommen sei.[33]

Daß besonnene Personen daraus ihre Konsequenzen zogen, hebt Seneca[34] hervor. Zur Metapher, daß Fortuna Spiele veranstalte und die Glücksgüter *honores, divitias* und *gratia* auf die versammelte Menge herabwerfe, schildert er, daß ein Teil davon unter den Händen der Raffgierigen zerrissen, daß ein anderer in unredlicher Gemeinschaft aufgeteilt werde und daß der dritte denen nur großen Schaden bringe, an die er gelange. Und er schließt: *itaque prudentissimus quisque cum primum induci videt munuscula, a theatro fugit et scit magno parva constare. Nemo manum conserit cum recedente, nemo exeuntem ferit: circa praemium rixa est* – „Der kluge Mann flieht deshalb aus dem Theater, sobald er sieht, daß es zur Verteilung von Geschenken kommt, und er weiß, daß Kleinigkeiten teuer zu stehen kommen können; niemand gerät in Streit mit dem, der sich entfernt; niemand verwundet den, der geht; nur um die Beute geht der Streit."

IV.1. Es liegt auf der Hand, daß bei derartigen Gegebenheiten wohlhabende Bürger ebenso wie interessierte Spekulanten auf den Ausweg verfielen, denen, die sich in das Getümmel wagten, schon im voraus auf gut Glück all das abzukaufen, was sie fangen würden.[35] Gegen die Echtheit des Beispiels ist deshalb, zumal für die Zeit des Prinzipats, nichts einzuwenden.

2. Darauf, wie groß die Gewinnaussicht war, kann es nicht angekommen sein.[36] Dem Gedanken daran liegt vermutlich die Vorstellung zugrunde, daß bei verschwindend geringer Gewinnaussicht statt eines Kaufs eher eine *locatio conductio*

---

[30] Sat. 5,177-178.
[31] Silvae 1,6,66.
[32] Herodian 5,6,10.
[33] Nov. 105 c. 2 § 3.
[34] Epistulae morales 74, 7. - Vgl. auch Daube (o. Anm. 1) 205 (=556).
[35] Friedländer (o. Anm. 21) 17 (zu fr. 18,1). vgl. ferner Daube (o. Anm. 1) 205ff. (=556ff.); Thomas (o. Anm. 14) 544f.; Kaser (o. Anm. 15) zu Anm. 16, sowie D. Liebs, Römisches Recht, 6. Aufl. 2004, 165, der wohl etwas zu sehr dramatisierend von „gedungenen Schlägern" spricht, die „für Rechnung eines das Ganze gewerbsmäßig nutzenden Hintermanns" tätig wurden.
[36] Anders Arangio-Ruiz und Pringsheim (o. Anm. 20) 17 u. 20.

im Sinne eines Dienstvertrages oder vielleicht auch eine *societas* in Betracht gekommen sein müsse. Wir wissen jedoch nicht, wie es sich bei diesen Geschäften mit der Preisgestaltung verhielt. Bei sehr geringer Gewinnaussicht war sicherlich auch der Preis bescheiden; gut vorstellbar ist auch, daß Preiserhöhungen für den Fall verabredet wurden, daß mehrere oder auch besonders wertvolle Geschenke aufgefangen wurden; die Einsatzbereitschaft der Verkäufer wäre dadurch sicher gefördert worden. Von den Möglichkeiten der Preisgestaltung her paßt der Kauf immerhin besser als die *locatio conductio*. Auch mag es im Einzelfall zum Abschluß einer *societas* gekommen sein; doch würde das keineswegs ausschließen, daß diejenigen, die derartige Verbindungen mit *missilia*-Fängern einzugehen für unangebracht hielten, Kaufverträge vereinbarten.

Es kommt hinzu, und das wird für die Einordnung als Kaufgeschäft wesentlich gewesen sein, daß die theoretisch zwar klare Abgrenzung zwischen der *emptio rei speratae* und der *emptio spei* bei der Anwendung auf den konkreten Fall leicht zerfließt. Denn es handelt sich jeweils um eine Auslegungsfrage. So wird etwa in der heutigen zivilrechtlichen Literatur das offensichtlich aus Pomp. D. 18,1,8 pr. (*partus futuri*) entlehnte Beispiel des „Kaufs des Fohlens, wenn die Stute des nächsten Jahres trächtig werden und eins werfen sollte," von den einen für die *emptio rei speratae* angeführt,[37] während von den anderen hervorgehoben wird, daß es sich auch um einen Hoffnungskauf handeln kann.[38] In der Tat kommt es darauf an, ob sich der Käufer ohne Rücksicht darauf verpflichtet, ob die erwartete Sache entsteht, die Stute also überhaupt ein Fohlen haben wird. Ist dies der Fall, übernimmt er also das volle Risiko der Entstehung der Kaufsache, so handelt es sich um einen Hoffnungskauf. Andernfalls ist ein aufschiebend bedingter Kauf gegeben, der hinfällig wird, wenn die verkaufte Sache nicht entsteht.

Da die Abgrenzung zwischen *emptio rei speratae* und *emptio spei* im Einzelfall schwierig sein kann, beispielsweise wenn für das erwartete oder erhoffte Fohlen ein Preis in Höhe von nur drei Fünfteln oder der Hälfte des Marktpreises vereinbart wurde, ist zu vermuten, daß die gewiß ältere Anerkennung des Verkaufs einer künftigen Sache die rechtliche Anerkennung auch des Hoffnungskaufs nach sich gezogen hat.[39] Die darin liegende Zulassung einer bloßen *spes* als Kaufobjekt war offenbar der letzte Schritt, den die römischen Juristen in Ausweitung des Satzes *nec emptio nec venditio sine re quae veneat potest intelligi* (Pomp. D. 18,1,8,1)

---

[37] So von Enneccerus/Lehmann (o. Anm. 3) 406 (von dort das Beispiel); Staudinger/Ostler, BGB, II/2, 11. Aufl. 1955, § 433 Rz. 12; Esser, Schuldrecht, 2. Aufl. 1960, 466; Jauernig/Berger, BGB, 11. Aufl. 2004, § 433 Rz. 12. Bei Leonhard, Besonderes Schuldrecht des BGB, 1931, 7 (der den Hoffnungskauf freilich nicht als Kauf anerkennt) ist es „ein erwartetes Kalb."

[38] Larenz, Lehrbuch des Schuldrechts II/1, 13. Aufl. 1986, 8f.; Brox/Walker, Besonderes Schuldrecht, 28. Aufl. 2003, 3 Rz. 5. Zutreffend betonen diese Autoren, daß es sich bei der Abgrenzung um ein Problem sachgerechter Auslegung handelt. Vgl. auch J. Kohler, Jher. Jahrb. 16 (1878) 104f.

[39] Vgl. Kaser (o. Anm. 15) 49 Anm. 21.

getan haben.⁴⁰ Er führt bereits zu einer gewissen „Deformation" des Typs der *emptio venditio*⁴¹ und bietet ein anschauliches Beispiel dafür, wie die römischen Juristen im Wege der Auslegung die Tragweite der überkommenen Regeln und Institute ausgelotet haben.

Daß Julian es war, der als erster die *emptio spei* als Kauf erfaßt hat,⁴² ist möglich; doch kann diese Einordnung auch schon älter sein.⁴³ Ihr praktisch wichtigster Effekt war jedenfalls, daß in Streitfällen die *actio empti* oder *venditi* erteilt werden konnte und eine Klagbarkeit nicht erst über die *actio praescriptis verbis* zu erreichen war,⁴⁴ und dies paßt jedenfalls gut in die sabinianische Schultradition.⁴⁵

3. Aus der Betrachtung der Gegenstände, die als *missilia*, sei es direkt, sei es zunächst „vertreten" durch *tesserae*, ausgeworfen wurden, ergibt sich im übrigen, daß auch Eviktionen im Bereiche des tatsächlich Möglichen lagen. Goldene Gefäße, wertvolle Kleidungsstücke, Sklaven, Zugtiere oder Schiffe konnten den Berechtigten gestohlen und an die Aufkäufer der Kaiser, Magistraten oder Privatleute veräußert worden sein; sie konnten römischen Eigentümern bei unrechtmäßiger Plünderung durch die Truppen des späteren Triumphators entrissen worden oder es konnten, was auch im Hinblick auf Liegenschaften gilt, die Veräußerungen an die Aufkäufer aus irgendwelchen Gründen unwirksam sein.⁴⁶

Es kam deshalb in Betracht, daß ein Eigentümer seine Sache bei jemandem aufspürte, der sie über eine *emptio spei* erlangt hatte. Daß in solchen Fällen die Evik-

---

⁴⁰ O. Karlowa, Römische Rechtsgeschichte 2, 1901 (Nd. 1997) 614f., zugleich treffend gegen die insbesondere von Bechmann, Der Kauf nach gemeinem Recht 2, 1884 (Nd. 1965) 142ff. vertretene Annahme, in Wirklichkeit werde die erhoffte Sache ver- und gekauft. Paling, The Irish Jurist 8 (1973) 178, 180 sieht die praktische Bedeutung der *emptio spei* darin, daß der Käufer bei Vertragsabschluß zahle, gleichgültig ob viel, wenig oder nichts geerntet werde.
⁴¹ Ferrini/Grosso, Manuale di Pandette, 4. Aufl., Milano 1953, 525. Anschaulich auch Sohm (u. Anm. 44) 429: „kein echtes Kaufgeschäft (Chancen sind keine Waren)."
⁴² So Ferrini/Grosso (o. Anm. 41) 524f., offenbar wegen Iul.-Ulp. D. 19,1,11,18 i.f. Dagegen scheinen Daube (o. Anm. 1) 206 (=557) und Zimmermann (o. Anm. 16) 249 anzunehmen, daß die *emptio spei* auf Pomponius zurückgeht.
⁴³ Javolen, Julians Lehrer (vgl. D. 40,2,5), erörtert in D. 18,4,10 (2 *ex Plautio*) zum Erbschaftskauf den Fall des Hoffnungskaufs, vgl. auch Ulp. D. 18,4,1, dazu Kaser (o. Anm. 15) 54ff.
⁴⁴ Vgl. Sohm/Mitteis/Wenger, Institutionen, Geschichte und System des röm. Privatrechts, 17. Aufl., Ausg. 1949, 429.
⁴⁵ Zu Pomp. (9 Sab.!) D. 18,1,8 vermutet Astolfi, I libri tres iuris civilis di Sabino, Padua 1983, 13f., allerdings, daß nur das pr. bis *venditor facta intellegatur* (gekürzt) von Sabinus stamme und der Passus *Sed si id egerit venditor* etc. mitsamt dem § 1 auf Pomponius zurückgehe. Daube (o. Anm. 1) 206 (=556) hält es hingegen für gut möglich, daß Pomponius das dritte Beispiel schon bei Sabinus fand.
⁴⁶ Für die Annahme, die zur Verwendung als *missilia* erworbenen Gegenstände seien von den Kaisern zum Teil oder sogar durchweg durch öffentlich-rechtliche *emptiones* beschafft worden und hätten irgendwelchen Sonderregelungen unterlegen, fehlt es an Anhaltspunkten.

tionshaftung des „Chancen-Verkäufers" nach dem *quod actum* ausgeschlossen sein mußte, also nach dem, was die Parteien bei diesem Geschäft wirklich gemeint hatten,[47] liegt auf der Hand: Haftet der Verkäufer nicht, wenn er trotz Bemühens (Cels. D. 19,1,12) überhaupt nichts fängt, dann kann er auch nicht haften, wenn er eine „Niete" oder, vergleichbar, eine Sache fängt, die der Käufer nicht behalten darf.

Auch in Ulp. D. 19,1,11,18 i.f. dürfte dieser Gedanke mitschwingen.[48] Ulpian berichtet dort, daß Julian (15 *dig.*) sich dafür ausgesprochen hat, auch dann, wenn die Eviktionshaftung ausdrücklich abbedungen sei, den Verkäufer im Falle der Eviktion jedenfalls auf Rückzahlung des Kaufpreises haften zu lassen. In diesem Zusammenhang hat Julian darauf hingewiesen, daß es sich in den Fällen anders verhalte, in denen der Verkäufer das Geld erhalte, obwohl keine Ware an den Käufer gelange, wie zum Beispiel in den Fällen des Hoffnungskaufs: *nam etiamsi nihil capit (sc. venditor), nihilo minus emptor pretium praestare necesse habebit.* Dabei wird vorausgesetzt sein, daß in Fällen, in denen von vornherein klar ist, daß der Käufer zahlen muß, selbst wenn er möglicherweise nichts erhält, auch der Ausschluß der Eviktionshaftung bewirken kann, daß der Käufer bei Eviktion nicht Rückzahlung des Kaufpreises verlangen kann.[49]

Im übrigen ist auch im geltenden Recht anerkannt, daß bei Geschäften mit spekulativem Einschlag zumeist ein konkludenter Haftungsausschluß anzunehmen ist.[50] Das dritte Beispiel in Pomp. D. 18,1,8,1 erweist sich nach alldem als das bei weitem interessanteste; an seiner Klassizität ist nicht zu zweifeln.

---

[47] Vgl. Pringsheim (o. Anm. 20) 61 (der Haftungsausschluß entspricht dem Geschäftstyp); s. ferner E. Braun, Finden die Grundsätze des Kaufes auf die emptio spei Anwendung? (Diss. Erlangen), Leipzig 1896, 46ff.
[48] Vgl. Daube (o. Anm. 1) 207 (=558).
[49] Da die Beispiele in D. 19,1,11,18 nur den originären Eigentumserwerb an *res nullius* betreffen (Fischfang, Treibjagd, Vogelfang), ist bei ihnen allerdings nicht konkret an eine Eviktionssituation zu denken. Zum fr. 11, 18 s. Kaser (o. Anm. 15) 45f. Anm. 3 m.w.N.
[50] Siehe etwa Staudinger/Ostler (o. Anm. 37) § 433 Rz. 76, § 434 Rz. 2.

Die Vorboten der europäischen Integration

Janez Kranjc

I. Einleitung

Das für ganz Europa größte Ereignis der letzten Zeit war wahrscheinlich die Erweiterung der Europäischen Union. Durch die Aufnahme von zehn neuen Mitgliedern wurde die EU zu einer gesamteuropäischen Union. Ein vereintes Europa wurde dadurch zu einer politischen Realität, die aber inhaltlich noch nicht vollzogen ist. Wenn wir also in der Präambel zum Verfassungsvertrag den folgenden Satz lesen: *In der Gewissheit, dass die Völker Europas, wiewohl stolz auf ihre nationale Identität und Geschichte, entschlossen sind, die alten Trennungen zu überwinden und immer enger vereint ihr Schicksal gemeinsam zu gestalten,*[1] sehen wir, dass es sich um ein Vorhaben handelt, das ein Programm darstellt und noch nicht verwirklicht worden ist. Die Diskussionen über den Entwurf eines Vertrags über eine Verfassung für Europa haben viele Fragen aufgeworfen, darunter auch die Frage der europäischen Werte und Identität, sowie die Frage, in wieweit die Union die souveränen Nationalstaaten ersetzen sollte, bzw. wie viele ihrer Zuständigkeiten auf die Union übertragen werden sollten.

Der Inhalt, welcher der neuen Form ihren Inhalt geben soll, ist die europäische Identität. Sie stellt eine Qualität dar, die mehr als alles andere der Integration die Beständigkeit und Dauerhaftigkeit verleihen kann. Sie wird die Kluft zwischen der neuen multikulturellen europäischen Realität und dem Versuch Trennungen zu überwinden und immer enger vereint ... Schicksal gemeinsam zu gestalten überbrücken müssen. Das Problem ist nicht nur äußerst schwer, sondern auch sehr komplex. Um eine Antwort darauf zu finden, muss man das Phänomen der europäischen Integration auch in seiner historischen Perspektive betrachten. Hier aber findet man nicht nur die Ursachen der Vielfalt, sondern begegnet man auch Ideen und Plänen, die auf dasselbe Ziel der Vereinheitlichung Europas bzw. der Einführung gesamteuropäischer Institutionen gerichtet worden sind. Diese Ideen und Pläne, die alle gescheitert sind, weisen auf eine Dynamik hin, in der die zentrifugalen Kräfte stärker als die zentripetalen waren. Deswegen ist bei diesen Ideen

---

[1] S. die Präambel zum Entwurf des Vertrags über eine Verfassung für Europa.

und Plänen nicht so sehr ihr Inhalt von Interesse. Für die moderne Betrachtung stehen v. a. die Beweggründe und Ursachen, sowohl ihrer Entstehung als auch ihres Scheiterns im Vordergrund.

II. Integration und Hegemonie

Die europäischen Integrationsprozesse standen immer mit der Souveränität einzelner Staaten im Konkurrenzkampf. Die Bildung einer gesamteuropäischen Macht war nur soweit möglich, wie die regionalen Mächte schwach waren und umgekehrt. Obwohl die jetzige Union nicht ganz dieser Regel folgt, war jeder Integrationsprozess in der Vergangenheit durch die Dynamik der politischen Gewalt bedingt.

Jede politische Gewalt hat zwei Grundeigenschaften: Sie will permanent und gleichzeitig absolut sein. Man glaubt, dass sie erst dann stabil sein kann, wenn beide Ziele erreicht worden sind. Das Ziel verschiedener Herrscher war dementsprechend die Kumulierung und die Perpetuierung ihrer Macht.

Es steht zwar fest, dass eine absolute und permanente Gewalt der Natur der menschlichen Gesellschaft widerspricht; dem ungeachtet müssen Generationen unter den hartnäckigen Versuchen verschiedener totalitärer Regime leiden, die immer wieder versuch(t)en das Gegenteil zu beweisen.

Auch die Demokratie, die nach Churchill schlechteste Regierungsform mit Ausnahme aller anderen, die man schon ausprobiert hat,[2] ist nur ein Prozess, in dem es allein darum geht, dass man die Versuche, eine politische Gewalt absolut und permanent werden zu lassen, womöglich erfolgreich unterbindet und blockiert.

Die Tendenz nach Ausbreitung und Stärkung der Macht, sowie ihres Machtgebietes ist ein natürlicher Zug einer jeden politischen Gewalt, die das unter verschiedenen Namen zu verkaufen versucht. Erinnern wir uns nur an die römische Ideologie der Weltherrschaft, die an die Selbstverständlichkeit grenzte. Das geht sehr überzeugend aus den Worten von Vergil oder Livius heraus. Nehmen wir die Worte von Anchises, dem Vaters von Aeneas:[3]

... tu regere imperio populos, Romane, memento / (hae tibi erunt artes), pacique imponere morem, / parcere subiectis et debellare superbos

oder die Worte von Romulus, die Proculus Iulius seinen Mitbürgern überliefern sollte:[4]

---

[2] „Democracy is the worst form of government except for all those others that have been tried."
[3] S. Verg. Aen. 6,851-853.
[4] S. Liv. 1,16,7.

Abi, nuntia – inquit – Romanis, caelestes ita velle ut mea Roma caput orbis terrarum sit; proinde rem militarem colant sciantque et ita posteris tradant nullas opes humanas armis Romanis resistere posse.

Seit eh und je haben also verschiedene Herrscher versucht, ihre Macht auch durch die Ausdehnung der Grenzen ihrer Staaten zu stärken. Die Geschichte ist voll von Eroberungskriegen, welche die Größe einzelner Herrscher hervorheben sollten. Wenn man jedoch versucht, die tatsächlichen Ursachen zu identifizieren, merkt man, dass neben der Kriegsbeute oft auch ganz konkrete politische Überlegungen (wie Ausweichung der Anklage, Ablenkung von den wahren Problemen durch Mobilmachung der patriotischen Gefühle usw.) im konkreten Machtkampf eine wichtige Rolle gespielt haben.

Das wird besonders sichtbar, wenn wir es mit Alleinherrschern zu tun haben. Ihre persönlichen oder dynastischen Interessen haben oft die Politik ihrer Staaten stark geprägt und bestimmt. Man denke nur an das Ringen des französischen Königs Ludwig des XIV mit dem Haus Habsburg um die Vorherrschaft in Holland und in Spanien und an viele andere Beispiele. Die Stärkung und Ausbreitung der Macht wurde aber auch in solchen Fällen oft mit altruistischer und patriotischer Rhetorik garniert.

In diesem Sinne kann man auch die Ansprüche auf die oberste Gewalt, und verschiedene Projekte der Verbindung europäischer Staaten verstehen. Sie dienten den Herrschern oft zur Eliminierung der einheimischen Konkurrenten oder aber zur Stärkung ihrer Position nach außen. Deswegen tragen solche Ideen nicht selten utopische oder sogar groteske Züge.[5]

Trotzdem wäre es m. E. falsch, wenn man alle Versuche der politischen Integration nur den persönlichen Machtinteressen zuschreiben oder als politische Manöver bezeichnen würde. Darunter konnte man auch echte und ehrliche Versuche finden, die einen dauerhaften Frieden zum Ziel hatten und immer neue Kriege und Besatzungen zu beenden beabsichtigten.

Historisch gesehen war auch die Entstehung der heutigen Europäischen Union eine unmittelbare Folge des Zweiten Weltkriegs bzw. (noch) ein Versuch, einen neuen Krieg zu verhindern.

III. Der Kampf um die oberste Gewalt

Jahrhunderte lang war Europa Schauplatz blutiger Auseinandersetzungen. Allein zwischen 1870 und 1945 führten Frankreich und Deutschland dreimal Krieg gegeneinander, mit schrecklichen Verlusten. Nach dem Zweiten Weltkrieg gelangten

---

[5] Man denke nur an die Idee, welche in Jugoslawien während der Nato Luftangriffe lanciert wurde, sich nämlich der Russischen Föderation anzuschließen; oder der Unionsvertrag, der einen Staatenbund bei gleichzeitiger Unabhängigkeit Russlands und Weißrusslands vorgesehen hat, den der weißrussische Präsident Lukaschenko Anfang Dez. 1999 mit dem russischen Präsidenten Boris Jelzin unterzeichnet hat.

europäische Staatsmänner zu der Überzeugung, dass die wirtschaftliche und politische Einigung Europas die einzige Möglichkeit zur Sicherung eines dauerhaften Friedens zwischen ihren Ländern sei.

1950 schlug der französische Außenminister Robert Schuman die Integration der westeuropäischen Kohle- und Stahlindustrie vor. 1951 gründeten Belgien, Deutschland, Luxemburg, Frankreich, Italien und die Niederlande die Europäische Gemeinschaft für Kohle und Stahl (EGKS). Die Befugnis, Entscheidungen über die Kohle- und Stahlindustrie in diesen Ländern zu fällen, hatte ein unabhängiges übernationales Gremium inne, die so genannte „Hohe Behörde." Ihr erster Präsident war Jean Monnet.

Diese Idee war jedoch nicht neu. Paradoxerweise sind die ersten Pläne einer europäischen Integration mit den Versuchen verbunden, die oberste Gewalt des römischen Kaisers oder des Papstes – d. h. der schon zumindest theoretisch vorhandenen Universalmächte – zu schwächen.

Das mittelalterliche politische Denken wurde durch das Problem der Abgrenzung der Machtsphären von Kaiser und Papst entscheidend gekennzeichnet. Im Gegensatz zur Kirche im Byzanz, die traditionell im Schatten des Kaisers stand, entwickelte sich im Westen schon früh eine beträchtliche Stärke des Papsttums in Beziehung zur weltlichen Gewalt (z. B. durch den Einfluss des Bischofs Ambrosius,[6] aber auch durch die langjährige Abwesenheit des Kaisers von Rom). Eine Art theoretischen Ausdruck verlieh dieser besonderen Stellung des Papsttums die 494 von Papst Gelasius I (492-496) formulierte Zwei-Gewalten Lehre. Nach dieser Lehre gibt es zwei von Gott gesetzte Gewalten, die *auctoritas sacrata* des Papstes und die *regalia potestas* des Königs. Beide sind bestimmt, in gegenseitiger Unterstützung die Menschheit zu leiten.[7] In seinem Schreiben an den byzantinischen Kaiser Anastasius I hat Papst Gelasius I die Meinung geäußert, dass die kirchliche Gewalt der weltlichen übergeordnet wäre. Deswegen müsste sich der Kaiser der päpstlichen Gewalt beugen: „Es sind ... zwei, durch die vornehmlich die Welt regiert wird, die geheiligte Autorität der Bischöfe und die königliche Gewalt. Unter

---

[6] Kennzeichnend ist sein Satz „Der Kaiser steht innerhalb der Kirche, nicht über ihr." Das war in krassem Widerspruch mit dem unter Justinian I. gefassten Beschluss des Konzils von Konstantinopel 536: *contra iussum et voluntatem imperatoris nihil in ecclesia fieri debet*. Mehr zur Beziehung zwischen der Kirche und dem Staat s. bei W. M. Plöchl, Geschichte des Kirchenrechts I. Das Recht des ersten christlichen Jahrtausends. Von der Urkirche bis zum großen Schisma, 2. Aufl. 1960, 118ff.

[7] In diesem Zusammenhang ist auch die Zwei-Schwerte Lehre von Alcuinus von York aus dem Jahre 804 (s. Fontes historiae iuris gentium – Quellen zur Geschichte des Völkerrechts 1. 1380 v. Chr.-1493, hg. von Wilhelm G. Grewe, Berlin/New York 1995, im Weiteren: FHIG, 236f.: *beatus populus tali rectore exaltatus et tali praedicatore munitus; et utrumque et gladium triumphalis potentiae vibrat in dextera et catholicae praedicationis tuba resonat in lingua*) und von Petrus Damiani aus dem Jahre 1062 (FHIG, 275): *Felix autem, si gladium regni cum gladio jungat sacerdotali, ut gladius sacerdotalis mitiget gladium regis, et gladius regis gladium acuat sacerdotis*) zu erwähnen.

diesen Ämtern hat das der Priester um so größeres Gewicht, weil sie auch für die Könige dem Herrn im göttlichen Gericht werden Rechenschaft ablegen müssen." Nach Ansicht des Papstes wiegt umso schwerer die Entscheidung des Vorstehers der römischen Kirche, den das Wort Christi allen vorangestellt hat und der den Primat besitzt.[8] Der Gelasius-Brief stellt eine logische Fortsetzung der von Innozenz I (401-417) formulierten Auffassung dar, wonach dem Papst als Nachfolger der Aposteln die Macht über die ganze christliche Welt zusteht.[9]

---

[8] S. E. Schwartz, Publizistische Sammlungen zum acacianichen Schisma (ABAW, phil.-hist. Abt., N.F 10, München 1934, 20.5ff. (zitiert nach Milton V. Anastos, Constantinople and Rome, veröffentlicht unter http://www.myriobiblos.gr/texts/english /milton1_7.html#80_bottom): *Pietatem tuam precor ne arrogantias iudices divinae rationis officium. Absit, quaeso, a Romano principe, ut intimatam suis sensibus veritatem arbitretur injuriam. duo sunt quippe, imperator auguste, quibus principaliter mundus hic regitur, auctoritas sacrata pontificum et regalis potestas, in quibus tanto gravius pondus est sacerdotum quanto etiam pro ipsis regibus hominum in divino reddituri sunt examine rationem. nosti etenim, fili clementissime, quoniam licet praesedeas humano generi dignitate, rerum tamen praesulibus divinarum devotus colla summittis atque ab eis causas tuae salutis expetis hincque sumendis caelestibus sacramentis eisque, ut competit, disponendis, subdi to debere cognoscis religionis ordine potius quam praeesse, itaque inter haec illorum to pendere iudicio, non illos ad tuam velle redigi voluntatem. si enim quantum ad ordinem publicae pertinet disciplinae, cognoscentes imperium tibi superna dispositione conlatum legibus tuis ipsi quoque parent religionis antistites, ne vel in rebus mundanis exclusae ... videantur obviare sententiae, quo, oro te, decet affectu eis et convenit oboedire qui praerogandis venerabilibus sunt attributi mysteriis? ... et si cunctis generaliter sacerdotibus recte divina tractantibus fidelium convenit corda submitti, quanto potius sedis illius praesuli consensus est adhibendus quem cunctis sacerdotibus et divinitas summa voluit praeminere et subsequens ecclesiae generalis iugiter pietas celebravit? ... rogo, inquam, ut me in hac vita potius audias deprecantem, quam, quod absit, in divino iudicio sentias accusantem.* Die wichtigsten Stellen des Textes siehe auch in FHIG, 274 f.; S. dazu auch F. Dvornik, Pope Gelasius and Emperor Anastasius I, BZ, 44 (1951) 111-16 und W. M. Plöchl, Geschichte (o. Anm. 6) 132f.

[9] Dieser Machtanspruch geht sehr klar aus dem s. g. *Dictatus papae* hervor. Es handelt sich um eine Sammlung der 27 Grundsätze, die oft dem Papst Gregor VII (r. 1073-1085) zugeschrieben wird: *I. Quod Romana ecclesia a solo Domino sit fundata. II. Quod solus Romanus pontifex iure dicatur universalis. III. Quod ille solus possit deponere episcopos vel reconciliare. IIII. Quod legatus eius omnibus episcopis presit in concilio etiam inferioris gradus et adversus eos sententiam depositionis possit dare. V. Quod absentes papa possit deponere. VI. Quod cum excommunicatis ab illo inter cetera nec in eadem domo debemus manere. VII. Quod illi soli licet pro temporis necessitate novas leges condere, novas plebes congregare, de canonica abbatiam facere et e contra, divitem episcopatum dividere et inopes unire. VIII. Quod solus possit uti imperialibus insigniis. VIIII. Quod solius pape pedes omnes principes deosculentur. X. Quod illius solius nomen in ecclesiis recitetur. XI. Quod hoc unicum nomen est in mundo. XII. Quod illi liceat imperatores deponere. XIII. Quod illi liceat de sede ad sedem necessitate cogente episcopos transmutare. XIIII. Quod de omni ecclesia quocunque voluerit clericum valeat ordinare. XV. Quod ab illo ordinatus alii ecclesie preesse potest, sed non militare; et quod ab aliquo episcopo non debet superiorem*

Durch die Entstehung des karolingischen Reichs, das auch eine Art Universalmacht darstellte, hat das Problem der Abgrenzung der Machtsphären zwischen der priesterlichen und der königlichen Gewalt ganz konkrete Züge angenommen. Der aus Northumberland stammende Hoftheologe Karls des Großen Alchwin (Alcuin) von York, der Karls Reich *Imperium Christianum* nannte, verwendete dafür das Bild von zwei Schwertern, dem geistlichen und dem weltlichen. Für Alchwin ist das Reich die Keimzelle der *res publica christiana*, und Karl hat nach Alchwin die Stellung eines von Gott beauftragten Herrschers über die christliche Welt. In seiner im Jahre 804 entstandener Schrift schreibt Alchwin: *duo gladii sunt corpus et anima, in quibus unusquisque secundum sibi a Deo datam gratiam in domini Dei voluntate proeliare debet.*[10]

Die Idee des karolingischen Reichs und der Erneuerung des römischen Reichs unter Otto III (*renovatio imperii Romanorum*), die bewusst an die Kontinuität des antiken römischen Imperiums anknüpfte, kann in ihrem Wesen als europäisch im Sinne einer supranationalen politischen Verbindung bezeichnet werden. Die Anknüpfung an das antike Römertum, das ursprünglich die politische Rhetorik schmückte, verankerte sich mit der Zeit im Bewusstsein, was sich u. a. sehr positiv auf die Rezeption des römischen Rechts bzw. auf das Entstehen des gemeinen Rechts auswirkte, das als das unumstrittenste Element der europäischen Kultur bezeichnet werden kann.[11]

Das erneuerte römische Reich, das sich mit Hilfe der s. g. Translationstheorie im Verhältnis zu Byzanz als *imperium occidentale* behaupten konnte, geriet in einen langwierigen Streit mit dem Papsttum über die oberste Gewalt.[12]

---

gradum accipere. XVI. Quod nulla synodus absque precepto eius debet generalis vocari. XVII. Quod nullum capitulum nullusque liber canonicus habeatur absque illius auctoritate. XVIII. Quod sententia illius a nullo debeat retractari et ipse omnium solus retractare possit. XVIIII.Quod a nemine ipse iudicari debeat. XX. Quod nullus audeat condemnare apostolicam sedem apellantem. XXI. Quod maiores cause cuiuscunque ecclesie ad eam referri debeant. XXII. Quod Romana ecclesia nunquam erravit nec imperpetuum scriptura testante errabit. XXIII. Quod Romanus pontifex, si canonice fuerit ordinatus, meritis beati Petri indubitanter efficitur sanctus testante sancto Ennodio Papiensi episcopo ei multis sanctis patribus faventibus, sicut in decretis beati Symmachi pape continetur. XXIIII.Quod illius precepto et licentia subiectis liceat accusare. XXV. Quod absque synodali conventu possit episcopos deponere et reconciliare. XXVI. Quod catholicus non habeatur, qui non concordat Romane ecclesie. XXVII.Quod a fidelitate iniquorum subiectos potest absolvere.

[10] S. FHIG 236f.
[11] Mehr dazu siehe in H. F. Jolowitz, Roman Foundations of Modern Law, 1957; P. Koschaker, Europa und das römische Recht, v. a. 124ff., R. Zimmermann, The Law of Obligations. Roman Foundations of the Civilian Tradition, 1996. Zu breiteren Dimensionen des europäischen Rechts siehe P. Häberle, Europäische Rechtskultur, in: Europa – aber was ist es? Aspekte seiner Identität in interdisziplinärer Sicht (=Bayreuther historische Kolloquien Band 8), hg. von J. A. Schlumberger/P. Segl, Köln/Weimar/Wien 1994, 163ff.
[12] S. allgemein dazu Plöchl, Geschichte II (o. Anm. 6) 31ff.

Die tatsächliche Macht des Kaisers trachtete nach der Unabhängigkeit von der päpstlichen Vorherrschaft. Und umgekehrt: Die Päpste versuchten ihre volle Gewalt auch praktisch, d.h. nicht nur im Krönungsritual durchzusetzen. Einer der Höhepunkte dieser Auseinandersetzungen bedeutete die Absetzung und Exkommunizierung des Kaisers Friedrich des II durch Papst Innozenz IV auf dem Konzil von Lyon 1245.

IV. Das Problem der obersten Gewalt bei Dante

Auch in der Literatur fand dieser Kampf um die oberste Gewalt seinen Niederschlag. Alexander von Roes schreibt in seiner Schrift *Notitia saeculi*, dass der Vater, der Sohn und der heilige Geist als dreieiniger Gott es so gewollt hat, dass das Papsttum (*sacerdotium*), das Kaisertum (*regnum*) und das Wissen (*studium*) eine Gemeinschaft (*unam ecclesiam*) bilden. In dieser Gemeinschaft sorgt der Papst für den Glauben in Italien, das Kaisertum in Deutschland und das Studium in Frankreich. Die römische Kirche, welche ihren Sitz in Europa hat, ist der höchste Inbegriff der Menschheit (*summa est humani generis*). Als Stellvertreter Christi hat in ihr der Papst die oberste Gewalt.[13]

Auch der große Dichter Dante, der mit seinem Werk *Monarchia* eine Lösung für die ethisch- politische Krise seiner Zeit vorgeschlagen hat, konnte der Frage der Obersten Gewalt nicht ganz ausweichen.[14] Er setzte sich für eine Art Arbeitsteilung zwischen dem Papst und dem Kaiser ein. Der Kaiser soll sich dem Papst gegenüber wie der erstgeborene Sohn zu seinem Vater benehmen, damit er, erleuchtet von dem Licht väterlicher Gnade, selbst besser und stärker die Welt bestrahlen könnte, welcher er durch den, der über alles Geistige und Zeitliche herrscht, vorgesetzt wurde:[15] Trotz der unbestrittenen Suprematie des Papstes, befürwortete er aber eine absolute Monarchie, in der der Kaiser (*Monarcha*) der oberste Gesetzgeber wäre und wo den lokalen Herrschern (*particulares principes*) nur die Ausführung seiner Gesetze zukäme.[16] Seiner Meinung nach könnte ein

---

[13] S. Notitia saeculi XII – zitiert nach FHIG 239f.

[14] S. dazu A. D i o t t i, Testi medievali di interesse dantesco I, P. D u b o i s, De recuperatione Terre Sancte, Dalla »Respublica Christiana« ai primi nazionalismi e alla politica antimediterranea, Firenze 1977, 47ff.

[15] Dante, Monarchia 3, 15, 18: *Illa igitur reverentia Cesar utatur ad Petrum qua primogenitus filius debet uti ad patrem: ut luce paterne gratie illustratus virtuosius orbem terre irradiet, cui ab illo solo prefectus est, qui est omnium spiritualium et temporalium gubernator.* Siehe auch Monarchia, 3,11,6ff. v. a. 10: *Propter quod sciendum quod, sicut se habet relatio ad relationem, sic relativum ad relativum. Si ergo Papatus et Imperiatus, cum sint relationes superpositionis, habeant reduci ad respectum superpositionis, a quo respectu cum suis differentialibus descendunt, Papa et Imperator, cum sint relativa, reduci habebunt ad aliquod unum in quo reperiatur ipse respectus superpositionis absque differentialibus aliis.*

[16] Dante, Monarchia 1,14,7: *Sed sic intelligendum est: ut humanum genus secundum sua comunia, que omnibus competunt, ab eo regatur et comuni regula gubernetur ad*

dauerhafter Frieden als das höchste Gut[17] nur durch die Befolgung dieser Gesetze und durch die Verwirklichung der Gerechtigkeit erreicht werden. Diese kann jedoch nur der Monarch verwirklichen und deswegen benötigt die Welt die Monarchie, d.h. das Imperium.[18] Dem Monarch steht auch die höchste Richtergewalt zu. Er alleine kann die Gerechtigkeit walten lassen, denn er ist unparteiisch und über jede Begierde erhaben. Seine unbegrenzte Herrschaft lässt nämlich keinen Raum für Wünsche oder Leidenschaft übrig, die seine Gerechtigkeit beschatten könnten; doch auch in solchem Fall würde sie seine Nächstenliebe vertreiben.[19]

Im Unterschied zu ihm sind andere Herrscher in ihrer Herrschaft begrenzt und deswegen von ihren Wünschen und Leidenschaften abhängig. Der Monarch, welcher darüber erhaben ist, kann alleine gerechter Richter sein und in Streitigkeiten unter anderen Potentaten entscheiden.[20] Deswegen ist die Monarchie auch die beste Regierungsform: Der Monarch, der die Leute liebt, will, dass sie gut werden und lässt sie am besten gedeihen.[21]

---

pacem. Quam quidem regulam sive legem particulares principes ab eo recipere debent, tanquam intellectus practicus ad conclusionem operativam recipit maiorem propositionem ab intellectu speculativo, et sub illa particularem, que proprie sua est, assummit et particulariter ad operationem concludit.

[17] Dante, Monarchia 1,4,2: *Unde manifestum est quod pax universalis est optimum eorum que ad nostram beatitudinem ordinantur. 3 Hinc est quod pastoribus de sursum sonuit non divitie, non voluptates, non honores, non longitudo vite, non sanitas, non robur, non pulcritudo, sed pax ...*

[18] Dante, Monarchia 1,11,2: *Iustitia potissima est solum sub Monarcha: ergo ad optimam mundi dispositionem requiritur esse Monarchiam sive Imperium.*

[19] Dante, Monarchia 1,11,12: *Sed Monarcha non habet quod possit optare: sua nanque iurisdictio terminatur Occeano solum: quod non contingit principibus aliis, quorum principatus ad alios terminantur, ut puta regis Castelle ad illum qui regis Aragonum. Ex quo sequitur quod Monarcha sincerissimum inter mortales iustitie possit esse subiectum. 13. Preterea, quemadmodum cupiditas habitualem iustitiam quodammodo, quantumcunque pauca, obnubilat, sic karitas seu recta dilectio illam acuit atque dilucidat. Cui ergo maxime recta dilectio inesse potest, potissimum locum in illo potest habere iustitia; huiusmodi est Monarcha: ergo, eo existente, iustitia potissima est vel esse potest.*

[20] Dante, Monarchia 1,13,7: *Cum ergo Monarcha nullam cupiditatis occasionem habere possit vel saltem minimam inter mortales, ut superius est ostensum, quod ceteris principibus non contingit, et cupiditas ipsa sola sit corruptiva iudicii et iustitie prepeditiva, consequens est quod ipse vel omnino vel maxime bene dispositus ad regendum esse potest, quia inter ceteros iudicium et iustitiam potissime habere potest: que duo principalissime legis latori et legis executori conveniunt, testante rege illo sanctissimo cum convenientia regi et filio regis postulabat a Deo: 'Deus' inquiebat 'iudicium tuum regi da et iustitiam tuam filio regis.'*

[21] Dante, Monarchia 1,12,9: *Genus humanum solum imperante Monarcha sui et non alterius gratia est: tunc enim solum politie diriguntur oblique – democratie scilicet, oligarchie atque tyrampnides – que in servitutem cogunt genus humanum, ut patet discurrenti per omnes, et politizant reges, aristocratici quos optimates vocant, et populi libertatis zelatores; quia cum Monarcha maxime diligat homines, ut iam tactum est, vult omnes homines bonos fieri: quod esse non potest apud oblique politizantes.*

Laut Dante haben der Kaiser und der Papst verschiedene Aufgaben, die zwei Ziele verfolgen: der Kaiser soll den Menschen zum Glück auf dieser Welt und der Papst zum ewigen Leben verhelfen.[22] Diese verschiedenen Aufgaben erklären auch den Inhalt des Verhältnisses zwischen dem Papst und dem Kaiser.[23] Dante, der die Probleme der Kirche und der Renaissance-Päpste nicht verkannt hat,[24] hat wahrscheinlich auch deswegen v. a. die geistlichen Aufgaben des Papsttums betont; der Kaiser war dem Papst zwar untergeordnet, doch im selben Sinne, wie das irdische Glück dem ewigen Leben untergeordnet ist.[25]

V. Die oberste Gewalt bei Bartolus und Baldus

Das Problem der Abgrenzung der Machtsphären zwischen dem Papst, der die *plenitudo potestatis* in Anspruch nahm, und dem Kaiser, hat in dem s. g. Investiturstreit kulminiert.

---

[22] Dante, Monarchia 3,15,10: *Propter quod opus fuit homini duplici directivo secundum duplicem finem: scilicet summo Pontifice, qui secundum revelata humanum genus perduceret ad vitam ecternam, et Imperatore, qui secundum phylosophica documenta genus humanum ad temporalem felicitatem dirigeret.*

[23] Dante, Monarchia 3,11,9: *Sed non potest dici quod alterum subalternetur alteri, quia sic alterum de altero predicaretur: quod est falsum; non enim dicimus "Imperator est Papa", nec e converso. Nec potest dici quod comunicent in spetie, cum alia sit ratio Pape, alia Imperatoris, in quantum huiusmodi: ergo reducuntur ad aliquid in quo habent uniri. 10 Propter quod sciendum quod, sicut se habet relatio ad relationem, sic relativum ad relativum. Si ergo Papatus et Imperiatus, cum sint relationes superpositionis, habeant reduci ad respectum superpositionis, a quo respectu cum suis differentialibus descendunt, Papa et Imperator, cum sint relativa, reduci habebunt ad aliquod unum in quo reperiatur ipse respectus superpositionis absque differentialibus aliis. 11. Et hoc erit vel ipse Deus, in quo respectus omnis universaliter unitur, vel aliqua substantia Deo inferior, in qua respectus superpositionis per differentiam superpositionis a simplici respectu descendens particuletur. 12 Et sic patet quod Papa et Imperator, in quantum homines, habent reduci ad unum; in quantum vero Papa et Imperator, ad aliud: et per hoc patet ad rationem.*

[24] Man findet in seinen Werken manche kritische Äußerung zur Lage in der damaligen Kirche. S. z. B. La divina Commedia, Paradiso, 27,23-27: Quelli ch'usurpa in terra il luogo mio, /il luogo mio, il luogo mio, che vaca / ne la presenza del Figliuol di Dio, / fatt'ha del cimitero mio cloaca /del sangue e de la puzza; onde 'l perverso /che cadde di qua sù, là giù si placa. S. auch Monarchia, 2,11,1: *... Maxime enim fremuerunt et inania meditati sunt in romanum Principatum qui zelatores fidei cristiane se dicunt; nec miseret eos pauperum Cristi, quibus non solum defraudatio fit in ecclesiarum proventibus, quinymo patrimonia ipsa cotidie rapiuntur, et depauperatur Ecclesia dum, simulando iustitiam, executorem iustitie non admittunt.*

[25] Dante, Monarchia 3,15,17: *Que quidem veritas ultime questionis non sic stricte recipienda est, ut romanus Princeps in aliquo romano Pontifici non subiaceat, cum mortalis ista felicitas quodammodo ad inmortalem felicitatem ordinetur.*

Gleichzeitig aber lief ein anderer Streit, nämlich jener unter weltlichen Herrschern. Der Kaiser wollte seine Vorherrschaft gegenüber den anderen Herrschern behaupten. An dieser Diskussion haben sich auch berühmte Juristen beteiligt. Sie haben sich sowohl zur Grundfrage, wer die oberste Gewalt hätte, als auch zu konkreten damit verbundenen Fragen geäußert.

Unter den letzten ist v. a. die Auseinandersetzung zwischen Martinus und Bulgarus hinsichtlich der Frage der *regalia*, die den beiden Juristen von Friedrich Barbarossa 1158 in Roncaglia gestellt wurde, bekannt.[26]

Die Juristen haben sich aber auch zur Grundfrage der obersten Gewalt geäußert.

In seinem Kommentar zu D. 6,1,1,3[27] schreibt Bartolus u. a.: Ich behaupte, dass der Kaiser in der Tat Herrscher über die ganze Welt ist (*Ego dico quod imperator est dominus totius mundi vere*). Dem steht nicht entgegen, dass es für Teilbereiche andere gibt, die Herrschaftsrechte ausüben. Die Welt ist ja als solche eine Gesamtheit, so dass jemand diese Gesamtheit innehaben kann, obgleich die Einzeldinge als solche ihm nicht eigen sind. Wenn daher jemand die Welt in Besitz hätte, könnte sie der Kaiser selbst herausverlangen (*Unde si alius teneret mundum, ipse Imperator posset vindicare*).

In seinem Kommentar zu Ulp. D. 49,15,24[28] begründet er das folgendermaßen: Wer bestreitet, dass der Kaiser Herr und Alleinherrscher der ganzen Welt ist, ist ein Ketzer, weil er gegen die Lehre der Kirche und das Wort der Heiligen Schrift verstößt.

Doch war diese Meinung nicht die einzige, die Bartolus vertreten hat. In seinem Kommentar zu Mod. D. 27,1,6,1[29] schreibt er unter anderem: *Credo regem Franciae non subiectum esse Imperio.*

---

[26] S. dazu Fr. von Savigny, Geschichte des römischen Rechts im Mittelalter IV, Heidelberg 1826, 151ff.

[27] Zitiert in FHIG 343. Bartolus kommentierte folgenden Text aus Ulpians Ediktkommentar: Ulp. D. 6,1,1,3: *Per hanc autem actionem non solum singulae res vindicabuntur, sed posse etiam gregem vindicari pomponius libro lectionum vicensimo quinto scribit. idem et de armento et de equitio ceterisque, quae gregatim habentur, dicendum est. sed enim gregem sufficiet ipsum nostrum esse, licet singula capita nostra non sint: grex enim, non singula corpora vindicabuntur.*

[28] S. FHIG 343: *Et forte si quis diceret dominum Imperatorem non esse dominum, et monarcham totius orbis, esset haereticus: quia diceret contra determinationem ecclesiae, contra textum S. Euangelij.* Ulp. D. 49,15,24: *Hostes sunt, quibus bellum publice populus romanus decrevit vel ipse populo romano: ceteri latrunculi vel praedones appellantur. et ideo qui a latronibus captus est, servus latronum non est, nec postliminium illi necessarium est: ab hostibus autem captus, ut puta a germanis et parthis, et servus est hostium et postliminio statum pristinum recuperat.*

[29] S. FHIG 343; bei Mod. D. 27,1,6,1 handelt sich um einen griechischen Text, der in deutscher Übersetzung (Das Corpus Juris Civilis in's Deutsche übersetzt von einem Vereine Rechtsgelehrter II, Leipzig 1831) lautet: „Die Grammatiker, die Sophisten, die Rhetoren, die Ärzte, welche περιοδευται genannt werden, haben eine Befreiung wie von den übrigen Ämtern, so auch von der Vormundschaft und Kuratel."

Die Meinung, dass dem Kaiser die oberste Gewalt zusteht, hat auch Baldus vertreten. In seinem Consilium 328, 7 schreibt er u. a.: *Imperator est dominus totius mundi ... Item est deus in terris* aber auch ... *item Imperator est servuus dei*.[30] In seinem Consilium 436[31] äußert sich Baldus noch deutlicher: Es ist höchst wahr, dass der Kaiser der Herr der Welt ist in Bezug auf alle Arten von Jurisdiktion und oberster Gewalt (*Idque verissimum est quod imperator est dominus mundi quoad omnimodam iurisdictionem et potestatem supremam* ut D. 14,2,9,[32] C. 1,14,12,[33] C. 7,37,3.[34]

Detailliert begründet er seine Meinung in Consilium 218. Er schreibt: Weil der Kaiser der Herr der Gesamtheit ist (*dominus universalis*) ... Denn im Zweifel steht ihm alle zeitliche Jurisdiktion zu (*in dubio omnis temporalis iurisdictio sua est*) und er ist von Rechts wegen unveränderlich und bleibt beständig (*et de iure ipse immobilis idem perpetuus manens*). Und so hält es die katholische Kirche, und das Gegenteil zu behaupten ist Sakrileg (*et catholica ecclesia ita tenet, et contrarium dicere est sacrilegium*).[35]

In seinem Kommentar zum Theod./Valent. C. 1,14,4[36] leitet Baldus die kaiserliche Gewalt, welche auf göttlichen Befehl verkündet wurde, von dem königlichen Gesetz (*lex regia*) ab,: *et ideo imperium dicitur esse immediate a deo*.[37]

Ähnlich wie Bartolus wusste auch Baldus, dass das nur Theorie war. In seinem Kommentar zum 2. Buch 53 der *Libri Feudorum* schreibt er, dass alle dem Kaiser *de iure* untertan sind (*Respondeo omnes sunt subiecti imperatori de iure*), nicht aber auch kraft Gewohnheitsrechts (*sed non omnes sunt subiecti de consuetudine*). Sie sündigen (*peccant*), wie die französischen und viele andere Könige. Baldus erklärt auch das Paradox, dass das französische Königreich trotz der Universalität des römischen Reiches nicht zu ihm gehört. Er schreibt: Und obgleich das Königreich Frankreich nicht Bestandteil des Römischen Reiches ist (*licer regnum Fran-*

---

[30] S. FHIG 344.
[31] S. die zitierte Stelle in FHIG 344.
[32] Volusius Maecianus D. 14,2,9: Baldus beruft sich auf die Worte des Kaisers Antoninus: *ego men tou kosmou kyrios*
[33] Baldus beruft sich auf folgenden Text Iustinians: C. 1,14,12 pr.: *Si imperialis maiestas causam cognitionaliter examinaverit et partibus cominus constitutis sententiam dixerit, omnes omnino iudices, qui sub nostro imperio sunt, sciant hoc esse legem non solum illi causae, pro qua producta est, sed omnibus similibus*. S. auch ibid. 1: *Quid enim maius, quid sanctius imperiali est maiestate?* Die Stelle befaßt sich mit der Auslegung der Gesetze durch den Kaiser.
[34] Iust C. 7,37,3, v. a. 1b: *... Hoc enim est eorum, qui nec maiestatem imperialem agnoscunt et quantum inter privatam fortunam et regale culmen medium est, et nostros curatores, per quos res divinarum domuum aguntur, aliquibus iniuriis vel damnis adficere conantur.*
[35] S. die zitierte Stelle in FHIG 344.
[36] Theod./Valent. C. 1,14, 4: *Digna vox maiestate regnantis legibus alligatum se principem profiteri: adeo de auctoritate iuris nostra pendet auctoritas. et re vera maius imperio est submittere legibus principatum. et oraculo praesentis edicti quod nobis licere non patimur indicamus.*
[37] S. FHIG 345.

corum non sit de Romano imperio), so folgt daraus nicht, dass das Imperium nicht universal sei, denn „universal" und „vollständig" sind verschiedene Dinge (*tamen non sequitur, ergo imperium non est universale, nam aliud est dicere universale, aliud integrum*).[38] Baldus beruft sich dabei auf Paul. D. 50,16,25.[39] Daraus geht es sehr deutlich hervor, mit welcher Leichtigkeit die mittelalterlichen Juristen die verfassungsrechtlichen Probleme mit den Texten des bürgerlichen Rechts begründet haben.

Die Realität war indessen sehr weit von der Theorie entfernt. Die Auseinandersetzung zwischen den beiden universalen Mächten, d. h. zwischen dem Papsttum und dem Kaisertum hat eine deutliche Abschwächung beider zur Folge gehabt. Schwer havariert haben sie beide, an Macht eingebüßt.[40] Die Folge dieser Entwicklung war die Stärkung einzelner Staaten und das Schwinden der gesamteuropäischen Macht.

Die Folge dieser Entwicklung war auch die auf den päpstlichen Staat begrenzte weltliche Gewalt des Papstes, und das zersplitterte und (seit der Goldenen Bulle vom 1356) von dem Willen der Kurfürste und der Stände abhängige Kaisertum. Das Reich wirkte deswegen nicht als ein einheitlicher Staat, sondern als ein Konglomerat. Peter Gay spricht von zwei Tausend Rittern, derer einzige Verbindung mit dem Kaiser die Tatsache war, dass sie seine Vasalle waren.[41] Dabei trug die Emanzipation der Kronvasallen von der königlichen Gewalt, die das Herrschaftsgefüge des deutschen Reiches kennzeichnete, zur Schwächung seiner Macht bei.

Trotzdem blieb der kaiserliche Titel nach wie vor der höchste weltliche Titel. Nur der Kaiser war berechtigt, die Könige einzusetzen.[42] Die Könige, welche die oberste Gewalt des Kaisers leugneten, sahen sich durch das Kaisertum in ihrem Machtstreben bzw. in ihren Herrschaftsansprüchen bedroht. Was sie anstrebten, war nicht die Abschaffung, sondern vielleicht eher die Aneignung einer dem Kaisertum ähnlichen Macht. Aus diesen und aus vielen anderen Gründen war das erneuerte römische Reich als ein supranationales Staatsgebilde bzw. als eine dauerhafte Verbindung europäischer Staaten ein Misserfolg. Sein größter Erfolg (obwohl nicht notwendigerweise auch sein Verdienst) im Sinne eines gesamteuropäisch verbindenden Faktors war wahrscheinlich das gemeine Recht. Als *ius com-*

---

[38] S. FHIG 345.
[39] Paul. D. 50,16,25: *Recte dicimus eum fundum totum nostrum esse, etiam cum usus fructus alienus est, quia usus fructus non dominii pars, sed servitutis sit, ut via et iter: nec falso dici totum meum esse, cuius non potest ulla pars dici alterius esse. hoc et Iulianus, et est verius.*
[40] Mehr dazu Koschaker, Europa (o. Anm. 11) 38ff.
[41] S. P. Gay/R. K. Webb, Modern Europe To 1815, Vol. 1, 1973, 112.
[42] Siehe dazu A. Osiander, The States System of Europe, 1640-1990, 120, im Zusammenhang mit dem Kongreß von Münster und Osnabrück 1644: „the emperor's claim to supreme authority had been contested and reduced largely to a matter of ceremonial, but the concept of libertas Germanica, despite being triumphant, had still accommodated itself to the notion of Imperial suzerainty. ... At Utrecht, on the other hand, the status of the Emperor was simply not an issue any more. The concept of 'liberty of Europe' was used to cover each of the actors in exactly the same way."

mune entstand es durch die Rezeption, d.h. durch jene Wiederaufnahme und Anpassung römischrechtlicher Rechtssätze, die eine gesamteuropäische Anwendung fand.

VI. Der Idee des gerechten und ungerechten Kriege

Unter solchen Umständen, die durch immer neue blutige Kriege gekennzeichnet waren, sind im Abstand von ca. 100 Jahren zwei Schriften entstanden, die oft als die ersten Pläne einer gesamteuropäischen Integration angesehen werden. Die Hintergründe dieser Schriften und Ideen waren verschieden und reichten von aufrichtigen Bemühungen und naivem Idealismus bis zur Provokation, Verzweiflung oder politischer List. Europa dieser Zeit war weit vom Idealbild christlicher Nächstenliebe entfernt. Eintracht und Friede wichen den Kriegen und Feindschaften. Krieg war eines der Hauptmerkmale des damaligen Europas. Kriege formten seine politische Landkarte und beeinflussten seine sozialen Verhältnisse. Das Rittertum sah im Kriege die Gelegenheit, reich und berühmt zu werden, die Diplomatie hingegen einen legitimen und wesentlichen Teil der Verhandlungen.[43] Die Kriegskunst war ein wesentlicher Bestandteil der adeligen Männererziehung. Kriegsbeute und Lösegeld stellten eine wichtige Einnahmequelle dar und Soldaten waren oft ein wichtiger Exportartikel.

Auf der anderen Seite waren Kriege eine der Hauptursachen für Elend und Not der einfachen Bevölkerung und auch für die Verarmung der Staaten. In dieser Atmosphäre ununterbrochener Kriege[44] und der Willkür der Herrscher entstanden viele Schriften und Ideen, die das Ende dieser Umstände in der Vereinigung europäischer Staate sahen. In diesen Schriften und Ideen kann man einen neuen Versuch erkennen, Europa nach dem Misslingen des heiligen römischen Reichs durch politische Vereinigung zum Frieden und Eintracht zu verhelfen.

Um diese Vorschläge richtig zu verstehen, müssen wir noch einen wichtigen Aspekt der damaligen Zeit erwähnen.

Das damalige Europa hatte einen gemeinsamen Nenner, der zugleich den wesentlichen Zug seiner Identität darstellte. Das war das Christentum, welches die Vielfalt Europas im gewissen Sinne vereinheitlichte.[45] Das, was man heute unter dem Namen Europa versteht, wurde damals als christliche Welt – *orbis Christianus* bezeichnet. So schreibt der Kölner Kanoniker Alexander von Roes in seiner 1288 erschienenen Schrift *Notitia saeculi* (XII): Aus diesen Darlegungen ergibt

---

[43] So The New Cambridge Modern History I. The Renaissance 1493-1520, hg von G. R. Potter, Cambridge 1967, 259.
[44] Sehr schön bringt es das Gedicht von Andreas Scultetus (1622/3?-47) zum Ausdruck: „Eilt, daß ihr den Verstand zum Nutzen noch gebrauchet / Eh dann Europa ganz, das goldne Land, verrauchet! / Ach, glaubt mir, einmal sich erretten von den Kriegen, / Ist mehr, als tausendmal unüberwindlich siegen. Zitiert nach Osiander_(o. Anm. 42).
[45] Mehr dazu Koschaker, Europa (o. Anm. 11) 30ff.

sich, dass das Christentum, das heißt die römische Kirche, der höchste Inbegriff der Menschheit ist, und deshalb ist an seinen Wandlungen am ersten der Zeitwandel abzulesen. Nun hat die Gemeinschaft der römischen Kirche ihren Sitz in Europa, vor allem aber im Römer- und Frankenreich.[46]

Wegen der gemeinsamen Identität nennt Alexander von Roes die Kriege unter christlichen Herrschern „innere Kriege" (*intestina bella*). Er betont die Unnötigkeit solcher Kriege, die die christlichen Könige und Fürsten mehr als sonst gegeneinander führen.[47] Ein Krieg gegen Ungläubige war hingegen als gerecht angesehen. So schreibt Hostiensis, d. h. Heinrich von Segusia in seiner *Summa aurea*: Ein Krieg zwischen Gläubigen und Ungläubigen kann *bellum romanum* genannt werden; und er ist gerecht (*aliud potest dici bellum romanum puta quod est inter fideles et infideles et hoc iustum est*). *Romanum* kann er gennant werden, weil Rom das Haupt und die Mutter unseres Glaubens ist (*quia Roma est caput fidei et mater*).[48] Dementsprechend war zu jener Zeit ein Aufruf zum Krieg gegen Ungläubige nicht nur als gerecht angesehen, sondern auch als etwas, was die Leute verbindet und im positiven Sinne mobilisiert.

VII. Die *Respublica Christiana* von Pierre Dubois

Der erste der zwei Friedenspläne, die wir hier erwähnen möchten, stammt vom französischen Juristen Pierre Dubois. Dubois, der zwischen 1250 und 1255 wahrscheinlich in Coutances in der Normandie geboren war, studierte in Paris. Unter seinen Professoren waren auch Thomas von Aquin und Siger von Brabant. Seine römischrechtlichen Kenntnisse weisen auch auf das juristische Studium hin, das er wahrscheinlich in Orleans absolviert hat, weil Paris zu seiner Zeit noch keine Rechtsfakultät hatte. Nach dem Studium wurde er *expertus advocatus reglais* bzw. *advocatus regalium causarum baillivie Constantientis et procurator universitatis ejusdem loci*.

Dubois hat an der Reichsversammlung, die der französische König Philipp IV. der Schöne 1302 einberufen hat, als Vertreter von Coutances teilgenommen. Nachher diente er als Rechtsanwalt sowohl dem französischen als auch dem englischen König. Er hat auch an der Reichsversammlung in 1308 in Tours teilgenommen, überwiegend aber war er als Rechtsanwalt in der Normandie tätig.

Als eifriger Anhänger des französischen Königs hat er an den Auseinandersetzungen über die Beziehung zwischen der geistlichen und zeitlichen Gewalt teilgenommen. Unter seinen literarischen Werken sind neben der Schrift *De recuperatione Terre Sancte* noch einige Arbeiten gegen den Papst bzw. den Tempelorden zu

---

[46] *Verum res publica ecclesie Romane resided in Europa, principaliter tamen in Romanorum regno et Francorum*. S. FHIG 239.
[47] Not. Saec. 7 ... *qua reges et principes christiani plus solito movent ad invicem*
[48] Summa aurea, fol 59, Lib. I, rubr. De tregua et pace – zitiert nach FHIG 250.

erwähnen.⁴⁹ In seinen Werken hat Dubois, der bestimmt kein Philosoph war, viele originelle Ideen veröffentlicht. Diotti⁵⁰ meint, dass sie ihn unter seinen Zeitgenossen nicht sehr populär gemacht haben sollen. Seine Hauptidee war es, dass Frankreich den Frieden nur durch die Ausdehnung der königlichen Gewalt, v. a. über den Klerus und durch eine radikale Reform der Ausbildung, des Rechts und der Verwaltung erreichen könnte.

Die Zeit, in der die Schrift *De recuperatione Terre Sancte* entstanden ist, war v. a. durch die Schwächung des Papsttums und den Aufstieg der Nationalstaaten gekennzeichnet. Nach seiner Wahl 1294 hat der Papst Bonifaz VIII. den Weltherrschaftsanspruch des Papstes noch ein letztes Mal in vollem Umfang geltend gemacht. Im Kampf mit Philipp IV. dem Schönen von Frankreich hat er aber eine schwere Niederlage erlitten.

Als sich der Klerus von England und Frankreich über die von Eduard I. und Philipp IV. zum Zweck der Kriegführung auferlegten Steuern beim Papst beklagte, bedrohte der Papst in der Bulle *Clericis laicos* 1296 alle Fürsten, die ohne Einwilligung der Kurie die Geistlichkeit besteuern, mit kirchlichen Strafen. Daraufhin verbot Philipp IV. die Ausfuhr von Silber und anderen Wertsachen. Der Papst musste nachgeben. Durch die Bulle *Ineffabilis amoris* vom 1296 und mehrere Briefe an den König und die französischen Bischöfe setzte er die Bulle *Clericis laicos* im Wesentlichen außer Kraft. Um dem König entgegenzukommen vollzog er 1297 die Heiligsprechung Ludwigs IX. Der Friede zwischen dem König und dem Papst war aber bald zu Ende. Als der päpstliche Legat Bischof von Pamiers, Bernhard de Saisset, Philipp IV. 1301 Verletzung kirchlicher Rechte vorgeworfen hat und die Verwendung der kirchlichen Steueraufkommen für einen Kreuzzug fordert, reagierte der König heftig. Er lud den Bischof, der inzwischen nach Pamiers zurückgekehrt war, nach Paris vor und klagte ihn wegen des Hochverrats und der Majestätsbeleidigung an. Der Gerichtshof sprach Bernhard de Saisset schuldig und verlangte seine Verhaftung und Absetzung. Philipp IV. übergab ihn dem Erzbischof von Navarra zur Überwachung. Bonifaz VIII. forderte die sofortige Freilassung des Bischofs von Pamiers und berief die französischen Bischöfe zu einer Synode nach Rom. In der Bulle *Ausculta fili* vom 1301 lud er Philipp IV. zur Verantwortung nach Rom vor. Der König ließ den Bischof von Pamiers zwar frei, gebot aber ihm und dem päpstlichen Nuntius, innerhalb weniger Tage Frankreich zu verlassen. Das Original der Bulle *Ausculta fili* wurde nach dem Verlesen verbrannt und der Großsiegelbewahrer Pierre Flotte arbeitete eine Fälschung mit dem Titel *Deum time* aus, die inhaltlich und im Ausdruck die päpstliche Bulle weit übertraf. Philipp IV. berief 1302 einen Reichstag nach Paris, dem er die gefälschte Bulle vorlegte. Die Reichsstände sagten dem König ihre Hilfe in seinem Kampf gegen den Papst zu. Die Fälschung hat eine Flut von Pamphleten und Briefen zur Folge gehabt, die die Verständigung nur noch unmöglicher gemacht haben.

---

⁴⁹ S. z. B. Supplication du pueuble de France au Roy contre le pape Boniface le VIII aus dem Jahre 1304, De facto Templariorum (1308) und De torneamentis et justis (1313). S. dazu Diotti, Testi (o. Anm. 14) 17 ff.

⁵⁰ S. Diotti, Testi (o. Am 14).

Trotz dem Verbot des Königs nahmen viele französische Kirchenvertreter an der am 30. Oktober 1302 beginnenden römischen Synode, die das Verhältnis zwischen geistlicher und weltlicher Gewalt klären sollte, teil. Das Ergebnis der synodalen Beratungen war die Bulle *Unam sanctam* vom November 1302. In der Bulle ist der Weltherrschaftsgedanke des Papstes mit einer beispiellosen Deutlichkeit zum Ausdruck gekommen. Unter Berufung auf Lk 22,38 und Mt. 26, 52 wiederholte der Papst[51] die Zwei-Schwerter-Lehre: „Eine einzige und heilige Kirche anzunehmen, ist uns durch den Glauben geboten, sie hat einen Körper und ein Haupt; dieses hat zwei Schwerter, ein geistliches und ein weltliches; beide Schwerter, das geistliche und das materielle, sind in der Gewalt der Kirche; dass eine soll von der Kirche, das andere für sie gebraucht werden;[52] das eine von den Priestern, das andere von den Königen und Kriegern, aber nach der Weisung des Priesters und wenn er es zulässt (*ad nutum et patientiam sacerdotis*) ... Der geistlichen Macht gebührt es, die irdische zu belehren, und sie zu richten, wenn sie nicht gut ist. Wenn also die irdische Macht auf Abwege gerät, so wird sie von der geistlichen gerichtet werden – die niedere geistliche von der höheren – die höchste aber kann nur von Gott und von keinem Menschen gerichtet werden ... Wer also dieser von Gott angeordneten Macht widerstrebt, der widerstrebt Gottes Ordnung... Wir erklären: Aus Notwendigkeit des Heils ist alle menschliche Kreatur dem römischen Pontifex unterworfen."[53]

Darauf berief Philipp IV., der auf die Bulle mit den Worten „Maleficus nicht Bonifatius" reagiert haben sollte, im Juni 1303 eine Reichsversammlung nach Paris, auf der die schwersten Beschuldigungen gegen den Papst vorgebracht wurden. Die Versammlung beschloss, an ein allgemeines Konzil zu appellieren, vor dem sich der Papst verantworten müsste. Der Vizekanzler Philipps IV., Guillaume de

---

[51] Den Text der Bulle hat großenteils der Theologe und Philosoph Aegidius Romanus (auch Egidius Romanus bzw. Egidius de Roma) verfasst.

[52] Unam sanctam, DH 873: *In hac eiusque potestate duos esse gladios, spiritualem videlicet et temporalem, evangelicis dictis instruimur ... Uterque ergo est in potestate Ecclesiae, spiritualis scilicet gladius et materialis. Sed is quidem* **pro** *Ecclesia, ille vero* **ab** *Ecclesia exercendus. Ille sacerdotis, is manu regum et militum, sed ad nutum et patientiam sacerdotis. Oportet autem gladium esse sub gladio, et temporalem auctoritatem spirituali subiici potestati. ... Spiritualem et dignitate et nobilitate terrenam quamlibet praecellere potestatem, oportet tanto clarius nos fateri, quanto spiritualia temporalia antecellunt. ...*

[53] Unam sanctam, DS 874: *Est autem hæc auctoritas, et si data sit homini, et exerceatur per hominem, non humana, sed potius divina (potestas), ore divino Petro data, sibique suisque successoribus in ipso, quem confessus fuit petra, firmata, dicente Domino ipsi Petro (Matth. 16,19): ÆQuodcunque ligaveris etc. 'Quicunque igitur huic potestati a Deo sic ordinatæ resistit, Dei ordinationi resistit , nisi duo, sicut Manichæus, fingat esse principia, quod falsum et hæreticum iudicamus, quia testante Moyse (Gen. 1,1) non in principiis, sed in principio coelum Deus creavit et terram.* DS 875: *Porro subesse Romano Pontifici omni humanæ creaturæ declaramus, dicimus, diffinimus et pronunciamus omnino esse de necessitate salutis.*

Nogaret, verband sich mit Sciarra Colonna,[54] einem der römischen Feinde von Bonifaz VIII., und mit einigen anderen für eine Verschwörung gegen den Papst. Insgeheim wurden Truppen versammelt mit dem Ziel den Papst zu entführen und mit Gewalt vor ein Konzil zu stellen. Viele Mitglieder des Kardinalskollegiums konspirierten mit dem Colonna und somit auch mit der Verschwörung. Der Papst zog sich von Rom nach Anagni, der ehemaligen Papstresidenz zurück. Am 8. September 1303 sollte der Papst in der dortigen Kirche die Bannbulle *Super Petri solio* gegen den König von Frankreich verkündigen. Am frühen Morgen des 7. Septembers drangen Colonna und Nogaret, denen die Verräter das Stadttor geöffnet hatten, mit bewaffneten Männern in die Stadt Anagni ein. Der Papst wurde gefangen genommen und in seinem Palast gefangen gehalten. Dort spielte sich die historisch bedeutsame Demütigung Bonifaz' VIII. durch den 'schiaffo di Anagni' (Ohrfeige von Anagni) ab. Der Papst erhielt von dem Sciara Colonna eine entwürdigende Ohrfeige.[55] Ihre vernichtenden Folgen können aber nur im Kontext der Bulle *Unam sanctam* richtig verstanden werden. Sie galt nämlich nicht so sehr der Person des Papstes, sondern vielmehr der Institution des Papsttums und vor allem seinem Anspruch auf die Oberherrschaft.

Die geplante Papst-Entführung gelang nicht. Die Bevölkerung von Anagni und die Truppen der Patrizierfamilie Orsini haben den Papst befreit. Für den Papst änderte sich aber nicht viel. Der wahrscheinlich wegen des Überfalls und der erlittenen Erniedrigung wahnsinnig gewordene Bonifaz VIII. wurde nach Rom gebracht und dort in Schutzhaft der Orsini genommen. Er starb schon am 11. Oktober 1303.

Auch sein Nachfolger Benedikt XI. starb schon nach neun Monaten. Zum neuen Papst wurde der Erzbischof von Bordeaux Bertrand de Got gewählt. Er ließ sich 1305 in Lyon in Gegenwart Philipps IV. des Schönen krönen. Zwar wollte er die Kurie zurück nach Rom führen, doch die Machtverhältnisse zwangen ihn dazu, sich nach Frankreich zurückzuziehen. Dort geriet er recht schnell in die Abhängigkeit des Königshauses, was sich auch in der Kreierung einer ganzen Anzahl französischer Kardinäle niederschlug. Clemens V. kehrte nie mehr nach Rom zurück, sondern machte im März 1309 Avignon zur dauernden päpstlichen Residenz. Damit begann das s. g. Avignonische Exil der Päpste, das 1377 mit Gregor XI. endete.

In Frankreich änderte man inzwischen die Taktik. Statt den König zu verteidigen, griff man den verstorbenen Papst Bonifaz VII. an. Verschiedene Autoren, darunter auch Dubois, verfaßten Pamphlete gegen Bonifaz VIII, den sie der Simonie, Hexerei, amoralischer Verhältnisse mit seiner Nichte, des Mordes an seinem Vorgänger Cölestin V. usw. beschuldigten.

---

[54] Giacomo (genannt Sciara) Colonna war Mitglied der berühmten römischen Adelsfamilie Colonna. Er war Senator und starb in 1329. Berühmt durch seinen Kampf gegen den Papst Bonifaz VIII. Die Genealogie der Familie Colonna s. in: http://www.sardimpex.com/colonna/..%5Ccolonna%5Ccolonnaantico.htm.

[55] Nach einer anderen Version hat Nogaret noch im letzten Augenblick verhindert, dass Colonna den Papst vor dem Altar niederstach.

Auf Verlangen des Königs, der in Frankreich eine breite Unterstützung genoss, eröffnete Klemens V. den Prozess gegen Bonifatius VIII. wegen Häresie. 1306 widerrief er die Bulle *Clericis laicos* und schwächte die Bulle *Unam sanctam* ab. Das Verfahren gegen Bonifatius VIII. wurde jahrelang ergebnislos fortgesetzt. Schließlich begnügte sich Philipp IV. 1311 mit der Bulle *Rex gloriae*, die das Vorgehen des Königs und seiner Räte gegen Bonifatius VIII. guthieß und alle gegen sie verhängten kirchlichen Strafen aufhob. Die wegen des Überfalls von Anagni (1303) verurteilten Kardinäle wurden restituiert und Guillaume de Nogaret, der Urheber des Attentats, unter Auflegung einer Buße freigesprochen. Auf die Verurteilung Bonifatius' VIII. verzichtete Philipp IV., um vom Papst die Unterstützung für die Auflösung des Templerordens zu bekommen.[56] Ohne Wissen des Papstes ließ der König am 1307 alle Templer in Frankreich verhaften und erhob durch den französischen Generalinquisitor gegen den Orden Anklage wegen Häresie, Blasphemie und Unzucht. Durch die Folter wurden belastende Geständnisse erpresst. Clemens protestierte gegen das Verfahren Philipps IV. und verlangte die Herausgabe aller Gefangenen und ihrer Güter an ihn. Einen Monat später befahl er jedoch auf Verlangen des Königs die Verhaftung der Templer in allen Ländern und die Beschlagnahme ihrer Güter. Um das Problem endgültig zu lösen, berief er 1310 eine allgemeine Synode nach Vienne.

1308 befahl der Papst eine allgemeine Untersuchung des Ordens. Die päpstlichen Untersuchungskommissionen sprachen den Orden frei. Auch das Konzil von Vienne entschied, dass der Orden der ihm vorgeworfenen Häresie nicht überführt sei und ihm die Verteidigung gestattet werden müsse. Trotzdem hob der Papst mit der Bulle *Vox in excelso* 1312 auf eigene Faust den Orden auf und wies die in seinem Besitz noch gebliebenen Güter dem Johanniterorden zu. Auf Befehl des Königs Philipp IV. wurde der letzte Großmeister, Jakob von Molay, 1314 in Paris lebendig verbrannt.

Der Prozess gegen den Tempelorden in Frankreich war ein gutes Beispiel dafür, wie einfach es zu jener Zeit war, jemandem einen Prozess zu machen bzw. ihn auf Rechtswege zu enteignen. Alles was man dazu brauchte, war ein Kläger und ein Opfer. In der Atmosphäre des (Aber)glaubens konnte man die Beweise frei arrangieren.

Das sind also die äußeren Umstände, unter denen Dubois seine Schrift *De recuperatione Terre Sancte* verfasst hat. In dem Streit zwischen König Philip IV. dem Schönen und Papst Bonifatius VIII. hat er einige antiklerikale Pamphlete geschrieben und setzte sich entschieden für die säkularisierende Politik des Königs ein. Er griff die weltliche Macht des Papstes an, profilierte sich aber auch in der Kampagne gegen den Tempelorden.[57]

---

[56] S. F. W. Bautz, Biographisch-Bibliographisches Kirchenlexikon I, 1990, 690-692, http://www.bautz.de/bbkl/b/bonifatius_viii_p.shtml und 1052-1053 http://www.bautz.de/bbkl/c/clemens_v_p.shtml. S. auch D. S. Schaff, D. D., History of the Christian Church, VI. The Middle Ages, 2002, 8ff. http://www.possessionstudios.com/library/acrobook3/histchurchsix.pdf.

[57] Z. B. mit seinem 1308 erschienenen Werk *De facto Templariorum*.

Die Schrift *De recuperatione Terrae Sanctae* ist zwischen 1305 und 1307 geschrieben worden.[58] Die Schrift gliedert sich in zwei Teile. Der erste Teil (cap. 1-109) wurde dem englischen König Edward I. gewidmet und für ein breiteres internationales Publikum bestimmt. Der zweite Teil (cap. 110-142) wurde zum persönlichen Gebrauch des französischen Königs geschrieben. Dubois versuchte darin nachzuweisen, wie vorteilhaft die Annahme seiner Vorschläge für Frankreich wäre und wie mit Hilfe seiner Projekte der französische König zum Herrscher der Welt würde.[59]

Das Werk stellt ein Konglomerat verschiedener Ideen und Projekte dar. Ihr gemeinsames Ziel war die Befreiung des Heiligen Landes. Die Voraussetzung dafür war nach Dubois v. a. der allgemeine Frieden und zahlreiche Reformen.

Dubois legte dem König einen Plan zur Gründung eines Staatenbundes Christlicher Staaten (*respublica christiana* bzw. *respublica christicolarum*) unter der Leitung des französischen Königs vor. Der Staatenbund hatte zwei Ziele: durch die institutionalisierte Verbindung christlicher Länder einen erfolgreichen Kreuzzug zu ermöglichen und gleichzeitig einen allgemeinen Frieden unter den Mitgliedstaaten zu erwirken: Alle Herrscher, die der römischen Kirche unterstehen, sollen einen Friedensvertrag unterzeichnen, damit ein einziger, dermaßen fest vereinigter Staat entstehen würde, dass er nicht mehr auseinander gebracht werden könnte.[60] Dubois vertrat die Meinung, dass jeder Krieg an sich das Übel darstelle. Trotzdem sei der Krieg nötig, um zum Frieden zu gelangen, denn ohne Krieg kann es keinen Frieden geben. Wenn man jedoch einmal den Frieden erreicht hat, wird sich die Menschheit den Tugenden und der Wissenschaft widmen können.[61]

Um die Voraussetzungen für die Befreiung des Heiligen Landes bzw. für einen dauerhaften Frieden zu schaffen, sollte man ein Konzil einberufen. Dort sollte der französische König mit Hilfe vom Papst die anwesenden Potentaten zur Eintracht und Versöhnung bringen. Dies würde durch eine schnelle gerichtliche Entscheidung über alle unter ihnen bestehenden Streitigkeiten zustande kommen.[62] Im

---

[58] S. die gedruckte Ausgabe des Textes: De recuperatione Terre Sancte: traite de politique générale par Pierre Dubois. Publié d'après le manuscrit du Vatican par Ch.-Victor Langlois, Paris 1891. Die neueste Asgabe ist die von Diotti, Testi (o. Anm. 14). S. auch E. Zeck, De recuperatione terre Sancte. Ein Traktat d. P. Dubois, Berlin 1906. Einige Auszüge der Schrift s. auch in FHIG I 253.

[59] S. Diotti, Testi (o. Am 14) 25.

[60] De recuperatione Terre Sancte III: ... *opportebit principes catholicos concordes esse et inter se guerras non habere ... Idcirco inter catholicos omnes, saltem ecclesie romane obedientes, pacem firmari taliter expedit quod una sit respublica, sic fortiter unita quod non dividatur ...*

[61] De recuperatione Terre Sancte III: ... *Sed tamen cum pax alias quam per bellum haberi non potest, licet viris justis bellum appetere et facere, ut, adepta pace, post bellum possint homines pacis tempore vacare virtutibus et sciencies adquirendis; alias, nisi propter hunc finem, omne bellum est illicitum, etiam secundum juris civilis doctores.*

[62] De recuperatione Terre Sancte IV,3: *Convocato concilio, propter ardorem salutis Terre Sancte, summa regalis experiencia* (d. h. der französische König) *petere poterit per dominum papam, principes et prelatos concordari et statui taliter quod quibuscunque dicetibus se passos injurias secundum leges et consuetudines regnorum et regionum,*

neuen System, das, wie schon erwähnt, einen Dauerfrieden unter den christlichen Herrschern herstellen und gewährleisten sollte, ist es für die Katholiken verboten, gegeneinander Kriege zu führen und getauftes Blut zu vergießen. Diejenigen, die kämpfen wollen, sollen Kriege gegen die Feinde des christlichen Glaubens führen und das Heilige Land befreien. Sie sollen nicht das Verderben ihrer Seelen und Körper im Streit mit ihren Brüdern im Glauben suchen.[63]

Diejenigen, die trotzdem einen Krieg gegen ihre Glaubensbrüder führten, würden automatisch ihr ganzes Vermögen einbüssen. Man würde sie auf die Dauer ausweisen und ins Heilige Land schicken.[64] Denjenigen jedoch, die geholfen haben, die Friedensbrecher zu besiegen und auszuweisen, würde das Konzil bzw. der Papst den vollen Ablass erteilen.[65]

Durch Ausweisung und durch Auswanderung würde zur Verteidigung der heiligen Stätten im Heiligen Land eine Art Militärgrenze angesiedelt. Dubois schlägt vor, dass man dort diejenigen, die sich in ihren Ländern in Kriegskunst auszeichnen, ansiedelt.[66]

Zur Erhaltung des Friedens sieht der Plan von Dubois die Errichtung eines internationalen Schiedsgerichts vor. Interessant an dem Plan ist, dass Dubois das Weiterbestehen souveräner Staaten vorsieht, die selbstverständlich nur unter der Oberherrschaft des französischen Königs weiter bestehen würden. Im Falle einer Streitigkeit zwischen solchen souveränen Staaten und Herrschern (*civitates et multi principes superiores in terris non recognoscentes*), kann die Versammlung die Auswahl der Schiedsrichter bestimmen. Jede Partei könnte drei Laien- und drei geistliche Schiedsrichter aus den ausgebildeten, erfahrenen und verlässlichen Männern auswählen. Diese sollen begütert und so geeignet sein, dass es unwahrscheinlich wäre, dass sie sich durch Freundschaft, Feindschaft, Angst, Habgier oder Anderes bestechen ließen. Die Zeugen würden von mindestens zwei Geschworenen vernommen werden. Die Vernehmung wird gewissenhaft protokol-

---

per judices in eis statutos, et ubi statuti non sunt, infrascripto modo statuendos, fiat celerius quam solitum et justicie complemetum.

[63] De recuperatione Terre Sancte IV,3: *Nullus catholicus contra catholicos currat ad arma, nullum sanguinem baptizatum effundat; quicunque preliare volentes, contra fidei christiane inimicos, Terre Sancte sanctorumque locorum Domini, non contra fratres, occasionem corporalis et spiritualis perditionis querendo, studeant preliare.*

[64] De recuperatione Terre Sancte 4: *Quicunque qutem contra hoc salubre statutum guerram contra fratres catholicos movere presumpserint, eo ipso omnium suorum bonorum amissionem incurrant ... a terris et possessionibus perpetuo fiant exules, et totaliter cum eorum quacunque posteritate privati, in Terram Sanctam populandam mittantur ...*

[65] De recuperatione Terre Sancte 7: *Item omnibus consilium et opem prestantibus ad sic puniendum, et in Terram Sanctam mittendum taliter guerras moventes, ex nunc in concilio plena indulgencia concedatur, que per singulos successores sanctissimi romani pontificis confirmetur.*

[66] De recuperatione Terre Sancte 108: *... himinibus magis agilibus et solitis in suis terris natalibus pugnare ... assignentur civitates et castra in finibus dicte Terre sita ... ut sic Terra Sancta muris bonis pugnatorum circondata, finibus suis vigorose defensis ... valeat gubernari, quatinus ad utrumque spiritualem videlicet et temporalem gladium pertinebit ...*

liert und die Richter[67] bewahren die Protokolle sorgfältig, damit es zu keiner Fälschung oder Arglist kommt. Bei der Verhandlung können die Parteien Amtsgehilfen (*assessores*) haben, die des göttlichen, des kanonischen und des Zivilrechts kundig sind (*peritissimos in lege divina et canonica et civili*). Ist eine der Parteien mit dem Schiedsspruch nicht zufrieden, so muss die Gesamtheit der bezüglich dieser Angelegenheit angefallenen Schriftstücke an den Papst geschickt werden. Der Papst kann die Entscheidung verbessern oder korrigieren.[68]

Obwohl das Hauptziel von Dubois der dauerhafte Frieden war, wusste er, dass es auf dem Weg zu diesem Ziel viele Hindernisse gab, die man beheben müsste.[69] Zu diesem Zweck elaborierte er in seiner Schrift zahlreiche Vorschläge für Reformen, die die Voraussetzungen für den dauerhaften Frieden schaffen sollten. Unter diesen Reformen ist von besonderem Interesse die Reform der Kirche.

Dubois äußert sich sehr kritisch über das Verhalten der Geistlichen: viele Prälaten führen Kriege und jagen den weltlichen Würden nach; sie sind mehr um das Zeitliche als um das Seelenheil besorgt; sie wenden viel mehr für die zeitlichen Güter auf als für das Seelenheil jener, die ihnen anvertraut worden sind.[70] Aber

---

[67] Dubois Terminologie ist nicht immer konsequent. *Arbitri* werden Schiedsrichter im Allgemeinen genannt, konkrete Schiedsrichter aber nennt er *judices* bzw. *jurati*. S. De recuperatione Terre Sancte 12.

[68] De recuperatione Terre Sancte 12: *Sed cum iste civitates et multi principes ... controversias movere captabunt ... concilium statuat arbitros religiosos aut alios eligendos, viros prudentes et expertos ac fideles, qui jurati tres judices prelatos et tres alios pro utraque parte, locupletes et tales quod sit verisimile ipsos non posse corrumpi amore, odio, timore, concupiscencia, vel alias qui convenientes in loco ad hoc aptiori, jurati strictissime, datis anteqam conveniant articulis petitionem et defensionem singularum, summarie et de plano, rejectis primo superfluis et ineptis, testes et instrumenta recipiant, diligentissime examinent. Cujuslibet testis examinatio per duos ad minus juratos fideles et prudentes audiatur; scribantur depositiones, et per judices strictisseime custodiantur, ne fraus et falsitas possint intervenire. Sic conveniant judices ad impensas moderatas partium solvendas, quatinus plus impedent quam essent in suis domibus verisimiliter impensuri. Ad judicandum, si expedierit, assessores habeant secundum eorum consciencias fidelissimos ac peritissimos in lege divina et canonica et civili. Si altera pars de ipsorum sentencia non sit contenta, ipsi judices pro omni lite processus cum sentenciis mittant ad apostolicam sedem, per summum pontificem pro tempore existentem emedndandas et mutandas, prout et si justum fuerit; vel si non, salubriter ad perpetuam rei memoriam cofirmandas et in cronicis sancte ecclesie inregistradas.*

[69] De recuperatione Terre Sancte 27: *Sic enim pax universalis finis est quem querimus, quem in intentione nostra primum habemus ... debemus primo tollere sigula pacis universalis impedimenta et occasiones verisimiles impedimentorum ...*

[70] De recuperatione Terre Sancte 27: *Considerare ergo debet (d. h. der Papst) qualiter se habent et militant patriarche, primates, archiepiscopi, episcopi, et alii prelati, ducatus, comitatus, baronias, et alia temporalia optinentes; ... qualiter prelati bellantes perfectius et attentius vacant et vigilant bellis quam animarum saluti ... Nonne frequenter plus impendunt prelati per annum peropter modice rei temporalis defensionem plus in hoc et ob hoc de se laborant, quam ob salutem omnium sibi commissarum animarum?*

nicht nur die höchsten Würdenträger der Kirche, auch Mönche und andere Geistliche benehmen sich nach seinen Worten nicht im Sinne des Evangeliums. Statt der Armut und einer einfachen, natürlichen Lebensweise streben sie Gold und Silber an,[71] leben schwelgerisch und ausschweifend,[72] streiten mit ihren vorgesetzten und unter sich[73] usw. Dubois prangerte auch Simonie und andere Arten der Korruption in der Kirche an,[74] und schlug eine tief greifende kirchliche Reform vor.

Er schlägt nicht nur die Rückkehr der Kirche zur Armut und Spiritualität, sowie die Abschaffung des Zölibats,[75] sondern auch die Abschaffung des Patrimonium Petri, d. h. des päpstlichen Grundbesitzes vor. Der Papst sollte es dem französischen König *pro certa annua pensione* auf Dauer in Verwaltung überreichen. Auf diese Weise wäre der Papst nicht mehr den giftigen Intrigen der Römer und Lombarder ausgesetzt, und könnte sich in Frankreich lebend der Seelsorge widmen.[76] Das kontemplative Leben, das der Papst auf diese Weise führen könnte, gäbe ihm die Möglichkeit, unter den Christen Gerechtigkeit zu üben und Frieden zu stiften.[77] Dabei soll besonders betont werden, dass Dubois das päpstliche Primat keinesfalls angreift oder in Zweifel zieht. Selbstverständlich aber plädiert er für einen französischen und in Frankreich lebenden Papst.

Die Idee, den Papst „zu spiritualisieren" war bestimmt völlig utopisch.[78] Nicht weniger utopisch war wahrscheinlich auch die Idee der französischen Hegemonie über ganz Europa. Doch hatte Dubois dafür ein sehr starkes Argument. In seiner,

---

[71] De recuperatione Terre Sancte 30: *Monachi, qui sine peccato moratali nihil appropriatum possunt habere, divites, sint, administrationes in abbacciis et extra querunt; sitiunt, ut aurum et argentum in loculis reponant ...*

[72] De recuperatione Terre Sancte 31: *... monachi plerumque vivunt luxuriose, ebriose, et alias inhoneste ...*

[73] De recuperatione Terre Sancte 32: *Item multi monachi juvenes rixosi sunt ...*

[74] De recuperatione Terre Sancte 34: *... cum aliquis de symonia arguitur. Nonne videtis qualiter dominus papa et cardinales munera recipiunt ab ipsis quibus beneficia conferuntur, presertim ab illis quibus de prelationibus providentur? Qualiter illis per suos mercatores sub gravibus usuris faciunt peccunias quas ab eis capiunt mutuari, presertim ab exemptis? ...*

[75] S. De recuperatione Terre Sancte 61.

[76] De recuperatione Terre Sancte 111: *Verissimile plurimum est quod dominus papa, guerris sedatis secundum modos prescriptos, et regimine suorum temporalium, possessione et distriction, pro certa annua pensione perpetuo domino regi Francorum commissis, per fratres suos et filios, prout expedire viderit, gubernandis, poterit, cessantibus Romanorum et Lombardorum insidiis venenosis, in sua terra natali regni Francorum, soli regimini animarum vacando, dui et sane vivere, Romani aeris sibi non natalem intemperiem evittando.*

[77] De recuperatione Terre Sancte 40: *Sic papa ... perfecte vacabit orationibus, eleemosinis, contemplationi, lectioni, et doctrine Scripturarum, correctionibus subditorum justiciam et judicium singulis catholicis faciendo fierique curando, veram pacem omnibus Christi fidelibus procurando ... Sic sanctissime papa thesauros non studebit aggregare, nec a spriritualium sollicitudeine debita retrahetur; vitam ducet contemplativam, et activam ...*

[78] Diotti, Testi (o. Am 14) 30 spricht von einer „ingenuità da irresponsabile."

schon erwähnten Bulle *Rex gloriae,* hat nämlich der Papst Clemens V. wohl unter dem Druck des französischen Königs, dem französischen Königreich eine Mission zugeschrieben, die der Mission des israelitischen Volks im Alten Testament ähnelte.[79] Die Franzosen waren dementsprechend das auserwählte Volk des Neuen Testaments und ihr König als *rex christianissimus defensor Ecclesie* der natürliche Herrscher und Verteidiger der christlichen Welt.

Diesem theologischen Argument für die französische Vorherrschaft fügte Dubois noch eine naturwissenschaftliche Begründung hinzu. Er behauptete, dass in Frankreich, insbesondere in Paris der astrologische Einfluss der Sterne günstiger sei als woanders und dass deswegen die Leute, die dort zur Welt kommen, jenen aus anderen Ländern *in moribus, constancia, fortitudine et pulchritudine* weit überlegen seien.[80] Deswegen war es für Dubois selbstverständlich, dass die ganze Welt dem französischen Königsreich untertan sein sollte.[81] In diesem Sinne ist auch seine Idee der *res publica christiana* auszulegen und zu verstehen. Der Name bezieht sich in erster Linie auf Frankreich, das zu einer Mission, die ganze christliche Welt zu leiten und zu schützen, vom Gott auserwählt wurde, und das auch die besten menschlichen Mittel zur Erfüllung dieser Aufgabe besitzt. Andere Staaten müssen sich aus diesen sowohl theologischen als auch logischen Gründen der französischen Vorherrschaft fügen, ohne ihre Selbständigkeit ganz zu verlieren.[82]

In der Dubois-Schrift findet man auch andere Ideen. Ein organisiertes Studium, darunter auch orientalischer Sprachen, würde die Regierungsschicht für die eroberten Länder des Ostens sichern.[83] Die Schrift sieht auch eine koordinierte Wirtschaft für den neuen Staatenbund, die der Rationalisierung der Kosten dienen sollte, usw. vor.

---

[79] Regestum Clementis Papae V, hg von Benedittini, Roma 1885-88, 701, a. I, p. 411: ... *sicut israeliticus populus in sortem hereditatis dominice ad divina misteria et beneplacita exequenda celesti iudicio electionis assumptus fuisse dignoscitur, sic regnum Francie in peculiarem populum electum in executione mandatorum celestium specialis honoris et gratie titulis insignitur.* Zitiert nach Diotti, Testi (o. Anm. 14) 32.

[80] De recuperatione Terre Sancte, Appendix *(Oppinio cujusdam suadentis regi Francie ut regnum Jerusolimitanum et Cipri acquireret pro altero filiorum suorum, ac de invasione regni Egipti) 10: Quoniam, disponente et causante celestis armonie benivolencia, generati, nati et nutriti in regno Francorum, presertim prope Parisius, in moribus, constancia, fortitudine et pulchritudine, natos in aliis regionibus naturaliter plurimum precellunt ...* S. auch De recuperatione Terre Sancte 139: *... ibi generati et nati melius sunt compositi, ordinati et complexionati quam aliarum regionum homines.*

[81] S. Dubois, Summaria: *Expediret totum mundum subjectum esse regno Francorum ... propter astrorum meliorem aspectum et influenciam ... Gallici quidem longe certius utuntur vero judicio rationis quam alie quelibet nationes ...* Zitiert nach Diotti, Testi (o. Anm. 14) 39.

[82] De recuperatione Terre Sancte 63: *Modo non est homo sane mentis, ut credo, qui estimare verisimiliter posset in hoc fine seculorum fieri posse quod esset totius mondi, quoad temporalia, solus unus monarcha qui omnia regeret, cui tanquam superiori omnes obedierent ...*

[83] De recuperatione Terre Sancte 59ff.

Der Friedensplan von Dubois kann als Produkt seiner Zeit und vor allem des Strebens französischer Könige nach der Abschwächung der päpstlichen und kaiserlichen Macht beurteilt werden. Die tragende Idee ist der christliche Glaube, kombiniert mit dem damals als Pflicht empfundenen Wunsch, die heiligen Stätten des Christentums zu befreien. Hinter dieser religiösen Dimension, die in jener Zeit bestimmt unumstößlich und apodiktisch wirkte, v. a. aber keine Gegenargumente gestattete, stand ein ganz konkretes Ziel der französischen Könige, die auch *de iure* die Stellung des Kaisers erlangen wollten. Manche glauben deswegen, dass auch der Aufruf zum Kreuzzug nicht primär der Befreiung der heiligen Stätten diente, sondern eher als Vorwand für die Aneignung des Vermögens der Templer gedacht war. Durch den Aufruf zur Befreiung heiliger Stätten und gleichzeitig zur Bildung eines Staatenbundes, der den Frieden unter christlichen Potentaten gewährleisten könnte, glaubte Dubois die damaligen Machthaber für den französischen König zu gewinnen und diesem die Übernahme der führenden Rolle in Europa zu ermöglichen. Trotzdem war sein Chauvinismus wahrscheinlich nur einer der Gründe für das Scheitern seines Friedensplans. Ungeachtet seines Radikalismus übten seine Schriften keinen dauerhaften Einfluss auf zeitgenössische oder spätere Denker.[84]

Wieweit Dubois selbst an seinen Plan geglaubt hat, kann man nicht sagen. Seine Ideen, die er in anderen Schriften veröffentlichte, schließen das nicht aus. Manche waren bestimmt weit vor seiner Zeit (so z. B. die Idee der Kodifizierung des französischen Rechts). Gleichzeitig aber war Dubois einer der ersten französischen Juristen, die sich an der hohen Politik beteiligten. Deswegen wirkt seine Schrift auch nicht sehr überzeugend.

VIII. Der Friedensplan von dem König Georg Podiebrad (1462)

Um diesen Plan[85] richtig zu verstehen, muss man einige der politischen Ereignisse, die dazu geführt haben, erwähnen.

Georg von Podiebrad[86] wurde 1420 in Podiebrad geboren und starb 1471 in Prag. Schon sein Vater gehörte zu den Anhängern des hussitischen Hauptmannes

---

[84] S. B. Jarett, Social Theories of the Middle Ages, 1200-1500, London 1926, 92f.: „Its (d. h. der Schrift *De recuperatione Terre Sancte*) ideas seem to have sprung our of a man's brain and to have died with him, to have been the single effort of an independent thinker, without literary affinities or descendants."

[85] Tractatus pacis toti Christianitati fiendae. Den Text (ediert von J. Kejř), in: The Universal Peace Organization of King George of Bohemia, A fifteenth Century Plan for World Peace, 1462/1464, hg von F. Kavka/V. Outrata/J. Polišenský, Prague 1964, 69-80. Den Text siehe auch in: FHIG, Vol. I, 254-264. Die Literatur zum Thema s. auf der Webpage http://www.bautz.de/bbkl/p/podiebrad_g.shtml (=) C. Bernet, Biographisch-Bibliographisches Kirchenlexikon, XXI, 2003 1183-1203.

[86] S. dazu Bernet, Kirchenlexikon (o. Anm. 85).

Jan Žižka, der auch Taufpate Podiebrads gewesen sein soll. Nach dem Tode seiner Eltern 1427 wurde Podiebrad am Hofe seines Onkels Bocek von Kunstat in Mähren erzogen. Bei der Schlacht von Lipany im Jahre 1434 stand er mit diesem auf Seiten der konservativen Hussiten und Utraquisten gegen die radikalen Taboriten. 1440 wurde er zum Hauptmann des Bunzlauer Kreises gewählt und vier Jahre später zum Anführer der Barone. Als Mitglied des Landgerichts stützte er sich auf eine einflussreiche Familienherrschaft in Ostböhmen und führte 1448 die dortigen Stände an. Nachdem das Prager Domkapitel nach Pilsen geflüchtet war und deutsche Studenten die Universität verließen, zog Podiebrad in Prag ein und besetzte Führungsposten der Stadt sowie der Universität mit Utraquisten. Nachdem 1452 die Hussitenfestung Tabor erobert worden war, wurde Georg vom böhmischen Landtag am 27. April 1452 zum Gubernator des Landes gewählt und am 28. Oktober 1453 der junge Ladislaus V. Postumus (1440-1457) zum böhmischen König gekrönt. Dieser Sohn des Kaisers Albrechts II. (1397-1439) war katholisch und stand in enger Verbindung mit dem Papst Eugen IV. (1383-1447).

In Böhmen führte Podiebrad mit Erfolg die Regierungsgeschäfte und trug wesentlich zur Stabilisierung der Wirtschaftlage sowie zur Einführung der Sicherheit und Ordnung bei: die Kreisgerichte nahmen ihre Arbeit wieder auf, umherziehende Söldner verließen das Land, die Wirtschaft stabilisierte sich.

Von politisch großer Bedeutung war die Heirat seiner Tochter Kunigunde mit dem ungarischen König Matthias I. Corvinus (1443-1490). Als 1457 König Ladislaus an der Pest starb, ein angeblicher Giftanschlag Podiebrads ist nicht erwiesen und zählt zu den Verleumdungen seiner zahlreichen Gegner, wurde Podiebrad als Nachfolger auf dem Landtag zu Prag unter Druck des Volkes und erheblicher Einflussnahme auf die Wahlmänner im März 1458 zum neuen böhmischen König gewählt und im Mai desselben Jahres im Prager Veitsdom gekrönt. Im Juni des gleichen Jahres erfolgte die Belehnung durch Kaiser Friedrich III. (1415-1493). In einem geheimen Eid musste sich Podiebrad jedoch dem Papst gegenüber verpflichten, den katholischen Glauben zu bewahren und Irrtümer des Glaubens sowie Häresien zu bekämpfen. Trotzdem begünstigte Podiebrads Politik weiterhin die Hussiten, richtete sich aber gegen kleinere Gemeinschaften wie die Adamiten, Taboriten und Pikarden. Papst Nikolaus V. (1397-1455) sah in Podiebrad zeitweise sogar ein Werkzeug der Gegenreformation, während sich Papst Calixtus III. (1378-1458) intensiv um einen "*Pax Spiritualis*" mit den Hussiten bemühte. Zwischen 1458 und 1461 wurden Verhandlungen über die Rückgabe oder Entschädigung enteigneter katholischer Kirchengüter geführt. Die Bestrebungen des Königs, wegen einer geplanten Stellvertretung für den deutschen Kaiser zur römischen Kirche zurückzukehren, führten zusammen mit den Auftritten der katholischen Priester gegen Utraquisten zu einem Volksaufstand. Man hat Podiebrad zum Eid zum Utraquismus gezwungen. Er musste sich auch verpflichten, die Verträge über die Beziehung zwischen der katholischen Kirche und den Hussiten aus dem Jahre 1433 zu verteidigen. Er hat den Papst um die Bestätigung dieser Verträge (s. g. Kompaktate) gebeten. Der Papst Pius II. hat sie jedoch endgültig verworfen. Der Papst forderte Podiebrad auf, sich sofort unter apostolische Entscheidungsgewalt zu stellen.[87] Dieses lehnte Podiebrad entschieden ab. Es folgte die Veröffentlichung des Wortlautes jenes geheimen Eides, der Podiebrad auf die römische Kirche verpflichtet hatte. In Böhmen verkündete der päpstliche Nuntius, dass der Papst den König absetzen könne, falls Podiebrad die Rücknahme der Kompaktate nicht akzeptiere. Podiebrad ließ den Nuntius festnehmen. Der Konflikt zwischen Papst und König wurde jedoch durch ein außenpolitisches Ereignis aufgeschoben. Im Herbst 1462 half Podiebrad bei der Befreiung des Kaisers Friedrich III., der in der Wiener Hofburg von dem Volk und abgefallenen Söldnern belagert wurde. Der Papst stellte deswegen das Verfahren für sechs Monate ein, der Kaiser aber versprach Podiebrad, sich für ihn in Rom einzusetzen.

In solcher Lage also veröffentlichte König Podiebrad 1462 seinen Friedensplan. Er wollte damit wahrscheinlich sowohl an Zeit gewinnen als auch die Aufmerksamkeit von dem gegen ihn eingeleiteten Ketzerverfahren ablenken. Auf diese Weise versuchte er jene Potentaten, die dem Papst nicht freundlich gesinnt waren, nämlich v. a. den französischen König, als Verbündete für sich zu gewinnen. Der Friedensplan Podiebrads weist im Kern drei Anliegen auf:

- einen gesamteuropäischen Frieden,
- die Errichtung eines Staatenbundes (Podiebrad verwendet dafür verschiedene Ausdrücke: *conventio, congregatio, unio* oder *connexio pacis, fraternitatis et concordiae*) und
- einen Kreuzzug gegen die Türken.

Auf den ersten Blick erinnert die Idee Podiebrads an den Plan von Dubois. Auch hier ist nämlich der Friede auf die christlichen Herrscher begrenzt und als Voraussetzung für einen erfolgreichen „gerechten" Krieg gegen die Türken konzipiert. Ähnlich sind auch der Kreuzzugsgedanke und die prinzipielle Gleichstellung der Bundesangehörigen. Der Hauptunterschied zwischen den beiden Plänen liegt jedoch in der Rolle des Papstes. Das päpstliche Primat ist für Podiebrad nicht mehr selbstverständlich. Dazu ist der Plan von Podiebrad viel detaillierter und viel konkreter im Sinne einer internationalen Verbindung souveräner Staaten.

Der Text ist nicht systematisch und so sind auch die erwähnten drei Punkte nicht planmäßig bearbeitet. Moderne Editionen teilen ihn in die Präambel und 23 Kapitel ein. Dabei sind einige Paragraphen schon im Text numeriert, andere wiederum nicht, obwohl sie eigene logische Einheiten bilden.[88]

---

[87] S. dazu in: Pius II. a zruseni kompaktat, http://citanka.cz/denis/ksc1-3.html.
[88] Der Inhalt der einzelnen Paragraphen ist wie folgt: I. Bekenntnis des katholischen Glaubens. II. Rechtsverhältnisse zu Nichtmitgliedern. III. Vorgehen bei Vertragsbruch. Einführung eines Bundesgerichts. IV. Einberufung eines Schiedsgerichts bei zwischenstaatlichen Konflikten. Kriegsfinanzierung. V. Stellung der Gesandten. VI. Landfriedensordnung. VII/VIII. Geleitbriefe. IX. Einführung supranationalen Rechtes. X. Rechtsreform. XI. Regelung der innerstaatlichen Rechtsprechung. XII. Bündniserweiterung. XIII. Verpflichtung zum Kreuzzug. XIV. Prägung einer einheitlichen europäischen Münze (*communi moneta*). XV. Finanzierung des Kreuzzuges. XVI. Einrichtung eines Kollegiums in Basel und dessen Zuständigkeiten. Einrichtung einer Bundeskasse.

Der Plan beginnt mit einer Vorrede, die den Niedergang des Christentums beklagt und vor dem Aufstieg des Islam warnt. Die Vorrede gleicht mehr dem Entwurf einer Predigt als der Präambel eines Vertrages.

Als Ausgangspunkt nimmt der König die Schriften der Historiker (*historicorum scripta*), die von der einmaligen Größe und Einheit der christlichen Welt berichten, welche 117 Königreiche umfasste und so stark war, dass sie lange Zeit einen großen Teil der heidnischen Gebiete, zusammen mit dem Heiligen Grab, besetzen konnte (*longo tempore occupavit*). Kein Volk wagte es, dieses Reich herauszufordern (*nec gens fuit tunc orbe toto, que christianorum regimen lacessare auderet*).

Als Gegenbeispiel dieser Größe, mit der wahrscheinlich das Reich Konstantins des Großen oder Theodosius gemeint war, schildert Podiebrad die Umstände seiner Zeit: Die christliche Welt sei zerfetzt, zersplittert und ihres ehemaligen Glanzes beraubt.[89] Die heiligste Pflicht eines jeden Christen sei es deswegen, den wahren Frieden zu stiften und sich um die Eintracht und Liebe unter den Christen, sowie um die Abwehr gegen die schrecklichen Türken zu bemühen.[90]

Die Realität war jedoch weit von der christlichen Nächstenliebe entfernt. Überall tobten Kriege und Vernichtungen. So fährt er fort: „Von dem Wunsch beseelt, dass solche Kriege, Raubzüge, Aufruhr, Brandstiftungen und Gemetzel, die die Christenheit auf nahezu allen Seiten umgeben und die Felder verwüsten, die Städte zerstören, die Länder zerfleischen und durch endloses Elend Königreiche und Fürstentümer ruinieren, enden und vollständig beseitigt werden sollten, auf dass diese Königreiche und Fürstentümer zu hoch lobender Eintracht und zu einem Zustand gegenseitiger Liebe und Brüderlichkeit geführt werden, haben wir auf der Grundlage zuverlässigen Wissens, nach reiflicher vorheriger Erwägung, nach Gebet um die Gnade des Heiligen Geistes, nach dem Rat und Zustimmung unserer Prälaten, Fürsten, Großen und Edlen sowie Doktoren beider Rechte wegen der Erfurcht vor Gott und der Bewahrung des Glaubens beschlossen, einen Bund des Friedens, der Brüderlichkeit und der Eintracht zu gründen, der uns, unsere Erben und künftige Nachfolger für ewige Zeiten andauern soll"[91]

Einberufung eines Konzils im Abstand von zehn Jahren. XVII. Indignatsrecht. XVIII. Finanzierung der Bundesorgane. XIX/XX. Einrichtung einer Kongregation. Besetzung anteilig nach Nationen, vor allem Frankreich, Deutsches Reich und der Doge von Venedig. XXI. Pflichten des Papstes und des Dogen von Venedig. Flottenbauprogramm. XXII. Erbschaftsregelungen. XXIII. Zukünftige Regelungen und Präzisionen in weiteren Verträgen.

[89] Tractatus pacis toti Christianitati fiendae, Präambel: *At nunc quantum lacerata, confracta, cassata atque omni nitore splendoreque pristino enudata sit, omnes agnoscimus ...*

[90] Tractatus pacis toti Christianitati fiendae, Präambel: *... nil religiosius, integritati nil congruencius et laudi nil gloriosius efficere poterimus, quam dare operam, quod vera, pura et firma pax, unio et caritas inter cristianos fiat et fides Christi adversus immanissimum Turcum defensetur ...*

[91] Tractatus pacis toti Christianitati fiendae, Präambel: *... nos ... ad huiusmodi connexionis, pacis, fraternitatis et concordie inconcusse duraturam ob Die reverentiam fideique*

Mit ihren königlichen Worten sollen die Signatare versprechen, in der Zukunft in eventuellen Konflikten auf den Gebrauch der Waffen zu verzichten und sich gegenseitig zu helfen.[92] Die Signatare verpflichten sich, dass keiner von ihnen Unterstützung oder Rat (*auxilium vel consilium*) gegen einen anderen gewähren oder sich gegen einen anderen von den Signataren verbünden wird. Jeder wird so gut wie möglich für die Gesundheit, das Leben und die Ehre aller anderen sorgen.

Es folgt eine detaillierte Beschreibung der Mechanismen, die das Funktionieren des Staatenbundes gewährleisten sollen. Vor allem wird man einen vertragswidrigen Angriff nicht als Verletzung oder Bruch der Union betrachten, sondern wird man den Täter zur Wiedergutmachung zwingen und ihn entsprechend bestrafen.[93] Für die Verurteilung der Täter sind Landesherren sowohl des Wohn- als auch des Tatortes (*tam domicilii quam loci perpetrati delicti*) zuständig. Versäumt ein Landesherr die Bestrafung, so kann ihn der Betroffene vor dem Parlament verklagen.[94]

Greift einer der Signatare den anderen an, ohne verletzt oder herausgefordert worden zu sein (*non lacessitos nec provocatos*), so entsenden die Signatare auf gemeinsame Kosten ihre bevollmächtigten Gesandten zu den streitenden Parteien. Die Gesandten versuchen sie zu einem Friedensschluss zu bewegen oder sie dazu zu veranlassen, dass sie Schiedsrichter ernennen oder ihr Recht vor einem zuständigen Richter, vor dem Parlament oder Konsistorium verfolgen.[95] Gelingt es ihnen nicht, Frieden durch Verhandlungen zu erreichen, so müssen alle Bundesgenossen dem angegriffenen zur Hilfe kommen. Der Entwurf legt genau die dazu nötigen finanziellen Mittel fest. Die Dauer dieser Hilfe bestimmt die Versammlung einstimmig oder mit Mehrheit.[96]

Der Entwurf sieht eine ähnliche Vermittlung auch bei Konflikten zwischen Nichtmitgliedern christlichen Glaubens vor.

Besondere Aufmerksamkeit wird den Friedensstörern gewidmet.[97] Ungeachtet irgendwelcher Schutzbriefe, die sie besitzen mögen, dürfen sie nicht aufgenommen, angestellt, geschützt oder unterstützt werden; man muss sie verhaften und

---

conservacionem devenimus in unionem in modum, qui sequitur, pro nobis, heredibus et successoribus nostris futuris perpetuis temporibus duraturam.

[92] Tractatus pacis toti Christianitati fiendae 1: ... *in virtute fidei catolice et verbo regio et principis dicimus et ... nec propter quascumque dissensiones, querelas vel causas mutuo ad arma veniemus vel quoscumque nomine nostro venire permittemus ... sed pocius unus alium contra omnem hominem viventem et nos vel aliquem ex nobis de facto et absque legitimo edicto hostiliter invadere molientem ... iuvabimus.*

[93] Tractatus pacis toti Christianitati fiendae 3: ... *quod per hoc pax et unio non sit violata nec infringitur... damna per ipsos facta de bonis eorum resarciantur et ipsi eciam alias pro qualitate delicti condigne puniantur...*

[94] Tractatus pacis toti Christianitati fiendae 3: ... *coram parlamento seu consistorio ... iudicialiter requirere et convenire.*

[95] Tractatus pacis toti Christianitati fiendae 4: ... *ut arbitros eligant vel coram iudice competenti vel parlamento vel consistorio modo subscripto de iure certent, inducere ...*

[96] Tractatus pacis toti Christianitati fiendae 4: ... *quantum et quousque ab eadem congregacione nostra vel maiori parte ipsius iudicatum et decretum fuerit ...*

[97] Tractatus pacis toti Christianitati fiendae 6: ... *qui pacem nostram presentem quovismodo violare temptaverint ...*

der Art ihres Verbrechens entsprechend bestrafen.[98] Man darf ihnen auch keinen Schutzbrief gewähren ohne den ausdrücklichen Vorbehalt, dass der Schutz- oder Geleitbrief den Besitzer nicht gegen die Maßnahmen des Bundes schützen oder bewahren kann.[99] Jemand, der einem Friedensstörer in irgendeiner Weise helfen oder ihn verteidigen würde, wird wie der Täter selbst bestraft (*par pena ipsum et reum expectet*).

Besondere Aufmerksamkeit wird der Gründung des Gerichtshofes der Union gewidmet. Der Entwurf stellt fest, dass die Gerechtigkeit die Voraussetzung für den Frieden und umgekehrt sei.[100] Nachdem es kein entsprechendes Rechtsverfahren gibt, sieht der Entwurf die Gründung eines internationalen Gerichts (*generale consistorium*) vor. Für das Gericht ist kein ständiger Sitz vorgesehen, es soll sich an dem Ort befinden, wo momentan der Sitz der Union ist (*ubi congregacio ipsa pro tempore fuerit*). Der Bund beschließt die Zahl und die Ausbildung der Richter sowie die Gerichtsordnung einstimmig oder mehrheitlich.[101] Die Gerichtsentscheidungen sollen einfach und klar sein; das Gericht soll sie ohne heimliche Entscheidungen oder täuschende Verzögerungen fällen.[102]

Die Union kann jederzeit christliche Könige, Fürsten und Magnaten als neue Mitglieder aufnehmen. Dazu sieht der Entwurf nur den Austausch der Urkunden und die Notifizierung der Versammlung vor.[103]

Ein großer Teil des Entwurfes ist der Abwehr gegen die Türken gewidmet. Die Entscheidungen über die Zusammensetzung der Streitkräfte, ihre Befehlshaber, die Bewaffnung und Versorgung usw. werden von der Versammlung getroffen.[104] Jeder der Herrscher ist verpflichtet, sobald ein entsprechender Beschluss gefasst ist, mit der Eintreibung der Beiträge zu beginnen.[105]

---

[98] Tractatus pacis toti Christianitati fiendae 6: *... arrestabuntur, capientur et punientur ut violatores pacis generalis, prout qualitas delicti seu excessus cuiuslibet eorum meruerit ...*

[99] Tractatus pacis toti Christianitati fiendae 7: *... nisi per prius particulariter et nominatim excipiant, quod salvus conductus sive proteccio ista non debeat eum, cui dantur, contra presentis nostre pacis edicta tueri et defendere ...*

[100] Tractatus pacis toti Christianitati fiendae 9: *... cum pacis cultus a iusticia et iusticia ab illo esse non possit ...*

[101] Tractatus pacis toti Christianitati fiendae 9: *... Quod quidem iudicium ordinabitur in numero et qualitate personarum et statutorum, prout subscripta nostra congregacio vel maior pars eiusdam concluserit et decreverit ...*

[102] Tractatus pacis toti Christianitati fiendae 10: *... iudicium et iusticiam faciant simpliciter et de plano sine figura et strepitu iudicii, subterfugiis et frustratoriis dilacionibus omnino cessantibus.*

[103] Tractatus pacis toti Christianitati fiendae 12: *... litteris opportunis ultro citroque datis et acceptis ... acceptacione tali facta congregacio ipsa nobis omnibus significet, ut acceptos ad nos fraternali affeccione, ut decet, perpetrare valeamus et possimus.*

[104] Tractatus pacis toti Christianitati fiendae 14.

[105] Tractatus pacis toti Christianitati fiendae 15: *....ad pecuniarum exacciones, ut prefertur ... procedat iuxta formam et ordinem a congregatione ipsa vel maiori eius parte dandam ...*

Damit man keine Schwierigkeiten bei der Entlohnung der Söldner haben sollte, sieht der Entwurf die Möglichkeit der Einführung einer gemeinsamen Währung vor.[106] Laut dem Entwurf wird man auch über die Kriegsbeute gemeinsam Entscheiden.

Der Entwurf sieht keinen permanenten Sitz des Bundes vor. Der Sitz sollte vielmehr unter den Mitgliedern kreisen. Die ersten fünf Jahre sollte die Union in Basel wohnhaft bleiben, während der folgenden fünf Jahre in einer französischen und während des dritten Fünf-Jahres-Zeitraums in einer italienischen Stadt usw. alle fünf Jahre den Sitz wechselnd, bis die Union eine andere Entscheidung trifft.[107]

Die Gesandten der Mitgliedsstaaten sollten sich am 26. Februar 1464 in Basel zusammenfinden, dort die Union gründen und ihre Rechtsform bestimmen.[108]

Als Hauptorgan der Gemeinschaft war der Rat (*consilium*) vorgesehen. Sein Vorsitzender soll Vater und Haupt, die restlichen christlichen Herrscher aber seine Glieder sein.[109] Der Rat soll sowohl die Rechtsprechung als auch Schiedsgerichtsbarkeit, sowie die Strafgewalt über die Mitglieder ausüben.[110]

Der Vertrag sieht die Einführung einer gemeinsamen Kasse (*archa communis*), eines gemeinsamen Archivs (*archivium publicum*) sowie die Einführung verschiedener Ämter vor.[111] Um die Benachteiligung einzelner Mitglieder zu verhindern, sollten in der Verwaltung der Union und ihrer Organe immer lokale Beamten beschäftigt werden. Das Funktionieren der Union und ihrer Organe sollte aus den Beiträgen der Mitgliedstaaten finanziert werden. Die säumigen Mitglieder sollte der Schatzmeister oder Bevollmächtigte der Versammlung vor dem Parlament oder Gericht verklagen und die Zahlung der Gelder mitsamt Schadensersatz und Zinsen erzwingen. Der Entwurf sieht auch eine Erzwingung der Zahlung mit Waffengewalt vor.

Nach dem Entwurf sollte die Versammlung, wie schon mehrmals erwähnt, einstimmig oder mehrheitlich entscheiden.[112] Eine Mehrheitsentscheidung ist sowohl für die Versammlung als auch für einzelne Delegationen (*nationes*) vorgesehen.

---

[106] Tractatus pacis toti Christianitati fiendae 14: ....*Item quomodo provideatur de communi moneta, per quam in exercitu venientes in eundo, stando et redeundo non graventur* ...

[107] Tractatus pacis toti Christianitati fiendae 16.

[108] Tractatus pacis toti Christianitati fiendae 16: ... *corpus, universitatem seu collegium verum faciant, constituant et representent* ...

[109] Tractatus pacis toti Christianitati fiendae 16: ... *cuius presidens, pater et caput N. et nos ceteri cristianitatis reges et principes membra simus* ...

[110] Tractatus pacis toti Christianitati fiendae 16: ... *iurisdictionem voluntariam et contenciosam una cum mero et mixto imperio, prout eadem congregacio vel maior pars eiusdem hoc decreverit et statuerit ordinandum.*

[111] Tractatus pacis toti Christianitati fiendae 16: ... *Habeat denique propria arma, sigillum et archam communem atque archivium publicum, sindicum, fiscalem, officiales et quencunque alia iura ad licitum et iustum collegium qoumodolibet pertinencia et spectancia.*

[112] Tractatus pacis toti Christianitati fiendae 14: ... *communi sentencia tocius congregacionis nostre vel maioris partis eiusdem;* s. auch 18 und 19.

Bei der Abstimmung im Rat hätte der französische König, zusammen mit den anderen Fürsten Frankreichs (*rex Francie una cum ceteris regibus et principatibus Gallie*) eine Stimme, die zweite hätten die deutschen Könige und Fürsten (*reges et principes Germanie*), die dritte der Doge von Venedig, zusammen mit den restlichen Herzögen und Städten Italiens (*dux Veneciarum una cum principibus, communitatibus Italie*).[113] Der Entwurf rechnet nicht mit der Mitgliedschaft Spaniens. Wenn aber der kastilische König und andere Könige und Fürsten der spanischen Nation (*nacionis Hispanie*) der Union beitreten sollten, würden sie auch eine Stimme haben, wie auch jedes weitere Mitgliedsvolk.

Der Plan sieht keine besondere Rolle für den Kaiser vor. Der Text verwendet den Ausdruck *rex Francie* aber *reges et principes Germanie*. Dem Papst kommt nur eine Nebenrolle zu.

Nach dem Entwurf sollten sich die Mitglieder bei dem Papst dafür einsetzen,[114] dass er die finanzielle Durchführung der Abwehr gegen die Türken mit der Androhung weltlicher und geistiger Strafen durchsetzt.[115] Die Gesandten des Papstes sollten in Konflikten vermitteln und der Papst soll die italienischen Fürsten zur Bildung einer Flotte und zur Zahlung des im Entwurf vorgesehenen Zehntels zur Finanzierung des Türkenkrieges zwingen.[116]

Der Ausgangspunkt für den Friedensplan von Podiebrad ist in einem Vorschlag seines Beraters, des französischen Polihistors Antonius Marini, zu suchen. Der erste Entwurf eines antitürkischen Bündnisses wurde später wesentlich erweitert, wahrscheinlich von dem deutschen Diplomaten und Juristen Martin Mair. Der Plan Podiebrads kann jedoch vom juristischen Standpunkt aus kaum als ein juristischer Text gelten. Er ist viel mehr eine sehr systematische Kompilation verschiedener Ideen, die oftmals unklar erscheinen aber durch eine uneinheitliche Terminologie gekennzeichnet sind. Deswegen kann die Verfasserschaft keineswegs auf Juristen begrenzt werden. Welche Rolle dabei dem König zukam, ist nicht klar. Da er des Lateinischen nicht genug mächtig war, um komplizierte juristische Texte selbst zu verfassen, konnte er das Projekt nur im Sinne der Grundideen geleitet haben.[117]

Das Hauptmotiv des Königs war, die Isolierung zu brechen, welche durch die päpstliche Ungnade entstanden war. Er sandte seinen Friedensplan den Nachbarherrschern, und versuchte für ihn v. a. den französischen König zu gewinnen. Der französische König sollte anstatt des Papstes die christlichen Herrscher zusammenrufen. Im Mai 1464 sandte Podiebrad eine Gesandtschaft zum französischen

---

[113] Tractatus pacis toti Christianitati fiendae 19.
[114] Tractatus pacis toti Christianitati fiendae 21: *....apud summum pontificem omni opera et diligencia ... dandis efficiamus ...*
[115] Tractatus pacis toti Christianitati fiendae 21: *... quod exaccio supradicta decimarum ad tuendam cristianorum pacem, Cristi fidelium defensionem et inimicorum crucis Cristi impugnacionem exposcatur ...*
[116] Tractatus pacis toti Christianitati fiendae 21: *... ad instruendam classem maritimam una cum aliis cristicolis assurgant, illis proporcionabilia presidia ad honorem et gloriam Dei fideliumque defensionem conferant ac contribuant ...*
[117] So The Universal Peace (o. Anm. 85) 37ff.

König. Albert Kostka vertrat den böhmischen und Antonius Marini den polnischen und den ungarischen König. Trotz langen Verhandlungen willigte der französische König nicht ein und wollte nicht durch die Einberufung christlicher Herrscher die päpstliche Autorität schwächen. Den Gesandten teilte er sogar mit, dass die Initiative des böhmischen Königs sowohl die päpstliche, als auch die kaiserliche Autorität schwäche und aus diesem Grunde für ihn nicht annehmbar wäre.[118] Das war wahrscheinlich das Letzte, was Podiebrad von dem französischen König hätte erwarten können.

Inzwischen verfolgte Podiebrad die Idee, eine Einigung der europäischen Mächte, die Festigung der eigenen Position und den Kreuzzug durch ein europäisches Konzil zu erzielen. Er versuchte ein weltliches Konzil einzuberufen, das u. a. über seine Rechtgläubigkeit entscheiden sollte. Weder sein Friedensplan noch die Androhung mit dem Konzil konnten seine Exkommunikation verhindern. 1466 hat ihn der Papst Paul II. als Ketzer verurteilt und seiner Königswürde für verlustig erklärt. Schon im Oktober 1465 hat der ungarische König Matthias Corvinus unter päpstlichem Beistand die Führung eines Kreuzzuges gegen den „Ketzerkönig" Podiebrad übernommen. 1468 erklärte Mathias Corvinus Podiebrad den Krieg, den jedoch Podiebrad militärisch zu seinen Gunsten entscheiden konnte. Der französische König ist ihm dabei trotz des Abkommens aus dem Jahre 1464 nicht zur Hilfe gekommen. Der Krieg wurde 1471 durch den Tod des an Wassersucht leidenden Podiebrads beendet.

Es ist schwer, den Wert des Friedensplans Podiebrads zu beurteilen. Man könnte den Worten des tschechischen Historikers Palacky beipflichten, der 1860 geschrieben hat: „Wäre jene Idee durchgeführt worden, sie hätte der Geschichte Europas eine andere, wohltuendere Richtung gegeben."[119] Andererseits ist aber auch wahr, was der Breslauer Bischof Jobst an die Königs Witwe Johanna von Rozmitál (z Rožmitálu) geschrieben hat: „Wer neue Einrichtungen erfinden will, der lasse sich erst eine neue Welt erschaffen: kann er das nicht, so halten wir uns an die alte Ordnung."[120]

Eines ist jedoch sicher: die Ideen, die der Friedensplan Podiebrads hervorgebracht hat, waren der Zeit weit voraus. Wenn man die Struktur der von ihm konzipierten Union ansieht, merkt man, dass sie mit dem Konzept des Verfassungvertrages für Europa, *mutatis mutandis* viele gemeinsame Züge hat: nicht nur heißt der Staatenbund *unio* (auch *congregatio*), sie hat auch das Parlament (auch *consistorium*), den Rat (*consilium*), gemeinsame Finanzen, gemeinsame Währung, das Gericht und Gesandte, die etwaigen Probleme durch Verhandlungen lösen sollen. In diesem Sinne sind die beiden Friedenspläne echte Vorboten der jetzigen Europäischen Union. Sie sind gescheitert nicht nur, weil sie vor ihrer Zeit waren, sondern wahrscheinlich auch wegen der Konstellation der damaligen politischen

---

[118] Siehe The Universal Peace (o. Anm. 85) 56.
[119] S. F. Palacky, Geschichte IV, 2, 1860, 312f. – Zitiert nach Claus Bernet, (o. Anm. X).
[120] Zitiert nach C. Bernet (o. Anm. 85).

Kräfte. Ihr Hauptproblem lag jedoch in ihrem Ziel. Beide Pläne strebten die Hegemonie an und nicht eine neue Qualität. Dazu waren sie unrealistisch und wollten zu viel auf einmal erreichen.

Periculum emptoris und das schweizerische Recht: Ein Fall des Rückgriffs auf römisches Recht durch das Schweizerische Bundesgericht

Pascal Pichonnaz[*]

Wie andere Bereiche des römischen Rechts hat sicher auch das römische Kaufrecht einen Einfluss auf die Konturen des schweizerischen Kaufrechts gehabt. Was aber die Organisatoren dieses Symposiums wirklich interessiert, ist vielmehr, inwiefern das römische Kaufrecht die Entwicklung des europäischen Rechts beeinflusst hat und inwieweit es dieses noch beeinflussen kann. Meines Erachtens bedeutet dies zweierlei: Einerseits möchte man wissen, inwieweit sich die Redaktoren der jeweiligen europäischen Rechtssysteme und Kodifikationen direkt oder indirekt auf das römische Recht gestützt haben und andererseits, inwiefern sich heute noch die Lehre und vor allem die Rechtsprechung auf das römische Kaufrecht stützen können. Es ist selbstverständlich, dass hier nicht alle Bereiche des Kaufrechts untersucht werden können. Es soll vielmehr anhand eines unlängst veröffentlichten Schweizerischen Bundesgerichtsentscheids[1] gezeigt werden, wie die Gefahrtragung beim Kauf und der Art. 185 des schweizerischen Obligationenrechts [hiernach: OR] durch Einbeziehung des römischen Rechts neu ausgelegt wurde.

Nach einer kurzen Zusammenfassung dieses spannenden Bundesgerichtsentscheids (I), werden die historischen Gründe der Einführung von Art. 185 OR untersucht (II) und dann der mögliche Beitrag der römischrechtlichen Erkenntnis auf das schweizerische Recht dargelegt (III).

---

[*] Ich danke meinem Assistenten, Herrn Nicolas Kuonen, Dr. iur., für seine Hilfe bei der Durchsicht des Manuskripts und Herrn Max Pluta, Assistent am MPI Hamburg, für die sprachliche Verbesserung.

[1] BGE 128/2002 III 370, als Entscheid 4C.336/2000 vom 12. März 2002. Im Internet unter http://www.bger.ch abrufbar; siehe auch die breiten Exzerpte in ZEuP 11 (2003) 884 ff.

I. Ein spannender Bundesgerichtsentscheid

Am 12. März 2002 hat das Schweizerische Bundesgericht ein auf Französisch abgefasstes Urteil[2] erlassen, das die Frage der Gefahrtragung im Kauf und die Tragweite des *periculum-emptoris*-Prinzips des schweizerischen Rechts klärte.

1. Der Sachverhalt

Der zugrunde liegende Sachverhalt kann wie folgt zusammengefasst werden: Drei unselbständige Bodenleger wollten eine Gesellschaft gründen, um eine Unternehmung für Bodenbeläge zu betreiben. Sie haben dann einen Dritten gefunden, der bereit war, das Unternehmen zu finanzieren und dazu die 100 Namenskation zu je SFr. 1'000.- vollumfänglich zu liberieren. Bei der Gründung der Aktiengesellschaft erhielt der Dritte 97 Aktien, die drei anderen je eine einzige Aktie.

Zu einem späteren Datum trafen die vier Eigentümer eine „Aktionärsvereinbarung," in welcher der Dritte sich verpflichtete, an jeden der drei anderen je ein Drittel seiner Aktien zu verkaufen. Als Gegenleistung erkannten die drei Bodenleger an, diesem Dritten jeweils SFr. 30'000.- zu schulden, und zwar in monatlichen Raten von jeweils SFr. 1'000.-. Für jede monatliche Bezahlung musste von dem Dritten eine Aktie übertragen werden. Die Aktiengesellschaft geriet später in Konkurs und das Verfahren wurde dann mangels Aktiven eingestellt. Als der Dritte die Zahlung von SFr. 30'000.- eintrieb, erhob einer der drei Mitaktionäre Rechtsvorschlag, mit der Begründung er müsse nicht mehr bezahlen, da die dafür erhaltenen Aktien in Folge des Konkurses keinen Wert mehr hätten und deshalb seine Verpflichtung gemäss Art. 119 OR unmöglich geworden sei.

Das Bundesgericht hat die juristische Qualifikation des Vertrages der Vorinstanz nicht beanstandet und deshalb die Beziehung zwischen den Bodenlegern und dem Dritten als Sukzessivlieferungsvertrag betrachtet, der juristisch wie einen Kaufvertrag behandelt wurde. Am Ende des Entscheids deutete das Bundesgericht an, es hätte den Vertrag auch anders qualifizieren können. Dieses hat es aber nicht getan, unter anderem um die Gelegenheit zu nutzen, die Bedeutung von Art. 185 OR zu klären und um die Tragweite des *periculum-emptoris*-Prinzips des schweizerischen Kaufrechts einzuschränken.

2. Die nachträgliche Unmöglichkeit als notwendige Vorfrage

Zuerst war die abstrakte Rechtsfrage zu klären, ob die Verpflichtung des beklagten Aktionärs unmöglich geworden ist, weil die Aktien keinen Wert mehr hatten. Wäre dieses der Fall gewesen, hätte das Bundesgericht bestimmen müssen, ob dann das *periculum-emptoris*-Prinzip (Art. 185 Abs. 1 OR) anwendbar war, oder ob es sich um eine der Ausnahmen des Art. 185 Abs. 2 und 3 OR handelte.

---

[2] Es gibt aber eine unoffizielle Übersetzung, s. Die Praxis 190 (2002) 1011 ff.

Die Frage der Unmöglichkeit der Verpflichtung des beklagten Aktionärs wurde vom Bundesgericht nicht untersucht. In Erw. 3 sagt das Bundesgericht, es werde zuerst die Rechtsfolge untersuchen.[3] Aber sogar nach der Behandlung der Rechtsfolge wurde die notwendige Vorfrage der Unmöglichkeit im Sinne von Art. 119 OR nicht untersucht, mit der Rechtfertigung, Art. 185 OR sei eben anwendbar.[4] Obwohl dies nicht der Hauptpunkt unserer Auseinandersetzung mit diesem Entscheid ist, muss trotzdem betont werden, dass diese Behauptung hoch bedenklich ist. Es steht nämlich fest, dass die Aktien immer noch existieren und ihre Übertragung zumindest materiell noch möglich war und ist. Obwohl ihr wirtschaftlicher Wert gegen Null tendierte, existierte ihr Nennwert immer noch. Das wird explizit vom Bundesgericht anerkannt, als es sagt: „On observera simplement que, durant la phase de liquidation, les droits sociaux incorporés dans une action, si l'action elle-même n'a peu ou plus de valeur économique, continuent à exister, et peuvent être transférés ; ce n'est qu'après la disparition de la personne morale qu'ils s'éteignent définitivement."[5] Die Erfüllung der Verpflichtung, die Aktien zu übertragen, war also an sich möglich, da die Aktien laut Bundesgericht bis zur Auflösung der juristischen Person immer noch existierten; zur Auflösung der Gesellschaft ist es eben nicht gekommen.

Es ist dann eine andere Frage zu bestimmen, ob das Verhältnis zwischen Leistung und Gegenleistung noch einen wirtschaftlichen Sinn hatte oder nicht. Die so genannte wirtschaftliche Unmöglichkeit ist aber kein Fall der Unmöglichkeit aus Art. 119 OR, sondern eher ein Fall von Unerschwinglichkeit (*exorbitance*).[6] Der Wortlaut von Art. 119 Abs. 1 OR hilft uns dabei nicht wirklich, da er lautet: „Soweit durch Umstände, die der Schuldner nicht zu verantworten hat, seine Leistung unmöglich geworden ist, gilt die Forderung als erloschen."

Würde man aber annehmen, es gäbe keinen Fall der nachträglichen Unmöglichkeit im Sinne von Art. 119 OR, dann wäre Art. 185 OR nicht anwendbar. Bei zweiseitigen Verträgen sieht nämlich Art. 119 Abs. 2 Folgendes vor: „Bei zwei-

---

[3] BGE 128/2002 III 370, Erw. 3 (unveröffentlicht) : „Avant d'examiner le bien-fondé de l'opinion de la cour cantonale selon laquelle la perte de valeur économique des actions résultant de la faillite n'empêcherait pas leur transfert, si bien qu'il n'y aurait pas d'impossibilité objective au sens de l'art. 119 al. 1 CO, il convient de déterminer dans quelle mesure le régime dérogatoire du contrat de vente, l'une des exceptions les plus importantes réservées par l'art. 119 al. 3 CO, ne doit pas trouver application en l'espèce."

[4] Siehe BGE 128/2002 III 370, Erw. 5: „Il résulte de ce qui précède que la règle générale de l'art. 185 al. 1 CO doit trouver application. Il n'est par conséquent pas nécessaire d'examiner dans quelle mesure les conditions de l'art. 119 CO seraient réalisées."

[5] BGE 128/2002 III 370, Erw. 5 (unveröffentlicht).

[6] Für eine extensive Erklärung s. P. Pichonnaz, Impossibilité et exorbitance, Fribourg 1997 (AISUF 168), 293 ff., 726 ff., 1372 ff.; für eine ähnliche Auslegung des nachträglichen Unmöglichkeitsbegriffs in der Schweiz vgl. Gauch/Schluep/Schmid/Rey, Schweizerisches Obligationenrecht, Allgemeiner Teil II, 8. Aufl., Zürich 2003, 3241 ff.; I. Schwenzer, Schweizerisches Obligationenrecht, Allgemeiner Teil, 3. Aufl., Bern 2003, 63.06 f.; V. Aepli, Zürcher Kommentar zum Schweizerischen Zivilgesetzbuch V/1h: Das Erlöschen der Obligationen (Art. 114-126 OR), 3. Aufl., Zürich 1991, 47 ff. zu Art. 119 OR.

seitigen Verträgen haftet der hiernach freigewordene Schuldner für die bereits empfangene Gegenleistung aus ungerechtfertigter Bereicherung und verliert die noch nicht erfüllte Gegenforderung". Art. 185 OR folgt diesem Prinzip aber nicht, er ist vielmehr eine Konkretisierung von Art. 119 Abs. 3 OR, der wie folgt lautet: „Ausgenommen [von der Regel des Abs. 2] sind die Fälle, in denen die Gefahr nach Gesetzesvorschrift oder nach dem Inhalt des Vertrages vor der Erfüllung auf den Gläubiger übergeht". Als Konkretisierung von Art. 119 Abs. 3 OR muss Art. 185 OR aber die Voraussetzungen von Art. 119 OR erfüllen und dabei vor allem die nachträgliche Unmöglichkeit der Hauptleistung.

Das bedeutet, dass die nachträgliche Unmöglichkeit der Übertragung der Aktien eine Voraussetzung zur Anwendung von Art. 185 OR war. Das Bundesgericht hätte deswegen nicht die Folge der nachträglichen Unmöglichkeit untersuchen dürfen, ohne im Vorfeld diese Frage der Unmöglichkeit abzuklären.

3. Art. 185 OR im Kontext

Der Kernpunkt des Entscheides liegt in der Frage, ob es gerechtfertigt ist, die Regel des *periculum emptoris* des schweizerischen Kaufrechts restriktiv auszulegen – wie dies von der Lehre und Rechtsprechung befürwortet wird[7] – und konsequenterweise die Ausnahmen extensiv anzuerkennen.

Um die Problematik zu verstehen, müssen kurz die Bestimmung in Erinnerung gerufen werden. Unter dem Randtitel „Nutzen und Gefahr", bestimmt Art. 185 OR folgendes:

¹ Sofern nicht besondere Verhältnisse oder Verabredungen eine Ausnahme begründen, gehen Nutzen und Gefahr der Sache mit dem Abschlusse des Vertrages auf den Erwerber über.

---

[7] Siehe u.a. O. Cortesi, Die Kaufpreisgefahr, Eine dogmatische Analyse des schweizerischen Rechts aus rechtshistorischer und rechtsvergleichender Sicht unter besonderer Berücksichtigung des Doppelverkaufs, Diss. Zürich 1996, 179; L. Sieber, Gefahrtragung im Kaufrecht, Diss. Zürich 1993, 114 f.; ebenso E. Bucher, Notizen zu Art. 185 OR (Gefahrtragung durch den Käufer), ZSR 89/I (1970) 281 ff., 283 ff. (zitiert: Bucher, Notizen); P. Cavin, Kauf, Tausch und Schenkung, in: Obligationenrecht – Besondere Vertragsverhältnisse, Erster Halbband (Schweizerisches Privatrecht VII/1), hg. von F. Vischer, Basel 1994, 1 ff., vor allem auf S. 29 f.; H. Honsell, Schweizerisches Obligationenrecht, Besonderer Teil, 7. Aufl., Bern 2003, 51; Ph. Meylan, Periculum est emptoris (Explication historique de l'art. 185 al. 1 CO), in: Vom Kauf nach schweizerischem Recht, FS Guhl, hg. von P. Liver, Zürich 1950, 9 ff.; A. Koller, Basler Kommentar zum Schweizerischen Privatrecht, Obligationenrecht I (Art. 1-529 OR), 4. Aufl., Basel/Genf/München 2007, N. 35 zu Art. 185 OR; H. Giger, Berner Kommentar zum schweizerischen Privatrecht VI/2/1/1: Allgemeine Bestimmungen – Der Fahrniskauf (Art. 184 – 215 OR), Bern 1979, N. 74 f. zu Art. 185 OR; S. Venturi, Commentaire romand, Code des obligations I (Art. 1-529 OR), Genf/Basel/München 2003, N. 4 zu Art. 185 OR, sowie BGE 84/1958 II 158.

² Ist die veräusserte Sache nur der Gattung nach bestimmt, so muss sie überdies ausgeschieden und, wenn sie versendet werden soll, zur Versendung abgegeben sein.

³ Bei Verträgen, die unter einer aufschiebenden Bedingung abgeschlossen sind, gehen Nutzen und Gefahr der veräusserten Sache erst mit dem Eintritte der Bedingung auf den Erwerber über."

Diese Bestimmung steht nicht nur im Einklang mit der von der herrschenden Lehre anerkannten römischen Regel,[8] sondern auch mit der Regelung des französischen Rechts (CCfr. 1138 al. 2 [allgemeine Bestimmung], CCfr. 1182 Abs. 2 und 3 [aufschiebende Bedingung])[9] und den darauf aufbauenden Kodifikationen (CCit. 1465 in Verb. mit CCit. 1376-1378). Der wesentliche Unterschied zwischen diesen Regelungen liegt aber darin, dass das französische Recht dem Konsensprinzip folgt, nach welchem das Eigentum schon mit Abschluss des Vertrages übergeht (CCfr. 711, 1624, 1138, 1583).[10] Das schweizerische Recht hat hingegen das Traditionsprinzip übernommen, nach welchem das Eigentum auf beweglichen Sachen nur mit Übertragung des Besitzes übergeht. Die Rechtsordnungen, die dem Traditionsprinzip folgen, haben aber mehrheitlich den Gefahrübergang von der Verschaffung des Besitzes abhängig gemacht (ALR,[11] ABGB[12]) und somit die *periculum-venditoris*-Regel angenommen. Neuere Gesetzgebungen knüpfen ebenfalls

---

[8] Paul. D. 18,6,8 pr.; Inst. 3,23,3; über diesen Satz, siehe nur E. Jakab, Periculum und Praxis: Vertragliche Abreden beim Verkauf von Wein, SZ 121 (2004) 189 ff.; M. Pennitz, Das „Periculum rei venditae", Ein Beitrag zum „aktionenrechtlichen Denken" im römischen Privatrecht, Wien/Köln/Weimar 2000 (zitiert: Pennitz, Periculum); M. Bauer, Periculum emptoris, Eine dogmengeschichtliche Untersuchung zur Gefahrtragung beim Kauf, Diss. Regensburg, Berlin 1998; F. Wubbe, Afr. D. 19,2,33 de Hoetink à Cannata, in: Mél. en l'honneur de Carlo Augusto Cannata, hg. von R. Ruedin, Basel/Genf/München 1999, 105-122, (=F. Wubbe, Ius vigilantibus); scriptum, hg. von P. Pichonnaz, Fribourg 2003, 345 ff.; M. Pennitz, Die Gefahrtragung beim Weinverkauf im klassischen römischen Recht, TR 62 (1994) 260 ff.; R. Zimmermann, The Law of Obligations, Oxford 1996, 281 ff.; F. Peters, Periculum est emptoris, in: Iuris professio. Fg. Kaser, hg. von H.-P. Benöhr et al., Wien/Köln/Graz 1986, 221 ff.; I. Molnar, ‚Periculum emptoris' im römischen Recht der klassischen Periode, in: Sodalitas, Scritti Guarino V, Neapel 1984, 2227 ff.; W. Ernst, Periculum est emptoris, SZ 99 (1982) 216 ff.

[9] Siehe auch ALR I 11 § 95.

[10] Über den Ursprung dieser Lösung, die auf Grotius zurückzuführen ist, siehe H. Grotius, De iure belli ac pacis, hg. von R. Feenstra/C. Persenaire, Aalen 1993, II,12,15,1, S. 349, und vor allem Bauer (o. Anm. 8) 134 f.

[11] [Allgemeines Preußisches Landrecht] ALR I 9 § 3; ALR I 11 § 95 u. 100; ALR I 5 § 364.

[12] [Österreichisches Recht] ABGB § 425, § 1064, 1048, 1052; das Prinzip wird vor allem von der Lehre aus ABGB § 1048 ff. herausinterpretiert: Rummel/Aicher, Kommentar zum Allgemeinen Bürgerlichen Gesetzbuch I, 3. Aufl., Wien 2000, §§ 1048-1051, N. 8 sowie N. 2.

den Gefahrübergang an die Übergabe der Kaufsache an, allerdings nunmehr ohne Rücksicht auf die Eigentumslage.[13]

In seinem Entscheid hat das Bundesgericht zuerst festgestellt, dass sich die *periculum-emptoris*-Lösung „in mehrfacher Hinsicht schlecht mit den allgemeinen Grundsätzen des schweizerischen Obligationenrechts vereinbaren" lässt. Darüber lässt sich sicher streiten. Dies ist aber die allgemein vermittelte Ansicht in der Schweiz.[14] Seit dem berühmten Entscheid „Claparède" von 1958[15] wird das Prinzip von Art. 185 OR restriktiv angewandt und die „besonderen Verhältnisse" des ersten Absatzes extensiv ausgelegt.[16] Bei einem solchen Vorgehen ist aber das Risiko gross, dass die Regel die Ausnahme wird. Dies würde wahrscheinlich die richterliche Auslegungskompetenz überschreiten. Deswegen hat auch das Bundesgericht einleitend betont, dass es „dem Gesetz jedoch Beachtung schenken [wolle]."[17] Es postulierte somit Folgendes: „Ist eine restriktive Anwendung zulässig, so ist freilich dafür zu sorgen, dass sich die Ausnahmen nicht dem allgemeinen Grundsatz widersetzen."[18]

Nach einer extensiven historischen Analyse, auf die noch zurückzukommen ist, hat das Bundesgericht seine Rechtsprechung insofern präzisiert, als es das Verhältnis zwischen der Regel und den Ausnahmen von Art. 185 OR wie folgt erklärt hat: „Die Ausnahmen haben jene Fälle zum Gegenstand, in denen die zeitliche Trennung zwischen dem Verpflichtungs- und dem Verfügungsgeschäft nicht im Interesse des Käufers, sondern einzig oder überwiegend in jenem des Verkäufers erfolgte."[19] Gemäss dem Bundesgericht ist das zum Beispiel der Fall beim Doppelverkauf, bei der Wahlobligation, beim Verkauf einer Sache, die nicht im Besit-

---

[13] BGB § 446; Griech. BGB § 522; nordische Kaufgesetze § 13 I; NBW 7:10 I; UCC §§ 2-509, 2-510; EKG 97 I, 19 I; CISG 69 I; CCQuébec 950: „Le propriétaire du bien assume les risques de perte" und vor allem CCQuébec 1456: „1. L'attribution des fruits et revenus et la charge des risques du bien qui est l'objet d'un droit réel transféré par contrat sont principalement réglées au livre Des biens. 2. Toutefois, tant que la délivrance du bien n'a pas été faite, le débiteur de l'obligation de délivrance continue d'assumer les risques y afférents."

[14] Siehe nur Cavin (o. Anm. 7) 29 f.: „Die Vorschrift des Art. 185 OR ist unlogisch, weil sie dem fundamentalen Grundsatz der Gegenseitigkeit der Verpflichtungen widerspricht. Sie ist unbillig, weil sie den Käufer Gefahren tragen lässt, die er nicht abzuwenden vermag [...]. Sie läuft endlich den im Volke allgemein herrschenden Auffassungen zuwider [...] Unseres Erachtens ist es vorzuziehen, auf eine logische Rechtfertigung einer unlogischen Vorschrift zu verzichten, welche den natürlichen Grundsätzen widerspricht und sich nur erklären lässt mit dem Gewicht der Überlieferung und dem Ansehen, das die Lehre des gemeinen Rechts zu Ende des letzten Jahrhunderts in unserem Lande genoss."

[15] BGE 84/1958 II 158.

[16] Koller (o. Anm. 7) N. 35 zu Art. 185 OR; Giger (o. Anm. 7) N. 74 f. zu Art. 185 OR; Venturi (o. Anm. 7) N. 4 zu Art. 185 OR, sowie BGE 84/1958 II 158.

[17] BGE 128/2002 III 370, Erw. 4 a, Übersetzung nach Der Praxis 190 (2002) 1013.

[18] BGE 128/2002 III 370, Erw. 4 a, Übersetzung nach Der Praxis 190 (2002) 1013.

[19] BGE 128/2002 III 370, Erw. 4 c, Übersetzung nach Der Praxis 190 (2002) 1015.

ze des Verkäufers ist, oder bei gemischten Verträgen. Diese Fälle wurden als Ausnahmen zum Prinzip des *periculum emptoris* verstanden.[20]

Das Spannende an diesem Entscheid ist aber nicht die nicht ganz offenkundige Präzisierung der Rechtsprechung zu Art. 185 OR. Dies geschieht auch nicht so selten.[21] Es ist vielmehr, dass das Schweizerische Bundesgericht die Begründung für seine Auslegung direkt auf die römische Quellen und die Fortentwicklung deren Auslegung stützte. Wenn dies von dem Südafrikanischen Supreme Court getan wird, ist es eigentlich ganz normal, weil das Roman-Dutch Law es erfordert.[22] Wenn ein Höchstgericht eines Civil Law anhängenden Landes es tut, wird es wirklich spannend. Man muss sich nämlich fragen, ob dies wegen der in der Zwischenzeit kodifizierten Prinzipien noch erlaubt ist, und dann untersuchen, wie gegebenenfalls der Rückgriff auf das römische Recht stattfinden soll.

Um diese Kernfragen untersuchen zu können, soll zuerst die Geschichte zur Annahme der heutigen Fassung des Art. 185 OR kurz geschildert werden.

II. Historische Gründe der Einführung von Art. 185 OR

Der Art. 204 des Obligationenrechts von 1881 [hiernach: aOR], Vorläufer von Art. 185 OR, hatte eine ähnliche Formulierung wie die heutige Fassung. Die Bestimmung stand aber unter dem (sechsten) Titel „Dingliche Rechte an beweglichen Sachen" und unter dem Untertitel „I. Uebergang des Eigenthums an Mobilien." Sie lautete wie folgt:

[1] Sofern nicht besondere Verhältnisse oder Verabredungen eine Ausnahme begründen, gehen Nutzen und Gefahr der Sache mit dem Abschlusse des Veräusserungsvertrages auf den Erwerber über; ist die veräusserte Sache nur der Gattung nach bestimmt, so ist überdies erforderlich, dass sie ausgeschieden und, wenn sie versendet werden muss, zur Versendung abgegeben worden sei.
[2] Bei bedingten Verträgen geht die Gefahr des Unterganges der veräusserten Sache erst mit dem Eintritte der Bedingung auf den Erwerber über.

---

[20] H. Schönle, Zürcher Kommentar zum Schweizerischen Zivilgesetzbuch V/2a: Kauf und Schenkung (Art. 184-191 OR), 3. Aufl., Zürich 1993, N. 64 ff. zu Art. 185 OR; Venturi (o. Anm. 7) N. 24 ff. zu Art. 185 OR; Giger (o. Anm. 7) N. 77 ff. zu Art. 185 OR; Bucher, Notizen (o. Anm. 7) 283 f.; Cortesi (o. Anm. 7) 106ff.; P. Schmutz, Die Gefahrentragung beim Kaufvertrag nach schweizerischem und UNCITRAL-Kaufrecht, Diss. Basel 1983, 52 ff.; Sieber (o. Anm. 7) 76 ff.

[21] Für die „verdeckte" Praxisänderung s. für alle anderen nur E. A. Kramer, Juristische Methodenlehre, 2. Aufl., Bern/München/Wien 2005, 250 ff.

[22] Das Südafrikanische Recht kennt auch die Regel *periculum emptoris*, siehe u.a. The Law of South Africa 24, hg. von Joubert, Durban 2000, N. 123 mit weiterer Literatur; für eine Erklärung des Systems s. R. Zimmermann/D. Visser, Southern Cross, Civil Law and Common Law in South Africa, Oxford 1996.

Diese Bestimmung stellte das Ergebnis langwieriger parlamentarischer Auseinandersetzungen dar.[23] Ihr Inhalt war viel weniger die Folge besonderer Anhänglichkeit an romanistische Überlieferung, als eine Nachgiebigkeit gegenüber der französisch sprechenden Minderheit des Schweizerischen Parlaments von 1881.[24] Diese hatte sich zum Anwalt der Gefahrtragung des Käufers gemacht, weil sie damit den praktisch wichtigsten Punkt der ihr vertrauten Regelung beim Kauf noch retten konnte. Die meisten kantonalen Gesetzbücher der französisch sprechenden Westschweiz waren nämlich mehr oder weniger Übersetzungen des französischen Code civils von 1804.[25]

Es ist bekannt, dass im französischen Recht die Regel *res perit domino* oder *casum sentit dominus* auch im Bereich des Kaufrechts galt. Die Grundidee stammte aus den vernunftrechtlichen Überlegungen eines Vertragsabschlusses mit Translativwirkung für das Eigentum (CCfr. 711 in Verb. mit CCfr. 1583), gekoppelt mit dem Prinzip, dass die Gefahrtragung mit dem Eigentum an der Sache übergehen solle (CCfr. 1138). Dies hatte zur Folge, dass schon bei Vertragsabschluss, und deshalb sogar vor der faktischen Übergabe der Sache, die Gefahr auf den (neuen) Eigentümer überging (CCfr. 1138 Abs. 2). Das bedeutete somit im konkreten Fall *periculum emptoris*, war aber auf einer anderen Idee gestützt. Das eigentliche Merkmal zur Gefahrtragung auf dem Käufer war nicht primär seine Eigenschaft als Käufer, d.h. als Partei eines synallagmatischen Vertrages, als vielmehr seine Eigenschaft als neuer Eigentümer. Eine solche Regelung hatte zum Beispiel der Code civil des Kantons Waadt angenommen.[26]

Es ist also nicht überraschend, dass das Obligationenrecht von 1881 (aOR) die Gefahrübertragung unter dem Titel „Dingliche Rechte an beweglichen Sachen" regelte. Diese Lösung hätte aber wirklich Sinn ergeben, wenn das Konsensprinzip zur Übertragung von Eigentum gewählt worden wäre. Das war aber nicht der Fall, da Art. 199 aOR wie folgt verabschiedet wurde: „Soll in Folge eines Vertrages Eigenthum an beweglichen Sachen übertragen werden, so ist Besitzübergabe erforderlich."

Nach verschieden Lösungen in Vorentwürfen hatte sich der Gesetzgeber von 1881 schliesslich für die Option der Eigentumsübertragung durch Besitzübergabe entschieden, obwohl die Besitzübergabe durch Besitzkonstitut und *brevi manu traditio* sehr stark erleichtert wurde.[27] Da die Widerstände bis in den parlamentarischen Kommissionen weiter bestanden, wurde bei der Schlussberatung des Gesetzesentwurfs die allgemeine Lösung von Art. 204 aOR hinzugefügt und als „glück-

---

[23] S. vor allem W. Egli, Gefahrtragung vom Kaufvertrag, Diss. Zürich, Affoltern 1926, 65-70; und darauf aufbauend Cortesi (o. Anm. 7) 11 ff.; Bucher, Notizen (o. Anm. 7) 288 f.; Cavin (o. Anm. 7) 29.

[24] Bucher, Notizen (o. Anm. 7) 288 f. und noch eingehender Egli (o. Anm. 23) 65 ff.

[25] Waadt (1803/1819); Tessin (1837), Wallis (1853/1855), zu einem gewissen Grad auch Freiburg (1849).

[26] Code civil du Canton de Vaud (1819), Art. 501 und 1113 stimmen fast wörtlich mit Art. 711 und 1583 CCfr überein.

[27] Egli (o. Anm. 23) 67.

licher" Kompromiss betrachtet.[28] Bauer bezeichnet das in seiner 1998 erschienenen Monographie im Gegenteil dazu als einen „unglücklichen kodifikatorischen Kompromiss."[29]

Dieser salomonische Entscheid wurde 1907 bei der Revision des alten Obligationenrechts wieder in Erwägung gezogen, aber nicht mehr geändert. Die Angst, den Streit wieder von vorne zu beginnen, führte dazu, dass jegliche Vorschläge zurückgewiesen wurden. Die einzige Ausnahme bestand in der Ersetzung des Begriffes „Veräusserungsvertrages" durch „Vertrages" und die neue Einordnung der Bestimmung unter dem Kaufvertrag und nicht mehr unter dem Titel „Übertragung von dinglichen Rechten."

Die schweizerische Lösung ist somit eigenartig. Sie ist das Ergebnis einer parlamentarischen Kompromisslösung und stellt keine dogmatisch durchdachte Lösung dar. Eine teleologische Auslegung der Bestimmung ist somit schwierig. Der Wille des Gesetzgebers ist dann auch dogmatisch schwer zu ermitteln.[30] Historisch kann man vor allem erkennen, dass diese Kompromisslösung im Ergebnis genau die römische Grundregel des *periculum emptoris* wiedergibt, wie dies in anderen Rechtssystemen noch der Fall ist.[31] Diese Lösung war aber keine Fortführung der historischen Entwicklung an sich, sondern eher ein politischer Zufall.

III. Der eigentliche Beitrag römischrechtlicher Untersuchung des *periculum emptoris* auf das schweizerische Recht

Nach einigen allgemeinen Ausführungen über die Möglichkeit der Berücksichtigung des römischen Rechts durch die Rechtsprechung (1) werde ich die Berücksichtigung der römischen Regel in der Auslegung von Art. 185 OR untersuchen (2).

1. Allgemeine Ausführung

Dass Art. 185 OR als parlamentarische Kompromisslösung verabschiedet wurde, hat einen Einfluss auf die Art und Weise, wie man das römische Recht als Auslegungshilfe für das schweizerische Recht benutzen kann und muss (1.2). Zuerst

---

[28] Egli (o. Anm. 23) 68.
[29] Bauer (o. Anm. 8) 20 u. Anm. 8.
[30] Für eine solche Problematik, siehe nur S. Vogenauer, Die Auslegung von Gesetzen in England und auf dem Kontinent. Eine vergleichende Untersuchung der Rechtsprechung und ihrer historischen Grundlagen, Tübingen 2001, 200 ff., 320 ff., 646 ff.
[31] CCChile 1820; für Süd-Afrika, siehe oben o. Anm. 22, sowie Bauer (o. Anm. 8) 182 ff. und Zimmermann (o. Anm. 8) 292.

muss aber gefragt werden, ob ein Zurückgreifen auf das römische Recht noch möglich ist (1.1).

1.1. Die Berechtigung des Zurückgreifens auf das römische Recht

Erstens stellt sich die Frage, ob methodologisch das Schweizerische Bundesgericht berechtigt war, auf das römische Recht zurückzugreifen. Eugen Bucher hat diese Frage im Jahr 2000 für das schweizerische Recht bejaht.[32] Unter anderem beruht seine Erklärung auf dem Text von Art. 1 Abs. 3 des schweizerischen Zivilgesetzbuches (hiernach: ZGB), der wie folgt lautet: „Der Richter folgt dabei [sc. bei Auslegung und vor allem bei Rechtsfortbildung] bewährter Lehre und Überlieferung." Bucher versteht „Überlieferung" im weitesten Sinne als „die Summe jener rechtlichen Grundsätze, welche vor dem Erlass des Gesetzes galten und mangels einleuchtender Ausschlussgründe auch heute noch Beachtung fordern."[33] Die Überlieferung in diesem breiten Verständnis kommt aber für ihn auch nur subsidiär zum Zuge, d.h. nur unter der Voraussetzung des Fehlens gesetzlichen Normen.[34] Die französische und italienische Fassungen von Art. 1 Abs. 3 ZGB lauten anders (und haben aber gleiche juristische Geltung): „Il [le juge] s'inspire des solutions consacrées par la doctrine et la jurisprudence" und „Egli si attiene alla dottrina ed alla giurisprudenza più autorevoli." In diesen Fassungen wird die „Überlieferung" der deutschen Fassung als „Gerichtspraxis" verstanden. Der Wortlaut deutet somit in eine andere Richtung als Bucher das behauptet. Die wörtliche Auslegung ist aber nicht unbedingt ausschlaggebend, so dass auch funktionelle Argumente, wie diejenigen von Bucher, zum Zuge kommen können.[35] Die herkömmliche Auslegung von Art. 1 Abs. 3 ZGB will aber den Zugang zum römischen Recht ausschliessen.[36]

Was das schweizerische Recht betrifft, muss aber betont werden, dass das Bundesgericht nicht vermeidet, rechtsvergleichende[37] und sogar europarechtliche[38]

---

[32] E. Bucher, Rechtsüberlieferung und heutiges Recht, ZEuP 8 (2000) 394-543 (zitiert: Bucher, Rechtsüberlieferung).
[33] Bucher, Rechtsüberlieferung (o. Anm. 32) 455 f. (These 2).
[34] Bucher, Rechtsüberlieferung (o. Anm. 32) 459.
[35] Siehe nur BGE 133/2007 III 175/176; BGE 132/2006 III 707/710; BGE 130/2004 III 76; BGE 125/1999 III 401; BGE 99/1973 Ib 505; für alle anderen über die abzulehnende „Eindeutigkeitsregel" Kramer (o. Anm. 21) 73 ff., insb. Anm. 148.
[36] A. Meier-Hayoz, Berner Kommentar zum schweizerischen Privatrecht I/1: Einleitung (Art. 1 – 10 ZGB), Bern 1966, N. 469 zu Art. 1 ZGB; D. Dürr, Zürcher Kommentar zum Schweizerischen Zivilgesetzbuch I/1: Einleitung (Art. 1-7 ZGB), 3. Aufl., Zürich 1998, N. 574 zu Art. 1 ZGB.
[37] Siehe z. B. F. Werro, La jurisprudence et le droit comparé, in: Perméabilité des ordres juridiques, Rapports présentés à l'occasion du colloque-anniversaire de l'Institut suisse de droit comparé, Zürich 1992, 165 ff.; Kramer (o. Anm. 21) 229 ff.; das BGer macht dies sogar in BGE 128/2002 III 370, Erw. 4 b/bb.
[38] Der jetzt berühmte Fall Metallbau, BGE 129/2003 III 335 ff., S. 350: „Nachvollzogenes Binnenrecht ist im Zweifel europarechtskonform auszulegen. Es ist harmonisiertes

Elemente in seine Auslegung einzubeziehen. Eine Rechtsvergleichung kann aber nicht sinnvoll durchgeführt werden, ohne die historische Entwicklung der Rechtssysteme in Kauf zu nehmen. Dies gibt dann auch eine gewisse Rechtfertigung des Zugriffs auf das römische Recht als Hilfe zur Auslegung.

1.2. Das römische Recht als vergleichendes Rechtssystem und nicht als dogmengeschichtliches Erkenntnisverfahren

An sich gibt es zwei Möglichkeiten, historische Erkenntnisse in die Auslegung mit einzubeziehen. Man kann entweder das Gewicht auf die historische Entwicklung von Konzepten setzen und somit eine dogmengeschichtliche Analyse bevorzugen oder das römische Recht als ein *tertium comparationis*, ein vergleichendes Rechtssystem, benutzen, was dann mehr in Richtung Rechtsvergleichung geht.

Ein Aspekt dogmengeschichtlicher Analyse wurde vom Bundesgericht im erwähnten Entscheid betrieben. Nicht nur der Kaiser Justinian (532-565 n.Chr.), sondern auch einige Figuren der Weiterentwicklung, wie Cujaz, Donellus und Pothier wurden zitiert. Das Ziel war unter anderem zu zeigen, dass die römische Regel kritisiert wurde oder eben neu ausgelegt wurde.

Art. 185 OR stellt aber mit seiner reinen politischen Kompromisslösung einen gewissen Bruch in der Tradition dar. Durch diese Lösung wurde nämlich zum ersten Mal nach dem neuen Ansatz des Naturrechts wieder eine Dichotomie zwischen Eigentümerschaft (*res perit domino*) und Gefahrübergang eingeführt. Dieses mögliche Auseinanderfallen von Eigentümerschaft und „obligationsrechtlichem" Gefahrübergang war aber ein Merkmal des römischen Kaufrechts. Diese Tatsache gibt dann einen Grund, das römische Recht als vergleichendes Rechtssystem (*tertium comparationis*) zu benutzen. Es ist also weniger die historische Entwicklung (die dogmengeschichtliche Analyse), die hier eine Rolle spielt, als die Erkenntnis, wie das römische Rechtssystem bei ähnlichen Gegebenheiten funktionierte. Daraus lassen sich vielleicht Schlussfolgerungen für das heutige schweizerische Recht ziehen.

Recht und als solches im Ergebnis - wie das Staatsvertragsrecht - Einheitsrecht. Zwar ist es nicht Einheitsrecht in Form von vereinheitlichtem Recht. Wird aber die schweizerische Ordnung einer ausländischen - hier der europäischen - angeglichen, ist die Harmonisierung nicht nur in der Rechtssetzung, sondern namentlich auch in der Auslegung und Anwendung des Rechts anzustreben, soweit die binnenstaatlich zu beachtende Methodologie eine solche Angleichung zulässt. [...] Die Angleichung in der Rechtsanwendung darf sich dabei nicht bloss an der europäischen Rechtslage orientieren, die im Zeitpunkt der Anpassung des Binnenrechts durch den Gesetzgeber galt. Vielmehr hat sie auch die Weiterentwicklung des Rechts, mit dem eine Harmonisierung angestrebt wurde, im Auge zu behalten."; bestätigt in BGE 130/2004 III 182; BGE 132/2006 III 32/37.

2. Die Berücksichtigung des römischen Rechts bei der Auslegung von Art. 185 OR

Der Rahmen dieses Aufsatzes ermöglicht es nicht, die ganze Problematik des Art. 185 OR bis auf den letzten Punkt auszuführen. Wir werden uns somit auf einige wichtige Punkte beschränken.

2.1. Die Begründung der Gefahrtragung durch den Käufer beim Traditionsprinzip

Grotius war wahrscheinlich der Erste,[39] der explizit in seinem *De iure belli ac pacis* die Idee vertrat, dass die Gefahrtragung zwingend dem Eigentum folgen solle.[40] Wenn man diese Idee annimmt, ist es tatsächlich als höchst problematisch zu betrachten, dass die Gefahrübertragung und das Eigentum auseinander fallen. Deshalb haben einerseits die Kodifikationen, die dem Konsensprinzip folgen, den Standpunkt von Grotius und der Naturrechtler übernommen und andererseits die Kodifikationen, die dem Traditionsprinzip folgen,[41] die Gefahr mit der Sachherrschaft übergehen lassen.[42] Unter diesem Gesichtspunkt und gemäss den Ausführungen des Bundesgerichts steht die schweizerische Lösung des *periculum emptoris* in Widerspruch mit der schweizerischen Eigentumsübertragung durch Besitzverschaffung.[43] Eine solche Kritik ist nicht neu. Sie wurde schon von Cujaz im 16. Jahrhundert formuliert; auf Grund von Billigkeitserwägungen hatte er dann eine Gegenlösung postuliert.[44]

Diese Feststellung genügt aber noch nicht, um das Prinzip *periculum emptoris* zu durchbrechen. Die Regel *periculum emptoris* galt sicher im klassischen römischen Recht, obwohl ihre Anwendung für bestimmte Fälle (Weinkauf z.B.) relativiert werden muss.[45] Die Regel galt aber auch noch dann, wenn nicht mehr reine Bargeschäfte abgeschlossen wurden. Ein Auseinanderfallen von Gefahrtragung

---

[39] Siehe dazu vor allem Bauer (o. Anm. 8) 134 f.
[40] Grotius, De iure belli (o. Anm. 10) 349 : *De venditione et emptione notandum etiam sine traditione ipso contractus momento transferri dominium posse, atque id esse simplicissimum [...]. Quod si actum sit ne statim dominium transeat, obligabitur venditor ad dandum dominium, atque interim res erit commodo et periculo venditoris: quare quod venditio et emtio constat praestando, ut habere liceat et evictionem, item quod res periculo est emtoris et ut fructus ad eum pertineant antequam dominium transeat, commenta sunt iuris civilis, quod nec ubique observatur [...].*
[41] Siehe z.B. BGB § 446; ABGB § 1064, 1051, 1048.
[42] Das wird auch vom Bundesgericht schön gezeigt, BGE 128/2002 III 370, Erw. 4 b/bb.
[43] BGE 128/2002 III 370, Erw. 4 b.
[44] Siehe u.a. Bauer (o. Anm. 8) 121 und 134: *Et vero aequius est ut qui rem non est nactus emptor pretium non solvat.*
[45] Siehe dazu vor allem Jakab (o. Anm. 8) 189 ff., vor allem S. 193-200; Pennitz, Periculum (o. Anm. 8) 276 ff.

und Eigentümerschaft war also damals möglich und wurde angenommen.[46] Was war dann die Berechtigung, um diese Regel beizubehalten?

2.1.1. Die Begründung der Regel im römischen Recht

Die Mehrheit der Romanisten nimmt zu Recht an, die Entstehung der Regel sei eine Konsequenz des Barkaufgedankens: Beim alten römischen Barkauf, bei dem Vertragsschluss und Übergabe zusammenfielen, habe sich ein sofortiger Gefahrübergang ganz selbstverständlich ergeben. Wenn der Käufer die Kaufsache nicht, wie beim Barkauf üblich, sofort an sich nahm, hielt man trotzdem an derselben Regel fest. Da das Auseinanderfallen von Vertragsabschluss und Erfüllung meistens im Interesse des Käufers geschah, gab es also keinen Grund die Regel des *periculum* zu Lasten des Verkäufers zu ändern.

Dieser Betrachtungsweise folgt auch das Bundesgericht. Die Rechtsprechung wird nämlich so präzisiert, dass eine Abweichung vom Prinzip des *periculum emptoris* nur dann gerechtfertigt ist, wenn das Auseinanderfallen von Vertragsschluss und Erfüllung im Interesse des Verkäufers geschah. Dieses Verständnis entspricht somit der historischen Lösung im römischen Recht.

Die Erklärung der Entstehung der Regel *periculum emptoris* gibt noch keine endgültige Antwort auf die Frage, warum diese Regelung weiterlebte, obwohl immer mehr Kaufverträge nicht mehr bar abgeschlossen wurden oder nicht mehr auf dem Markt stattfanden. Man hat somit zu Recht behauptet, die Kaufabrede als solche müsste eine bestimmte Qualität beweisen, welche die Anknüpfung des Gefahrübergangs rechtfertige. Dies ist mit einem Teil der Lehre darin zu sehen, dass bereits bei der Perfektion des Kaufes der Käufer den vermögensrechtlichen Wert der Sache erhielt.[47] Er wird dadurch sozusagen „wirtschaftlicher Eigentümer."

Man kann diese These auf mindestens drei Elemente stützen:

1. „Die Pflicht des Käufers, die notwendigen Verwendungen des Verkäufers zu erstatten." Dies wird z.B. durch einen Text von Ulpian bestätigt.[48] Die Rechts-

---

[46] Peters (o. Anm. 8) 223.
[47] Schon Windscheid/Kipp, Lehrbuch des Pandektenrechts II, 9. Aufl., Nd. Frankfurt a. M. 1906, Aalen 1984, § 321, N. 3 (S. 330) und § 390 (S. 660); Zimmermann (o. Anm. 8) 290.
[48] Ulp. D. 19,1,13,22: *Praeterea ex vendito agendo consequetur etiam sumptus, qui facti sunt in re distracta, ut puta si quid in aedificia distracta erogatum est: scribit enim Labeo et Trebatius esse ex vendito hoc nomine actionem. Idem et si in aegri servi curationem impensum est ante traditionem aut si quid in disciplinas, quas verisimile erat etiam emptorem velle impendi. Hoc amplius Labeo ait et si quid in funus mortui servi impensum sit, ex vendito consequi oportere, si modo sine culpa venditoris mortem obierit.*
„Ausserdem kann der Verkäufer, wenn er aus Verkauf klagt, auch die Verwendungen erlangen, die auf die Sache nach Kaufabschluss gemacht worden sind, zum Beispiel wenn er etwas für die verkauften Gebäuden ausgegeben hat; es schreiben nämlich Labeo und Trebatius, dass deswegen die Klage aus Verkauf gegeben sei. Ebenso [verhält es sich,] wenn etwas vor der Übergabe für die Heilung eines kranken Sklaven ausgege-

lage des Verkäufers ist somit ähnlich wie beim Entleiher, an dem der Leiher auch die unerwarteten notwendigen Verwendungen zurückerstatten muss.[49] Der Käufer wird also juristisch schon so betrachtet, als ob er schon Eigentümer wäre.

2. „Das Recht, die Sache sofort weiterzukaufen." Es wird dem Käufer nicht verboten, die Sache sofort weiterzuverkaufen. Dagegen darf der Verkäufer dieselbe Sache nicht noch ein zweites Mal verkaufen, sonst muss er dafür den Käufer entschädigen und gegebenenfalls im klassischen Recht unter einer Strafe leiden.[50] Der Käufer hat somit zumindest endgültig das juristische *ius disponendi*, die Verfügungsmacht über die Sache.

3. „Der Kaufvertrag als letzter Rechtsakt zur Veräusserung." Der Kaufvertrag bildet gleichzeitig die *iusta causa traditionis*, auf die sich dann die Übergabe mit der Eigentumsverschaffung stützt. In der Tat kann man sich fragen, ob die Sachübergabe nur ein materieller Akt ist oder sich auf einer separaten dinglichen Einigung stützten sollte.[51] Es steht aber fest, dass mittels der Klage aus dem Vertrag die Herausgabe der Sache – freilich nur vom Verkäufer – verlangt werden kann. Sobald die Sache dem Käufer übergeben wird, ist das Eigentum übergegangen. Das war auch der Punkt, auf den sich z.B. Pothier stützte, um die Lösung des Gefahrübergangs bei Vertragsabschluss zu rechtfertigen.[52]

---

ben worden ist oder etwas für eine Ausbildung, von dem wahrscheinlich war, dass auch der Käufer aufwenden wollte. Darüber hinaus sagt Labeo, dass mit der Klage aus Verkauf auch erlangt werden könne, was für das Begräbnis des verstorbenen Sklaven aufgewendet worden ist, vorausgesetzt nur, dass der Sklave ohne Verschulden des Verkäufers den Tod fand."

[49] Für alle siehe nur Zimmermann (o. Anm. 8) 201; Kaser/Knütel, Römisches Privatrecht, 17. Aufl., München 2003, 246.

[50] Siehe Paul. D. 48,10,21, der erklärt, dass Hadrian diese Strafe durch eine Konstitution eingeführt hat.

[51] Über die Kontroverse betreffend die Erforderlichkeit und die Nützlichkeit einer „dinglichen Einigung" im schweizerischen Recht, siehe P.-H. Steinauer, Les droits réels II, 4. Aufl., Bern 2007, N. 2013 ff., insb. N. 2014a ; H. Rey, Die Grundlagen des Sachenrechts und das Eigentum, (Grundriss des schweizerischen Sachenrechts I), 3. Aufl., Bern 2008, N. 1705 ff.; J. Schmid/B. Hürlimann-Kaup, Sachenrecht, 2. Aufl., Zürich 2003, N. 1094; siehe auch BGE 84/1958 III 141, Erw. 3.

[52] R.-J. Pothier, Traité du contrat de vente III, Paris 1821, 238: „La seconde partie de la décision, savoir, que l'obligation de l'acheteur ne laisse pas de subsister, quoique celle du vendeur soit éteinte par l'extinction de la chose, paraît souffrir plus de difficulté. Néanmoins, elle est vraie, et fondée dans la nature du contrat de vente. Ce contrat est du nombre de ceux qu'on appelle *consensuels*, qui sont parfaits par le seul consentement des contractants. La tradition de la chose vendue n'est point nécessaire pour la perfection de ce contrat. L'obligation que l'acheteur contracte de payer le prix étant donc parfaite par le seul consentement des parties qui est intervenu, et indépendamment de la tradition, elle doit subsister, quoique la chose vendue ait cessé d'exister, et ne puisse plus être livrée."

Die Idee der „wirtschaftlichen" Eigentümerschaft gilt für jeden Fall, in dem der Kaufvertrag endgültig für eine bestimmte Sache abgeschlossen wurde. Der Kauf muss also unbedingt sein und keine Alternativobligation oder ein Genuskauf vor Aussonderung sein. Diese Idee gilt dann aber auch für die Fälle, in denen das Auseinanderfallen von Vertragsschluss und Sachübergabe im Interesse des Verkäufers stattfand, wie im Falle des Verkaufes einer Sache, die noch nicht im Besitz des Verkäufers ist. Ist dies im römischen Kontext gerechtfertigt? Es scheint uns, dass die Antwort positiv ausfallen sollte. Die strikte Haftung der *custodia*, die auf dem Verkäufer ruht, hat zur Konsequenz, dass der Verkäufer, der noch nicht im Besitz der verkauften Sache ist, sehr schnell unter dem Vorwurf des schlechten Überwachens leiden wird.[53] Es wird somit eine *custodia*-Haftung geben, welche die Frage des *periculum* ausschliessen wird.[54]

Es ist also richtig, dass die Idee des „wirtschaftlichen Eigentums" des Käufers nicht dem Utilitätsgedanken entspricht.[55] Der Käufer kann die Sache tatsächlich noch nicht (materiell) benutzen und kann daher auch die Gefahren, welche die Sache bedrohen, nicht entfernen. Es ist aber gerade dieser Punkt, der zur strikten Haftung des Verkäufers führte.[56] Die *custodia*-Haftung bildet somit ein notwendiges Gegenstück zur *periculum-emptoris*-Regel.[57]

2.1.2. Die Begründung der Regel im schweizerischen Recht

Die Gründe, die wir zur Rechtfertigung der Regel *periculum emptoris* im römischen Recht hervorgehoben haben, können auch wieder im schweizerischen Recht gefunden werden. Ähnlich wie im römischen Recht bekommt der Käufer im schweizerischen Recht den „vermögensrechtlichen Wert" der Sache schon bei der Perfektion des Kaufvertrages. Dies lässt sich anhand von mindestens zwei Elementen zeigen:

1. „Die juristische Verfügungsmacht." Der Käufer kann die Sache sofort weiterverkaufen, obwohl sie ihm noch nicht übereignet wurde.[58]
2. „Der Kaufvertrag als Konkretisierung der dinglichen Einigung." Beim Abschluss des Kaufvertrages einigen sich die Parteien auch gleichzeitig zur Eigen-

---

[53] Siehe u.a. Pennitz, Periculum (o. Anm. 8) 380ff; F. De Robertis, Responsabilità contrattuale (dir. Romano), in: ED 39 (1988) 1054-1060, bes. 1056 f.; M. Talamanca, Vendita in generale (dir. Romano), in: ED 46 (1993) 446 ff., Zimmermann (o. Anm. 8) 287.
[54] Im selben Sinne wie andere auch Zimmermann (o. Anm. 8) 287.
[55] S. G. Pfeifer, ‚Periculum est emptoris' – Gefahrtragung bei Sukzessivlieferung von Aktien, Entscheidung der Schweizerischen Ire Cour Civile vom 12. März 2002, ZEuP 11 (2003) 884 ff., 889.
[56] Paul. D. 18,6,3; Paul. D. 19,1,36; Gai. D. 18,6,2,1; vgl. Zimmermann (o. Anm. 8) 287; Kaser/Knütel (o. Anm. 49) 261.
[57] Bauer (o. Anm. 8) 72 ff.; Zimmermann (o. Anm. 8) 287; auch Pfeifer (o. Anm. 55) 892.
[58] Ein gutes Beispiel findet man im BGE 120/1994 II 296.

tumsübertragung. Die Gültigkeit dieser dinglichen Einigung ist an die Gültigkeit des Kaufvertrags gebunden.[59] Der Verkäufer, der formell noch Eigentümer ist, wird zu Recht mit einem Fremdbesitzer verglichen. Durch den Kaufvertrag gibt er tatsächlich und unwiderruflich seinen Veräusserungswillen bekannt. Die materielle Übergabe ist somit nur noch eine Auswirkung des abgeschlossenen Veräusserungsvertrags.[60] Diese Veräusserungstheorie wird heute mehrheitlich als die dogmatische Grundlage von Art. 185 OR betrachtet.[61]

Ich glaube, diese Erkenntnis soll uns bei der Auslegung von Art. 185 OR helfen. Die Regel des *periculum emptoris* soll nur dann gelten, wenn der Käufer wirtschaftlich schon über die Sache definitiv verfügen kann. Es ist richtig, dass gemäss dem Utilitätsprinzip der Käufer die Sache noch nicht materiell benutzen kann.[62] Das will er vielleicht aber gar nicht; wie es uns den Ferrari-Fall gezeigt hat, kann die juristische Verfügungsmacht für ihn schon hinreichend sein. Wie im römischen Recht gibt es dann auch eine gerechte Risikoallokation, indem der Verkäufer (wieder) haftet, sobald er in Gläubigerverzug fällt (Art. 103 OR).[63]

Wenn der Kaufvertrag von einer Suspensivbedingung abhängt, hat der Käufer noch keine definitive Verfügungsmacht erhalten. Bei Nichteintreten der Bedingung könnte der Käufer die Sache gar nicht bekommen und darüber hinaus wird auch die dingliche Einigung direkt betroffen. Das (zukünftige) Erhalten des Eigentums ist somit zur Zeit des Kaufvertragsabschlusses noch nicht gesichert, was ein „wirtschaftliches Eigentum" ausschliesst. Dasselbe gilt bei Alternativobligation, weil der Käufer noch nicht weiss, über welche Sache er definitiv verfügen kann.

Anhand der historischen Betrachtung lässt sich somit fragen, ob die Unterscheidung des Bundesgerichts zwischen Auseinanderfallen von Vertragsschluss und Sachübergabe im Interesse des Käufers oder des Verkäufers wirklich zutreffend ist. Es ist zuzugeben, dass wenn der Verkäufer die Verzögerung der Sachübergabe verlangt, er sich möglicherweise in einer günstigen Lage befindet. Er kann nämlich die Sache noch behalten und trägt nicht mehr das Risiko. Dies gilt aber vor allem im Fall des Verkaufes einer Sache, die er nicht besitzt. In diesem Fall akzeptiert aber der Käufer diese (erhöhte) Gefahr, wenn er nicht eine soforti-

---

[59] Die Erforderlichkeit des Konzepts der „dinglichen Einigung" wird heute kritisiert, die Einigung über die Eigentumsübertragung werde vom Grundgeschäft erfasst, siehe über diese Kontroverse Steinauer (o. Anm. 51) N. 2013 ff.; Rey (o. Anm. 51) N. 1705 ff.; vgl. aber das deutsche Recht, wo die dingliche Einigung einerseits notwendig bleibt, anderseits in ihrer Wirksamkeit vom Verpflichtungsgeschäft unabhängig ist, s. dazu K. Larenz, Lehrbuch des Schuldrechts II: Besonderer Teil 1, 13. Aufl., München 1986, 10, sowie J. F. Baur/R. Stürner, Sachenrecht, 17. Aufl, München 1999, 49; N. 48 zu § 5; siehe auch Rey (o. Anm. 51) N. 356 ff.

[60] Steinauer (o. Anm. 51) N. 2018; Rey (o. Anm. 51) N. 1695.

[61] Für eine Gegenüberstellung der verschiedenen Meinungen, siehe u.a. Cortesi (o. Anm. 7) 50 ff.

[62] Siehe für diesen Einwand, u.a. Pfeifer (o. Anm. 55) 889.

[63] Dazu nur Honsell (o. Anm. 7) 50 f.

ge Sachübergabe verlangt. Das Risiko wird aber dann wieder eingeschränkt, sobald der Verkäufer in Verzug gerät (Art. 103 OR[64]).

Folgt man der richtigen Auffassung, dass die Regel des *periculum emptoris* nur gelten kann, wenn der Käufer endgültig über die Sache verfügen kann, schliesst man mehrere Fälle aus dem Anwendungsbereich aus, die auch das Bundesgericht als nicht von dem Prinzip des Art. 185 Abs. 1 OR gedeckt beurteilt. Es sind vor allem die Fälle der Alternativobligation und der bedingten Obligation. Andere Fälle werden aber weiterhin unter dem Prinzip *periculum emptoris* geregelt, wie der Kauf einer Sache, die zur Zeit des Vertragsabschlusses nicht im Besitz des Verkäufers ist.

2.2. Die Sachverschlechterung

Abschliessend liesse sich noch fragen, ob im schweizerischen Recht dieselbe Lösung auch bei einer Sachbeschädigung stattfinden sollte. Was das klassische römische Recht betrifft, ist die Antwort nicht einfach. Nach Ansicht einiger Autoren wurde die Verschlechterung der Sache von den Römern dem Totaluntergang gleichgestellt, zumindest wenn der Kaufvertrag nicht bedingt war.[65] Gemäss anderen Autoren bleibt bei blosser Verschlechterung der Kauf wirksam und der Käufer trägt die Gefahr.[66] Diese letzte Betrachtungsweise erklärt sich mit denselben Überlegungen wie beim Totaluntergang der Sache. Wenn die Verschlechterung ohne Verschulden des Verkäufers eingetreten ist, soll der Käufer, der ökonomisch über die Sache schon verfügen durfte, diese *incommoda* auch tragen, eigentlich so, als ob er juristisch schon Eigentümer wäre. Er konnte nämlich auch die Früchte und den Anwachs (*commoda*) vom Verkäufer herausverlangen, als ob der Verkäufer nur ein Entleiher der Sache war.

Da wir eine Rechtfertigung für die schweizerische *periculum-emptoris*-Regel im römischen Recht gefunden haben, kann man sich fragen, ob dies hier auch gelten sollte. Die Antwort sieht nuanciert aus. *Erstens* ist Art. 185 OR die Folge eines Unmöglichkeitwerdens einer Leistung im Sinne von Art. 119 Abs. 1 OR. Die Verschlechterung der Sache kann aber nur dann eine nachträgliche Unmöglichkeit der Leistungserbringung im Sinne von Art. 119 OR sein, wenn die Verschlechterung nach dem Vertragsabschluss stattfand und die Sache nicht mehr verbessert werden kann.[67] Freilich sahen darin Pandektisten wie F. Mommsen eine partielle qualitati-

---

[64] Art. 103 OR: „[II. Wirkung / 1. Haftung für Zufall] ¹ Befindet sich der Schuldner im Verzuge, so hat er Schadenersatz wegen verspäteter Erfüllung zu leisten und haftet auch für den Zufall. ² Er kann sich von dieser Haftung durch den Nachweis befreien, dass der Verzug ohne jedes Verschulden von seiner Seite eingetreten ist oder dass der Zufall auch bei rechtzeitiger Erfüllung den Gegenstand der Leistung zum Nachteile des Gläubigers betroffen hätte."
[65] Paul. D. 18,6,8pr. *in fine*; dazu Bauer (o. Anm. 8) 34.
[66] Ernst (o. Anm. 8) 223 f.
[67] Pichonnaz (o. Anm. 6) N. 1269.

ve Unmöglichkeit.[68] Diese Qualifizierung ist aber im geltenden Recht weitgehend überflüssig und nicht notwendig.[69] In der Tat ist die Gefahr der Gegenleistung auf Grund von Art. 185 Abs. 1 OR schon ab Vertragsschluss übergegangen, wenn eine Verschlechterung der Sache nach dem Vertragsschluss stattfindet (damit ist sie eine „nachträgliche" Unmöglichkeit). Wenn dazu dann noch die Sache dem Käufer übergegeben worden ist, ist dieser Eigentümer geworden. Er trägt also die Konsequenzen der Verschlechterung, weil er Eigentümer geworden ist (Sachleistungsgefahr)[70], und nicht wegen der allgemeinen Regel des *periculum emptoris*.

Zweitens kann die Sachmängelhaftung (Art. 197 ff. OR) bei einer Verschlechterung der Sache nach dem Vertragsabschluss nicht zum Zuge kommen, da die Beschädigung nach Vertragsschluss und somit nach Gefahrübergang stattgefunden hat.[71] Somit trägt der Käufer trotzdem das *incommodum*. Er bekommt eine beschädigte Sache, obwohl er den vollen Preis bezahlen muss. Die Lösung ist somit gleich im Ergebnis wie beim *periculum emptoris*, aber dogmatisch anders aufgebaut.

IV. Schluss

Mein Ziel war es nicht, eine eingehende Kritik der Rechtsprechung des Bundesgerichts vorzunehmen. Vielmehr hoffe ich gezeigt zu haben, wie nützlich der Rückgriff auf das römische Recht sein kann. Die Gerichte sollten sich deshalb auch von den römischrechtlichen Lösungen inspirieren lassen, wenn ein Rechtsinstitut im römischen Recht verwurzelt ist oder auch, wie in diesem Fall, wenn die positivrechtliche Lösung aus reinem Zufall die römische Lösung wiedergibt. Es ist somit ein Verdienst des Schweizerischen Bundesgerichts gezeigt zu haben, wie man die Rechtsüberlieferung benutzen kann und dadurch zu verdeutlichen, wie das römische Recht noch heute auf das geltende Recht Einfluss haben kann.

Die dogmatische Unterscheidung zwischen Auseinanderfallen von Vertragsschluss und Sachübergabe im Interesse des Käufers und des Verkäufers wurde vom Bundesgericht unternommen, um den Anwendungsbereich von Art. 185 OR zu beschränken, und scheint mir nicht völlig überzeugend. Sie gibt nämlich nur

---

[68] F. Mommsen, Beiträge zum Obligationenrecht I, Die Unmöglichkeit der Leistung in ihrem Einfluss auf obligatorische Verhältnisse, Braunschweig 1853-1855, Nd. Aalen 1997, 8 f. und 193 ff.

[69] Pichonnaz (o. Anm. 6) N. 612.

[70] Pichonnaz (o. Anm. 6) N. 1269; Schönle (o. Anm. 20) N. 19 zu Art. 185 OR; M. Keller/W. Fischer, Mechanismus der Gefahrtragung des Käufers. Eine dogmatische Analyse, in: FS P. Piotet, hg. von F. Sturm, Bern 1990, 137 ff., 139 f.

[71] Honsell (o. Anm. 7) 81; P. Tercier, Les contrats spéciaux, 3. Aufl., Zürich 2003, N. 603; Venturi (o. Anm. 7) N. 30 ad Art. 185 OR; Koller (o. Anm. 7) N. 9 ad Art. 185 OR, aber auch N. 45 ad Art. 185 OR; H. Honsell, Basler Kommentar zum Schweizerischen Privatrecht, Obligationenrecht I (Art. 1-529 OR), 4. Aufl., Basel/Genf/München 2007, N. 11 ad Art. 197 OR.

einen Teil der Rechtfertigung des *periculum emptoris* im Kauf wieder. Im konkreten Fall wird dann oft noch die Feststellung, ob das Auseinanderfallen von Vertragsschluss und Sachübergabe im Interesse des Käufers oder des Verkäufers stattgefunden hat, schwer zu beweisen sein. Die Idee der „wirtschaftlichen Eigentümerschaft," wie es in jüngster Zeit im Vordergrund gestellt wurde, scheint mir überzeugender.

Meine Kritik an dem Endergebnis des Bundesgerichts schmälert aber nicht das Verdienst des Bundesgerichts. Sein bemerkenswerter Rückgriff auf römische Quellen soll voll unterstützt werden.

Der Kauf im Schema der Obligationen und die Verpflichtung zu präziser Erfüllung bei Jason de Mayno

Tilman Repgen

I. Einleitung

Nachdem man jahrhundertelang die Frage danach, ob eine Verpflichtung präzise erfüllt werden müsse oder ob man sich durch Interesseleistung von der Verbindlichkeit befreien könne, als ein Problem des materiellen Rechts betrachtet hatte,[1] verlagerte sich die Diskussion in Deutschland im Laufe des 19. Jahrhunderts mehr und mehr auf die Ebene des Prozessrechts.[2] Und so erscheint es heute im deutschen Zivilrecht als eine Selbstverständlichkeit, dass der Schuldner regelmäßig genau die Leistung zu erbringen hat, die er versprochen hat. Anderenfalls tritt keine Erfüllungswirkung ein.[3] Die spezifischen Konflikte zwischen dem Erfüllungsinteresse des Gläubigers auf der einen und dem Freiheitsinteresse des Schuldners auf der anderen Seite werden im deutschen Recht seither weitgehend im Zwangs-

---

[1] Ohne Fokussierung auf den Kauf wird das Problem des Erfüllungszwangs behandelt in T. Repgen, Vertragstreue und Erfüllungszwang in der mittelalterlichen Rechtswissenschaft, Paderborn 1994; außerdem: K. Nehlsen-von Stryk, Grenzen des Rechtszwangs: Zur Geschichte der Naturalvollstreckung, AcP 193 (1993) 529-555; W. Rütten, Zur Entstehung des Erfüllungszwangs im Schuldverhältnis, in: FS Gernhuber, hg. von H. Lange u. a., Tübingen 1993, 939-959; leider bislang unveröffentlicht: J. Münch, Anspruch und Rechtspflicht. Beiträge zu Bedeutung und Reichweite des Naturalerfüllungszwang im Schuldverhältnis, Freiburger Habilitationsschrift von 1996; rechtsvergleichend, aber mit zahlreichen historischen Einschüben M. Roth, Individualleistung und Geldersatz im Rahmen der Interessenklage, Wien 1993.
[2] Zur Entwicklung im Prozessrecht des 19. Jhs.: W. Ernst, Der Erfüllungszwang bei der Gattungsschuld in der Prozessrechtsgeschichte des 19. Jahrhunderts, in: „Ins Wasser geworfen und Ozeane durchquert", FS K. W. Nörr, hg. von M. Ascheri u. a., Köln 2003, 219-236.
[3] Dazu weiterführend T. Repgen, §§ 362-371. Erfüllung, in: Historisch-kritischer Kommentar zum Bürgerlichen Gesetzbuch 2, hg. von M. Schmoeckel/J. Rückert/ R. Zimmermann, Tübingen 2007, Rn. 1f. und 5-11.

vollstreckungsrecht gelöst. Christian Friedrich Glück schrieb 1797 in seinen Pandekten, man unterscheide, „ob ein *Factum* oder eine Sache" versprochen sei, und behaupte, „dass nach den Grundsätzen des römischen Rechts zwar die versprochene Sache präciß zu leisten sey, hingegen eine *obligatio faciendi* immer nur die Alternative in sich fasse, entweder das versprochene *Factum* oder das Interesse zu prästiren."[4] Im Zusammenhang mit der Diskussion über die Vollstreckungsregeln in der Zivilprozessordnung von 1877 begründete der Abgeordnete Robert Viktor von Puttkamer seinen Antrag, auch bei Gattungsschulden generell präzise Vollstreckung vorzusehen, unter anderem damit, wenn man schon die Verbindlichkeiten zu einem *facere* für vollstreckbar halte, müsse das umso mehr auch für die Verbindlichkeiten zu einem *dare* gelten.[5] Diese wenigen und beliebigen Beispiele aus der Diskussion des 19. Jahrhunderts zeigen, dass man jedenfalls damals einen Zusammenhang zwischen dem Obligationsinhalt (*dare* oder *facere*) und der Entscheidung über den Erfüllungszwang gesehen hat.[6] In der Tat wurde seit dem Mittelalter die Frage nach dem *praecise cogi* stets mit der Zuordnung zu den verschiedenen Kategorien der Obligationen verbunden. Es scheint daher nahe liegend, aus der kategorialen Zuordnung einer Obligation auf den Erfüllungszwang zu schließen, der Klassifikation der Verbindlichkeit also eine gewisse Macht über die Entscheidung der Art und Weise erzwingbarer Erfüllung zuzusprechen.

Für den praktisch so wichtigen Kaufvertrag zeigt allerdings die mittelalterliche Diskussion, dass der kategorialen Zuordnung dieses Vertragstyps hinsichtlich des Erfüllungszwangs nur vordergründig Bedeutung zukam. Ob das vereinbarte Pflichtenprogramm präzise durchsetzbar war, hing letztlich von anderen Gesichtspunkten als der Zuordnung zu *dare* oder *facere* ab. Die Frage nach dem Erfüllungszwang entschied sich vielmehr an Kriterien, die jenseits der Kategorien der Obligationen lagen.[7]

Das hiermit angesprochene Problem soll anhand der Lehre des Jason de Mayno (1435-1519) erörtert werden. Seine Auswahl liegt darin begründet, dass er ungefähr am Ende der Epoche der Kommentatoren steht und eine sehr umfassende Zusammenfassung der Literatur seiner Epoche angefertigt hat, die ziemlich

---

[4] Chr. Fr. Glück, Ausführliche Erläuterung der Pandekten nach Hellweg – ein Commentar 4, 2, Erlangen 1797, 305.

[5] R. V. v. Puttkamer, Protokollseite 573, in: C. Hahn, Die gesammten Materialien zur Civilprozeßordnung 2, Abt. 2, Berlin 1880, 1028; zur entsprechenden Diskussion bei der Entstehung der CPO siehe Ernst, Der Erfüllungszwang (o. Anm. 2) 230-235, insbesondere 232.

[6] Zum Problem neuerdings R. Michaels, Systemfragen des Schuldrechts, in: Historisch-kritischer Kommentar II, §§ 241-432 (o. Anm. 3) Rn. 3, 32.

[7] Diese Beobachtung gilt auch für andere Epochen: Die Römer maßen der Klassifikation wenig Bedeutung zu. Das französische Recht setzte zwar in Art. 1142 CC für die *obligationes faciendi* den Geldersatz fest, aber in der Praxis gilt dennoch auch dort Naturalerfüllung, vgl. W. Jeandidier, L'exécution forcée des obligations contractuelles des faire, in: Revue trimestrielle de droit civil 1976, 700-714; K. Zweigert/H. Kötz, Einführung in die Rechtsvergleichung, 3. Aufl. Tübingen 1996, § 35 III, 472-477.

verlässlich über den Meinungsstand am Übergang zur Neuzeit informiert. Jason hat gleichsam den „Schlussstein der alten Zeit"[8] gesetzt.

II. Antike Voraussetzungen: Die Situation im Corpus Iuris Civilis

In aller Kürze sind zunächst die antiken Voraussetzungen der mittelalterlichen Lehre in Erinnerung zu rufen, wobei die Beschränkung auf die Rechtslage im Corpus Iuris möglich ist, weil nur dieses im Mittelalter Wirkung entfaltet hat. Ob die klassischen und spätklassischen Juristen im Corpus Iuris insoweit richtig wiedergegeben worden sind, ist in diesem Zusammenhang ohne Belang.

1. dare – facere – praestare

Dem römischen Recht war zunächst eine systematische Einteilung der Obligationen fremd, wie Fritz Schulz und Max Kaser gelehrt haben.[9] Systematisierungsbemühungen findet man, wahrscheinlich beeinflusst von philosophischen Lehren wie der Nikomachischen Ethik des Aristoteles,[10] zuerst bei Gaius,[11] der nach dem Entstehungsgrund *obligationes ex contractu* und *ex delicto* unterschied. Maßstab war die Erlaubtheit bzw. Unerlaubtheit des Handelns.[12]

Neben diese Differenzierung schob sich eine Paulus (D. 45,1,2 pr.) zugeschriebene Unterscheidung nach dem Inhalt:

Stipulationum quaedam in dando, quaedam in faciendo consistent.[13]	Manche Stipulationen betreffen eine *datio*, manche ein *factum*.

Auf diesen Dualismus von *dare* und *facere* lassen sich alle weiteren Einteilungen zurückführen. Als dritter Obligationsinhalt begegnet an anderer Stelle der Digesten das *praestare*,[14] das in römischer Zeit mit Sicherheit nicht der Systematisierung diente, sondern vielmehr der Umschreibung möglicher Inhalte der Stipulationen, der mündlichen, formgebundenen Leistungsversprechen (Verbalkontrakte),

---

[8] Fr. C. von Savigny, Geschichte des römischen Rechts VI, Berlin 1850, 408.
[9] Fr. Schulz, Classical Roman Law, Oxford 1951, 465; M. Kaser, Römisches Privatrecht I², München 1971, 477.
[10] Schulz, Roman Law (o. Anm. 9) 468; H. Coing, Zum Einfluß der Philosophie des Aristoteles auf die Entwicklung des römischen Rechts, SZ 69 (1952) 24-59, hier 37f.; Kaser, RP I² 522
[11] Gai. 3,182ff.
[12] *Contrahere* meint also nicht nur rechtsgeschäftliche, sondern auch quasivertragliche Verpflichtungen, Kaser, RP I² 522.
[13] Paul. D. 45,1,2 pr.
[14] Paul. D. 44,7,3 pr.

die Kaser als eine der originellsten Schöpfungen des römischen Rechts bezeichnet hat.[15] In der Tat bot sich hiermit ein Instrument, um die Einengung der Vertragstypen zu überschreiten und klagbare Obligationen zu schaffen, wo eine passende *actio* fehlte.[16]

Inhalt einer Verpflichtung auf *dare* war die Verschaffung von quiritischem Eigentum bzw. untechnisch auch anderer Sachenrechte.[17] Ihre Grundlage konnte etwa eine *stipulatio rem dari* oder ein Damnationslegat sein.[18] Beispielsweise war der Käufer zur Übereignung des Kaufgeldes verpflichtet.[19] *Facere* meinte im Prinzip alle Handlungen, zuweilen sogar unter Einschluss des *dare*.[20] So sprach es Papinian D. 50,16,218 aus:

Verbum 'facere' omnem omnino faciendi causam complecitur dandi, solvendi, numerandi, iudicandi, ambulandi.	Das Wort ‚facere' umfasst jede Art des Tuns, des Gebens [im Sinne der Verschaffung des Eigentums], des Zählens, Urteilens und Umhergehens.

Wohl aus einzelnen Beispielen der Digesten entstanden, gehörte hierher jede Form der Besitz- oder Gebrauchsbeschaffung, der Arbeitsleistung und sogar die Verpflichtung zur Eigentumsverschaffung.[21] Festzuhalten ist, dass die Bezeichnung der Obligationsinhalte äußerst unspezifisch war. Zwingende Rückschlüsse auf die rechtliche Ausgestaltung der jeweiligen Obligation allein aus der Zuordnung zu einer der genannten Kategorien erscheinen kaum möglich.

Dennoch war die Zuordnung zu den Obligationsarten nicht belanglos. Das zeigt sich nicht zuletzt bei der wichtigen Frage der Erfüllung. Im älteren Legisaktionenverfahren und auch im Formularprozess geschah nur eine Verurteilung auf eine Geldleistung. Bei den *obligationes faciendi* war das Interesse, also der Schaden des Gläubigers ersatzpflichtig, während bei der *obligatio dandi* der Geldwert der Sachleistung selbst ausgeglichen werden musste.[22] Im nachklassischen Kognitionsverfahren trat neben die Geldkondemnation mehr und mehr die Möglichkeit der Sachkondemnation, zu deren Vollstreckung erst der kaiserliche Beamtenapparat die entscheidenden Möglichkeiten bereitstellte. Die Geldkondemnation er-

---

[15] Kaser, RP I² 528.
[16] Kaser, RP I² 529.
[17] Gai. 4,4; 2,204; Gai. D. 7,1,3 pr.; außerdem F. Horak, Rationes decidendi. Entscheidungsbegründungen bei den älteren Juristen bis Labeo I, Aalen 1969, 154-156.
[18] W. Ernst, Rechtsmängelhaftung, Tübingen 1995, 92.
[19] Ulp. D. 19,1,11,2.
[20] Pap. D. 50,16,218; anders jedoch der Dualismus bei Paul. D. 45,1,2 pr.
[21] Repgen, Vertragstreue (o. Anm. 1) 42.
[22] Ernst, Rechtsmängelhaftung (o. Anm. 18) 114; hinsichtlich der weiteren dort ausgeführten Einzelheiten ist zu beachten, dass sie sich auf die Nichterfüllung in Form eines Rechtsmangels beziehen. Hier steht hingegen die Nichtleistung im Mittelpunkt der Betrachtung.

schien nun als sekundär, als Rechtsbehelf für Unmöglichkeit oder sonstige Leistungsstörungen, die einer vollständigen, präzisen Erfüllung im Wege standen.[23]
Trotz der Wiederbelebung des klassischen römischen Rechts im justinianischen Gesetzbuch fand dort keine Rückkehr zum Prinzip der Geldkondemnation statt.[24] Schwierigkeiten bereitet das interpolierte Ulpian-Fragment in D. 6,1,68. Notfalls, so heißt es dort, solle der Gerichtsdiener dem Besitzer die Sache wegnehmen, wenn der Schuldner sie zurückzugewähren habe. Und weiter:

... *haec sententia generalis est et ad omnia sive interdicta, sive actiones in rem sive in personam sunt, ex quibus arbitratu iudicis quid restituitur, locum habet.*[25]	Dies ist ein allgemeiner Grundsatz. Er gilt für alle Klagen, seien es Interdikte oder dingliche oder persönliche Klagen, bei denen aufgrund richterlichen Ermessens die Sache herauszugeben ist.

Für die angesprochenen Klagen soll danach also präziser Erfüllungszwang gelten. Nun ist zu beachten, dass dieses Fragment nicht von *obligationes dandi,* sondern *restituendi* spricht. Hermann Dilcher hat das als einen Unterfall des *dare* bezeichnet.[26] Für die Herausgabeverpflichtung bei einer *rei vindicatio* leuchtet die präzise Vollstreckung auch ohne weiteres ein, weil die Durchsetzung dieser Verpflichtung letztlich ohne den Willen des Schuldners ziemlich leicht durch eine Wegnahmehandlung möglich ist. Der verallgemeinernde Schluss vom Spezialfall der Restitution auf die Verschaffung einer dinglichen Rechtsposition ganz allgemein überrascht allerdings, weil die Voraussetzungen einer solchen Verallgemeinerung nicht geklärt sind.[27] Einen quellenmäßigen Beleg für den präzisen Erfüllungszwang stellt Ulpian D. 6,1,68 nur für die Restitutionsklage dar.[28] In der mit-

---

[23] Repgen, Vertragstreue (o. Anm. 1) 46f. mit weiteren Nachweisen.

[24] R. Zimmermann, The Law of Obligations. Roman Foundations of the Civilian Tradition, Cape Town usw., 773; H. Dilcher, Geldkondemnation und Sachkondemnation in der mittelalterlichen Rechtstheorie, SZ 78 (1961) 277-307, hier 282f.

[25] Ulpian D. 6,1,68 in fi., dazu weiterführend: Repgen, Vertragstreue (o. Anm. 1) 47f.; danach noch M. Wimmer, Besitz und Haftung des Vindikationsbeklagten, Köln usw. 1995, 20 Anm. 116, freilich ohne Stellungnahme zu der interessierenden Fragen.

[26] So wenigstens Dilcher, Geldkondemnation (o. Anm. 24) 279.

[27] Die Verallgemeinerung könnte nur dann überzeugen, wenn zuvor dargelegt wäre, warum die Regel des Spezialfalls im Sinne einer vollständigen Induktion fortgesetzt werden könnte. Zum Induktionsproblem vgl. G. Haas, Art. Induktion, in: Enzyklopädie Philosophie und Wissenschaftstheorie 2, hg. von J. Mittelstraß, Stuttgart/Weimar 1995, 232-234 sowie speziell zur vollständigen Induktion S. 235f.

[28] Man könnte überlegen, ob nicht bereits die Natur der Erfüllung einer *obligatio dandi* voraussetze, dass tatsächlich übereignet werde. In der Tat bleibt die Schuld hier bestehen, solange der Gläubiger nicht Eigentümer geworden ist, vgl. Ernst, Rechtsmängelhaftung (o. Anm.18) 92ff. Es herrscht eine echte Rechtsmängelhaftung. Das sagt aber noch nichts darüber, ob die Erfüllung denn auch erzwingbar ist – oder ob sich der Schuldner mit einer Ersatzleistung aus der Affäre ziehen kann. Auch der Schuldner einer Werkleistung, die er nicht erbringt, erfüllt nicht. Er kann aber durch Interesseleis-

telalterlichen Rechtslehre wurde die *obligatio restituendi* übrigens von prominenter Seite den *obligationes faciendi* und nicht *dandi* zugeordnet.[29] Auch diese Tatsache wirft Zweifel daran auf, ob man Ulpian D. 6,1,68 wirklich als einen tauglichen Beleg für den präzisen Erfüllungszwang bei den *obligationes dandi* im Corpus iuris civilis auffassen darf. In einer anderen Bemerkung charakterisierte Bartolus die *obligatio rem restitui* als ein Mittelding zwischen einer *obligatio rem dari* und *rem tradi*.[30] Denn, so begründete er dies, wenn die Sache existiere, könne man präzise gezwungen werden und im Verzugsfall folge nicht die Verpflichtung auf das Interesse. Insofern nehme die Restitutionsverpflichtung an der Natur der *obligatio dandi* teil. Wenn die Sache aber untergegangen sei, so entstehe die Verpflichtung zur Interesseleistung:

... Et in hoc discrepat ab obligatione dandi, in qua nunquam succedit obligatio ad interesse, et sapit de natura obligationis facti.[31]	Und hierin unterscheidet sie sich von einer *obligatio dandi*, bei der niemals die Verpflichtung zur Interesseleistung besteht, und sie teilt die [wörtlich: schmeckt nach der] Natur einer *obligatio facti*.

Für die Verpflichtungen zu einem Tun enthielt das Corpus Iuris in Celsus D. 42,1,13,1 immerhin einen allgemeinen Grundsatz:[32]

Si quis promiserit prohibere se, ut aliquid damnum stipulator patiatur, et faciat, ne quod ex ea re damnum ita habeatur, facit quod promisit: si minus, quia non facit quod promisit, in pecuniam nu-	Wenn jemand versprochen hat, zu verhindern, dass der Gläubiger irgendeinen Schaden erleidet, und er bewirkt, dass dieser dadurch tatsächlich keinen Schaden hat, dann tut er das, was er ver-

---

tung eine „Befreiung" von der Verbindlichkeit erreichen. Die wichtige Frage ist also, wie die römische Rechtsordnung mit dem nichterfüllten Anspruch auf Übereignung umging. Ernst, Rechtsmängelhaftung (o. Anm. 18) 93ff. vertritt gegen Rabel und andere mit überzeugenden Argumenten die Ansicht, der Schuldner habe dann einfach weitergehaftet.

[29] Bartolus a Saxoferrato, Commentaria in Secundam Digesti Novi Partem, Tomus VI, Venedig 1602, D. 45,1,72, n. 17, fol. 25' und n. 35, fol. 27. Ausführlich dazu Repgen, Vertragstreue (o. Anm. 1) 191ff.

[30] Bartolus, Commentaria (o. Anm. 29), D. 45,1,72, n. 9, fol. 25.

[31] Bartolus, Commentaria (o. Anm. 29), D. 45,1,72, n. 10, fol. 25.

[32] Auch dieser litt Ausnahmen, z. B. Ulpian D. 3,3,35,3; zu Celsus D. 42,1,13,1 bereits H. F. W. D. Fischer, De geschiedenis van de reëele executie bij koop, Diss. jur. Amsterdam 1934, 121 und K. F. F. Sintenis, Was ist Gegenstand der Klagen aus Obligationibus ad faciendum überhaupt und der actio emti im Besondern, d. i. worauf sind diese nach heutigem Rechte zu richten, wie ist die Verurtheilung zu fassen, und wie die Hülfe zu vollstrecken? Zeitschrift für Civilrecht und Prozeß 11 (1838) 20-88, hier 32; sowie Dilcher, Geldkondemnation (o. Anm. 24) 282.

meratam condemnatur, sicut evenit in omnibus faciendi obligationibus.	sprochen hat. Sonst wird er, weil er nicht tut, was er versprochen hat, auf die bare Summe [sc. das Interesse] verurteilt, wie es bei allen Verbindlichkeiten des Tuns geschieht.

Da verwundert es nicht, dass die mittelalterlichen Juristen mindestens anfänglich und mehrheitlich der Zuordnung einer Verpflichtung zur Kategorie *facere* entnahmen, dass lediglich die Geldkondemnation Platz habe.[33]

2. Zuordnung der Kaufvertrags

Schon das Corpus Iuris Civilis tat sich schwer mit der Zuordnung des Kaufvertrags und der scheinbar davon abhängigen Frage nach dem präzisen Erfüllungszwang. Der Kaufvertrag war auch im römischen Recht selbstverständlich auf den Austausch von Ware und Geld gerichtet. Anders als im modernen Recht traf den Verkäufer nicht die Verpflichtung zur Verschaffung des Eigentums – vermutlich, um nicht die große Gruppe der Peregrinen, die kein quiritisches Eigentum erwerben konnten, von diesem wichtigen Geschäft auszuschließen. Der Verkäufer schuldete nur die Einräumung des ungestörten Besitzes der Sache *(uti frui habere possidereque licere).*[34]

Mit dem Vollzug der *traditio* oder *mancipatio* erlangte der Käufer regelmäßig das Eigentum an der Sache. Doch traf den Verkäufer nicht die Verpflichtung, das Eigentum regelrecht zu verschaffen. War der Verkäufer nicht der Eigentümer der Kaufsache, schuldete er dem Käufer nur die Bewahrung des ungestörten Besitzes, falls dieser von dritter Seite mit Erfolg gerichtlich abgestritten wurde (Eviktionsprinzip).[35] Das alles sind keine Neuigkeiten, aber Voraussetzungen für das Verständnis der mittelalterlichen Lehre.

Wenn man den Kauf den Obligationskategorien zuordnet, so gehört er im Corpus Iuris zu den *obligationes faciendi*, weil es eben nicht um die Verschaffung eines dinglichen Rechts ging. Präziser Erfüllungszwang lag daher kategorial nicht nahe. Es galt Celsus D. 42,1,13,1:[36] *non praecise cogi.* Dementsprechend ließ Ulpian D. 19,1,1 pr. den Verkäufer auf das Interesse haften, wenn er die Sache nicht

---

[33] Einzelheiten bei Repgen, Vertragstreue (o. Anm. 1) 51ff.; dennoch ist festzuhalten, dass die Rechtslage im Corpus Iuris Civilis uneinheitlich war, weil es auch bei den *obligationes faciendi* Fälle präzisen Erfüllungszwangs gibt, z. B. Ulp. D. 3,3,35,3: Der Prozessvertreter kann zur Ausübung des Mandats gezwungen werden. Ähnliches gilt für den Schiedsrichter nach Ulp. D. 4,8,3,3.
[34] M. Kaser/R. Knütel, Römisches Privatrecht, 17. Aufl., München 2003, 260 unter Hinweis auf Ulp. D. 19,1,11 pr.-2.
[35] Kaser/Knütel, Römisches Privatrecht (o. Anm. 34) 260.
[36] Vgl. oben bei Anm. 32.

übergab.[37] Gleichwohl ordnete Inst. 2,7,2 an, den Verkäufer treffe die Pflicht zur Übergabe wie einen Schenker, woraus Dilcher auf einen Fall ausnahmsweiser Sachkondemnation schloss.[38] Andererseits ist in den Institutionen aber nicht von der Situation der Klage die Rede. Dass sich der Verkäufer zur Übergabe der Sache verpflichtet, wird jedoch nirgends bestritten. Die Frage war und ist, ob diese Verpflichtung eine Sach- oder Geldkondemnation nach sich zog, wenn der Verkäufer nicht erfüllte. Das entscheidet Inst. 2,7,2 jedoch überhaupt nicht.

III. Die Entwicklung im ius commune am Beispiel des Jason de Mayno

1. Die Macht der Interessenlage

Für das Mittelalter stellt sich nun die Frage, ob aus der Zuordnung des Kaufvertrags zu den *obligationes faciendi* abgeleitet werden müsste, dass die Möglichkeit zur Befreiung durch Interesseleistung besteht. Auffällig ist, dass sich z. B. Jason insoweit nicht mit einer kategorialen Klassifizierung begnügte, sondern für den Erfüllungszwang nach einer Begründung suchte. Bei einer *obligatio dandi*, so meinte er, sei der Schuldner zur Übereignung verpflichtet:

Verbum dare ... importat praecisam translationem dominij ...[39]	Das Wort *dare* bedeutet die präzise Übertragung des Eigentums.

Das Interesse des Gläubigers bestehe, so erklärte er, im Erwerb des Eigentums an der Sache und bleibe auch dann erhalten, wenn der Schuldner in Verzug gerate.[40]

---

[37] Ulpian D. 19,1,1 pr.: *Si res vendita non tradatur, in id quod interest agitur, hoc est quod rem habere interest emptoris: hoc autem interdum pretium egreditur, si pluris interest, quam res valet vel empta est.* – „Wird die verkaufte Sache nicht übergeben, so wird auf das Interesse geklagt, das heißt auf das Interesse, das der Käufer daran hat, die Sachen [in seinem Besitz] zu haben. Das Interesse überschreitet jedoch bisweilen den Wert oder den Preis der Sache, wenn es höher ist als der Betrag, den die Sache wert ist oder zu dem sie gekauft ist" (Übersetzung nach Behrends u.a., 1999).

[38] Im Sinne der Sachkondemnation interpretiert diese Stelle Dilcher, Geldkondemnation (o. Anm. 24) 282; allerdings folgt dies meines Erachtens wenigstens nicht aus dem Wortlaut. In Inst. 2,7,2 heißt es: *... et ad exemplum venditionis nostra constitutio eas etiam in se habere necessitatem traditionis voluit, ut, et si non tradantur, habeant plenissimum et perfectum robur et traditionis necessitas incumbat donatori.* – „Und unsere Konstitution hat nach dem Beispiel des Kaufs bestimmt, dass die Schenkung auch die Pflicht zur Übergabe einschließt, so dass, auch wenn nicht übergeben ist, die Schenkung voll und ganz Wirksamkeit erlangt und den Schenker die Pflicht zur Übergabe trifft" (Übersetzung nach Behrends u. a., 1997).

[39] Jason de Mayno, Commentaria in Secundam Digesti Novi Partem, Lyon 1582, D. 45,1,75,10, n. 3, fol. 106'.

Für die *obligatio faciendi* könne das hingegen gerade nicht angenommen werden, weil es häufig auf den konkreten Zeitpunkt der Handlung ankomme. Mutmaßlich sei das Interesse des Gläubigers in diesem Fall eine Schadensersatzleistung.[41]

Natürlich ließen sich inhaltlich leicht Argumente gegen die Position des Jason finden, denn warum sollte das Interesse des Gläubigers an einer Handlung im allgemeinen zeitlich befristet sein? Eine Vermutungsregel liegt nicht auf der Hand. Immerhin vermag Jason damit zu überzeugen, dass es Fälle gibt, in denen es auf die Zeit ankommt, zum Beispiel beim gutgläubigen Erwerb.[42] Entscheidend ist für uns, dass Jason den Erfüllungszwang nicht von der Obligationsart selbst abhängig gemacht hat, sondern hinter dieser eine typisierte Interessenlage sieht, die den Ausschlag geben soll. Maßgeblich war für ihn nicht die Klassifikation der *obligatio,* sondern die Macht der typisierten Interessenlage.

2. Die obligationes dandi und der Erfüllungszwang

Für die *obligationes dandi* vertrat Jason die folgende übersichtliche Regel:

| *nunquam succedit obligatio ad interesse: quia semper obligatio dandi est precisa.*[43] | Niemals folgt die Verpflichtung auf das Interesse, weil die *obligatio dandi* immer präzise ist.[44] |

Er setzte sich damit von einer älteren Differenzierung zwischen widerruflichen und unwiderruflichen *stipulationes dandi* ab, die z. B. Bartolus befürwortet hatte.[45] Danach sollte bei den widerruflichen *stipulationes* nur die Interesseleistung

---

[40] Jason, Commentaria (o. Anm. 39), D. 45,1,72, n. 22, fol. 102 (wörtliches Zitat vgl. unten bei Anm. 70).

[41] Jason, Commentaria (o. Anm. 39), D. 45,1,72, n. 22, fol. 102 (wörtliches Zitat unten bei Anm. 72). Ähnlich bereits Paulus de Castro, Commentaria, Turin 1576, D. 45,1,72,1, n. 3, fol. 24; auf die Interessenlage des Gläubigers stellte auch Baldus de Ubaldis, Commentaria in prima Digesti Veteris partem, Lyon 1585, D. 6,1,68, additio Baldi, n. 4, fol. 323 ab.

[42] Jason, Commentaria (o. Anm. 39), D. 45,1,72, n. 22, fol. 102 (wörtliches Zitat unten bei Anm. 72).

[43] Jason, Commentaria (o. Anm. 39), D. 45,1,68, n. 5, fol. 97. Ähnlich auch schon zuvor in n. 4: ... *et sic quia promittit mutuare, promittit dare: ergo stipulatio continet certum: quia in stipulationem dandi non succedit obligatio interesse, set tenetur praecise dare.* – „Und daher, weil er ein Darlehen verspricht, verspricht er die Übereignung. Also enthält die *stipulatio* etwas Bestimmtes, denn bei den *stipulationes dandi* folgt nicht die Verpflichtung auf das Interesse, sondern man ist präzise zur Übereignung verpflichtet."

[44] Zur Begründung berief sich Jason auf Ulpian D. 45,1,75,10 und Paulus D. 45,1,91.

[45] Bartolus, Commentaria (o. Anm. 29), D. 45,1,72, n. 15, tom. VI, fol. 25': ... *Nam quandoque stipulor mihi dari irrevocabiliter, et tunc interest mea, nec succedit obligatio ad interesse. Quandoque stipulor mihi dari revocabiliter, ut te crediturum vel mutuaturum mihi, et tunc, quia potest esse, quod mea interest, et quod non interest, et sic eadem ratio est, quem in facto, merito succedit obligatio ad interesse.* – „Denn, wenn

geschuldet sein.⁴⁶ Jason hielt das für falsch und begründete das u. a. mit folgendem Beispiel: wenn eine Frau dem Mann 100 als Mitgift verspreche, sei das ein *certum* (eine bestimmte Summe) und niemand bezweifle, dass der Ehemann präzise die Übereignung verlangen könne, obgleich die *dos* vom Ehemann im Falle der Auflösung der Ehe zurückgegeben werden müsse.⁴⁷ Jason meint aber, Bartolus und seine Anhänger übersähen, dass man danach fragen müsse, ob jemand bereits eine Verpflichtung zur Übergabe eingehe oder erst vereinbare, dass er einen entsprechenden Verpflichtungsvertrag schließen werde. So liege der Fall bei Paulus D. 45,1,68. Dort heißt es:

| *Si poenam stipulatus fuero, si mihi pecuniam non credidisses, certa est et utilis stipulatio. quod si ita stipulatus fuero: 'pecuniam te mihi crediturum spondes?', incerta est stipulatio, quia id venit in stipulationem, quod mea interest.*⁴⁸ | Wenn ich mir ein Strafgeld für den Fall versprechen lasse, dass du mir das Geld nicht leihen wirst, ist das eine bestimmte und wirksame Stipulation. Wenn ich mir wie folgt versprechen lasse: ‚Ich verspreche dir, Geld zu leihen', so ist die Stipulation unbestimmt, weil nur mein Interesse an der Stipulation Gegenstand des Versprechens wird. |

Jason verstand das so: Die Parteien vereinbaren erst die spätere Eingehung eines Darlehensvertrags. Also, so meinte Jason, müsse der Gläubiger im Streitfall darauf klagen, dass der Schuldner einen Darlehensvertrag schließen werde.

---

ich mir unwiderruflich die Übereignung versprechen lasse, ist das mein Interesse und es folgt nicht die Verpflichtung zur Schadensersatzleistung. Wenn ich mir aber widerruflich eine *datio* versprechen lasse, wie etwas, dass zu mir ein Darlehen gewähren wirst, dann kann es sein, dass mein Interesse [später an der datio noch] besteht oder nicht. Und aus demselben Grund, wie beim *factum* folgt zu Recht die Verpflichtung zur Schadensersatzleistung." Vgl. dazu auch Jason, De actionibus (o. Anm. 53), Inst. 4,6,14, n. 13 ss., n. 21, p. 170 s.

⁴⁶ Jason, Commentaria (o. Anm. 39), D. 45,1,68, n. 5, fol. 97 berichtet über Bartolus (vgl. Commentaria [o. Anm. 29], D. 45,1,72, n. 14, fol. 25'), er habe es so gelehrt: ... *stipulatio ergo dandi irrevocabilis illa est praecisa et certa, sed stipulatio dandi revocabilis ubi debet fieri redditio post aliquid tempus, illa non est praecisa, sed in ea venit interesse, ut hic ... tamen contra eam fortiter facit.* – „Eine unwiderrufliche *stipulatio dandi* ist präzise und bestimmt, aber eine widerrufliche *stipulatio dandi,* bei der man etwas nach einer bestimmten Zeit zurückgeben muss, ist nicht präzise, sondern bei dieser ist das Interesse geschuldet, wie hier [D. 45.1.68]. ... Aber alles spricht energisch dagegen."

⁴⁷ Jason, Commentaria (o. Anm. 39), D. 45,1,68, n. 5, fol. 97 mit Hinweis auf C. 5,12,30 und C. 5,18.

⁴⁸ Paul. D. 45,1,68.

| *et sic petam factum iste est proprius intellectus istius textus.*⁴⁹ | Und so klage ich auf ein Faktum. Das ist der eigentliche Sinn dieser Vorschrift. |

Die Verpflichtung betreffe hier, so fuhr Jason fort,⁵⁰ die *Eingehung* einer Verbindlichkeit, also ein *facere,* auch wenn die Verbindlichkeit selbst ein *dare* zum Gegenstand habe, wie es sehr wohl bei einem *mutuum,* einem Darlehen der Fall sei. Hier werde nur das Interesse daran eingeklagt, dass der andere Teil den angekündigten Darlehensvertrag auch abschließe. So konnte Jason trotz Paulus D. 45,1,68 bei der strikten Regel präziser Erfüllung von *obligationes dandi* bleiben. Er erklärte:

| *... nam obligatio dandi ideo debet esse precisa, eo quia in ipsa venit quod transferratur dominium.*⁵¹ | ... denn die Verpflichtung auf *dare* muss präzise sein, weil in derselben die Verpflichtung steckt, dass das Eigentum übertragen wird. |

Interessant ist die Begründung: es gehe, so meinte Jason, beim *dare* um die Übertragung von Eigentum, in Paulus D. 45,1,68 jedoch nur um eine Verpflichtung zum Vertragsschluss, d. h. ein *factum.*⁵²

An dieser Stelle können wir festhalten: Jason beharrte darauf, dass *obligationes dandi* stets präzise zu erfüllen seien, weil es dabei um die Übertragung des Eigentums gehe, die – so müssen wir ergänzen – nicht durch eine Interesseleistung substituiert werden könne.⁵³ Nur die Übereignung selbst entsprach nach der Auffassung des Jason der Interessenlage der Parteien.⁵⁴

---

49 Jason, Commentaria (o. Anm. 39), D. 45,1,68, n. 5, fol. 97.
50 Jason, Commentaria (o. Anm. 39), D. 45,1,68, n. 5, fol. 97.
51 Jason, Commentaria (o. Anm. 39), D. 45,1,68, n. 5, fol. 97.
52 Jason, Commentaria (o. Anm. 39), D. 45,1,68, n. 5, fol. 97': ...ergo idem dicendum in casu nostro, quod l. postea in executione contractus celebrandi veniat dare quod tamen principalis obligatio de contrahendo sit facti. – „Also muss man in unserem Fall sagen, dass die Verpflichtung später bei der Vollziehung des zu schließenden Vertrages auf ein dare zielt, dass aber die anfängliche Verpflichtung zum Vertragsschluss ein factum ist."
53 Jason de Mayno, De actionibus. Titulus Institutionum Iustiniani Commentariis, Venedig 1582, Inst. 4,6,28, n. 50, p. 228 s. befürwortete das auch gegen die Glosse, die daran nur für die Verträge *stricti iuris* festgehalten habe, während bei den Verträgen *bonae fidei* die Befreiung durch Interesseleistung auch dann möglich sei, wenn der Gegenstand ein *dare* sei. Jason meint, die Gründe dafür, warum bei den *obligationes dandi* anders als bei denen auf *faciendi* entschieden werde, beanspruchten für die Verträge *bonae fidei* die gleiche Gültigkeit wie bei den Verträgen *stricti iuris.* – Die Situation in der Glosse ist freilich etwas komplexer, vgl. dazu Bartolus, Commentaria (o. Anm. 29), D. 45,1,72 n. 12 ss., tom. VI, fol. 25'.
54 Vgl. oben bei Anm. 40.

3. Die obligationes faciendi und der Erfüllungszwang

Für die *obligationes faciendi* hingegen galt auch nach Jason die Regel, dass man durch Interesseleistung frei werde.[55] Zwar könne man durchaus auf die Erfüllung des *factum* Klage erheben,[56] aber daraus folge nicht, dass der Schuldner präzise erfüllen müsse, sondern die Klage sei als bedingte Klage zu verstehen, so dass eigentlich auf die präzise Erfüllung und alternativ auf die Interesseleistung geklagt werde.[57] Jason formulierte:

Peto servari conventa: et, si noluerit servare, peto interesse.[58]	Ich klage, dass der Vertrag gehalten wird, und wenn der Schuldner ihn nicht halten will [!], klage ich auf das Interesse.

Die präzise Erfüllung einer *obligatio faciendi* hängt danach vom Willen des Schuldners ab; der Gläubiger kann nur eine bedingte Klage erheben. Diese Regel muss allerdings nach Jason verschiedene Ausnahmen dulden:

Auch bei einer *obligatio faciendi* sei präzise Erfüllung geschuldet, wenn das Versprechen (1) eidlich bekräftigt worden sei, ferner, wenn (2) die Verpflichtung auf einem Urteil oder (3) einer letztwilligen Verfügung beruhe.[59] In anderem Zusammenhang ergänzte Jason, wie noch zu zeigen ist,[60] die Ausnahmefälle um den Kauf. Zunächst bedürfen aber noch die Gründe für die Differenzierung beim Erfüllungszwang einer näheren Untersuchung.

---

[55] Jason, Commentaria (o. Anm. 39), D. 45,1,68, n. 5, fol. 97: *in qua obligatione faciendi bene succedit obligatio ad interesse*; D. 45,1,72, n. 35, fol. 103'; D. 45,1,75,10, n. 3, fol. 106'. Eine wichtige Ausnahme gilt nach Jason, der hierin der h. M. folgte, wenn das Versprechen beeidet war, denn der Eid verpflichte präzise zu der versprochenen Handlung, Jason, De actionibus (o. Anm. 53), Inst. 4,6,6, n. 12, p. 132.
[56] Und zwar in der Form einer actio praescriptis verbis vel in factum.
[57] Jason, De actionibus (o. Anm. 53), Inst. 4,6,28, n. 103 f., p. 234, Text siehe Anm. 58.
[58] Jason, De actionibus (o. Anm. 53), Inst. 4,6,28, n. 104, p. 234. Der Text lautet im Zusammenhang: *Credo etiam quod cum ista actio praesriptis verbis ex permutatione detur ad duo, scilicet ad implendum conventa, et ad interesse, et sit in potestate conventi, ut statim dixi, vel implere |n. 104| quod convenit, vel praestare interesse, quod admitteretur libellus alternativus, sive conditionalis, scilicet Peto adimpleri conventa, vel praestari interesse. Vel aliter: Peto servari conventa: et, si noluerit servare, peto interesse. ...* – „Ich meine aber (das), weil diese *actio* aus dem Tauschvertrag auf zweierlei zielt: nämlich auf die Erfüllung des Vertrags und auf das Interesse, und es liegt in der Macht der Vertragsparteien, wie ich gerade gesagt habe: entweder zu erfüllen, was er vereinbart hat, oder das Interesse zu leisten, was der alternative bzw. bedingte Libell zulässt, nämlich: Ich klage auf die Erfüllung des Vertrags oder auf die Interesseleistung. Oder anders: Ich klage, dass der Vertrag gehalten wird, und wenn der Schuldner ihn nicht halten will, klage ich auf das Interesse."
[59] Jason, De actionibus (o. Anm. 53), Inst. 4,6,28, n. 47-49, p. 228.
[60] Vgl. unten bei Anm. 75.

4. Die Gründe für die Differenzierung beim Erfüllungszwang

Über die Gründe für die Differenzierung beim Erfüllungszwang informierte Jason seine Studenten so:

Quae autem sit ratio diversitatis, quare in obligationibus dandi non succedat obligatio ad interesse, sed praecise quis teneatur ad dandum, ut hic in gl[ossa][61] et in l. ubi autem non apparet § fi. de verborum obligationibus, secus autem est in obligationibus facti, vel in obligationibus rem tradi, quod etiam est facti, l. si fundum praestari et l. si rem tradi D. de verb. obl. videatis Cyn. in l. unica in 4 q[uaestione] prin. circa fi. distinctionis suae C. de sen. quae pro eo, quod interest profer. et videatis quatuor rationes diversitatis per B[artolum] in l. stipulationes non dividuntur in prin. D. de verb. obl. in 4. col[umna] vers[iculo] sed iuxta praedicta posses quaerere de ratione, etc. quarum duas ultimas refert, et simpliciter sequitur Ang. hic. nullo adito. Sed ego non refero: quia ibi habetis clare per Bart. quia non adderem. Videatis bene eundem Bartolum in d. l. unica. C. de senten. quae pro eo, quod interest in quarta quaestione in principio columnae 8.[62]

Was aber der Grund für die Unterscheidung sei, warum bei den *obligationes dandi* nicht die Verpflichtung auf die Interesseleistung folgt, sondern man präzise zur Übereignung verpflichtet ist, so wie hier in der Glosse [zu Inst. 4,6,28] und in der *l. ubi autem non apparet § fi. de verborum obligationibus* [D. 45,1,75,10], anders aber bei den Verpflichtungen zu einem Tun oder zur Übergabe einer Sache, was auch ein Tun ist, *l. si fundum praestari* [D. 45,1,114] und *l. si rem tradi D. de verb. obl.* [D. 45,1,28], dazu schaut nach bei Cinus da Pistoia zur *l. unica C. de sen. quae pro eo, quod interest profer.* [C. 7,47,1] zur vierten *Quaestio* am Ende seiner Distinktion. Und seht euch die vier Gründe für die Unterscheidung bei Bartolus zur *l. stipulationes non dividuntur in prin. D. de verb. obl.* [D. 45,1,72] *in 4. col[umna] vers[iculo] sed iuxta praedicta posses quaerere de ratione*[63] an. Über diese beiden letzten berichtet Angelus [Aretinus] und folgt einfach ohne Ergänzung. Aber ich berichte es nicht, [was Bartolus gesagt hat],

---

[61] Accursius, Corpus iuris civilis Iustinianei, Lyon 1627 (Nd. Osnabrück 1966), gl. *bonae fidei sunt* zu Inst. 4,6,28: ... *Item non venit interesse, si rem dari est in obligatione: secus si rem tradi, vel factum...*, Lyon 1627, tom. V/3, col. 517. – Zum Problem der Textkritik bezüglich der verwendeten Glossenausgabe vgl. die Ausführungen bei Repgen, Vertragstreue (o. Anm. 1) 89f.
[62] Jason, De actionibus (o. Anm. 53), Inst. 4,6,28, n. 46.
[63] Bartolus, Commentaria (o. Anm. 29), D. 45,1,72, n. 13, fol. 25'.

weil ich nichts hinzuzufügen habe und ihr es ganz klar bei Bartolus habt. Schaut mit Recht auch die Erläuterung von Bartolus zur *l. unica. C. de senten. quae pro eo, quod interest* [C. 7,47,1] zur vierten *Quaestio* am Anfang der achten Spalte[64] an.

Die Erwartung einer umfassenden Belehrung wurde also enttäuscht und durch Literaturangaben ersetzt. Insbesondere sollten die Studenten bei Bartolus nachlesen. Schlüpft man in die Rolle der Studenten des Jason und liest bei Bartolus nach, so erfährt man, Cinus da Pistoia habe die Frage nach den Gründen für die Unterscheidung zwar aufgeworfen, aber nicht beantwortet. Die Literatur berichte, dass man keine zwingenden Argumente für die unterschiedliche Behandlung von *obligationes dandi* und *faciendi* beim Erfüllungszwang gebe könne, sondern nur dazu überreden könne. Und dann zählte Bartolus vier dieser Gründe (*persuasiones*), die mehr überreden als überzeugen sollen, auf:[65]

(1) Erstens könne die Übereignung (*dare*) leicht und in einem einzigen Augenblick geschehen, während die Handlungen (*facere*) meistens einen längeren Zeitraum benötigten. Daher gleiche es einer Art Sklaverei, wenn man jemanden zu einer Handlung zwingen würde. Freilich könne dieses Argument, das Bartolus dem Dinus de Mugello[66] zuschrieb, nicht allgemeingültig sein, weil es durchaus Handlungen gebe, die in *einem* Augenblick erledigt werden könnten.

(2) Daher sagten zweitens andere, dass man beim *dare* nicht nach Zeit oder Person unterscheiden könne. Denn, ob du heute oder morgen, selbst oder durch einen anderen übereignest, immer bleibe es dasselbe Eigentum. Das sei aber anders bei den meisten Handlungen, weil hier durchaus unterschieden werde nach der Zeit. Denn es sei eine Handlung am Tage etwas anderes als zur Nacht, etwas anderes, ob ein Gesunder oder ein Kranker handele usw. Und daher scheine es nicht, wenn man mit einer Handlungspflicht in Verzug gerate, dass jenes geschuldete Faktum noch geschehen könne, weshalb das Gesetz die Verpflichtung zur Interesseleistung eintreten lasse. Dieses Argument, so meinte Bartolus, sei zwar gut, aber auch nicht allgemeingültig, weil es keinen Unterschied aufgrund der Zeit gebe, wenn eine Sache übergeben oder zurückgewährt (*restituere*) werden müsse, es sei denn, man sagte, dass die Gesetze an die Fälle angeglichen werden müssten, die häufig zutreffen.

---

[64] Bartolus, Commentaria In Secundam et Tertiam Codicis Partem, tom. VIII, Venedig 1602, C. 7.47.1, n. 29, fol. 72', 73.
[65] Bartolus, Commentaria (o. Anm. 29), D. 45,1,72, n. 13, fol. 25'.
[66] Dinus de Mugello, Super Infortiato et Digesto novo, Lyon 1513, D. 39,1,21,4; Text mit Übersetzung und Erläuterung bei Repgen, Vertragstreue (o. Anm. 1) 160ff. Tatsächlich dürfte dieses Argument schon auf Irnerius zurückgehen.

(3) Den dritten Grund habe Petrus de Bellapertica[67] angeführt: Wenn das Interesse des Versprechensempfängers die Übereignung sei, so sei die Verpflichtung selbst präzise auf die Übereignung von irgendetwas gerichtet, aber bei den Verpflichtungen zu einem Handeln bestehe einmal ein Interesse, einmal nicht. Von daher seien die Verpflichtungen so zu verstehen, dass das Gesetz die Interesseleistung als Schuld einsetze, damit nicht etwas eingeklagt werde, was nicht interessiere. Bei einer *obligatio dandi* könne das nicht geschehen. Dieser Grund, so meinte Bartolus, scheine allgemeingültig, weil es selbst bei einer Verpflichtung zur Übergabe einer Sache geschehen könne, dass dies nicht präzise im Interesse des Gläubigers sei, z. B. wenn man bösgläubig sei. Dann könne nämlich die Übereignung nicht gelingen.

(4) Viertens schließlich sorge das Gesetz immer dafür, dass nichts im Unbestimmten bleibe. Die Verpflichtung auf ein *factum* ziele aber auf etwas Unbestimmtes, solange sie nicht verwirklicht sei. Daher ordne das Gesetz im Verzugsfall nur die Verpflichtung zur Interesseleistung an, die in einer der Natur der Sache nach bestimmten Quantität bestehe. Bei den *obligationes dandi* hingegen sei von Anfang an ein *certum* Gegenstand des Vertrags, nämlich das Eigentum an der Sache selbst, so dass das Gesetz nicht für eine Bestimmung des Vertragsgegenstands sorgen müsse.[68]

Als Ergebnis dieser Überlegungen kann man festhalten, dass Bartolus (und ihm folgend Jason) keinen zwingenden Grund für die Differenzierung zwischen *obligationes dandi* und *faciendi* im Hinblick auf den Erfüllungszwang gesehen hat. Insbesondere hat er dafür keinen unmittelbaren Beleg im Corpus Iuris gefunden.

Thesenartig formuliert lauten die Begründungen für die Differenzierung:

1. Eine Übereignung *(dare)* sei leicht und ohne Zeitaufwand möglich, Handlungen seien hingegen oft mehraktig und zeitaufwendig. Zum Zwecke der Erhaltung der Freiheit des Schuldners dürfe dieser daher nicht präzise zur Erfüllung von Handlungspflichten gezwungen werden.
2. Die Übereignung habe kein zeitliches oder personales Moment. Auch im Verzug bleibe daher das Interesse an der Übereignung präzise bestehen, während es bei einer Handlungspflicht u. U. aus zeitlichen Gründen entfallen sei.
3. Die Klage richte sich immer auf das Interesse, das beim *dare* eben präzise in der Übereignung bestehe.
4. Es müsse immer ein *certum* eingeklagt werden. Beim *dare* sei das die Übereignung der Sache, beim *facere* hingegen das aus der Natur der Sache quantifizierte Interesse.

---

[67] Bartolus hat hier eine Allegation unterlassen. Gemeint war wohl: Petrus de Bellapertica, Commentaria in Digestum novum, Frankfurt am Main 1571, D. 45,1,97,1, n. 4, p. 310. Die Haltung von Petrus de Bellapertica zum Erfüllungszwang ist streitig. Meines Erachtens befürwortete er im Prinzip präzisen Erfüllungszwang auch bei den *obligationes faciendi,* lehnte ihn aber für kaufvertragliche Gattungsschulden ab. Einzelheiten dazu bei Repgen, Vertragstreue (o. Anm. 1) 148-157.
[68] Bartolus, Commentaria (o. Anm. 29), D. 45,1,72 n. 13, tom. VI, fol. 25'.

Insbesondere in der zweiten und dritten Begründung klingt die Berücksichtigung der differenzierten Interessenlage bei den verschiedenen Obligationen an. Jason hat diesen Aspekt in seiner Kommentierung zu D. 45,1,72 aufgegriffen und schrieb, ihm gefalle der dritte der oben bezeichneten Gründe am meisten:[69]

... *Super interest nostra nobis dari, et sic quod efficiamur domini, unde si fuisti in mora dandi, et postea das adhuc utilitatem sentio, sed aliquid fieri non super interest nostra, et si fuisti in mora faciendi, et postea vis facere, potest esse quod mea non interest nunc fieri, sed bene interfuit tempore praeterito quo fuisti in mora. unde possum agere ad id, quod mea interfuit ...*[70]	Unser Interesse [besteht darin], dass uns etwas übereignet wird, d. h., dass wir Eigentümer werden. Wenn du daher mit der Übereignung in Verzug geraten bist und du übereignest [die Sache] später, empfinde ich denselben Nutzen wie bisher. Aber irgendetwas getan zu bekommen ist nicht unser Interesse. Wenn du mit einer Handlung in Verzug geraten bist und es später tun willst, kann es sein, dass mir nicht [mehr] daran liegt, dass es jetzt geschehe, aber sehr wohl früher [daran gelegen war], als du in Verzug geraten bist. Daher kann ich mein Interesse einklagen...

Es ist also das spezifische Leistungsinteresse des Gläubigers, das für die prinzipielle Differenzierung zwischen den *obligationes dandi* und *faciendi* herhalten soll. Dennoch ist nicht zu übersehen, dass auch für Jason nicht nur die Interessenlage des Gläubigers ausschlaggebend war. Im Zusammenhang mit der richtigen Formulierung der *actio* hatte er gesagt, die Klage auf ein *factum* sei alternativ oder bedingt zu formulieren. Nach der Wahl des Schuldners komme es zur Interesseleistung.[71] Das ist nur dann stimmig, wenn man das Gläubigerinteresse als typisiert auffasst, typisiert in dem Sinne, dass die Interesseleistung jedenfalls für interessengemäß gehalten wird. In diese Richtung deutet auch die Lösung des Jason für den Kaufvertrag.

---

[69] Jason, Commentaria (o. Anm. 39), D. 45,1,72, n. 22, fol. 102; weitere Nachweise für diese Überlegung oben in Anm. 41.
[70] Jason, Commentaria (o. Anm. 39), D. 45,1,72, n. 22, fol. 102.
[71] Vgl. oben bei Anm. 58.

5. Der Erfüllungszwang beim Kauf

a) Interessen und Pflichten im Kaufvertrag

Zum Erfüllungszwang beim Kauf schrieb Jason:

Et si tu diceres, quod etiam in stipulatione rem tradi, super interest natura rem nobis tradi, et istud interesse non est variabile ex tempore, ergo in ea non deberet succedere obligatio ad interesse magis quam in obligatione dandi, respondeo, quod immo potest interesse magis tradi rem uno tempore quam alio, quia uno tempore forte recepissem cum bona fide, alio tempore recepissem malafide.[72]	Und wenn du sagtest, dass auch bei einer *stipulatio rem tradi* unser Interesse darin bestehe, dass uns die Sache in Natur [i. e. präzise] übergeben werde, und dieses Interesse unabhängig von der Zeit sei, dann dürfte erst recht nicht im Vergleich zur *obligatio dandi* die Verpflichtung zur Interesseleistung an die Stelle der Hauptverbindlichkeit treten. Ich antworte, dass das Interesse an der Übergabe der Sache zu einer [bestimmten] Zeit größer sein kann als zu einer anderen, weil ich vielleicht zu der einen Zeit [die Sache] gutgläubig angenommen hätte, zu der anderen jedoch bösgläubig.

Jason stellte hier keineswegs auf die konkrete Interessenlage der Parteien ab, sondern auf eine abstrakte, typische Interessenverteilung, in die er die Situation der Bösgläubigkeit einberechnet hat. Bei der Behandlung des Kaufvertrags zeigt sich also, dass nicht die schematische Zuordnung zu einem Obligationstyp den Ausschlag für die Entscheidung über den Erfüllungszwang gab, sondern dass der Obligationstyp allenfalls die Bedeutung eines Indizes hatte. Jason hielt den Kauf für eine *obligatio faciendi*, weil *tradere* ein Handeln bedeute, nämlich die Übergabe der Sache, nicht aber die präzise Übertragung des Eigentums.[73] Er schrieb:

---

[72] Jason, Commentaria (o. Anm. 39) D. 45,1,72, n. 22, fol. 102.

[73] Jason, Commentaria (o. Anm. 39), D. 45,1,75,10, n. 3, fol. 106': *In eadem glossa ibi et supra de contrah. emp. etc. habes differentiam inter tradere vel praestare ex una parte, quae verba non important translationem dominij praecisam, sed solvendo interesse promissor liberator. Ratio quia istae stipulationes sunt facti, quia tradere et praestare est facti, ut dicit textus in l. stipulationes non dividuuntur... et verbum dare, quod importat praecisam translationem dominij, ut hic in textu.* – „In derselben Glosse und zu D. 18,1 findest du den Unterschied von tradere und praestare einesteils, welche Worte nicht präzise die Übertragung des Eigentums bedeuten. Denn der Versprechende wird durch die Interesseleistung frei. Der Grund dafür ist, dass diese Stipulationen auf ein factum gerichtet sind, weil tradere und praestare Handlungen sind, wie es das Ge-

Videamus nunc ad quid teneatur venditor.	Wir schauen nun, zu was der Verkäufer verpflichtet ist.
Et clarum est, quod tenetur ad tradendum, d. l. exempto in prin. D. de act. empt.	Und es ist klar, dass er zur Übergabe der Sache verpflichtet ist, vgl. D. 19,1,11 pr.,
Non autem ad dandum, id est, dominium transferendum.	nicht aber zu einem *dandum*, das die Übertragung des Eigentums meint.
Patet per l. rem alienam D. de contrah. empt. dominium tamen venit tacite, et in consequentiam, si venditor tradens erat dominus, alias venit usucapiendi condictio, l. exempto in pr. D. de act. empt. iuncta l. clavibus.	Das wird deutlich aufgrund von D. 18,1,28. Denn das Eigentum kommt stillschweigend und als Rechtsfolge, wenn der übergebende Käufer Eigentümer war. Sonst folgt die „Ersitzungskondiktion,"[74] D. 19,1,11 pr. in Verbindung mit D. 18,1,74.
Et ratio diversitatis, quare emptor tenetur ad dandum, et sic dominium transferrendum, venditor autem tenetur ad tradendum, est, quia emptor tenetur ad pretium in genere, venditor autem ad speciem.	Und der Grund für die Unterscheidung, warum der Käufer zu einem *dandum*, also zur Übertragung des Eigentums, der Verkäufer aber zur Übergabe verpflichtet ist, liegt darin, dass der Käufer zur Bezahlung des Preises der Gattung *(in genere)*, der Verkäufer aber der Spezies nach verpflichtet ist.

---

setz in D. 45,1,72 sagt ... [es folgen einige Belege, die hier nicht weiter verfolgt werden können]. [Anderenteils] das Wort dare, welches präzise die Übertragung des Eigentums meint, wie an dieser Stelle des Gesetzes [D. 45,1,75,10]. Jason, De actionibus (o. Anm. 53), Inst. 4,6,28 n. 135 s., p. 237 ergänzte hierzu, dass die Verwendung des Wörtchens *dedit* in Verkaufsverträgen dem nicht entgegenstehe. Es werde dort nur uneigentlich verwendet für den Fall, dass der Verkäufer nicht der Eigentümer der Kaufsache sei. In anderen Fällen – *si quis promitteret dare* – liege sonst ein *contractus innominatus do ut des* vor. Vgl. auch ders., De actionibus (o. Anm. 53), Inst. 4,6,14, n. 12, 13, p. 170.

[74] Gemeint ist eine Klage auf Herausgabe des Ersitzungsbesitzes.

Ita dixit notabiliter gl. in l. exempto in verbo 'facere cogitur', quam ibi sequitur, et commendat Bar[tolus] D. de actio. empt. ...[75]

So hat es bekanntlich die Glosse zu D. 19,1,11 bei den Worten *facere cogitur* gesagt. Bartolus folgt dem und verbessert es in [seinem Kommentar zu] D. 19,1,11.

Jason macht an dieser Stelle deutlich, wie die Zuordnung des Kaufes aussieht: Der Verkäufer ist zu einem *facere*, der Käufer zu einem *dare* verpflichtet, weil für den ersten eine Spezies-, für den anderen eine Gattungsschuld vereinbart ist. Jason führt noch weiter aus, die Verpflichtung zur Übertragung des Eigentums bei Gattungsschulden (auch auf der Seite des Verkäufers), resultiere aus der gattungsmäßigen Eigenschaft der Schuld *(magis ex qualitate obligationis)*, nicht aus dem Wesen des Kaufvertrags *(quam ex natura contractus)*.[76] Maßgebliches Kriterium für die Zuordnung des Kaufes zu den *obligationes dandi* oder *faciendi* war also für Jason die Qualität der Schuld. Ganz allgemein konnte eine Verpflichtung auf *tradere* nur bei einer Speziesschuld bestehen, während sie bei einer Gattungsschuld immer die Eigentumsübertragung meinte, wie Jason erläuterte.[77]

b) Präziser Erfüllungszwang beim Kauf? – Die Hypothese

Wendet man sich nun der Frage nach dem Erfüllungszwang zu, so wäre nach den erläuterten Grundregeln für die Kategorien der Obligationen anzunehmen, dass der Verkäufer einer Gattungsschuld stets präzise gezwungen werde, der Verkäufer einer Speziesschuld sich hingegen durch Interesseleistung befreien könnte, weil die erste ein *dandum*, die zweite ein *faciendum* betrifft.

c) Die sachenrechtliche Voraussetzung für präzise Erfüllung

Zu den Ausnahmen von der Möglichkeit der Befreiung durch Interesseleistung bei den *obligationes faciendi* gehörte nach Jason der Kauf. Wenn die Übergabe der Kaufsache überhaupt möglich sei, so dürfe, wie Jason erklärte, der Käufer die

---

[75] Jason, De actionibus (o. Anm. 53), Inst. 4,6,28, n. 134, p. 237.
[76] Jason, De actionibus (o. Anm. 53), Inst. 4,6,28, n. 134, p. 237 mit Bezugnahme auf Bartolus zu D. 19,1,11 (vgl. Commentaria In Secundam Digesti Veteris Partem, tom. II, Venedig 1602, fol. 116/116') und zu D. 32,1,29,3 (vgl. Commentaria In Secundam Infortiati Partem, tom. IV, Venedig 1590, fol. 51') sowie zu D. 12,1,9 (?) (vgl. Commentaria In Secundam Digesti Veteris Partem, tom. II, Venedig 1602, fol. 8'-9'). – Die These von W. Ernst, Kurze Rechtsgeschichte des Gattungskaufs, ZEuP XXX (1999) 583-641, hier S. 612, das gelehrte Recht habe den Gattungskauf den Regeln über die *emptio venditio* unterworfen (Inklusionsmodell), bleibt dennoch richtig. Es ist nur hinzuzufügen, dass daraus noch nicht auf eine völlig einheitliche Behandlung von Spezies- und Gattungskauf innerhalb der Vorschriften über die *emptio venditio* zu schließen ist. Jason differenzierte beim Erfüllungszwang, wie im Text sogleich gezeigt werden wird.
[77] Jason, De actionibus (o. Anm. 53), Inst. 4,6,14 n. 10, 11, p. 169 s.

Übergabe auch präzise erzwingen und müsse sich nicht mit einer Interesseleistung zufrieden geben.[78] Jason schränkte das – im Unterschied etwa zu Bartolus[79] und im Anschluss an Baldus[80] – aber ein: der Erfüllungszwang finde nur statt, wenn der Verkäufer zugleich auch der Eigentümer sei. Anderenfalls ergebe sich die absurde Situation, dass der Verkäufer eine Sache übereignen müsse, die ihm nicht gehöre und er die doppelte Strafe für die Eviktion verwirke.[81]

Entscheidende Bedeutung hat demnach die sachenrechtliche Berechtigung des Verkäufers. Ist er der Eigentümer, so schuldet er grundsätzlich präzise die Übergabe der Sache. Um ihn hingegen vor der Eviktionshaftung zu bewahren, kann er sich durch Interesseleistung befreien, wenn er nicht Eigentümer ist. Eine gewissermaßen konsequente Fortführung des Gedankens ist es, dass Jason auch dann den präzisen Erfüllungszwang verneint, wenn die Sache noch erst herzustellen oder zu beschaffen ist, denn an der Sache hat der Verkäufer noch kein Eigentum, weil sie noch nicht existiert. So liegt der Fall zum Beispiel in Celsus D. 19,1,12,[82] wo der Ertrag eines künftigen Fischzugs[83] verkauft wird. Jason meinte dazu:

---

[78] Jason, Commentaria (o. Anm. 39), D. 45,1,72, n. 35, fol. 103', ders., De actionibus (o. Anm. 53), Inst. 4,6,28 n. 137, p. 237 unter Berufung auf Angelus Aretinus und Bartolus.

[79] Bartolus, Commentaria (o. Anm. 29), D. 45,1,72, n. 39, tom. VI, fol. 27'.

[80] Baldus de Ubaldis, Commentaria in quartum et quintum Codicis libros, Lyon 1585, C. 4,21,17, n. 27, fol. 73' sowie C. 4,49,4, n. 1-9, fol. 143. – Gegen diesen Paulus de Castro, Commentaria, Turin 1576, D. 19,1,1, n. 5, fol. 118.

[81] Jason, De actionibus (o. Anm. 53), Inst. 4,6,28, n. 137, p. 237: *Ubi tenuit [Baldus] opinio, per quam limitatur praedicta communis conclusio, quod si venditor habet facultatem rei praestandae, et etiam est dominus: et tunc bene teneatur praecise tradere. Si autem non est dominus, quamvis habeat facultatem rei tradendae, tamen non cogitur praecise tradere. Nec sequitur absurdum, quod quis cogitatur iniuste incurrere poenam dupli, re evicta, ut ibi per eum.* – „Dort hat Baldus eine Auffassung vertreten, durch die die vorher erwähnte allgemeine Schlussfolgerung begrenzt wird, [nämlich], wenn der Verkäufer die Möglichkeit zur Leistung der Sache hat und er auch Eigentümer ist, dass er dann richtigerweise präzise zur Übergabe gezwungen werde. Wenn [der Verkäufer] nicht der Eigentümer ist, wird er nicht präzise zur Übergabe gezwungen, auch wenn er die Möglichkeit zur Übergabe der Sache hat. [Dies ist so], damit nicht die Absurdität geschieht, dass jemand zu Unrecht bestimmt wird, die doppelte Strafe für die Eviktion auf sich zu nehmen."

[82] Celsus D. 19,1,12: *Si iactum retis emero et iactare retem piscator noluit, incertum eius rei aestimandum est: si quod extraxit piscium reddere mihi noluit, id aestimari debet quod extraxit.* – „Wenn ich den Ertrag eines Netzwurfs kaufe und der Fischer das Netz nicht auswerfen will, muss als Gegenstand der Leistungspflicht etwas Unbestimmtes geschätzt werden; will er mir das, was er an Fischen aus dem Wasser gezogen hat, nicht herausgeben, so muss das geschätzt werden, was er aus dem Wasser gezogen hat." (Übersetzung nach Behrends u.a., 1999)

[83] Vgl. dazu den Beitrag von R. Knütel in diesem Band.

... *Limita in uno casu singulari, quando venditur quod incertum consistens in spe, et pendens a futuro eventu, nam spe verificata et deducta ad certitudinem, quae vendidit, et habet facultatem rei tradendae non cogitur tradere, sed liberatur praestando aestimationem et sic interesse. textus est sing. in l. si iactum retis supra de act. emp. ubi quis vendidit iactum retis, et rete iecit, et pisces extraxit, quos potest capere, et tamen non cogitur praecise, sed liberatur solvendo aestimationem, quem textum ad hoc reputat sing. et mirabilem, nec hucusque (!) ad hoc ponderatum. Ludovic. hic, et sequitur simpliciter Alexander tamen ante eum Cu. hic in penultima columna allegat illum textum contra praedictam conclusionem Bartoli.*[84]

Schränke dies [sc. den präzisen Erfüllungszwang gegen den Verkäufer] in dem einen Ausnahmefall ein, wenn eine bloße Gewinnaussicht verkauft wird, die von einem zukünftigen Ereignis abhängt. Denn, wenn jemand die verwirklichte und zur Bestimmtheit geführte Erwartung verkauft hat, wird er nicht gezwungen zu übergeben, auch wenn er die Möglichkeit der Übergabe hat, sondern er wird durch Leistung des Wertersatzes und so des Interesses frei. Das ist der Inhalt von D. 19,1,12. Dort hat jemand einen Fischzug verkauft und gefischt und die Fische, die er fangen konnte, herausgezogen, und dennoch wird er nicht präzise zur Übergabe gezwungen, sondern durch Wertersatz frei. Diesen Text hält Ludovicus für einzigartig und wunderlich und für in dieser Frage noch nicht herangezogen. So Ludovicus hier [D. 45,1,72], und ihm folgt einfach Alexander. Aber vorher hat [Raphael] Cu[manus] hier D. 45,1,72 in der vorletzten Spalte jenes Gesetz gegen die vorgenannte Schlussfolgerung des Bartolus angeführt.

Das bisherige Ergebnis ist, dass Jason die *obligationes rem tradi* den *obligationes faciendi* zugeordnet hat. Gleichwohl sollte der leistungsfähige Eigentümer als Verkäufer zur Übergabe der Kaufsache präzise gezwungen werden können. Hat der Verkäufer hingegen eine fremde oder noch nicht existierende Sache verkauft,[85] schuldet er im Klagefall nur die Interesseleistung. Diese Differenzierung nach der eigentumsrechtlichen Beziehung des Verkäufers zur Kaufsache verstößt zwar ge-

---

[84] Jason, Commentaria (o. Anm. 39), D. 45,1,72, n. 35, fol. 103'.
[85] Abweichend konnte für diesen Fall allerdings zugleich auch ein Innominatkontrakt *do ut des* vereinbart werden, Jason, De actionibus (o. Anm. 53), Inst. 4,6,28, n. 135 s., p. 237, vgl. auch oben Anm. 73.

gen das von Jason befürwortete Grundprinzip, dass man bei den *obligationes faciendi* durch Interesseleistung frei werden kann, aber es steht in völliger Übereinstimmung mit den geschilderten Leitgedanken der Berücksichtigung der Interessenlage, die für Jason der innere Grund der unterschiedlichen Entscheidung über den Erfüllungszwang beim *dare* und beim *facere* war. Die Schuldnerfreiheit wird durch präzisen Erfüllungszwang nicht tangiert, wenn der Schuldner zugleich Eigentümer der verkauften Sache ist, und die Interessen des Käufers werden gewahrt, weil die Kaufsache keinesfalls der Eviktionshaftung unterliegt.

d) Das Problem der Bestimmtheit des Leistungsinhalts, insbesondere bezüglich Gattungs- und Speziesschuld

Zu den Differenzierungsgründen zählte Bartolus, auf den sich Jason bezog,[86] auch die Bestimmtheit des Leistungsinhalts. Im zitierten[87] Fall des verkauften Fischfangs war der Kaufgegenstand unbestimmt. Verkauft sei, so meinte Jason eingangs, eine bloße Gewinnaussicht, ein *incertum consistens in spe*.[88] Insofern erscheint es dann konsequent, dass er gegen präzisen Erfüllungszwang votierte, der grundsätzlich für Kaufverträge gelten sollte.

(1) Unbestimmtheit qua Gattungsschuld – die Pflicht zur Leistung des Kaufgeldes.

Das Problem der Unbestimmtheit des Leistungsgegenstands besteht aber nicht nur beim Verkauf eines *incertum consistens in spe*, sondern generell bei Gattungsschulden, solange keine Spezifikation stattgefunden hat. Sollte dann nie präzise erfüllt werden müssen? Dazu meinte Jason im Anschluss an die vorhin zitierten Ausführungen zur Verpflichtung von Verkäufer und Käufer, der Käufer sei präzise zu einem *dandum* verpflichtet, weil er das Kaufgeld übereignen müsse.[89] In der Tat wäre eine Befreiung durch Interesseleistung begrifflich unsinnig, weil sie ebenfalls auf eine Geldzahlung abzielen würde. Da für Geld aber keine Probleme des gutgläubigen Erwerbs bestanden, erschien für den Kaufpreisanspruch allein präziser Erfüllungszwang interessengemäß.

---

[86] Vgl. oben bei Anm. 68.
[87] Vgl. oben Anm. 82.
[88] Jason, Commentaria (o. Anm. 39), D. 45,1,72, n. 35, vers. Limita in uno casu, fol. 103' – Text oben bei Fn. 84.
[89] Jason, De actionibus (o. Anm. 53), Inst. 4,6,28, n. 134, p. 237; vgl. auch oben bei Anm. 53.

(2) Unbestimmtheit qua Gattungsschuld – der Verkauf gattungsmäßig bestimmter Waren

Beim Verkauf nur gattungsmäßig bestimmter Waren, wie z. B. zehn Körben Getreide oder zehn römischen Pfund[90] Gold, besteht jedoch dasselbe Problem der Unbestimmtheit. Der Verkäufer, so erklärte Jason, schulde in diesem Fall ein *dandum* aufgrund der Gattungsschuld, nicht so sehr aus dem Wesen des Vertrags.[91] Und an anderer Stelle erläuterte er:

... Tamen dicit Bart. in d. l. ex empto. in princ. quod si venderetur genus, vel aliquid in genere, puta decem corbes frumenti in genere, vel decem librae auri in massa, pro tanta pecunia, quod tunc venditor teneretur ad translationem dominij, non ex natura contractus emptionis, et venditionis, sed ex natura rei debitae in genere: per multa iura, quae ibi alle[gat] Bar[tolus]. et maxime, quia tunc militat ratio, quae est, quare emptor praecise cogatur ad dandum pretium, et sic ad transferendum dominium pretij: venditor autem non tenetur ad dandum rem et sic ad transferendum dominium, d. l. ex empto in princi. Glo. ibi no. et menti tenenda in ver. cogitur. dixit quod ratio diversitatis est, quia emptor tenetur ad pretium, et sic in genere: venditor autem tenetur in specie. Et est optima responsio, ut inquit Bart. Ergo ex ea sequitur, quod si venditor teneatur in genere, quod eodem modo ipse teneretur ad dandum, et sic ad transferendum dominium, quia tunc eadem esset ratio prout in emptore.[92]	Dennoch sagt Bartolus zur *l. ex empto* [D. 19,1,11 pr., vgl. Anm. 76], dass, wenn man eine Gattung oder irgendetwas aus einer Gattung verkauft, z. B. zehn Körbe Getreide oder zehn römische Pfund Gold für soundsoviel Geld, dass dann der Verkäufer zur Übertragung des Eigentums verpflichtet ist, nicht aufgrund der Natur des Kaufvertrags, sondern aufgrund der Natur des der Gattung nach bestimmten Gegenstandes der Schuld. [Das wird bewiesen] durch viele Vorschriften, die dort Bartolus zitiert. Und besonders [ist das richtig], weil die *ratio* dafür, warum der Käufer präzise zur Übergabe des Kaufgeldes gezwungen wird, also zur Übereignung des Preises, der Verkäufer aber nicht zur Übertragung der Sache und deren Übereignung, in diesem Sinne streitet, so diese *l. ex empto in princ.* [D. 19,1,11 pr.]. Die *Glosse cogitur* zu D. 19,1,11 hat gesagt, dass der Grund für die Unterscheidung sei, dass der Käufer zur Preiszahlung, also zu einer Gattungsschuld verpflichtet sei, der Verkäufer aber zu einer Spezies-

---

[90] Eine libra = 327 g, hier also 3,270 kg Gold.
[91] Jason, De actionibus (o. Anm. 53), Inst. 4,6,28, n. 134, p. 237.
[92] Jason, De actionibus (o. Anm. 53), Inst. 4,6,14, n. 12, p. 170.

schuld. Und das ist die beste Antwort, wie Bartolus sagt. Also, daraus folgt, dass, wenn den Verkäufer eine Gattungsschuld trifft, er genauso zur *datio* verpflichtet ist, also zur Übertragung des Eigentums, weil dann derselbe Grund besteht wie beim Käufer.

Nach der Grundregel[93] für die *obligationes dandi* wäre nun beim Verkauf gattungsmäßig bestimmter Waren präziser Erfüllungszwang auch gegen den Verkäufer zu erwarten. Aber unsere These, dass die kategoriale Zuordnung nur ein allenfalls schwaches Indiz für den Erfüllungszwang darstellt, findet eine Bestätigung: Ausnahmsweise solle, so Jason, bei den *contractus bonae fidei* kein präziser Erfüllungszwang gelten, auch wenn sie ein *dandum* zum Gegenstand hätten. Jedenfalls nach Verzugseintritt trete wie bei einer *obligatio faciendi* die Verpflichtung zur Interesseleistung an die Stelle der Hauptleistungspflicht:

Quinto ultra Bartolum limita singulariter in contractibus bonaefidei, in quibus obligatio dandi non est precisa, sed post moram succedit obligatio ad interesse ...[94]	Fünftens und jenseits [der Ausnahmen] des Bartolus schränke [die Regel präzisen Erfüllungszwangs] ausnahmsweise bei den Verträgen *bonae fidei* ein, bei denen die Verpflichtung zur Übereignung [sc. *dandum*] nicht präzise ist, sondern nach Verzugseintritt die Verpflichtung auf das Interesse nachfolgt.

---

[93] Jason, Commentaria (o. Anm. 39), D. 45,1,68, fol. 96' ss., D. 45,1,72, n. 22, fol. 102: *In 10. oppositione quaerit Bartolus de ratione diversitatis, quare obligatio dandi sit praecisa, et in ea non succedat obligatio ad interesse. secus in obligatione faciendi.* – „Zum zehnten Punkt fragt Bartolus nach dem Grund der Unterscheidung, warum eine *obligatio dandi* präzise [zu erfüllen] sei und nicht die Verpflichtung zur Interesseleistung nachfolge, anders aber bei einer *obligatio faciendi*"; D. 45,1,75,10, n. 2., fol. 106.

[94] Jason, Commentaria (o. Anm. 39), D. 45,1,72, n. 24, fol. 102.

Dafür berief sich Jason auf die Glosse und Baldus.[95] Da Jason nach dem Vorbild der Institutionen[96] den Gattungskauf als *contractus bonae fidei* betrachtete,[97] führte diese Regel zur Befreiung des Verkäufers durch Interesseleistung beim Verkauf gattungsmäßig bestimmter Waren.

e) Zusammenfassung der Regeln für den Erfüllungszwang beim Kauf

Leider hat Jason diese unterschiedlichen Aspekte nicht zusammengeführt und auf den Kauf angewendet. Wenn man aber eine widerspruchslose Interpretation seiner Äußerungen zulassen möchte, so müsste man folgende Regel aufstellen: Nach Jason haftet der Verkäufer einer Gattungsschuld lediglich auf das Interesse, selbst wenn ein *dandum* Obligationsinhalt ist – bzw. war, wenn der Verzugsfall eingetreten ist. Auch diese Regel passt bestens zu der These, dass maßgebliches Entscheidungskriterium für Jason die Bewertung der Interessenlage beider Parteien war.[98] Gerade beim Gattungskauf ist nun die Vertretbarkeit der Schuld die Regel.[99] Da-

---

[95] Jason, Commentaria (o. Anm. 39), D. 45,1,72, n. 24, fol. 102. Die Glosse spricht diesen Grundsatz ganz allgemeingültig ohne Beschränkung auf den Verzugsfall aus: Accursius (o. Anm. 61), gl. *bonae fidei sunt hae* zu Inst. 4,6,28, tom. V/3, col. 516 s.: *Item non venit interesse, si rem dari est in obligatione: secus si rem tradi, vel factum: ut D. de verb. oblig. l. ubi autem § fi. et l. si fundum et D. de re iudi. l. si quis ab alio § fi. quae veniunt in bonae fidei iudiciis: ut D. de actio. emp. l. j. in prin.* – „Dann herrscht keine Verpflichtung zur Interesseleistung, wenn Gegenstand der Verpflichtung ist, eine Sache zu übereignen, anders aber, wenn der Gegenstand der Verpflichtung darin besteht, eine Sache zu übergeben oder eine Handlung auszuführen, wie *D. de verb. oblig. l. ubi autem § fi.* [D. 45,1,75,10] und *l. si fundum* [D. 45,1,114] und *D. de re iudi. l. si quis ab alio § fi.* [D. 42,1,13,1]. Das gilt bei den Klagen nach Treu und Glauben, wie *D. de actio. emp. l. j. in prin.* [D. 19,1,1 pr.]." Zur Bezugnahme auf Baldus de Ubaldis, Commentaria in VII., VIII., IX., X. et XI. Codicis libros, Lyon 1585, C. 7,47,1, n. 25 vgl. unten bei Anm. XXX.

[96] Inst. 4,6,28: *Actionum autem quaedam bonae fidei sunt, quaedam stricti iuris. Bonae fidei sunt hae: ex empto vendito ...* – „Manche Klagen sind Klagen nach Treu und Glauben, manche sind solche nach strengem Recht. Klagen nach Treu und Glauben sind die aus Kauf ..." (Übersetzung nach Behrends u.a., 1997).

[97] Jason, De actionibus (o. Anm. 53), Inst. 4,6,28, n. 1, p. 224.

[98] Dem steht nicht entgegen, dass Jason bei den gesetzlichen Verpflichtungen zu einem *factum* nicht auf die Parteiinteressen Rücksicht nahm. Im einzelnen dazu Repgen, Vertragstreue (o. Anm. 1) 288f.

[99] Aus der Vertretbarkeit einer Handlung auf die Möglichkeit zur Befreiung durch Interesseleistung zu schließen, entspricht freilich einer Sicht *ex post*. Für die mittelalterlichen Juristen waren zunächst die Interesseleistung das Selbstverständliche und der präzise Erfüllungszwang die Besonderheit, für die man ein Argument brauchte. Zu diesen Argumenten zählte auch die Unvertretbarkeit einer Handlung. Wer eine persönliche (d.h. nicht vertretbare) Leistungspflicht vereinbart hatte, musste präzise erfüllen, so lehrte etwa Azo, Summa aurea, Lyon 1557, C. 4,65 n. 6, fol. 118; Text und Erläuterung bei Repgen, Vertragstreue (o. Anm. 1) 84-87. Dieser Lehre folgte zum Beispiel Hostiensis, Summa aurea, Venedig 1574, X 3.18, n. 6, col. 949, s. dazu Repgen, Vertragstreue (o. Anm. 1) 125f. Bereits in der Glosse deutete sich aber eine Loslösung

her ist es nahe liegend, die Erfüllung der Verkäuferpflicht durch eine Schadensersatzleistung ausreichen zu lassen, weil der Schuldner sich verhältnismäßig einfach durch einen Deckungskauf befriedigen kann. Die widerstreitenden Interessen von Schuldnerfreiheit und Vertragstreue werden so auf die schonendste Weise zum Ausgleich gebracht.

Umgekehrt galt, dass der Verkäufer einer Speziesschuld, der zugleich Eigentümer dieser Sache war, präzise erfüllen musste und sich nicht mit einer Interesseleistung aus der Schuld befreien konnte, obwohl Jason diesen Fall den *obligationes faciendi* zugerechnet hat. Auch das entspricht ganz der Interessenabwägung, die ich für maßgeblich halte. Für den Schuldner ist die Erfüllung in einem kurzen Augenblick ohne Belastung seiner Handlungsfreiheit möglich. Die präzise Erfüllung entspricht auch dem Interesse des Käufers, weil für die Übertragung des Eigentums Zeitmomente etc. irrelevant erscheinen. Und wenn die Sache im Eigentum des Verkäufers stand, spielt das Risiko der Eviktionshaftung keine Rolle, das sonst das Käuferinteresse an der präzisen Übergabe fraglich erscheinen ließe.

Die Lösung der Frage nach dem Erfüllungszwang beim Kauf ergibt sich mithin nicht aus der Obligationskategorie, der der Kaufvertrag jeweils zugeordnet werden muss, sondern aus der Interessenbewertung der Parteien, die nur sehr indirekt mit den Obligationskategorien zu tun hat. Man könnte also statt von einer „Macht des Obligationensystems" von einer „Macht der typisierten Interessenlage" sprechen.

IV. Die Lehre des Baldus de Ubaldis als weiteres Beispiel für eine Sachbegründung ohne Rückgriff auf das Obligationsschema

Bisher ist dargelegt, dass die Einteilung der Obligationskategorien für die Frage nach dem Erfüllungszwang bei Jason keine entscheidende Bedeutung hatte, obgleich die Glossatoren und Kommentatoren die Fragen sehr oft zusammen behandelt haben, wie die besonders wichtige Behandlung des Stoffes durch Bartolus zeigt.[100] Jason ist allerdings kein Einzelfall. Als Beleg dafür soll noch – sehr knapp – die Lehre des Baldus de Ubaldis, also eines der prominentesten Vertreter des mittelalterlichen gelehrten Rechts, dienen, wiederum zum Kauf. Aus welchen Gründen entschied er sich für die eine oder andere Lösung zwischen Schuldnerfreiheit und Erfüllungszwang?

---

dieser Fallgruppe von der Legitimation durch die Vereinbarung an, vgl. Accursius (o. Anm. 61), gl. *cogendam eam* zu D. 39,5,28, tom. III, col. 168 (noch im Sinne der Lehre des Azo) und gl. *obligationibus* zu D. 42,1,13, tom. III, col. 525 s., wo der präzise Erfüllungszwang von der Unvertretbarkeit der Handlungspflicht abhängig gemacht wird. Klar im Sinne einer präzisen Erfüllungspflicht bereits aufgrund objektiver Unvertretbarkeit der Handlung sprach sich Baldus, Commentaria (o. Anm. 80), C. 4,65,22, n. 1, fol. 167 aus; s. dazu Repgen, Vertragstreue (o. Anm. 1) 220f..

[100] Bartolus, Commentaria (o. Anm. 29), D. 45,1,72, n. 35-40, fol. 27-28; Text mit Übersetzung bei Repgen, Vertragstreue (o. Anm. 1) 331-349.

Quaero cum factum est in obligatione: an sit in electione actoris consequi factum vel interesse? Respondeo: sic, si est factum merum, et sic non fit novatio, nisi actor velit novari.[101]	Ich frage für den Fall, dass ein *factum* geschuldet ist, ob das Factum oder das Interesse nach der Wahl des Klägers (!) verfolgt wird. Ich antworte: ja [sc. nach der Wahl des Klägers], wenn dadurch nicht eine Novation geschieht und der Kläger nicht den Schuldinhalt wechseln möchte.

Die Ausgangsfrage deutet zunächst darauf hin, dass Baldus einen inneren Zusammenhang zwischen dem Obligationsinhalt und der materiellen Entscheidung für oder gegen Erfüllungszwang sah. Im Ergebnis stellte Baldus nicht auf das Interesse des Beklagten, sondern auf dasjenige des Klägers ab und gewährte diesem ein Wahlrecht. Es wäre aber zu kurz gegriffen, wollte man daraus bereits schließen, der Beklagte müsse die Sache präzise leisten, wenn es der Kläger nur wolle. Das wird in der nächsten Randnummer bei Baldus ganz deutlich:

Quaero, quid in obligatione rem tradi? Respondeo, electio est rei, et si elegit, debet praestare interesse singulare, secundum taxationem istius.[102] *Si non vult praestare interesse singulare, praecise cogitur ad tradendum, et est quasi summatus effectus istius glossae.*[103]	Ich frage, wie [es sich verhält] bei einer Verpflichtung zur Übergabe einer Sache [sc. beim Kauf]. Ich antworte: der Schuldner hat die Wahl. Und wenn er [das Interesse] wählt, muss er das einfache Interesse wählen gemäß seiner [sc. des Gläubigers] Bestimmung. Wenn er nicht das einfache Interesse leisten möchte, wird er präzise zur Übergabe gezwungen, und das ist gleichsam die zusammengefasste Bedeutung dieser Glosse.

Offenbar konnte der Schuldner die Interesseleistung verweigern, wurde dann aber konsequent zur präzisen Übergabe der Kaufsache gezwungen. Letztlich obsiegte also die Freiheit des Schuldners, selbst wenn der Gläubiger Interesseleistung gewählt hatte. Zu klären blieb, ob der Verkäufer die Interesseleistung auch dann wählen durfte, wenn der Käufer die Sache gefordert hatte. Dazu meinte Baldus:

---

[101] Baldus, Commentaria (o. Anm. 95), C. 7,47,1, n. 25, fol. 67'.
[102] Es folgt eine in meiner Ausgabe nicht mehr lesbare Allegation.
[103] Baldus, Commentaria (o. Anm. 95), C. 7,47,1, n. 26, fol. 67'.

Sed ultimo quaero, utrum venditor, qui habet facultatem rei tradendae, cogatur eam praecise tradere. Et glossa tenet hic quod non: sed sufficit si praestat singulare interesse usque ad duplum aestimationis rei. Natura satis per hoc est consultum actori, ut l. 1 in princip. de act. empt. Et si non praestaret illud interesse singulare, tunc cogetur praecise tradere. Sed glossa quae est Insti. de contrahen. emp. § pretium, quae incipit, caute dicit tenet (sub dubio forte) quod si venditor possidet, et tradere potest, praecise compellatur. quod intellego, si commode potest, id est, si res non est subiecta evictioni, et de facili potest tradi, natura aequitas hoc dictat, quia ait praetor, pacta servabo. Et hoc probatur iure decretorum infra q. i. qui studet. Et est communis opinio.

Aber zum Schluss frage, ob der Verkäufer, der die Möglichkeit zur Übergabe der Sache hat, präzise gezwungen werde zu übergeben. Und die Glosse meint hierzu, dass man nicht [präzise gezwungen werde], sondern es genüge, wenn der Schuldner das einfache Interesse bis zum doppelten Wert der Sache leiste. Dadurch sei dem Anspruch des Gläubigers genügt, wie D. 19,1,1 pr. Und wenn er jenes einfache Interesse nicht leiste, dann werde er präzise gezwungen zu übergeben. Aber die Glosse zu Inst. 3,23,1 spricht und meint (mit starkem Zweifel), dass, wenn der Verkäufer [die Sache] besitze und übergeben könne, er dann präzise [zur Übergabe] gezwungen werde. Das sehe ich ein, wenn er bequem [übergeben] kann, d. h. wenn die Sache nicht der Eviktionshaftung unterliegt und mit Leichtigkeit übergeben werden kann, dann befiehlt das [sc. die präzise Übergabe] die Billigkeit, weil der Prätor sagt: ich werde die Verträge bewahren. Und dies wird mit dem Recht der Dekrete bewiesen, C. 1 q. 1 c. 11. Und es ist die allgemeine Ansicht.

Zunächst einmal attestierte Baldus der Glosse eine gewisse Unschlüssigkeit in der Entscheidung über den Erfüllungszwang beim Kauf, wobei für ihn die Frage der Einordnung in das Schema der Obligationen ganz belanglos war. Baldus entschied sich vielmehr im Grundsatz für präzisen Erfüllungszwang beim Kauf. Der Grundsatz litt jedoch Ausnahmen, wenn die Sache sonst zu kompliziert wurde. D. h. zunächst einmal musste für Baldus die sachenrechtliche Lage günstig sein: keine Eviktionshaftung. Es durften auch keine sonstigen, besonderen Schwierigkeiten für eine präzise Erfüllung bestehen. In den Mittelpunkt stellte Baldus aber die billigerweise gebotene Vertragstreue. Wer nun noch nicht überzeugt war, den erinnerte Baldus daran, das Ergebnis entspreche auch noch der allgemeinen Meinung. Es ist das Prinzip der Vertragstreue, gepaart mit der Abwesenheit schwieriger Hindernisse für den Schuldner, das in den Augen des Baldus den präzisen Erfüllungszwang legitimiert – und nicht die Zuordnung des Kaufes zu einer bestimmten Obligationskategorie.

V. Ertrag

Als Ertrag unserer Überlegungen ist festzuhalten, dass die mittelalterliche Rechtslehre die Entscheidung über den präzisen Erfüllungszwang zwar stets im Zusammenhang mit der Differenzierung der *obligationes dandi* und *faciendi* diskutiert hat und darin auch einen inneren Konnex gesehen hat. Gleichwohl wurde im Laufe der Zeit immer klarer, dass die Entscheidung nicht oder doch jedenfalls nicht allein aus der Zuordnung zu einer Kategorie von Obligationen abzuleiten war. Mit Bedacht erklärte Bartolus – und ihm folgend auch Jason[104] –, dass es für die Differenzierung keine notwendigen Gründe, sondern lediglich *persuasiones* gebe, also Gründe, die mehr überreden als überzeugen. Die kategoriale Zuordnung erwies sich offenbar nicht als praktikable Entscheidungsgrundlage für den Erfüllungszwang. Und so ist es eigentlich nicht erstaunlich, wenn wir beispielsweise bei Johann Jakob Wissenbach[105] lesen können, bei den *obligationes faciendi* werde man durch Interesseleistung frei, wie das Gesetz an verschiedenen Stellen sage, aber im praktischen Gebrauch akzeptiere man längst den präzisen Erfüllungszwang auch bei den *obligationes faciendi*.[106]

---

[104] Jason, Commentaria (o. Anm. 39), D. 45,1,72, n. 22, fol. 102.
[105] Im 17. Jh. Professor der Rechte in Franeker, Einzelheiten bei R. Stintzing, Geschichte der Deutschen Rechtswissenschaft, Zweite Abt., München/Leipzig 1884, 258-260.
[106] J. J. Wissenbach, Exercitationum ad quinquaginta libros pandectarum, partes duae, 3. Aufl. Franeker 1611, disp. 26, th. 8, zu D. 45,1., col. 923 s.

Traditio und Kaufpreiszahlung in *Ius Commune* und *Common Law*

Thomas Rüfner

In der Einleitung zu seinem Buch über den – von ihm selbst entworfenen – englischen Sale of Goods Act von 1893 schreibt M. D. Chalmers: „The references to the Civil Law need little comment. ... There is hardly a judgment of importance on the law of sale in which reference is not made to the Civil Law".[1] In den Augen von Chalmers verstand es sich also von selbst, daß eine Erläuterung das neukodifizierten englischen Kaufrechts nicht ohne häufige Bezugnahmen auf das römische Recht (*Civil Law*) auskommen konnte.

Dieser Hinweis läßt vermuten, daß das Recht des Kaufs beweglicher Sachen ein besonders geeignetes Objekt für eine Untersuchung darstellt, deren Ziel es ist, Einflüsse des römischen Rechts und des kontinentaleuropäischen *Ius Commune* auf das englische Common Law nachzuweisen oder wenigstens parallel verlaufende Entwicklungen zu finden.

Die Frage nach möglichen Einflüssen des kontinentalen Rechts auf das englische Recht wird in neuerer Zeit viel diskutiert. Denn nur, wenn auch dem englischen Recht ein europäischer Charakter zugesprochen werden kann, erscheint eine alle Rechtsordnungen Europas umfassende Vereinheitlichung des Privatrechts vorstellbar. Ob das englische Recht einen europäische Charakter hat oder nicht, wird natürlich maßgeblich davon bestimmt, inwieweit es sich isoliert vom europäischen Kontinent entwickelt hat oder für kontinentale Einflüsse offen war. Insofern hängt die Realisierbarkeit des Projektes einer Wiederbegründung des europäischen *Ius Commune* und erst recht der noch ehrgeizigere Plan der Schaffung eines europäischen Zivilgesetzbuches entscheidend davon ab, ob sich derartige Berührungspunkte des englischen Rechts mit dem kontinentalen in hinreichendem Umfang ausmachen lassen.[2]

Daß es Einflüsse des römisch-kontinentaleuropäischen Rechtsdenkens auf das englische Kaufrecht gegeben hat, wird nicht nur durch die eingangs wiedergegebene Äußerung von Chalmers belegt. Es ist namentlich durch die Forschungen von J.H. Barton erwiesen: Barton hat gezeigt, daß es den englischen Prakti-

---

[1] Zitiert nach R. Sutton, N. P. Shannon, Chalmers' Sale of Goods Act, 12. Auflage, 1949, ix.
[2] Zum Ganzen grundlegend R. Zimmermann, Der europöische Charakter des englischen Rechts, ZEuP 1 (1993) 4-51.

kern des 18. und 19. Jahrhunderts mit Hilfe von Anleihen bei kontinentalen Autoren der naturrechtlichen Epoche gelang, die alte englische Maxime *caveat emptor* zu überwinden und das bis dahin rudimentäre Gewährleistungsrecht auszubauen.[3] Die Erkenntnisse von Barton beziehen sich indes nur auf kontinentale Einflüsse in einer relativ späten Phase. Auch andere Forscher haben insbesondere das 19. Jahrhundert in den Blick genommen.[4]

Im Folgenden soll für eine frühere Phase nach möglichen Einflüssen und Parallelen gesucht werden. Die Untersuchung betrifft vor allem das hohe und späte Mittelalter, jene Zeit also, in der auf dem europäischen Kontinent die Rechtswissenschaft wiederbegründet wurde und das römische Recht in die Rechtspraxis zurückkehrte, während in England eine ähnliche Entwicklung ausblieb. Die Analyse beschränkt sich auf den Kauf beweglicher Sachen und innerhalb dieses Gebiets auf ein Thema: Welche Rolle spielten die Tatbestände der körperlichen Übergabe (*traditio*) und der Zahlung des Kaufpreises für den Übergang des Eigentums an der verkauften Sache auf den Käufer?

I. *Traditio* und Kaufpreiszahlung im römischen Recht

Vorab seien einige Grundregeln des antiken römischen Rechts in Erinnerung gerufen, die im Verlauf der Untersuchung eine zentrale Rolle spielen werden:

Im römischen Recht der justinianischen Kodifikation existieren die alten Übereignungsgeschäfte *mancipatio* und *in iure cessio* nicht mehr. Eine Sache wird stets im Wege der *traditio* übereignet.[5] Voraussetzung für den Übergang des Eigentums vom Veräußerer auf den Erwerber ist also grundsätzlich die körperliche Übergabe der verkauften Sache. Dies kommt besonders deutlich in einer Konstitution der Kaiser Diokletian und Maximian zum Ausdruck, die von den Juristen des *Ius Commune* immer wieder zitiert wurde:

---

[3] J. L. Barton, Redhibition, Error, and Implied Warranty in English Law, TR 62 (1994) 317-329; vgl. auch die Einschätzung von M. Lobban, Contractual Fraud in Law and Equity, c1750-c1850, Oxford Journal of Legal Studies 17 (1997) 441-476, 442 zum Einfluss der „civilian writers" auf die englische Rechtsentwicklung in dieser Zeit.

[4] Vgl. speziell zum Warenkaufrecht A. Chianale, La recezione della formula declamatoria francese nella vendita mobiliare inglese, in: L. Vacca (Hg.), Vendita e trasferimento della proprietà nella prospettiva storico-comparatistica. Atti del congresso internazionale Pisa – Viareggio – Lucca 17 – 21 aprile 1990, Bd. 2, Milano 1991, 843-860; allgemein zur Euopäisierung des Common Law im 19. Jahrhundert Zimmermann ZEuP 1 (1993) 43-50; J. Gordley, Common Law und civil law: eine überholte Unterscheidung, ZEuP1 (1993) 498-518.

[5] Zu den Übereignungsmodalitäten des römischen Rechts ausführlich G. Pugliese, Compravendita e trasferimento della proprietà in diritto romano, in: L. Vacca (Hg.), Vendita e trasferimento della proprietà nella prospettiva storico-comparatistica. Atti del congresso internazionale Pisa – Viareggio – Lucca 17 – 21 aprile 1990, Bd. 1, Milano 1991, 25-70.

Diocl. et Maxim. C. 2, 3, 20 (293) *Traditionibus et usucapionibus dominia rerum, non nudis pactis transferuntur.*[6]

Das Erfordernis der Übergabe gilt indes nicht absolut. Vielmehr kannte das römische Recht eine Reihe von Übergabesurrogaten. Insbesondere war bereits die Konstruktion bekannt,[7] die von den Juristen des *Ius Commune* den Namen Besitzkonstitut (*constitutum possessorium*) erhielt[8] und im heutigen deutschen Recht in § 930 BGB geregelt ist: Der Veräußerer behält selbst den Besitz der Sache, vereinbart aber mit dem Erwerber, daß er künftig für ihn den Besitz auszuüben und sich selbst mit der Stellung eines Nießbrauchers, Mieters oder einer ähnlichen Position begnügen will.[9] Im *Ius Commune* spielten diese und andere Figuren, die es erlaubten, die körperliche Übergabe durch eine bloße *traditio ficta* zu ersetzen, eine große Rolle.[10]

Ist damit einerseits das Übergabeerfordernis relativiert, so beschränkt sich anderseits der Tatbestand des Eigentumserwerbs durch *traditio* nicht auf dieses namensgebende Element. Die Übergabe führt nur dann zum Übergang des Eigentums, wenn sie im Hinblick auf einen anerkannten Rechtsgrund, eine *iusta causa* erfolgt.

Die *causa emptionis* gehört selbstverständlich zu den *iustae causae*. Die Übergabe zum Zweck der Erfüllung eines Kaufvertrages führt zum Übergang des Eigentums. Der Käufer einer Sache erwirbt also das Eigentum, wenn der Käufer ihm den Besitz der Sache verschafft. Allerdings gilt für den Eigentumserwerb auf der Grundlage der *causa emptionis* eine Besonderheit: Der Übergang des Eigentums ist in diesem Fall zusätzlich davon abhängig, daß der Käufer den Kaufpreis an den Verkäufer gezahlt hat.[11] In Justinians Institutionen[12] ist die Regel in die folgenden Worte gefaßt:

---

[6] „Das Eigentum an Sachen wird durch Übergabe oder durch Ersitzung erworben, nicht durch bloße Vereinbarung".

[7] Zur Klassizität der Figur ausführlich W. Gordon, Studies in the Transfer of Property by Traditio, Aberdeen 1969, 12-35.

[8] Zur Entstehung des Ausdrucks, der auf Azo und den französischen Juristen Andreas Tiraquellus (gest. 1558) zurückzuführen ist, A. Wacke, Das Besitzkonstitut als Übergabesurrogat in Rechtsgeschichte und Rechtsdogmatik, 1974, 19 mit Fn. 54 und 56.

[9] Vgl. insbesondere Celsus 23 dig. D. 41, 2, 18 pr.

[10] Dazu E. Schrage, Traditionibus et usucapionibus dominia rerum, non nudis pactis transferuntur , in: M. Ascheri u. a. (Hg.), » Ins Wasser geworfen und Ozeane durchquert «. Festschrift für K. W. Nörr, 2003, 913-958, 923, 934 ff.; s. a. Gordon, Studies (Fn. 7) 106-115, 141-148, 161-165; Wacke, Besitzkonstitut (Fn. 8), 18-20.

[11] Zur Bedeutung dieser Regel im klassischen römischen Recht grundlegend R. Feenstra, Reclame en revindicatie, Haarlem 1949, 11-97.

[12] Vgl. zur Behandlung des Problems in der justinianischen Kodifikation eingehend T. Honoré, Sale and the Transfer of Ownership: the Compilers' Point of View, in: P. G. Stein, A. D. E. Lewis (Hg.), Studies in Justinian's Institutes in memory of J. A. C. Thomas, London 1983.

Inst. 2, 1, 41 *Sed si quidem ex causa donationis aut dotis et qualibet alia causa tradantur, sine dubio transferuntur: venditae vero et traditae non aliter emptori adquiruntur, quam si is venditori pretium solverit vel alio modo ei satisfecerit, veluti expromissore aut pignore dato. quod cavetur quidem etiam lege duodecim tabularum: tamem recte dicitur et iure gentium, id est naturali effici. sed si is qui vendidit, fidem emptoris secutus fuerit, dicendum est stati rem emptoris fieri.*[13]

Wie sich aus diesem Text ergibt, gilt auch das Erfordernis der Kaufpreiszahlung nicht absolut. Es genügt stattdessen, wenn der Anspruch des Verkäufers hinreichend gesichert ist. Ferner geht das Eigentum sogar dann auf den Käufer über, wenn der Käufer ihm – im Vertrauen auf seine Vertragstreue (*fides*) – ohne besondere Sicherung Kredit gegeben hat. Wie dieser Tatbestand des *fidem sequi* genau zu verstehen ist, geht aus Justinians Text nicht deutlich hervor und hat die gemeinrechtliche Wissenschaft noch lange beschäftigt.[14]

Für den Tatbestand der Übereignung *causa emptionis* sind also nach römischem Recht zwei Voraussetzungen charakteristisch: Die Übergabe der Kaufsache und die Bezahlung des Kaufpreises. Beide Erfordernisse gelten allerdings nicht ausnahmslos, sondern sind unter gewissen Voraussetzungen entbehrlich. Diese in den justinianischen Kodifikationen fixierte Rechtslage ist Ausgangspunkt der Entwicklung im kontinentalen *Ius Commune*. Mit diesen elementaren Feststellungen können wir uns vorerst vom *Ius Commune* des Kontinents ab- und dem englischen Common Law zuwenden.

II. Das Common Law

1. Die *books of authority* des hohen Mittelalters

Die Entwicklung des englischen Kaufrechts beginnt – soweit sie für diese Untersuchung von Interesse ist – mit den Darstellungen der *leges et consuetudines*

---

[13] „Werden aber Sachen zum Zweck der Schenkung oder der Mitgiftbestellung oder aus einem anderen Rechtsgrund übergeben, so besteht kein Zweifel, daß sie übereignet werden. Hingegen werden Sachen, die verkauft und übergeben wurden, nur dann vom Käufer zu Eigentum erworben, wenn er dem Verkäufer den Preis gezahlt oder mich auf andere Weise zufrieden gestellt hat, zum Beispiel durch Stellung eines Schuldübernehmers oder Hingabe eines Pfandes. Dies ist zwar im Zwölftafelgesetz angeordnet, doch sagt man zu recht, daß es sich auch aus Völkergemeinrecht, das heißt aus dem Naturrecht, ergibt. Aber wenn der, der verkauft hat, sich auf die Treue des Käufers verlassen hat, muß man sagen, daß die Sache sofort Eigentum des Käufers wird".

[14] Dazu Feenstra, Reclame (Fn. 11), 268-286 und K. Luig, Übergabe und Übereignung der verkauften Sache nach römischem und gemeinem Recht, in: J. A. Ankum u. a. (Hg.), Satura Roberto Feenstra ... oblata, Fribourg 1985, 445-461, 448 ff.; ders., Das Verhältnis von Kaufpreiszahlung und Eigentumsübergang nach deutschem Recht, in Vacca (Hg.), Vendita e trasferimento I (Fn. 5), 225-258, 233-235, 239-244.

Angliae in den Glanville und Bracton zugeschriebenen Traktaten, welche die beiden ersten *books of authority* der englischen Rechtsgeschichte sind.

a) Glanville

Die Ranulf de Glanville (1120/30-1190), Chief Justiciar des Königs Heinrich II., zugeschriebene[15] Darstellung des englischen Rechts stammt vom Ende der 80er Jahre des 12. Jahrhunderts. Dem Kaufrecht ist eine längere Passage gewidmet:

Glanville X, 14[16] *Ex causa quoque emptionis vel venditionis debetur aliquid cum quis rem suam alii vendiderit. Debetur enim precium ipsi venditori et res empta ipsi emptori. Perficitur autem emptio et venditio cum effectu ex quo de precio inter contrahentes convenit, ita tamen quod secuta fuerit rei empte et vendite traditio, vel quod precium fuerit solutum sive pars, vel saltem quod arre inde fuerint date et recepte.*[17]

Der Autor gebraucht zwar für das Kaufgeschäft die römische Doppelbezeichnung *emptio venditio* und lehnt sich in seiner Wortwahl an die römischen Rechtsquellen an,[18] doch steht die Sachaussage in klarem Widerspruch zum römischen Recht. Anders als im römischen Recht erscheint der Kaufvertrag als ein Realvertrag,[19] der erst verbindlich wird, wenn eine Seite ihre Leistungspflicht ganz oder – was die Zahlungspflicht des Käufers angeht – wenigstens teilweise erfüllt. Wenn keine Seite erfüllt, ist zumindest die Leistung einer *arrha* erforderlich, damit das Geschäft verbindlich wird[20].

---

[15] Zur Autorschaft und zur Person Glanvilles vgl. S. Luik, Ranulf de Glanville, in: G. Kleinheyer, J. Schröder, Deutsche und Europäische Juristen aus neun Jahrhunderten, 4. Auflage, 1996, 152-155 mit ausführlichen Nachweisen.

[16] Benutzte Ausgabe: G. D. G. Hall (Hg.), The Treatise on the Laws and Customs of the Realm of England Commonly Called Glanvill, Oxford 1993, 129.

[17] „Auch aufgrund eines Kaufs oder Verkaufs wird etwas geschuldet, wenn jemand seine Sache einem anderen verkauft. Der Preis wird nämlich dem Verkäufer und die gekaufte Sache dem Käufer geschuldet. Der Kauf und Verkauf wird aber wirksam abgeschlossen, sobald man sich über den Preis geeinigt hat; jedoch nur dann, wenn darauf die Übergabe der gekauften und verkauften Sache folgt oder wenn der Preis oder ein Teil davon gezahlt wurde oder wenn Draufgaben dafür gegeben und empfangen wurden".

[18] Vgl. insbesondere Gaius 10 ad ed. prov. D. 18,1,35,5: ... *ut simul atque de pretio convenit, videatur perfecta venditio.* Ähnlich, aber ohne Gebrauch des Wortes *perficere* auch Inst. 3, 23 pr.

[19] Th. Plucknett, A Concise History of the Common Law, 5. Auflage, Boston 1985, 643.

[20] Aus dem Fortgang des Textes ergibt sich jedoch, daß der Autor des Traktats dem durch *arrha* bestätigten Kauf nur eingeschränkte Verbindlichkeit zubilligt, vgl. dazu eingehend D. Ibbetson, Sale of Goods in the Fourteenth Century, Law Quarterly Review (LQR) 107 (1991) 480-499, 482 f.

Die Darstellung bei Glanville berührt nur die Frage der Verbindlichkeit des Kaufgeschäfts.[21] Eine Aussage zum Übergang des Eigentums läßt sich der Quelle nur entnehmen, wenn man unterstellt, daß die Perfektion des Kaufs auch den Übergang des Eigentums bedeuten muß,[22] doch fehlt es dafür im Text an jedem Anhaltspunkt. Insofern läßt sich für die Zwecke dieser Untersuchung nur eines festhalten: Übergabe und Kaufpreiszahlung spielen auch bei Glanville eine Rolle, doch in ganz anderer Weise als im Übereignungstatbestand des *Ius Commune*.

b) Bracton

Erheblich aufschlußreicher ist die Darstellung des Kaufrechts in dem etwa ein halbes Jahrhundert später geschriebenen Traktat, an dem der königliche Richter Henry de Bracton (1200/1210-1268) zumindest mitgewirkt hat.[23]

Bracton, f. 61b-62[24] *Emptio et venditio contrahitur cum de pretio convenerit inter contrahentes, dum tarnen a vendita re ararum nomine aliquid receptum fuerit, quia quod ararum nomine datum est, argumentum est emptionis et venditionis contractae. Et si scriptura intervenire debeat, non erit perfecta emptio et venditio nisi cum fuerit partibus tradita et absoluta. Et cum arrae non intervenerint vel scriptura, neque traditio fuerit subsecuta, locus erit penitentiae et impune recedere possunt contrahentes a contractu. Sed si pretium solutum fuerit vel eius pars et traditio subsecuta, perfecta erit emptio et venditio, nec poterit postea aliquis contrahentium a contractu resilire praetextu pretii non soluti pro parte vel in toto
...
Cum emptio et venditio contracta fuerit ut praedictum est ante traditionem et post, periculum rei emptae et venditae illum generaliter respicit qui eam tenet, nisi aliter ab initio convenerit, quia re vera qui rem emptori nondum tradidit adhuc ipse dominus erit, quia tradtionibus et usucapionibus etcetera, ut supra de donationibus secundum quod videri potuit. Ut si homo venditus mortuus fuerit ante traditionem, vel aedes incendio consumptae, vel fundus vi fluminis in toto vel in parte*

---

[21] C. H. S. Fifoot, History and Sources of the Common Law, London 1949, Neudruck New York 1970, 226.

[22] So offenbar J. H. Baker, An Introduction to English Legal History, 4. Auflage, London 2002, 384.

[23] Zur Autorschaft vgl. die Nachweise bei S. Luik, Henry de Bracton, in: Kleinheyer/Schröder, Juristen (Fn. 15) 77-81. Optimistischer als die herrschende Lehre zum eigenen Beitrag Bractons zuletzt J. L. Barton, The Mystery of Bracton, Journal of Legal History 14,3 (1993) 1 ff.; ähnlich H. H. Jakobs, De similibus ad similia bei Bracton und Azo, 1996, 89-91.

[24] Verwendete Ausgabe: Bracton, On the Laws and Customs of England (De legibus et consuetudinibus Angliae), hg. von G. E. Woodbine, übersetzt von S.E. Thorne, Bd. 2, Cambridge, Mass. 1968, 182.

consumptus vel ablatus, et huiusmodi, quibus rationibus videtur quod totum periculum pertineat ad venditorem.[25]

Der erste Teil der Darstellung bei Bracton entspricht nahezu vollständig derjenigen bei Glanville. Auch in Bractons Traktat steht zunächst die Frage im Vordergrund, wann das Kaufgeschäft verbindlich wird und auch Bracton gibt dem Kaufvertrag einen realvertraglichen Charakter.[26] Während bei Glanville entweder die Zahlung des Kaufpreises oder die Übergabe der Kaufsache nötig sind, um das Geschäft verbindlich zu machen, verlangt Bracton, daß beide Seiten eine Leistung erbracht haben, wobei es für den Käufer wiederum genügen soll, wenn er einen Teil des Kaufpreises zahlt.

Im zweiten Teil des zitierten Textes behandelt Bracton die Gefahrtragung und den Eigentumserwerb. Die Beispiele zur Gefahrtragung sind fast wörtlich den justinianischen Institutionen entlehnt,[27] doch die Sachaussage ist konträr zum römischen Recht. Während dort der Satz *periculum est emptoris* gilt, weist Bracton die Gefahr grundsätzlich dem Besitzer der Sache zu. Erst mit Übergabe der Sache geht sie also auf den Käufer über. Während sich diese Aussage ohne die von Justinian entlehnten Beispiele schon bei Glanville (im Anschluß an den oben zitierten Text) findet,[28] ist die zusätzliche Bemerkung, auch das Eigentum gehe erst mit der

---

[25] „Kauf und Verkauf werden abgeschlossen, wenn die Vertragsschließenden über den Preis einig sind, sofern nur der Verkäufer etwas als Draufgabe erhalten hat, weil das, was als Draufgabe gegeben wird, eine Bestätigung für den abgeschlossenen Kauf ist. Und wenn ein Schriftstück gefertigt werden sollte, dann ist der Kauf und Verkauf nicht abgeschlossen, bis nicht das Schriftstück den Parteien übergeben und abgeschlossen wurde. Und wenn keine Draufgaben gegeben wurden und kein Schriftstück gefertigt wurde und auch nicht die Übergabe der Ware gefolgt ist, dann ist Raum für Reue und die Vertragsschließenden können ungestraft vom Vertrag abgehen. Wurde aber der Preis gezahlt oder ein Teil davon und ist die Übergabe erfolgt, dann ist der Kauf und Verkauf vollendet und keiner von den beiden Vertragsschließenden kann später unter dem Vorwand, der Preis sei ganz oder zum Teil nicht gezahlt worden, vom Vertrag zurücktreten …
Wenn Kauf und Verkauf abgeschlossen sind, wie gerade gesagt wurde, und vor wie auch nach der Übergabe liegt die Gefahr der gekauften und verkauften Sache allgemein bei dem, der sie in Gewahrsam hat, wenn nicht von Anfang an etwas anderes vereinbart wurde, weil derjenige, der die Sache noch nicht dem Käufer übergeben hat, tatsächlich noch selbst Eigentümer ist, weil wir durch Übergabe und Ersitzung usw. wie oben im Abschnitt über Schenkungen gemäß dem, was sich dort gezeigt hat. Wenn zum Beispiel ein verkaufter Sklave vor der Übergabe stirbt oder Gebäude durch Brand vernichtet werden oder ein Grundstück durch die Gewalt eines Flusses ganz oder zum Teil zerstört oder abgeschwemmt wird usw., weshalb sich zeigt, daß die Gefahr insgesamt beim Verkäufer liegt".
[26] Insofern kann man Bracton nur bei isolierter Betrachtung einzelner Sätze ohne Berücksichtigung des Zusammenhanges vorwerfen, er versuche den englischen Kauf entgegen der Realität als Konsensualvertrag darzustellen; so aber Fifoot, History (Fn. 21) 227.
[27] Inst. 3, 23, 3.
[28] Glanville X, 14 a. E., in der Ausgabe von Hall (Fn. 16) auf Doppelseite 130.

Übergabe der Sache an den Käufer über, ohne Vorbild bei Glanville. Bracton begründet sie mit dem Hinweis auf seine Ausführungen bei Schenkungen (*donationes*) – und mit der wörtlichen Wiedergabe der Anfangsworte von C. 2, 3, 20. Das Prinzip, daß der Übergang des Eigentums grundsätzlich die Übergabe der Sache an den Erwerber erfordert, wird also einerseits mit einer Anleihe beim römischen Recht begründet, und andererseits mit der dem römischen Recht widersprechenden Regelung der Gefahrtragung in Verbindung gebracht.

Dieser Befund legt die Vermutung nahe, daß Bracton gerade deshalb auf den Erwerb des Eigentums zu sprechen kommt, weil nach seiner Vorstellung der Übergang von Gefahr und Eigentum gleichzeitig erfolgen sollten. Seine Darstellung könnte dann bezwecken, die schon Glanville bekannte Gefahrtragungsregel mit der Maxime *casum sentit dominus*[29] in Einklang zu bringen. Trifft diese Vermutung zu, dann verfolgt Bracton mit seiner Darstellung ein Ziel, das auch in der Dogmengeschichte des kontinentaleuropäischen Rechts größte Wichtigkeit erlangen sollte.[30]

Unabhängig von der Berechtigung der zuletzt erwähnten Hypothese kann für Bracton festgehalten werden, daß er im Einklang mit der Regel des römischen Rechts und unter ausdrücklicher Berufung auf die Regel in C. 2, 3, 20 die *traditio* zur Voraussetzung des Eigentumsübergangs erklärt. Dies gilt nach Bracton bei der Übereignung zum Zweck der Schenkung ebenso wie bei der Übereignung durch den Käufer an den Verkäufer. Die Zahlung des Kaufpreises hat bei Bracton für den Übereignungstatbestand keine Bedeutung, ist aber, wenn man seine Darstellung beim Wort nimmt, Voraussetzung dafür, daß überhaupt ein verbindliches Kaufgeschäft zustande kommt.

In der weiteren Entwicklung des englischen Kaufrechts sollten *traditio* und Kaufpreiszahlung noch eine Rolle für den Übereignungstatbestand spielen.

2. Traditio

Zunächst sei die Rolle der *traditio* betrachtet. Schon auf den ersten Blick ergibt sich ein überraschender Befund. Im Allgemeinen ist zur Übereignung einer beweglichen Sache noch heute – wie nach Bracton – die körperliche Übergabe er-

---

[29] Die Regel gilt im römischen Recht, kommt aber in ihrem Wortlaut in der justinianischen Kodifikation ebensowenig vor wie das Äquivalent *res perit domino*; vgl. jedoch Diocl. et Maxim. C. 4, 24, 9 (293) und Ulpian 29 ad Sab. D. 50, 17, 23 a. E.

[30] Vgl. nur M. Bauer, Periculum emptoris, 1998, insbesondere 121-136, 191-197 und vor allem E. Bucher, Die Eigentums-Translativwirkung von Schuldverträgen: Das „Woher" und „Wohin" dieses Modells des Code Civil, ZEuP 6 (1998) 615-669, 651-659; zur Wirksamkeit der Vorstellung, Eigentum und Gefahr müssten unbedingt gleichzeitig übergehen, im englischen Recht des 19. Jahrhunderts vgl. die Anmerkung des Reporter zur Entscheidung *Bailey v. Culvervell* (1828) S.C. 2 Manning & Ryland's 564, 567.

forderlich.³¹ Insbesondere eine Übereignung zum Zweck der Schenkung (*gift*) wird grundsätzlich nur wirksam, wenn dem Beschenkten der Besitz an der geschenkten Sache eingeräumt wird. Dies entspricht den Aussagen Bractons zu den *donationes*. Hingegen bestimmt s. 17(1) in Verbindung mit s. 18 Rule 1 des Sale of Goods Act von 1979, daß das Eigentum beim Verkauf einer beweglichen Sache unabhängig von der Übergabe übertragen werden kann und daß es – bei Fehlen einer abweichenden Parteivereinbarung oder besonderer Umstände – bereits mit Abschluß des Vertrages auf den Käufer übergeht.³² Entsprechende Bestimmungen waren schon im Sale of Goods Act von 1893 enthalten. Im heutigen englischen Kaufrecht gilt also nicht mehr das Traditions-, sondern – ähnlich wie in Frankreich – das Konsensprinzip. Im Lauf der Rechtsentwicklung muß in diesem Punkt also eine Änderung eingetreten sein.

a) Das obiter dictum in Doige's Case

Die Änderung kam relativ bald nach Bracton: Noch während des Mittelalters setzte sich bei den Richtern der königlichen Gerichte die Überzeugung durch, daß es der Übergabe der Kaufsache nicht bedurfte, um das Eigentum auf den Käufer übergehen zu lassen. Es ist allerdings nicht leicht, den Prozeß, der zu diesem Wandel führte, nachzuzeichnen und den genauen Zeitpunkt anzugeben, zu dem die neue Lehre anerkannt wurde. Dies liegt nicht zuletzt daran, daß nach Bracton für viele Jahrhunderte vergleichbare systematische Darstellungen der englischen Rechtsordnung fehlen. Erst in der Mitte des 15. Jahrhunderts finden sich in den Verhandlungsprotokollen der königlichen Gerichte, die in den Year Books überliefert sind, deutliche Hinweise. Am klarsten ist ein *obiter dictum* des berühmten Richters John Fortescue (um 1394-1476/79)³³ aus dem Jahr 1442:

Shipton v. Dogge (*Doige's Case*) (1442) YB Trin. 20 Henry VI, pl. 4, f. 34, 35³⁴
*Et Sir, jeo veux pruver que si je achete un cheval de vous, maintenant la proprete dele cheval est a moy, et pur ceo vous aurez bref de Debte pour les deniers, et j'aurai Detinue pour le cheval sur cest bargain.*³⁵

---

[31] Die Kontinuität wird hervorgehoben von W. Holdsworth, A History of English Law, Bd. 3, 5. Auflage, London 1942, Neudruck 1966, 355; vgl. auch W. Swadling, Rescission, Property, and the Common Law, LQR 121 (2005) 123-153, 141.

[32] Zum modernen englischen Kaufrecht ausführlich T. Weir, Passing of Property under Contract of Sale, in: Vacca, Vendita e trasferimento I (Fn. 5) 379-405.

[33] Zu Leben und Werk H. Sauer, Art. Fortescue, John, LdM 4 (1999, Neudruck 2002) Sp. 663 f.

[34] Benutzte Ausgabe: La Premiere Part des Ans du Roy Henri le VI., London 1679.

[35] „Und, mein Herr, ich möchte beweisen, daß wenn ich ein Pferd von Ihnen kaufe, das Eigentum an dem Pferd jetzt zugleich bei mir ist. Und deshalb werden Sie die Schuldklage (debt) für das Kaufgeld haben und ich werde die Klage wegen Vorenthaltung des Besitzes (detinue) für das Pferd aus diesem Geschäft haben".

Die Hauptbedeutung des unter dem Namen *Doige's Case* bekannten Falles liegt im Recht des Grundstückskaufs.[36] John Fortescue, der Chief Justice des Court of King's Bench, vor dem die Sache verhandelt wurde, zog den Kauf eines Pferdes nur zum Vergleich heran. Beim Kauf eines Grundstücks, so führt Fortescue aus, bedarf es immer eines förmlichen Übertragungsaktes (der *conveyance*), damit das Eigentum auf den Käufer übergeht. Beim Kauf eines Pferdes hingegen führt allein der Abschluß des Kaufvertrages (*si je achete un cheval de vous*) dazu, daß der Käufer Eigentum an dem Pferd erwirbt (*maintenant la proprete dele cheval est a moy*) und gegen den Käufer mit dem *writ of detinue* vorgehen kann. Detinue ist eine Klage, die im Eigentumsrecht des Klägers fundiert ist[37] und von Bracton als *rei mobilis vindicatio* bezeichnet wird.[38]

Trotz ihres beiläufigen und unverbindlichen Charakters[39] belegt die Äußerung von Richter Fortescue, daß um die Mitte des 15. Jahrhunderts die *traditio* entgegen Bracton nicht mehr Voraussetzung für den Eigentumserwerb des Käufers war. Andere Quellenzeugnisse aus derselben Zeit bestätigen dieses Ergebnis.[40]

Die Äußerungen der königlichen Richter zum Übergang des Eigentums schon mit Abschluß des Kaufvertrages markieren den Endpunkt einer Entwicklung, die vermutlich schon Ende des 13. Jahrhundert begonnen hatte. Sie nahm ihren Ausgangspunkt nicht von den königlichen Gerichten in London, sondern von den *borough courts*, die in den Städten des Landes Fälle von geringerem Gewicht zu entscheiden hatten. In diesen Gerichten scheint sich die Vorstellung, daß der Käufer aufgrund des verbindlichen Vertragsschlusses ohne Übergabe das Eigentum an der Kaufsache erwerben konnte, zuerst herausgebildet zu haben. In den zentralen Londoner Gerichtshöfen dauerte es deutlich länger, bis diese Vorstellung sich durchsetzte.[41]

Für das Zögern der königlichen Richter lassen sich mindestens zwei Gründe vermuten. Zum einen war – wenn man dem Zeugnis Bractons glaubt – der Übergang des Eigentums generell von der Übergabe der Sache an den Erwerber abhängig. Die Vorstellung, daß schon durch den Abschluß des Kaufvertrages Eigentum übertragen werden konnte, bedeutete, daß die Regel Bractons für den Warenkauf außer Kraft gesetzt wurde, während sie – wie bereits erwähnt – für Übereignungen

---

[36] D. Ibbetson, A Historical Introduction to the Law of Obligations, Oxford 1999, 128-130.
[37] D. Ibbetson, Historical Introduction (Fn. 36) 35.
[38] Bracton f. 102b, in der Ausgabe von Woodbine (Fn. 24) II 292; vgl. dazu F. Pollock, F. W. Maitland, The History of English Law, Bd. 2, 2. Auflage, Cambridge 1898, Neudruck 1989, 174 f.
[39] Diesen betont A. W. B. Simpson, A History of the Common Law of Contract, Oxford 1975, 165 vielleicht zu sehr.
[40] Vgl. die Nachweise bei Holdsworth, History III (Fn. 31) 353 Fn. 5; s. auch Fifoot, History (Fn. 21) 227 f. und S. J. Stoljar, A History of Contract at Common Law, Canberra 1975, 19.
[41] Ibbetson, LQR 107 (1991) 490-496.

aus jedem anderen Rechtsgrund bis heute in Geltung geblieben ist.[42] Zum anderen war der *writ of detinue* primär als Rückgabeklage des Eigentümers gegen einen *bailee*, also eine Person, dem der Kläger seine Sache anvertraut hatte, konzipiert. Deshalb bestand die Vorstellung, der *writ of detinue* stehe nur einem Kläger zu, der die Sache zunächst selbst im Besitz gehabt und dann auf den Beklagten übertragen hatte.[43] Unter diesem Aspekt konnte es ganz unabhängig von Bractons Übereignungslehre fraglich erscheinen, ob dem Käufer – wie von Fortescue dargestellt – der *writ of detinue* zustand, wenn der Verkäufer nach Vertragsschluß im Besitz der Sache geblieben war.

b) Die Verwahrungsfiktion

Bei der Überwindung der Bedenken gegen die Anwendbarkeit des *writ of detinue* hat nach den Forschungen des englischen Rechtshistoriker S. F. C. Milsom eine Konstruktion geholfen, die für die Zwecke unserer Untersuchung von besonderer Bedeutung ist. Nach Milsom ist anzunehmen, daß sich im 15. Jahrhundert die Vorstellung eines *constructive bailment* entwickelte. In Fällen, in denen der Verkäufer einer Sache diese nach Vertragsschluß in seinem Besitz behielt, unterstellte man, der Verkäufer habe die Sache an den Käufer übergeben und dieser habe sie dann wiederum dem Verkäufer bis auf weiteres anvertraut.[44] Mit dieser Fiktion war Bractons Übergabeerfordernis ebenso genüge getan wie dem Erfordernis eines *bailment* für den *writ of detinue*.

Milsom kann sich für seine Hypothese zwar nicht auf unmittelbare Quellenäußerungen stützen, macht sie aber durch eine quantitative Analyse der überlieferten Akten des Court of Common Pleas aus dem späten 14. und dem 15. Jahrhundert plausibel. Danach kamen am Ende des 14. Jahrhunderts Klagen von Käufern, gestützt auf den *writ of detinue*, vor. Im 15. Jahrhundert lassen sich derartige Klagen zunächst nicht nachweisen. In mindestens einem Fall läßt sich aber (aus der Erwiderung des Beklagten) erkennen, daß eine Klage, die sich als *detinue*-Klage auf Rückgabe einer anvertrauten Sache (*detinue on a bailment*) ausgibt, in Wahrheit die Leistungsklage eines Käufers gegen den Verkäufer ist. Erst gegen Ende des 15. Jahrhunderts finden sich wieder *detinue*-Klagen, die offen auf ein Kaufgeschäft gestützt werden. Nunmehr bringen aber die klagenden Käufer häufig – über den Abschluß des Kaufvertrages hinaus – vor, mit dem Verkäufer sei vereinbart worden, daß er die Kaufsache vorerst für den Käufer in Verwahrung nehmen sollte.

---

[42] Zum Ausnahmecharakter der Regeln über den Eigentumsübergang beim Kauf Swadling, LQR 121 (2005) 141.

[43] Vgl. Baker, Introduction (Fn. 22) 391-393; Pollock & Maitland, History II (Fn. 38) 175.

[44] S. F. C. Milsom, Sale of Goods in the Fifteenth Century, LQR 77 (1961) 257-284, 274; ders., Historical Foundations of the Common Law, 2. Auflage, London 1981, 266; vgl. auch Baker, Introduction (Fn. 22) 384 f. mit Fn. 37.

Aus diesem Befund leitet Milsom die Vermutung ab, daß am Ende des 14. Jahrhunderts zunächst *detinue*-Klagen von Käufern bei den königlichen Gerichten anhängig gemacht wurden, ohne daß die Betroffenen sich der dogmatischen und rechtstechnischen Schwierigkeiten ihrer Vorgehensweise bewußt waren. Nachdem deshalb Bedenken aufgekommen waren, verzichtete man zunächst ganz darauf, das Kaufgeschäft als solches in den Prozeß einzuführen und arbeitete statt dessen mit der – mehr oder weniger – fiktiven Annahme, zwischen Verkäufer und Käufer sei ein Verwahrungsverhältnis und damit ein *bailment* vereinbart worden. Gegen Ende des 15. Jahrhunderts wurde das Kaufgeschäft dann wieder erwähnt, die Fiktion einer anschließenden Verwahrungsvereinbarung behielt man aber bei.[45]

Nach Milsoms Rekonstruktion wurde also – wie so häufig in der englischen Rechtentwicklung – eine Sachverhaltsfiktion eingesetzt, um Bedenken gegen eine Fortentwicklung des Rechts auszuräumen, die sich aus den Beschränkungen der zulässigen *forms of action* ergaben.[46] Obgleich es später wieder unüblich wurde, die Käuferklage mit dem *writ of detinue* geltend zu machen,[47] blieb es bei der Vorstellung, daß beim Kauf beweglicher Sachen das Eigentum ohne Übergabe an den Käufer übertragen werden kann.

c) Parallelen zur Entwicklung auf dem Kontinent

Mit der geschilderten Entwicklung verlor zwar das Traditionsprinzip, das Bracton ausdrücklich aus C. 2, 3, 20 herleitete, im englischen Kaufrecht seine Geltung. Wenn aber Milsoms Hypothesen zutreffen, dann wurde das Traditionsprinzip mit Hilfe einer Rechtsfigur überwunden, die dem gemeinrechtlichen Besitzkonstitut zum Verwechseln ähnlich sieht. Angesichts der Quellengrundlage, auf der Milsoms Schlußfolgerungen beruhen, ist es freilich ausgeschlossen, einen Einfluß kontinentalen Rechtsdenkens auf die englischen Praktiker darzutun, die im Lauf des 15. Jahrhundert die Idee hatten, die Übergabe durch eine fiktive Verwahrungsvereinbarung zu ersetzen. Möglich erscheint ein solcher Einfluß aber durchaus. Demnach wäre – zugespitzt formuliert – das romanistische Traditionsprinzip in England mit Hilfe des romanistischen Besitzkonstituts seiner Geltung beraubt worden.

Unabhängig davon, ob die *bailment*-Fiktion in England auf einer Beeinflussung durch die Lehre vom Besitzkonstitut beruht, ergibt sich eine verblüffende Übereinstimmung mit der Entwicklung in Frankreich. Mit der Anerkennung des Konsensprinzips erhielt das englische Kaufrecht schon im 15. Jahrhundert eine ähnli-

---

[45] Eingehend Milsom, LQR 77 (1961) 273-275.
[46] Zur Bedeutung der Fiktionen in der englischen Rechtsentwicklung Baker, Introduction (Fn. 22) 201 f.
[47] Baker, Introduction (Fn. 22) 202. Nach der *New Natura Brevium* des Sir Anthony Fitzherbert (gestorben 1538) muß der Käufer die Schuldklage (*writ of debt*) in der Form *debt in the detinet* verwenden, Anthonie Fitzherbert, La Nouvelle Natura brevium, Londini 1553, f. 119G.

che Struktur, wie sie in Frankreich aufgrund von Artt. 711, 1138 und 1583 Code civil seit 1804 gilt.

Insbesondere Bucher hat gezeigt, daß in Frankreich der Wunsch nach einem Gleichlauf der eigentumsrechtlichen Zuordnung mit der aus dem römischen Recht übernommenen Gefahrtragungsregel *periculum est emptoris* der tragende Grund für die Einführung des Konsensprinzips war.[48] Jedoch spielte bei der Schaffung des Code civil auch eine Rolle, daß es während des Ancien Régime in Teilen Frankreichs üblich geworden war, die tatsächliche Übergabe der Kaufsache durch die Vereinbarung eines Besitzkonstituts oder durch eine andere Form der fiktiven Übergabe zu ersetzen.[49] Diese Praxis hatte zumindest die Wirkung, daß die *traditio* im Bewußtsein der Bevölkerung keine Rolle mehr spielte[50] und erleichterte insofern die endgültige Aufgabe des Traditionsprinzips durch den Code civil.

Insgesamt ergibt sich also eine erstaunliche Parallele zwischen der Entwicklung in England und jener, die in Frankreich erst einige Jahrhunderte später zum Abschluß kam: Man wechselte in beiden Ländern vom Traditions- zum Konsensprinzip und in beiden Ländern wurde der Wechsel dadurch erleichtert, daß die Figur des Besitzkonstituts es gestattet, die tatsächliche *traditio* durch eine nur fiktive Übergabe zu ersetzen.

2. Kaufpreiszahlung

Die oben zitierte Äußerung Fortescues in *Doige's Case* erweckt den Eindruck, als sei im Jahr 1442 anerkannt gewesen, daß allein der Vertragskonsens der Parteien des Kaufgeschäfts ausreichte, um den Eigentumsübergang herbeizuführen. Falls dies wirklich die Auffassung Fortescues war, wurde sie indes von seinen Kollegen an den Gerichtshöfen von Westminster nicht uneingeschränkt geteilt. Zwar scheint das Übergabeerfordernis im weiteren Verlauf keine Renaissance erlebt zu haben. Dafür wurde unter den englischen Juristen des 15. und 16. Jahrhunderts intensiv darüber diskutiert, welche Rolle die Bezahlung des Kaufpreises für den Übergang des Eigentums spielen sollte. Damit erlangte in der englischen Diskussion ein Tatbestandsmerkmal Bedeutung, das in den Darstellungen von Glanville und Bracton nur als Voraussetzung für die Wirksamkeit des Kaufgeschäfts erschien, das aber aus dem römischen Recht als Übereignungsvoraussetzung wohlbekannt ist.

---

[48] Bucher, ZEuP 6 (1998) 651-659; vgl. auch H. Roland, L. Boyer, Locutions latines et adages du droit français contemporain, Bd. II, 2, Lyon 1797 Nr. 263, 450.
[49] Nach Bucher, ZEuP 6 (1998) 641 beschränkt sich dieser Brauch allerdings auf den Kauf von Immobilien. Vgl. auch U. Petronio, Vendita, trasferimento della proprietà e vendita di cosa altrui nella formazione del Code civil e dell' Allgemeines Bürgerliches Gesetzbuch, in: Vacca, Vendita e trasferimento I (Fn. 5), 169-195, 173-175.
[50] Das räumt Bucher, ZEuP 6 (1998) 41 ein.

a) Der Meinungsstreit der Richter Choke und Brian

Das Problem wurde in einem Fall virulent, der im Jahr 1477 vor dem Court of Common Pleas verhandelt wurde. Der Kläger klagte wegen *trespass* (Eigentumsverletzung), weil der Beklagte sein Grundstück betreten und dort gelagertes Getreide an sich genommen habe. Der Beklagte wandte ein, er sei zu seinem Handeln berechtigt gewesen, da er einen Vertrag über den Kauf des Getreides mit dem Kläger geschlossen hatte. Der Kläger protestierte mit der Begründung, das Getreide sei zwar verkauft, aber nicht bezahlt gewesen. Die Mehrheit der Richter gab dem Kläger Recht. Richter Choke führte aus:

Anon. (1477) YB Pasch. 17 Edw. IV., pl. 1, f. 1, 2[51] ... *car si vous moye demaundes en Smithfelde combien vous doneres a moy pur mon chival, et ieo dye que tant, et vous dyts que vous voylles luy aver, et dones poyent dargent, croys vous que por taunt est mon volunte que vous luy aver sauns payer les denyers? ieo dye que non, mes ieo luy puis vender a une auter maintenant, et vous naveres ascun remedye envers moye, car auterment ieo serra compelle de garder mon chyvall tous temps encontre malgre si le propertie soyt en vous, et vous dit luy prendre quant vous pleist, que sera encounter reason, et sic hic.*[52]

Richter Choke ist der Auffassung, der Beklagte habe einen *trespass* begangen, weil das Eigentum bis zur Bezahlung der Ware noch beim klagenden Verkäufer lag. Demnach ist die Kaufpreiszahlung Voraussetzung für den Übergang des Eigentums. In dem von Choke gebildeten Parallelfall soll der Verkäufer bis zur Kaufpreiszahlung sogar frei sein, an einen anderen zu verkaufen und für diesen Fall keinerlei Klage des Käufers zu befürchten haben. In dieser Überlegung wirkt die Vorstellung Glanvilles und Bractons weiter, die (wenigstens partielle) Erfüllung sei Voraussetzung dafür, daß das Kaufgeschäft überhaupt verbindlich wird.

Eine andere Konzeption vertrat in dem gleichen Fall und noch einmal ein Jahr später Brian, der Chief Justice des Court of Common Pleas. Brian erklärte:

Anon. (1478) YB Hill. 18 Edw. IV., pl. 1, f. 23[53] *Si ieo vende a vous mon chival pur x.ii. il est loialement a moy de reteigner le chival tanque ieo sue pay, et uncore ieo naver unques action de Det sur le contract tanque le chival soit deliver, et il*

---

[51] Benutzte Ausgabe: Les Ans ou Reports del raigne du Roye Edward le quart, Londini 1640.
[52] „Denn wenn Sie mich in Smithfield fragen, wieviel Sie mir für mein Pferd geben müssen und ich sage, so und so viel und Sie sagen, daß Sie es haben wollen, und geben kein Geld, glauben Sie, daß es mein Wille ist, daß Sie es haben sollen, ohne das Geld zu bezahlen? Ich sage, daß nein, sondern daß ich es sogleich an einen anderen verkaufen kann, und Sie hätten keinen Rechtsbehelf gegen mich; denn andernfalls müßte ich mein Pferd die ganze Zeit verwahren, obgleich das Eigentum bei Ihnen wäre und Sie könnten es nehmen, wann es Ihnen gefällt; das widerspräche der Vernunft – und so verhält es sich auch hier".
[53] Benutzte Ausgabe: s. o. Fn. 51.

est clere per bargaine le propetie fuit en luy que achata le chival, mes si achator tende a luy les deniers et il refuse, donques il poit seiser le chival ou aver action de Detinue ou action de trespas a son pleasure etc.[54]

Brian wendet sich ausdrücklich gegen die Vorstellung Chokes, die mangelnde Zahlung verhindere den Übergang des Eigentums oder gar die Verbindlichkeit des Vertrages. Vielmehr liegt das Eigentum mit dem Vertragsschluß beim Käufer (*et il est clere per bargaine le propertie fuit en luy que achata le chival*). Die mangelnde Zahlung führt lediglich dazu, daß dem Verkäufer ein Zurückbehaltungsrecht zusteht (*il est loialement a moy de reteigner le chival*). Die folgende Bemerkung zur Beendigung des Zurückbehaltungsrechts im Falle eines vom Verkäufer abgelehnte Zahlungangebots gemahnt an die gemeinrechtliche Lehre, nach der die *exceptio non adimpleti contractus* durch den Annahmeverzug ausgeschlossen wird.[55]

b) Die Bedeutung des Zahlungstermins

Brians Konzeption setzte sich zunächst nicht durch.[56] Die Mehrheit der Richter an den Gerichtshöfen von Westminster war der Auffassung, die Kaufpreiszahlung sei Voraussetzung für den Übergang des Eigentums an der Kaufsache. Allerdings wurde diese Lehre alsbald in einem wichtigen Punkt modifiziert. In einem Fall, der 1492 vor den Richtern aller königlichen Gerichtshöfe in der Chamber of the Exchequer verhandelt wurde, fand die folgende Aussage von Richter Mordant die Zustimmung der gesamten Richterbank:

Attorney General v. Capel, YB 10 Hen. VII, pl. 14, f. 7 f.[57] *Si je vends certains biens a un autre pur certaine somme, tout soit que jeo ne paye le monnoie, si jour de paiement soit limite, cest bon contract, et le proprete altere per reason de cest sale.*[58]

---

[54] „Wenn ich Ihnen mein Pferd für zwölf verkaufe, steht es mir rechtmäßig zu, das Pferd zu behalten, bis ich bezahlt bin und ich habe noch keine Schuldklage aus dem Vertrag bis das Pferd geliefert ist und es ist klar, daß durch den Handel das Eigentum bei dem ist, der das Pferd gekauft hat. Aber wenn der Käufer ihm das Geld anbietet und er sich weigert, dann kann er das Pferd ergreifen oder die Klage wegen Besitzvorenthaltung (*detinue*) oder wegen Eigentumsverletzung (*trespass*) erheben, wie es ihm beliebt".

[55] Vgl. zu den mittelalterlichen Ursprüngen dieser Lehre W. Ernst, Die Einrede des nichterfüllten Vertrages, 2000, 96. Mögliche Parallelen oder Berührungen mit der Geschichte der *exceptio non adimpleti contractus* im kontinentalen *Ius Commune* können hier nicht verfolgt werden.

[56] Zum Meinungsstreit zwischen Choke und Brian vgl. Milsom, LQR 77 (1961) 276; Fifoot, History (Fn. 21) 229 und Simpson, History (Fn. 39) 165 f.

[57] Benutzte Ausgabe: Les Reports des Cases En les Ans des Roys Edward V. Richard III. Henrie VII. & Henrie VIII., London 1679.

[58] „Wenn ich bestimmte Waren an einen anderen für eine bestimmte Summe verkaufe, ist das, sei es auch, daß ich das Geld nicht bezahle, sofern ein Zahlungstermin festgelegt wird, ein wirksamer Vertrag und das Eigentum ändert sich aufgrund dieses Kaufs".

Mit dieser Aussage wird die Bedeutung der Kaufpreiszahlung erheblich vermindert. Die Gefahr, daß die mangelnde Zahlung den Übergang des Eigentums und womöglich sogar die Verbindlichkeit des Geschäfts in Frage stellt, wird zumindest für den Fall ausgeschlossen, daß für die Zahlung ausdrücklich ein Termin festgesetzt wird. Möglicherweise griffen die Richter damit einen Gedanken auf, der schon seit längerer Zeit verbreitet war.[59] Infolge dieser Entscheidung hatten es die Parteien in der Hand, wie sie die sachenrechtlichen Folgen des Kaufvertrages ausgestalten wollten. Sie konnten durch Vereinbarung eines Zahlungstermins den sofortigen Übergang des Eigentums herbeiführen. Der Verkäufer konnte aber auch zu seiner Sicherheit darauf beharren, daß das Eigentum bis zur Zahlung bei ihm verblieb.[60]

In dieser abgemilderten Form blieb der Gedanke, daß die Kaufpreiszahlung Voraussetzung des Eigentumsübergangs sei, noch lange Zeit in England wirksam. Dies zeigten etwa die Worte des Searjant-at-law William Sheppard (gestorben 1674):

William Sheppard, The Touch-Stone of Common Assurances, London 1651, 224 f. *And therefore if a man by word of mouth sell to me his horse, or any other thing, and I give him or promise him nothing for it; this is void and will not alter the property of the thing sold. But if one sell me a horse, or any other thing for money, or any other valuable consideration, and the same thing is to be delivered to me at a day certain, and by our agreement a day is set for the payment of the money; or all, or part of the money is paid in hand; or I give earnest money (albeit it be but a penny) to the seller; or I take the thing bought by agreement into my possession, where no money is paid, earnest given, or a day set for the payement; in all these cases there is a good bargain and sale of the thing to alter the property thereof;*

In Sheppards Darstellung klingt noch die Möglichkeit an, daß der Vertrag ohne Zahlung des Kaufpreises insgesamt nichtig sein könnte, doch zeigt sich bei genauer Lektüre, daß Sheppard es genügen läßt, wenn das Leistungsversprechen des Verkäufers durch ein Zahlungsversprechen des Käufers als *consideration* gestützt wird. Seine Äußerung stellt also die Verbindlichkeit einer beiderseits noch nicht erfüllten Vereinbarung nicht in Frage und steht im Einklang mit der *doctrine of consideration*, die sich zur Zeit des Erscheinens von Sheppards Buch längst entwickelt hatte.[61]

Für den Übergang des Eigentums fordert Sheppard eben jene Elemente, die schon Glanville als Voraussetzungen für die Pefektion des Kaufgeschäfts genannt hatte. Jedoch läßt er im Einklang mit der Regel, die Mordant in der Entscheidung *Attorney General v. Capel* im Jahr 1478 formuliert hatte, die Festsetzung eines Zahlungstermins anstelle der wirklichen Zahlung des Kaufpreises genügen. End-

---

[59] Nachweise für ein früheres Auftauchen bei Ibbetson, LQR 107 (1991) 496.
[60] Vgl. Baker, Introduction (Fn. 22) 384 mit Fn. 35.
[61] Zur Entwicklung Baker, Introduction (Fn. 22) 339-341.

gültig überwunden wurde das Kaufpreiszahlungserfornis erst im 19. Jahrhundert. Colin Blackburn stützte sich in seinem einflußreichen „Treatise on the effect of the contract of sale on the legal rights of property and possession in goods" (1845) auf die Meinung des Chief Justice Brian, nach der die mangelnde Bezahlung des Kaufpreises nicht den Übergang des Eigentums verhinderte, sondern dem Käufer lediglich ein Zurückbehaltungsrecht gewährte.[62] Über Blackburns Buch gelangte diese Lehre in den Sale of Goods Act, wo heute s. 41 das *seller's lien* kodifiziert.

c) Kontinentale Parallelen

Das zähe Fortleben des Zahlungserfordernisses steht durchaus im Einklang mit der Rechtsentwicklung auf dem europäischen Kontinent. Die gemeinrechtliche Wissenschaft nahm die römischen Quellen ernst. Insbesondere wurde der – angesichts der Fassung von Inst. 2, 1, 41 naheliegende – Weg, in allen Zweifelsfällen anzunehmen, der Verkäufer habe dem Käufer Kredit gegeben und so den Tatbestand des *fidem sequi* erfüllt, so daß der Käufer auch ohne Zahlung des Kaufpreises Eigentümer werden konnte, keineswegs von allen Juristen beschritten.[63] Noch der BGB-Gesetzgeber diskutierte eine Beibehaltung der römischen Regelung.[64]

Eine Parallele besteht aber nicht nur hinsichtlich des Verlaufs der Entwicklung, sondern auch hinsichtlich der Strategie, die seit der Entscheidung *Attorney General v. Capel* angewendet wurde, um die Auswirkungen der Regel zu begrenzen. Bereits Ibbetson hat darauf hingewiesen, daß zwischen der Lehre, die Vereinbarung eines Zahlungstermins könne für die Zwecke des Eigentumsübergangs der tatsächlichen Zahlung gleichgestellt werden, und dem Text von Inst. 2, 1, 41 ein Zusammenhang bestehen könnte.[65]

Bei näherer Betrachtung läßt sich jedoch ein näherliegendes Vorbild finden. In der *Summa Institutionum* des Azo wird Inst. 2, 1, 41 auf folgende Weise erläutert:

Azo Summa Institutionum ad I. 2, 1 Nr. 55[66] *Acquiritur etiam nobis dominium de iure naturali per traditionem, ex causa donationis, aut dotis, aut ex qualibet alia causa. Venditae autem res, etsi tradantur, non aliter emptori acquiruntur, quam si quis venditori solverit precium, vel alio modo ei satisfecerit, veluti expromissore vel pignore dato, vel fide habita ei de precio ... Quid, si tradat, nec appareat quod eius fidem sit secutus? puto, quod praesumendum sit eum sequuutum esse fidem eius: maxime si dedit diem ad solutionem faciendam: nisi probetur quod tradiderit, ut statim sibi solveretur pecunia, et emptor secum portat rem invito debitore ...[67]*

---

[62] Fifoot, History (Fn. 21) 229 Fn. 63; Simpson, History (Fn. 39) 169.
[63] Dies betont Luig, in Vacca, Vendita e trasferimento I (Fn. 14) 235 und 237.
[64] Dazu Luig, in Vacca, Vendita e trasferimento I (Fn. 14) 249-255.
[65] Ibbetson, LQR 107 (1991) 496.
[66] Benutzte Ausgabe: Summa Azonis, Basileae 1572, Sp. 1043 f.
[67] „Nach Naturrecht erwerben wir auch durch Übergabe Eigentum, etwa aufgrund einer Schenkung oder einer Mitgiftbestellung oder aus irgendeinem anderen Grund. Verkaufte Sachen aber werden, auch wenn sie übergeben werden, nur dann vom Käufer erworben, als wenn er dem Verkäufer den Preis zahlt oder ihn auf andere Weise zufrieden

Nach einer Paraphrase des Inhalts von Inst. 2, 1, 41 und Erwähnung des Kaufpreiszahlungserfordernisses für den Übergang des Eigentums auf den Käufer geht Azo zu der Frage über, wie in Zweifelsfällen der Tatbestand des *fidem sequi* zu ermitteln ist, unter welchen Voraussetzungen also angenommen werden darf, daß der Kaufpreis kreditiert wurde und das Eigentum ohne Bezahlung übergeht. Azo tendiert dazu, allgemein großzügig von einem Kreditierungswillen auszugehen.[68] Wie bereits erwähnt, ist ihm die kontinentale Rechtsentwicklung insoweit nicht uneingeschränkt gefolgt.

Wichtiger als Azos Wirkungsgeschichte im *Ius Commune* ist für die Zwecke dieser Untersuchung der von Azo benannte Fall, in dem mit besonderer Sicherheit (*maxime*) von einem Kreditierungswillen auszugehen sein soll. Dies nimmt Azo für den Fall an, daß ein Zahlungstermin festgesetzt wurde. Es liegt auf der Hand, daß damit eben der Tatbestand benannt ist, der nach englischer Auffassung im späten Mittelalters die Kaufpreiszahlung als Voraussetzung des Eigentumsübergangs entbehrlich machte. Angesichts des enormen Prestiges, das Azo genoß, und angesichts der klaren Übereinstimmung ist ein direkter Einfluß Azos durchaus vorstellbar.

Wie bereits hinsichtlich des Erfordernisses der *traditio* lassen sich demnach Übereinstimmungen zwischen der kontinentalen und der englischen Rechtentwicklung in mehrerer Hinsicht feststellen: In England existierte – wie auf dem Kontinent – lange Zeit die Vorstellung, daß das Eigentum nicht ohne Zahlung des Kaufpreises auf den Käufer übergehen konnte. Und in England wie auf dem Kontinent diente zur Begrenzung der Folgen dieser Lehre der Satz, daß die Kaufpreiszahlung jedenfalls dann entbehrlich war, wenn die Parteien des Kaufvertrages einen festen Zahlungstermin vereinbart hatten.

3. Grenzen der Übereinstimmung von Common Law und *Ius Commune*

Die bisherige Untersuchung hat gezeigt, daß sowohl hinsichtlich des Tatbestandesmerkmales der Übergabe als auch hinsichtlich der Zahlung des Kaufpreises als Voraussetzung der Übereignung parallele Entwicklungen im englischen und kontinentalen Recht sicher feststellbar und Einflüsse der gemeinrechtlichen Wissenschaft auf die Rechtsfortbildung in England wahrscheinlich sind. Dennoch wäre es gefährlich, aus den Übereinstimmungen beider Rechtsordnungen zu weitreichende Schlüsse zu ziehen. Selbst wo sich rechtliche Regelungen und Formulierungen

---

stellt, etwa durch Stellen eines Schuldübernehmers oder eines Pfandes oder indem er hinsichtlich des Preises Vertrauen hat. ... Was aber, wenn er [der Verkäufer] übergibt und nicht deutlich ist, ob er dem Käufer vertraut hat? Ich glaube, daß vermutet werden muß, daß er ihm vertraut hat: Insbesondere wenn er einen Termin für die Zahlung festgesetzt hat. Es sei denn, es ist erwiesen, daß er übergeben hat, damit ihm sofort das Geld gezahlt wird und der Käufer die Sache gegen den Willen des Verkäufers wegträgt".

[68] Zur Lehre Azos Feenstra, Reclame (Fn. 11) 284.

genau zu entsprechen scheinen, können in Wahrheit ganz unterschiedliche Vorstellungen zugrunde liegen.

Wie stark das englische Rechtsdenken noch in späterer Zeit von kontinentalen Vorstellungen abweichen konnte, zeigt etwa die Stellungnahme des großen William Blackstone zur Frage des Eigentumsübergangs beim Kauf:

William Blackstone, Commentaries on the Laws of England, Bd. 2, Oxford 1766, Ch. 30, 448[69] *As soon as the bargain is struck, the property of the goods is transferred to the vendee, and that of the price to the vendor ...*

Blackstone folgt der Auffassung, daß das Eigentum an der verkauften Sache beim Vertragsschluß auf den Käufer übergeht; umgekehrt spricht er jedoch auch dem Verkäufer *property* am Kaufpreis zu. Diese Äußerung läßt sich nur als Ausdruck eines Denkens verstehen, das zwischen dem Eigentum und einem (obligatorischen) Anspruch – oder in den Worten von Baker – zwischen „owing" und „owning" nicht scharf unterscheidet.[70] Wenn eine solche Ausdrucksweise noch Ende des 18. Jahrhunderts, bei einem auch im römischen Recht versierten Autor möglich war, wird man erst recht nicht sicher sein dürfen, daß die mittelalterlichen englischen Juristen, wenn sie von *proprete* sprachen, den präzisen Eigentumsbegriff des römischen Rechts vor Augen hatten.

Daß das englische Recht – trotz aller Einflüsse und trotz aller Gemeinsamkeiten mit dem kontinentalen Recht – seinen eigenen Weg ging, belegt auch die Hartnäckigkeit, mit der sich eine realvertragliche Konzeption des Kaufes hielt.[71] Wie gesehen herrschte diese Konzeption noch Ende des 15. Jahrhunderts. Spuren finden sich noch in der Äußerung Sheppards aus dem 17. Jahrhundert. Die Feststellung zahlreicher Gemeinsamkeiten schließt also nicht aus, daß das englische Recht durch tiefgreifende Unterschiede von den Rechtsordnungen in der Tradition des *Ius Commune* getrennt war.

Andererseits wäre es unzulässig, den festgestellten Gemeinsamkeiten jede Bedeutung abzusprechen. Das belegt gerade das untersuchte Beispiel des Warenkaufs. Unabhängig davon, welche Vorstellungen und dogmatischen Überlegungen dazu geführt haben mögen, ließ sich die Regel des englischen Rechts zum Übergang des Eigentums beim Warenkauf am Ende des 18. Jahrhunderts so formulieren, daß sie völlig derjenigen des französischen Code civil entsprach: Mit Abschluß des Vertrages ging das Eigentum auf den Käufer über. Diese Entsprechung bildete die Grundlage für einen neuen Rezeptionsakt: Im Lauf des 19. Jahrhunderts wurde in England die französische Doktrin übernommen, nach welcher der Eigentumsübergang bei Vertragsschluß nur zwischen den Vertragsparteien gilt (vgl. Art. 1583 Code civil: *la proprité est acquise de droit à l'acheteur à l'égard*

---

[69] Benutzt wurde der Neudruck Chicago, London 1979.
[70] Baker, Introduction (Fn. 22) 391.
[71] Zur Existenz dieser Konzeption auch auf dem Kontinent vgl. eingehend D. Ibbetson, From Property to Contract: The Transformation of Sale in the Middle Ages, Journal of Legal History 13, 1 (1992) 1-22.

du vendeur), nicht aber Dritten gegenüber. Diese Vorstellung setzte sich – nicht zuetzt durch Vermittlung des im vom französischen Recht geprägten Louisiana ausgebildeten Judah Philip Benjamin (1811-1841)[72] – auch in England durch.[73] Ganz im Einklang damit spricht der Sale of Goods Act heute vom *Transfer of property as between seller and buyer.*

In dieser Hinsicht hat also die Rechtsentwicklung im Mittelalter, die in vielen Punkt zu Entwicklungen auf dem Kontinent parallel verlief und mit einiger Wahrscheinlichkeit auf Einflüsse des kontinentalen Rechts zurückgeht, die Anschlußfähigkeit des englischen Rechts erhalten und die Rezeption der französischen Regel im 19. Jahrhundert ermöglicht.

III. Folgerungen

Für den in diesem Beitrag untersuchten Ausschnitt wird man die Frage nach dem europäischen Charakter des englischen Rechts bejahen dürfen. Es hat sich gezeigt, daß die englische Rechtsentwicklung nicht isoliert vom Rest Europas ablief, daß es vielmehr zahlreiche Berührungspunkte gab. Unterstellt man, daß die Ergebnisse dieser Untersuchung für das Verhältnis von *Ius Commune* und Common Law repräsentativ sind, so kann man daraus schließen, daß das englische Recht durchaus auch mit den übrigen Rechtsordnungen Europas kompatibel ist. Englische und kontinentale Juristen kommen nicht aus grundverschiedenen Welten. Sie können in den in dieser Untersuchung angesprochenen Fragen und gewiß auch in vielen anderen ohne weiteres in einen Dialog über die richtige Lösung eintreten. Eine gemeinsame Rechtswissenschaft erscheint vor diesem Hintergrund durchaus möglich, das Projekt eines neuen europäischen *Ius Commune* also nicht unrealistisch.

Bei allen Gemeinsamkeiten hat sich aber auch gezeigt, daß Eigenart und Besonderheiten des englischen Rechts nicht unterschätzt werden dürfen. Daraus folgt ummittelbar, daß jeder Versuch, einer raschen Vereinheitlichung der europäischen Rechte, der auf solche Besonderheiten keine Rücksicht nimmt, wenig Aussicht auf Erfolg hat. Diese Feststellung gilt freilich nicht nur im Verhältnis zum englischen Recht. Vielmehr dürfte auch im Hinblick auf die Unterschiede der kontinentalen Rechtsordnungen – man denke nur an das französische Konsens- und das deutsche Abstraktionsprinzip – die Zeit für gesetzgeberische Schritte zur Vereinheitlichung der europäischen Privatrechtsordnung noch lange nicht gekommen sein.

---

[72] Zum faszinierenden Lebenslauf dieses Juristen, der im amerikanischen Bürgerkrieg hohe Ämter in der Südstaatenkonföderation bekleidete, bevor er in England eine Anwaltskarriere begann, vgl. Chianale, in Vacca, Vendita e trasferimento II (Fn. 4), 850.

[73] Dazu eingehend Chianale, in Vacca, Vendita e trasferimento II (Fn. 4), 849-858.

Quellenregister

I. Vorjustinianische Rechtsquellen

Fr. Vat. - Fragmenta Vaticana
16   40

Gai Institutiones
1.6   62 Fn 3
1.66   88 Fn 15
3.139-141   54f
3.141   53 Fn 2, 3 und 4, 54
3.182ff   205
4.131a   9 Fn 28
4.4   206

II. Justinianische Quellen

Einführungskonstitutionen

Const. Omnem
4   70
11   53 Fn 2 und 3, 54, 57f, 59

Const. Tanta
5   70

C. - Codex Iustiniani

C. 1.14.5   159
C. 1.14.12pr   159

C. 2.3.20   88, 235, 240, 244

C. 3.32.15pr   88

C. 4.21.17   222

C. 4.24.9	240 Fn 29
C. 4.48.2	8
C. 4.65	227f
C. 5.12.30	212
C. 5.18	212
C. 7.37.3	159
C. 7.47.1	215f, 227
C. 12.3.2	144 Fn 27

D. – Digesta Iustiniani

D. 3.3.35.3	208f
D. 3.5.34.2	135
D. 4.8.3.3	209
D. 5.3.27.1	37
D. 6.1.1.3	158
D. 6.1.68	207f, 211
D. 6.2.9.4	86 Fn 9
D. 7.1.3pr	206
D. 12.1.23	102 Fn 60
D. 12.4.16	9
D. 14.2.9	159
D. 14.3.5.9	12
D. 15.2.2pr	128, 135f
D. 18.1.1.1	53 Fn 3 und 4, 55, 56 Fn 16, 59, 60 Fn 31 und 32
D. 18.1.7.1	17
D. 18.1.8pr	15
D. 18.1.8.1	139ff
D. 18.1.19	48
D. 18.1.25.1	9
D. 18.1.28	220
D. 18.1.34.6	12 Fn 41
D. 18.1.35.5	8, 17, 38, 39, 40, 237 Fn 18
D. 18.1.35.6	20

D. 18.1.35.7	21, 35, 36, 39, 40, 41 Fn 132
D. 18.1.53	48
D. 18.1.74	220
D. 18.4.1	147 Fn 43
D. 18.4.10	147 Fn 43
D. 18.4.11	140
D. 18.4.21	100 Fn 50
D. 18.6.1pr	36
D. 18.6.1.1	16, 35, 40
D. 18.6.13(12)	38
D. 18.6.2.1	16, 197 Fn 56
D. 18.6.3	197 Fn 56
D. 18.6.5	35, 40
D. 18.6.8pr	8, 39, 187 Fn 8, 199 Fn 65
D. 19.1.1pr	210, 227, 230
D. 19.1.11	206, 209, 220f, 225
D. 19.1.11.3	78 Fn 40
D. 19.1.11.5	70 Fn 23, 78 Fn 40
D. 19.1.11.18	140, 147 Fn 42, 148
D. 19.1.12	140, 148, 222f
D. 19.1.13pr	34, 38, 67
D. 19.1.13pr-1	70 Fn 23
D. 19.1.13pr-2	67 Fn 15
D. 19.1.13.1	67 Fn 15, 68 Fn 15, 71
D. 19.1.13.22	195 Fn 48
D. 19.1.26	11, 43
D. 19.1.27	9 Fn 25
D. 19.1.30.1	9
D. 19.1.31.2	87 Fn 10
D. 19.1.36	197 Fn 56
D. 19.1.54.1	9 Fn 25
D. 19.1.6.4	7, 34, 38
D. 19.4.1pr	56 Fn 16
D. 19.5.5.1	9
D. 19.14.1	57 Fn 16
D. 21.1 (Titel)	70 Fn 22, 72
D. 21.1.1pr	7, 70 Fn 22 und 23
D. 21.1.1.1	61 Fn 1, 77, 77 Fn 36, 79 Fn 43, 81 Fn 49, 123 Fn 4, 123 Fn 5, 132
D. 21.1.1.7	73 Fn 28
D. 21.1.1.8	74
D. 21.1.1.9-11	78 Fn 39

D. 21.1.4	78 Fn 39
D. 21.1.4.2	78 Fn 38
D. 21.1.4.6	74
D. 21.1.6.1	74
D. 21.1.10pr-2	74
D. 21.1.12.1	74
D. 21.1.14.3	73
D. 21.1.14.4	73
D. 21.1.14.10	68 Fn 17
D. 21.1.17-18	77 Fn 36
D. 21.1.17.20	72 Fn 26
D. 21.1.18pr	80 Fn 46, 135
D. 21.1.2	62 Fn 4, 68 Fn 16
D. 21.1.3	78 Fn 37
D. 21.1.19pr	134 Fn 58
D. 21.1.19pr-4	72 Fn 26, 81 Fn 49
D. 21.1.19pr-4	132
D. 21.1.19pr-5	133 Fn 52
D. 21.1.19.1	134 Fn 59
D. 21.1.19.2	133
D. 21.1.19.4	134 Fn 60
D. 21.1.19.5	132
D. 21.1.19.6	124, 130, 132, 135f
D. 21.1.20	132, 133 Fn 53
D. 21.1.21pr	66 Fn 12
D. 21.1.21.3	130 Fn 40
D. 21.1.23.7	66 Fn 12 und 13
D. 21.1.25.9	65 Fn 11, 66 Fn 12
D. 21.1.27	65 Fn 11, 66 Fn 12
D. 21.1.28	124, 128 Fn 6, 136f
D. 21.1.29.2	65 Fn 11
D. 21.1.31pr	65 Fn 11, 66 Fn 12
D. 21.1.31.1	72 Fn 26
D. 21.1.31.16	80 Fn 46
D. 21.1.32	125
D. 21.1.33pr	6, 9 Fn 25
D. 21.1.37	62 Fn 4, 81 Fn 49
D. 21.1.38	61 Fn 1
D. 21.1.38pr	79 Fn 43, 80 Fn 45, 134
D. 21.1.38.2	62 Fn 4
D. 21.1.38.7	80 Fn 44
D. 21.1.43.6	62 Fn 5
D. 21.1.44.2	80 Fn 46
D. 21.1.45	65 Fn 11
D. 21.1.47pr	80 Fn 46
D. 21.1.48.2	80 Fn 46, 135

D. 21.1.48.8	128 Fn 30
D. 21.1.49	70 Fn 22
D. 21.1.54	76
D. 21.1.55	135
D. 21.1.60	66 Fn 12 und 13
D. 21.1.63	70 Fn 22
D. 21.1.65.2	81 Fn 49
D. 21.2.37.1	125
D. 21.2.56pr.	132
D. 24.1.42	144 Fn 29
D. 27.1.6.1	158
D. 31.66.3	26
D. 32.1.29	221
D. 32.65.4	53 Fn 3
D. 33.10.9.1	53 Fn 1 und 3
D. 38.10.4.6	53 Fn 2 und 3
D. 39.1.21.4	216
D. 39.5.28	228
D. 39.6.1pr-1	53 Fn 1 und 3
D. 40.2.5	147 Fn 43
D. 41.1.9.7	142 Fn 12
D. 41.2.1.1	60 Fn 34
D. 41.2.18pr	235 Fn 9
D. 41.3.48	51
D. 41.7.5.1	142 Fn 12
D. 42.1.13.1	208, 227f
D. 44.2.25.1	135, 136, 136 Fn 65
D. 44.2.25.2	62 Fn 5
D. 44.7.3pr	205
D. 45.1.2pr	205f
D. 45.1.28	215
D. 45.1.68	211-214, 226
D. 45.1.72	208, 211, 213-216, 218-220, 222-224, 226-228, 231

D. 45.1.75.10 210f, 214, 219, 227
D. 45.1.91 211
D. 45.1.97.1 217
D. 45.1.114 215, 227

D. 46.3.95.12 51

D. 48.5.14(13).1 53 Fn 3
D. 48.10.21 196 Fn 50
D. 48.19.16.8 53 Fn 3

D. 49.15.24 158

D. 50.16.25 160
D. 50.16.218 206
D. 50.16.236 53 Fn 2
D. 50.16.236pr 53 Fn 3
D. 50.17.23 240 Fn 29

I. – Institutiones Iustiniani

1.2.2 53 Fn 1

2.1.41 48, 90 Fn 17, 236, 249
2.1.46 142 Fn 12, 144 Fn 28
2.7.1 53 Fn 1 und 3
2.7.2 210

3.23pr 237 Fn 18
3.23.1 230
3.23.2 53 Fn 2, 3 und 4, 54, 57
3.23.3 7, 239 Fn 27, 187 Fn 8

4.3.1 53 Fn 2 und 3
4.6.14 220f, 225
4.6.28 213-215, 220-225, 227
4.6.6 214

N. - Novellae Iustiniani

105.2 144 Fn 27, 145 Fn 33

III. Literarische Quellen

Cassius Dio
61(62).18.1	143 Fn 22
61(62).18.2	144 Fn 23
65(66).25.5	144 Fn 23, 144 Fn 25

Cic. - Cicero
De officiis
3.15.61	82 Fn 51
3.17.71	62 Fn 4, 77 Fn 36
3.23.91	78 Fn 38

Pro Caecina
16	82 Fn 51

Gellius
Noctes Atticae
4.2.1	79 Fn 43
4.2.1ff	72
4.2.3	73, 73 Fn 28
4.2.6-7	75
4.2.8	80 Fn 44
4.2.10	73 Fn 29

Herodian
5.6.9	144 Fn 26
5.6.10	145 Fn 32

Historia Augusta
Heliogabal 22.2-3	144 Fn 26

Homer
Ilias
6.234-5	53 Fn 3, 56 Fn 11, 59, 60 Fn 28
6.236	53 Fn 3, 60 Fn 30
6.344	53 Fn 3
6.378	53 Fn 3
7.472-5	53 Fn 3, 54, 56 Fn 10, 57, 58, 60 Fn 27
9.340	53 Fn 3

Odyssee
1.430	53 Fn 3, 56 Fn 14, 59, 60 Fn 29
13.407	53 Fn 3
17.78f	53 Fn 3
23.190f	53 Fn 3
4.230	53 Fn 3

Livius
Ab urbe condita
1.16.7	150

Martial
Epigrammata
8.78.9	144 Fn 23

Persius
Sat.
5.177-178	145

Seneca (phil.)
Epistulea morales
74.7	145 Fn 34

Seneca (rhet.)
Controversiae
7.6.23	77 Fn 36

Statius
1.6.10ff	144 Fn 24
1.6.66	145 Fn 31
1.6.67	144 Fn 23
6.75ff	144 Fn 24

Sueton
Domitian
4.5	144 Fn 24

Nero
11.2	143f

Varro
De re rustica
2.10.5	77 Fn 36

Vergilius
Aeneis
6.851-853	150

IV. Papyri

TH – Tabulae Herculaneae
60   77 Fn 36

TP Sulp – Tabulae Pompeianae Sulpiciorum
43   77 Fn 36

V. Sonstige

1. Byzantinische Rechtliteratur

Basilika
18.6.2   126, 126 Fn 17
51.2.23   136

2. Kanonisches Recht

Decretum Gratiani
C. 1 q. 1 c. 11   230

Liber Extra
3.18   227
2.24.28   96 Fn 38

Personen- und Sachregister

Abstraktionsprinzip 251
Achäer 55, 59
actio empti 61 Fn 2, 63f, 66f,
  67 Fn 14, 70 Fn 23, 71, 78,
  78 Fn 37, 38 und 40, 79, 79 Fn 41
actio Publiciana 86f
actio quanti minoris 61, 61 Fn 2,
  62 Fn 5, 64, 64 Fn 8, 67, 70 Fn
  23, 80, 80 Fn 46, 81, 81 Fn 47, 82
actio redhibitoria 61, 62, 62 Fn 5,
  63, 64, 64 Fn 8, 65, 65 Fn 11, 66,
  66 Fn 12, 68, 70 Fn 23, 71, 72,
  75, 76, 78, 78 Fn 38, 40, 80, 81,
  81 Fn 49, 82
actiones aediliciae 61, 62, 64,
  67, 68, 68 Fn 17, 69, 69 Fn 21,
  70 Fn 23, 71, 72 Fn 26
aediles curules 61, 64, 75, 77, 79,
  81, 82
Aktionärsvereinbarung 184
Alexander de Imola 223
Alexander von Roes 155, 161, 162
Altersvorzug, beim Doppelverkauf
  93f
Angelus Aretinus 215
Annahmeverzug 247
Anwachsung 199
Aristoteles 32 Fn 115
arrha 237
Atticus 82
Attorney General v. Capel 247,
  248, 249
Azo 235 Fn 8, 249, 250

Bailee siehe unter *Bailment*
Bailment 243, 244
Baldus 159, 211, 222, 227, 228ff

Bartolus 158, 208, 211-213, 215-
  217, 220, 222, 225f, 228, 241
Bereicherung, ungerechtfertigte
  186
Besitz 107 ff, 116
Besitzkonstitut 190, 235, 244, 245
Bestimmtheit des Leistungsinhalts
  224ff
Blackburn, Colin 248
Bracton, Henry de 237-246
brevi manu traditio 190
Brian (engl. Richter) 246-249

Caelius Sabinus 73 Fn 27, 28
Cassius 60
casum sentit dominus 190, 240
causa emptionis 235f
causa traditionis 235
caveat emptor 234
Chalmers, M. D. 233
Choke (engl. Richter) 246f
Cicero 62 Fn 4, 78 Fn 38,
  80 Fn 44, 82 Fn 51
Cinus de Pistoia 215f
coercitio aedilium curulium
  64 Fn 9
commodum 199
Consideration 248
constitutum possessorium siehe unter Besitzkonstitut
contractus bonae fidei 226
Cujaz 193f

Dante (Alighieri) 155-157
Darlehen 212
Debt (Writ of) 242, 244 Fn 47
Detinue (Writ of) 243f

dicta et promissa 72 Fn 26, 77, 81 Fn 49
Dingliche Einigung 196f
Dinus de Mugello 216
Diomedes 56, 58, 59 Fn 25
Doige's Case 241, 245
dolus in contrahendo 66f, 78, 78 Fn 37
Donationsgut 108, 110
Donellus 193
Doppelverkauf 83ff, 188
Doppelverkauf, Verbotsgesetz gegen 98

edictum aedilium curulium 61 Fn 1, 62, 63, 63 Fn 6, 64, 69, 69 Fn 21, 70, 70 Fn 23, 71 f, 74 f, 79, 79 Fn 43, 80
Eigentum 107ff, 116
Eigentümer, wirtschaftlicher 195, 197
Eigentumsbegriff des römischen Rechts 251
emptio rei sperate 146
emptio spei 139ff
emptio venditio 53, 55, 57, 63f, 64 Fn 8, 65 Fn 11, 66, 70, 70 Fn 22 und 23, 76 Fn 33, 77, 80ff
Entschädigung 115
Erbfolge, gesetzliche 107
Erfüllungszwang 203-231
Ersitzung 107
Europäische Union 150
Europäisches Recht 183
Eviktion 71, 109f, 115ff, 209, 222, 224, 228, 230
Eviktionshaftung, beim Hoffnungskauf 139ff
exceptio doli 68 Fn 17
exceptio non adimpleti contractus 247
Exorbitanz 185

Ferrari-Fall 198
Fortescue, John 242f, 245

Friedensplan von König Georg Podiebrad 174ff
Friedensplan von Pierre Dubois 167ff

Gaius 54 f, 65 Fn 11, 205
Gattungskauf 1ff
Gattungs-/Speziesschuld 221ff
Gefahrtragung 239, 240, 245
Gefahrtragung, beim Doppelverkauf 100f
Geld 54, 60
Geld-/Sachkondemnation 206ff
Gellius, Aulus 73 Fn 28
Georg von Podiebrad 172ff
Gewährleistung 109, 117f, s. auch *actiones aediliciae, edictum aedilium curulium, actio quanti minoris, actio redhibitoria*
Gewinnhaftung 101ff
Gewohnheitsrecht 105f, 108, 113, 116
Glanville, Ranulf de 237-240, 245f, 248
Glaukos 56, 58, 59 Fn 25
Glosse 225, 227-229
Gutglaubensschutz, gutgläubiger Erwerb 91f, 224

Haftung 109
Haftung, *custodia* 197
Hoffnungskauf 139ff, 222f
Homeros, Homer 53, 55, 58, 60
Hostiensis (Heinrich von Segusia) 162

in integrum restitutio 66
incommodum 199f
Interesse, des Käufers 198
Interesse, des Verkäufers 198
iudicium bonae fidei 64, 78
Iulianus 66
iurisdictio aedilium curulium 61 Fn 1, 64 Fn 9, 79 Fn 43
ius ad rem 96f
ius civile 62f, 70 Fn 23, 72, 79f

ius disponendi 196
ius honorarium 63 Fn 6, 70 Fn 23
iusta causa traditionis 196

Jason de Mayno 203ff
Justinian 54, 57, 69

Kaiser Friedrich III. 174
Kaiserliche Gewalt 158ff
Karolingisches Reich 154
Kauf, Kaufvertrag 53f, 55, 58, 60, 107f, 209ff
Kauf, Translativwirkung 99f
Kaufpreis 53, 55, 60, s. auch Kreditierung
Kaufrecht, Schweiz 183
Konsensprinzip 187, 194, 241, 245, 251
Kreditierung, des Kaufpreises 236, 249, 250

Labeo 70 Fn 23, 73, 73 Fn 27, 28, 75, 80 Fn 44
Ladislaus V. Postumus 173
Láertés 59
Leibniz, Gottfried Wilhelm 25f
Ludovicus Romanus 223

Mathias I. Corvinus 173, 180
Molina, Ludovicus 27
Monarch 154ff
Monarchia 154ff
Mordant (engl. Richter) 247f

Naturaltausch 60
Nerva 60
Nizolius, Marius 25
noxae deditio 77 Fn 36

Oberste Gewalt 155
Obligation, generische 23ff
obligationes dandi 221-213, 217
obligationes faciendi 214ff, 217
obligationes rem tradi 219ff
Ofilius Aulus 80 Fn 44
Oinizonto 58 Fn 18

Paedius 74
Papinianus 76
Papst Bonifaz VIII. 163-166
Papst Calixtus III. 173
Papst Gelasius I. 152
Papst Innozenz I. 153
Papst Klemens V 166
Papst Nikolaus V. 173
Papst Paul II. 174
Papst Pius II. 173
Papsttum 152ff
partus futuri, Kauf von 146
Paulus de Castro 211, 222
Paulus 54, 56, 60, 66 Fn 12, 78 Fn 37
periculum emptoris 183f, 188-190, 194f, s. auch Gefahrtragung
periculum venditoris 187
permutare 54
permutatio 53-55, 57, 60
Petrus de Bellapertica 217
Pfand 107
planum tabulare 107, 112
Pierre Dubois 162ff
Pothier 193
praeco 68, 82
praetor peregrinus 62 Fn 3
Präventionsprinzip, beim Doppelverkauf 89
pretium 54f, 60, 61 Fn 2, 62
Privatauktion 63f, 64 Fn 8, 68, 78, 82
Proculus 57, 60
Prokulianer 53, 55
proscriptio 82

quasi evictio 71

Raphael Cumanus 223
Realvertrag, Kauf als 237
Rechtsmangel 109f, 111ff, 116f, s. auch Eviktion
Rechtsvergleichung 193
redhibitio 65 Fn 11, 66 Fn 12, 70 Fn 23, 75, 82
res perit domino 190, 240 Fn 29

res se moventes 70 Fn 22
res 60
Respublica Christiana (christicolarum) 162ff, 167
Restitutionsklage 207, 216

Sabinianer 53, 55f, 60
Sabinus 60, 73 Fn 28
Sachgütertausch 60
Sachleistungsgefahr 200
Sachmängelhaftung 109, 117, 200, s. auch Gewährleistung
Sale of Goods Act 1893 233, 241
Sale of Goods Act 1979 241, 249
Sachverschlechterung 199
Schadensersatz 65f, 116
Schiaffo di Agnani 165
servus fugitivus 71, 76f
servus in fuga positus 71
Sheppard, William 248, 251
Shipton v. Dogge siehe unter Doige's Case
Stammgut 108f, 111f
stipulatio 77, 77 Fn 35, 36
Sukzessivlieferungsvertrag 184

Tausch 55, 58, 60
Tempelorden 162, 166
Thomas von Aquin 32 Fn 115
Tiraquellus, Andreas 235 Fn 8
Totaluntergang 199
traditio 87ff
traditio ficta 235, 245
Traditionsprinzip 84, 86ff, 187, 194, 241, 245

Traditionssurogate 90ff, 92f
Translativwirkung 99f
Trebatius Testa 72-75
Trespass 246f
Triumphzüge 143ff

Übergabe 195
Ulpianus 62, 65 Fn 11, 66 Fn 12, 74, 80 Fn 44
Unerschwinglichkeit 185
Unmöglichkeit 185
Unmöglichkeit, nachträgliche 185
Unmöglichkeit, wirtschaftliche 185
Utilitätsgedanke 197

venaliciarii 62 Fn 3, 76 Fn 32
Veräusserungstheorie 198
Verjährung 107, 114
Vertragsschluss 195
Vertragstreue 230
Vertretbarkeit der Schuld 227
Verwendungen, notwendige 195
Vivianus 78
Vorkaufsrecht 112f, 116
Vorratskauf 20ff

Wahlobligation 188
Werböczy, Istvan 105, 106, 110ff, 114,
Wissenbach, Johann Jakob 231

Zahlungstermin 247, 249f
Zwangsvollstreckung 203f
Zwei-Gewalten-Lehre 152
Zwei-Schwerter-Lehre 164